本书由龙翼飞教授承担的教育部人文社会科学重点研究基地重大项目"婚姻家庭法立法和理论体系研究"资助。

家事法评注丛书

总　顾　问：巫昌祯

总　主　编：夏吟兰　龙翼飞

执行总主编：蒋　月

国家出版基金项目
NATIONAL PUBLICATION FOUNDATION

家事法评注丛书

中华人民共和国继承法评注
总 则

主 编：龙翼飞

撰稿人（按章节顺序排序）：

龙翼飞 董 彪 陈群峰 孙若军

厦门大学出版社
XIAMEN UNIVERSITY PRESS
国家一级出版社
全国百佳图书出版单位

图书在版编目(CIP)数据

中华人民共和国继承法评注.总则/龙翼飞主编.—厦门:厦门大学出版社,2020.9
(家事法评注丛书)
ISBN 978-7-5615-7874-2

Ⅰ.①中… Ⅱ.①龙… Ⅲ.①继承法－法律解释－中国 Ⅳ.①D923.55

中国版本图书馆 CIP 数据核字(2020)第 161156 号

出 版 人	郑文礼
责任编辑	李 宁
封面设计	夏 林
技术编辑	许克华

出版发行 厦门大学出版社

社 址	厦门市软件园二期望海路 39 号
邮政编码	361008
总 机	0592-2181111 0592-2181406(传真)
营销中心	0592-2184458 0592-2181365
网 址	http://www.xmupress.com
邮 箱	xmup@xmupress.com
印 刷	厦门集大印刷厂

开本	787 mm×1 092 mm 1/16
印张	16.5
插页	2
字数	406 千字
版次	2020 年 9 月第 1 版
印次	2020 年 9 月第 1 次印刷
定价	80.00 元

本书如有印装质量问题请直接寄承印厂调换

厦门大学出版社
微信二维码

厦门大学出版社
微博二维码

总　序

　　"家事法评注丛书"是一套以《中华人民共和国婚姻法》《中华人民共和国继承法》为主干,精准、全面、深入解析现行婚姻家庭法律的系列著作。

　　为拓展婚姻家庭法学研究的广度,加深其深度,方便法律人更好地理解、适用婚姻家庭和继承法律,中国婚姻家庭法学研究会和厦门大学出版社共同策划、组织出版"家事法评注丛书"。该丛书借鉴《德国法典评注》的体例,按照现行《中华人民共和国婚姻法》《中华人民共和国收养法》《中华人民共和国继承法》等法律的结构,逐章、逐条地予以评注。本评注丛书详细讲解、透彻分析法律中的每一个法条,释明法条的由来、意义和内涵,以及法条与相关法条之间、法条与最高人民法院相关司法解释之间的关系,引述重要或者关键性的法院判例、学术观点等。

　　"家事法评注丛书"的出版在中国大陆尚属首次,意义重大。中国婚姻家庭法学研究会依托其雄厚的学术资源,邀请教学经验丰富和科研能力强的资深教授担任主编,并约请本领域的专家、学者共同撰稿,作者阵容强大,著述权威。中国婚姻家庭法学研究会会长、中国政法大学民商经济法学院夏吟兰教授,中国婚姻家庭法学研究会常务副会长、中国人民大学法学院龙翼飞教授担任总主编,中国婚姻家庭法学研究会副会长、厦门大学法学院蒋月教授担任执行总主编。我们期望本丛书作为高端法学学术精品,以高质量、高品位服务于法学教育、法学研究和法律实践,成为读者查找、理解和适用家事法律的专业工具书,并在民法法典化的进程中为相关法律制度的修改与完善提供重要参考。

　　本评注丛书的编撰和出版历时多年。2011 年 11 月,中国法学会婚姻法学研究会年会暨中国婚姻家庭法学研究会第一次会员代表大会在厦门大学举行。在此期间,中国婚姻家庭法学研究会与厦门大学出版社经深入磋商,达成合作协议。中国婚姻家庭法学研究会组织本学会知名专家、学者潜心撰写本丛书,由厦门大学出版社精心组织出版。

　　"家事法评注丛书"共计 11 卷,各卷分别如下:《中华人民共和国婚姻法评注·总则》《中华人民共和国婚姻法评注·结婚》《中华人民共和国婚姻法评注·夫妻关系》《中华人民共和国婚姻法评注·家庭关系》《中华人民共和国婚姻法评注·离婚》《中华人民共和国婚姻法评注·救助措施与法律责任》《中华人民共和国收养法评注》《中华人民共和国继承法评注·总则》《中华人民共和国继承法评注·法定继承》《中华人民共和国继承法评注·遗嘱继承和遗赠》《中华人民共和国继承法评注·遗产的处理》。

中国婚姻家庭法学研究会名誉会长、中国人民大学法学院教授杨大文先生是"家事法评注丛书"的学术顾问之一，非常关心本丛书的出版，但在丛书付梓出版之际，杨教授已仙逝。我们仅以本丛书向我们尊敬和爱戴的名誉会长杨大文教授表示崇高的敬意和深切的缅怀！

推动婚姻家庭法和继承法的教学、科研和法律服务之进步，推进婚姻家庭法治事业之发展，是我们的责任与使命，是我们的光荣与梦想。我们期待本评注丛书在我国依法治国及家庭建设的进程中发挥积极的作用。

"家事法评注丛书"编委会

2017 年 6 月

目录

第一编

序 论

第一章

继承与继承法

第一节　继承的概念与本质

一、继承的概念

"继承"一词,从人文社会科学的不同角度来考量,有诸多含义。

继承的第一种含义,是从社会学角度来观察的,泛指人类社会发展过程中,后人对前人建立的政治制度、经济制度、文化制度、人口制度、军事制度、法律制度、教育制度、科技制度、环境制度等各种社会制度和构成社会制度内容的思想观念、行为规范、组织体系、物质资料、象征设备等的承袭。

继承的第二种含义,是从历史学的角度来考虑的,意指后世对前世创造的一切文化成果的传承。例如人们的发明、创造、思想、信仰、风俗、习惯等文化的世代相袭。

继承的第三种含义,是从经济学的角度来分析的,是指社会成员对社会财富的一种分配方式。通过这种分配方式,一部分社会成员合法地获得了死者死亡时遗留的社会财富。

继承的第四种含义,是从法学的角度来阐释的,是指生存者对死亡者生前享有权利的转移,包括生存者对死亡者身份的承袭和财产的承受。例如生存者对死亡者王位、爵位和其他人身特权的承袭,对死亡者所遗留财产权利的承受。①

继承的第五种含义,是从现代民法学的角度来说明的,仅指自然人死亡时其遗留的个人财产依法转移给继承人承受的法律制度。② 当代世界各国的财产继承法律制度,均将继承的标的限定在财产范围内。《中华人民共和国民法总则》(以下简称《民法总则》)第 124 条规定:"自然人依法享有继承权。自然人合法的私有财产,可以依法继承。"按照这种法律制度的规则,遗留财产的自然人为被继承人,取得被继承人遗留财产的人为继承人,自然人死亡时遗留的个人财产为遗产,依照法律规定或死者生前所立的合法有效遗嘱取得被继承人遗产的权利为继承权。

二、继承制度的本质

继承制度作为一种法律制度,是构筑在一定社会经济基础之上的社会上层建筑的一部分。在不同的历史发展时期,特定的社会经济基础的性质和发展,从根本上决定了该时期继

---

① 刘素萍、杨大文、龙翼飞:《继承法》,中国人民大学出版社 1988 年版,第 3 页。

② 佟柔、刘素萍、龙翼飞:《继承法教程》,法律出版社 1986 年版,第 1 页。

承法律制度的性质和机制,并维护和促进着该时期社会经济基础的稳固与发展。①

继承制度除了反映与维系一定历史发展时期的社会经济基础发展要求外,还与该历史发展时期的社会上层建筑的其他部分存在着紧密的联系。例如,一定社会发展时期的继承制度与政治制度、婚姻家庭制度、法律制度、道德规范、宗教文化等息息相关,②由此决定了不同社会发展时期的继承制度呈现出不同的特点。现行的中华人民共和国继承制度,直接反映了以公有制为主体、多种所有制经济共同发展的基本经济制度的客观要求,是维护自然人合法私有财产传承的民事利益的民事法律制度。在该制度中,保护自然人依法享有继承权,首先成为国家的责任;自然人基于婚姻、血缘和法律拟制而依法享有继承被继承人遗产的资格;自然人继承权的实现,得到了法律制度的全面保障;继承人之间分配遗产时,应当遵循互助互让、团结和睦的原则。

第二节　继承法

一、继承法的概念

现代民法学上的继承法,是调整自然人死亡时其遗留的个人合法财产依法转移给继承人承受的民事法律关系的法律规范的总称。③

首先,继承法调整的是财产继承的民事法律关系。继承法作为民法的组成部分,并不调整人身关系,仅规范自然人死亡时其合法私有财产的转移。继承法在本质上属于财产法的范围,由此决定了人身利益不属于继承法的调整范围。

其次,继承法的法律规范在内容上,是以强制性规范为主、任意性规范为辅的。该法律特征是由继承法所规定的继承方式所决定的。在该法中,法律规定了法定继承和遗嘱继承同为继承方式。法定继承的规则具有强制性,法定继承人范围和继承顺序由法律严格规定,当事人不得改变;虽然在遗嘱继承方式中,法律赋予了自然人生前设立遗嘱的民事权利,即遗嘱自由权,但是,自然人设立遗嘱也是受到法律严格限制的,即法律不仅规定了遗嘱设立的严格的形式要件,还规定了禁止自然人滥用遗嘱自由而取消法定继承人继承遗产的权益。

再次,继承法的法律渊源,应当包括规定了保护自然人私有财产继承权立法原则的宪法,系统规定了财产继承权的民法典继承编,以及与继承有关的民事单行法,与继承有关的国际公约,民族自治地方的立法机关制定的关于适用继承法的变通和补充规定,最高审判机关的司法解释以及不违背公序良俗的习惯。

最后,继承法规定的保护继承权的法律责任,仅限于财产责任。该法律特征是由继承权的财产性决定的。

二、继承法的调整对象

继承法的调整对象,是自然人死亡时其遗留的个人合法财产依法转移给继承人承受的

---

① 夏吟兰:《婚姻家庭继承法》,中国政法大学出版社 2012 年版,第 223 页。
② 佟柔、刘素萍、龙翼飞:《继承法教程》,法律出版社 1986 年版,第 12 页。
③ 刘素萍、杨大文、龙翼飞:《继承法》,中国人民大学出版社 1988 年版,第 20 页。

财产继承法律关系。① 该种法律关系有以下特征：

第一，财产继承关系源于自然人的个人财产所有权。在现代社会中，财产继承关系是从自然人的个人财产所有权关系中派生出来的。通过继承的方式，被继承人个人生前合法所有的财产，依法转移给继承人承受。从财产法的角度而言，没有自然人的财产所有权关系，就不可能发生被继承人的财产转移给继承人承受的财产继承法律关系。所以从一定意义上来说，继承关系是财产所有关系的继续，继承权是所有权的延伸和补充。②

第二，财产继承关系与自然人之间的特定身份关系紧密相连。中外的现代继承法律制度虽然取消了身份继承而将继承的对象限定在财产范围内，但是，各国的继承法均将财产继承人限定在与死亡的被继承人存在特定身份关系的社会成员之内。在民法上，亲属的身份是基于婚姻、血缘和法律拟制而产生的。民法将财产继承人限定在具有特定亲属身份的自然人之内，是因为民法充分考虑到了被继承人的个人财产于其死亡之后应当主要用于满足家庭成员的生活所需。因此财产继承关系与自然人之间的特定身份关系紧密相连，就完全符合民法的继承法律制度的立法宗旨。

第三，财产继承关系以自然人死亡的法律事实为发生的原因。所有民事法律关系的发生均源于特定的法律事实。财产继承关系既然是自然人死亡时其遗留的个人合法财产依法转移给继承人承受的法律关系，那么，该种法律关系的发生，只能以自然人死亡的法律事实为原因。

三、继承法在现代法律体系中的地位

在现代法律体系中，继承法是民法的重要组成部分。同时，继承法又与其他法律发生着密切的联系。明晰继承法在现代法律体系中的地位，有助于我们深刻地认识继承法的本质。

（一）继承法以宪法为立法根据

宪法是国家的根本大法，是包括继承法在内的所有实体法和程序法的立法根据。《中华人民共和国宪法》（以下简称《宪法》）第13条规定："公民的合法的私有财产不受侵犯。国家依照法律规定保护公民的私有财产权和继承权。"上述规定必须通过继承法的具体制度性规定的实施，才能真正实现对公民私有财产继承权的保护。《中华人民共和国继承法》第1条明确规定："根据《中华人民共和国宪法》规定，为保护公民的私有财产的继承权，制定本法。"

（二）继承法是民法的重要组成部分

古往今来，世界各国的民法均将继承法律制度纳入其体系内，成为其中不可或缺的重要组成部分。当代中国的民法体系，也将继承法作为其中的财产法律制度。《民法总则》第2条规定："民法调整平等主体的自然人、法人和非法人组织之间的人身关系和财产关系。"该法第124条规定："自然人依法享有继承权。自然人合法的私有财产，可以依法继承。"上述两条法律规定，清晰地表达了继承法在民法中的地位。同属于民法体系的民事主体制度、民事法律行为制度、物权法律制度、债权法律制度、婚姻家庭法律制度、侵权法律制度，与继承

---

① 刘素萍、杨大文、龙翼飞：《继承法》，中国人民大学出版社1988年版，第22页。
② 刘素萍、杨大文、龙翼飞：《继承法》，中国人民大学出版社1988年版，第23页。

法律制度之间存在紧密联系。

（三）继承法确认的继承权需要民事诉讼法的制度保护

继承法属于民事实体法，其确定的民事权利遭受侵害时，需要适用属于民事程序法的民事诉讼法加以制度保护。例如《中华人民共和国民事诉讼法》（以下简称《民事诉讼法》）第2条规定："中华人民共和国民事诉讼法的任务，是保护当事人行使诉讼权利，保证人民法院查明事实，分清是非，正确适用法律，及时审理民事案件，确认民事权利义务关系，制裁民事违法行为，保护当事人的合法权益，教育公民自觉遵守法律，维护社会秩序、经济秩序，保障社会主义建设事业顺利进行。"该法第3条规定："人民法院受理公民之间、法人之间、其他组织之间以及他们相互之间因财产关系和人身关系提起的民事诉讼，适用本法的规定。"上述两条法律规定，准确表达了民事诉讼法对保护包括继承权在内的民事实体法的实现所发挥的特殊法律功能。

（四）继承法规定的继承权受到刑法保护

继承法所规定的继承权是一项财产权利，当该项财产权利遭受侵害并构成犯罪时，刑法对犯罪人的刑事处罚，必将有效保护自然人的继承权。例如，盗窃被继承人遗留的个人合法财产构成盗窃罪的，依照《中华人民共和国刑法》（以下简称《刑法》）第264条规定，应当对犯罪人追究相应的刑事责任，并将被盗窃的遗产返还给继承人。

（五）涉外继承需要适用国际私法的相关法律制度

一般而言，不同国家颁布并实施的继承法，属于国内法，仅对发生在本国内的财产继承关系具有法律效力。但是，在自然人死亡并发生涉外继承关系时，就必须解决不同国家的继承法如何正确适用的法律冲突问题。在现代社会中，国家与国家之间往往通过缔结处理涉外继承的国际公约来解决前述法律冲突问题。此外，许多国家还在其本国的继承法中规定了处理涉外继承的法律冲突规则。例如，《继承法》第36条规定："中国公民继承在中华人民共和国境外的遗产或者继承在中华人民共和国境内的外国人的遗产，动产适用被继承人住所地法律，不动产适用不动产所在地法律。外国人继承在中华人民共和国境内的遗产或者继承在中华人民共和国境外的中国公民的遗产，动产适用被继承人住所地法律，不动产适用不动产所在地法律。中华人民共和国与外国订有条约、协定的，按照条约、协定办理。"

第二章
新中国继承法的立法历程

第一节 新中国继承法律制度的初创

一、新中国成立前的继承法律制度

自 1840 年鸦片战争之后，中国逐渐地沦为半殖民地半封建社会。从清朝末年到北洋军阀时代，旧中国的继承立法活动包括《大清民律草案》的起草和北洋军阀政府编纂的民律草案，其立法内容均具有明显的半殖民地半封建色彩。国民政府于 1930 年 12 月 26 日公布、1931 年 5 月 5 日施行的《中华民国民法·继承编》，一方面保留了封建性的法定继承制度，另一方面又引用了资本主义国家继承法的有关规定，如遗嘱继承制度的相关规则，呈现出半殖民地半封建继承法律制度的本质。该继承编共有三章，计 88 条。第一章"遗产继承人"，第二章"遗产之继承"，第三章"遗嘱"。第一章中规定的法定继承人除配偶外，还分为四个继承顺序：第一顺序继承人是直系血亲卑亲属（亲等近者为先）；第二顺序继承人是父母；第三顺序继承人是兄弟姊妹；第四顺序继承人是祖父母。第一顺序继承人在继承开始前死亡或者丧失继承权的，由其直系血亲卑亲属代位继承。同一顺序的继承人有数人时，按继承人数平均继承，但法律另有规定者不在此限。配偶之间相互享有继承遗产的权利，但是其应继份按照如下规则确定：配偶与第一顺序继承人同时继承时，其应继份与其他继承人相同；与第二、第三顺序继承人同时继承时，其应继份为遗产的二分之一；与第四顺序继承人同时继承时，其应继份为遗产的三分之二；无第一至第四顺序继承人时，其应继份为遗产的全部。该章还规定了法定继承人丧失继承权的法定原因、继承回复请求权和保护继承权的时效制度。第二章规定了遗产的范围、继承人承担清偿被继承人生前所欠债务的责任，还规定了遗产分割的原则与方法。第三章规定了遗嘱的方式，即自书遗嘱、公证遗嘱、密封遗嘱、代笔遗嘱和口授遗嘱，还规定了遗嘱的撤销、特留份的数额和遗赠。1931 年 1 月 24 日国民政府还公布了《民法继承编施行法》，具体规定了继承编的时间效力、女子继承权、消灭时效、立嗣子女的继承顺序及其应继份等规则。[1]

二、《中国人民政治协商会议共同纲领》关于保护人民财产继承权利的宣言

1949 年 9 月 29 日，中国人民政治协商会议第一届全体会议正式通过了具有新中国临

---

[1] 刘素萍、杨大文、龙翼飞：《继承法》，中国人民大学出版社 1988 年版，第 81 页。

时宪法文件性质的《中国人民政治协商会议共同纲领》。该法律文件第 17 条明确规定："废除国民党反动政府一切压迫人民的法律、法令和司法制度,制定保护人民的法律、法令,建立人民司法制度。"《中国人民政治协商会议共同纲领》正式宣告了国民党政府制定的半封建、半殖民地性质的法律制度包括其继承制度在内被彻底废除,保护人民的法律制度包括保护人民的财产继承权利的民事法律制度将施行于全国。①

三、新中国第一部《中华人民共和国婚姻法》规定了家庭成员间的财产继承权

1950 年 5 月 1 日,新中国公布实施《中华人民共和国婚姻法》(以下简称《婚姻法》)。该法彻底废除了半殖民地半封建的旧中国婚姻家庭法律制度,确立了崭新的调整婚姻家庭关系的民事法律制度。该法第 12 条和第 14 条明确规定:"夫妻有互相继承遗产的权利";"父母子女有互相继承遗产的权利"。② 随着该法的贯彻实施,其中所规定的家庭成员间的财产继承权在司法实践中受到了应有的法律保护。

四、新中国第一部《中华人民共和国宪法》明确规定了保护公民的私有财产继承权

1954 年 9 月 20 日,中华人民共和国第一届全国人民代表大会第一次会议通过的《宪法》为保护公民的财产继承权确立了最高的法律依据。该法第 12 条明确规定:"国家依照法律保护公民的私有财产的继承权。"③该项宪法规定为新中国的财产继承法律制度奠定了坚实的法律基础。此后,最高人民法院和司法部等国家机关相继就保护公民私有财产继承权的若干问题发出诸多的司法解释,初步形成了新中国财产继承法律制度的基本内容。

五、"文化大革命"时期公民的私有财产继承权失去了法律保护

从 1966 年至"文化大革命"结束,新中国的社会主义法治建设遭受到严重破坏,公民的私有财产继承权没有得到应有的保护。这种情形的严重影响,一直延续到 1978 年。例如在 1975 年和 1978 年先后颁布的两部宪法中,甚至取消了保护公民私有财产继承权的规定。

第二节　中国改革开放后的立法和司法实践

中国共产党第十一届三中全会以后,国家的社会主义法治建设开始恢复并逐渐加强,保护公民私有财产继承权的司法实践不断丰富,一系列司法解释比较具体地规定了保护公民私有财产继承权的规则。

---

① 佟柔、刘素萍、龙翼飞:《继承法教程》,法律出版社 1986 年版,第 2 页。
② 佟柔、刘素萍、龙翼飞:《继承法教程》,法律出版社 1986 年版,第 2 页。
③ 佟柔、刘素萍、龙翼飞:《继承法教程》,法律出版社 1986 年版,第 3 页。

一、最高人民法院第二次全国民事审判工作会议作出的保护公民私有财产继承权的司法解释

1978 年 12 月至 1979 年 1 月,最高人民法院召开了第二次全国民事审判工作会议。该次会议针对司法审判实践中出现的民事纠纷司法审判问题,提出了《最高人民法院关于贯彻执行民事政策法律的意见》,对保护民事主体民事权利包括保护公民私有财产继承权作出了具体的司法解释。① 按照该司法解释,被继承人的遗产首先应当由配偶、子女和父母继承;子女先于父母去世的,由其孙子女、外孙子女代位继承;如果没有配偶、子女和父母,由祖父母、外祖父母和兄弟姐妹继承被继承人的遗产;兄弟姐妹之间关系恶劣的,可不准其继承;同一顺序的继承人分配遗产时首先应当照顾未成年和无劳动能力的人,其次应考虑对被继承人所尽的义务和继承人生产、生活上的实际需要;对虐待或遗弃被继承人的,也可不准其继承;遗嘱继承应当承认,但遗嘱不得违背国家的政策法律,也不能取消未成年人、无劳动能力或生活有困难的法定继承人的继承权;无法定继承人又无遗嘱的,其遗产应收归国有或集体所有;被继承人生前的合法债务,应当从遗产中偿还。

二、1980 年《中华人民共和国婚姻法》确认家庭成员的继承权

1980 年 9 月 10 日,第五届全国人民代表大会第三次会议修订通过了《婚姻法》。该法在第 18 条中明确规定:"夫妻有相互继承遗产的权利。父母和子女有相互继承遗产的权利。"② 上述规定为我国《继承法》的制定,提供了重要的立法依据。

三、1982 年《中华人民共和国宪法》确立的保护公民私有财产继承权的原则

1982 年 12 月 4 日,第五届全国人民代表大会第五次会议通过了《宪法》。该法第 13 条中明确规定:"国家保护公民的合法的收入、储蓄、房屋和其他合法财产的所有权。国家依照法律规定保护公民的私有财产的继承权。"③ 该规定为我国《继承法》的制定,提供了作为国家根本大法的立法依据。

四、最高人民法院第四次全国民事审判工作会议对保护公民私有财产继承权作出的新司法解释

1984 年 6 月 28 日至 7 月 8 日,最高人民法院召开了第四次全国民事审判工作会议。该次会议针对中国改革开放初期所出现的民事纠纷的新情况和新问题,提出了内容新颖的《最高人民法院关于贯彻执行民事政策法律若干问题的意见》,对保护民事主体民事权利包括保护公民私有财产继承权作出了崭新的规定。④ 该司法解释第五部分具体规定了人民法院审理继承案件应遵循的司法规则。具体司法解释如下。

---

① 佟柔、刘素萍、龙翼飞:《继承法教程》,法律出版社 1986 年版,第 3 页。
② 王怀安、林准、顾明等:《中华人民共和国法律全书》,吉林人民出版社 1989 年版,第 480 页。
③ 王怀安、林准、顾明等:《中华人民共和国法律全书》,吉林人民出版社 1989 年版,第 6 页。
④ 佟柔、刘素萍、龙翼飞:《继承法教程》,法律出版社 1986 年版,第 3 页。

（一）人民法院审理继承案件应当坚持的司法原则

人民法院审理继承案件应根据宪法、婚姻法和有关政策法律的规定,坚持男女平等、养老育幼,保护继承人的合法继承权,发扬互助互让、和睦团结的道德风尚,巩固和改善社会主义家庭关系。

（二）继承的开始

继承人取得遗产的权利应从被继承人死亡或宣告死亡时开始,分割遗产的时间不能作为继承开始的时间,放弃继承的效力追溯到继承开始的时间。

（三）遗产的范围

遗产只限于被继承人所有的财产。遗产与夫妻或家庭共有财产结合在一起的,处理时,应先将遗产从共有财产中划分出来,然后分割。

（四）继承权的放弃或被剥夺

继承开始后,遗产分割前,继承人声明放弃继承权或依法被剥夺了继承权的,其应继份额应当由其他法定继承人继承。如果放弃继承或被剥夺了继承权的人是唯一的合法继承人时,被继承人的遗产则应收归国家或集体组织所有。

（五）法定继承人范围的特殊规定

1. 继父、继母与继子女之间,已形成扶养关系的,互有继承权。继子女继承了继父母遗产后,仍有继承生父母遗产的权利。

2. "过继"子女与"过继"父母形成扶养关系的,即为养子女,互有继承权;如系封建性的"过继""立嗣",没有形成扶养关系的,不能享有继承权。

3. 丧失配偶的儿媳与公婆之间、丧失配偶的女婿与岳父母之间,已经形成扶养关系至一方死亡的,互有继承权。儿媳或女婿继承了公婆或岳父母遗产的,仍有继承生父母遗产的权利。

（六）法定继承顺序

在没有第一顺序继承人或者第一顺序继承人全部放弃或者丧失继承权时,遗产由第二顺序继承人继承。在有第一顺序继承人继承的情况下,如第二顺序继承人对被继承人尽过较多义务或不能独立生活、依靠被继承人抚养的,在分割遗产时应给予适当照顾。

（七）代位继承

被继承人的子女先于被继承人死亡的,应由其晚辈直系亲属代位继承。代位继承人不论人数多少,只能继承其父母应继承的那一份遗产。

（八）法定继承方式中的遗产分配

1. 同一顺序法定继承人之间分割遗产时,如果继承人的情况基本相近,一般可以平均分配。但对未成年、无生活来源或对被继承人尽义务较多的继承人,应予照顾。对有扶养能力而不尽义务的继承人,可酌情少分或不分给遗产。

2. 法定继承人范围以外,依靠被继承人生活的未成年或无劳动能力的人,以及对死者给过较多扶助的人,应当在遗产中适当分给他们一部分。

（九）遗嘱继承

1. 公民依法用遗嘱处分自己的财产,应予承认和保护。但所立遗嘱如违反有关法律、政策的规定,或者取消了未成年和无生活来源的法定继承人的份额,处分了不属于他个人的财产,以及违背了遗嘱人的真实意思的,不予保护。

2. 遗嘱人立有两个以上合法的遗嘱,而内容互相矛盾的,原则上应以后立的遗嘱为准。因遗嘱全部无效或部分无效而无法按遗嘱继承处分的遗产,以及遗嘱未处分的那部分遗产,依法定继承处理。

（十）遗产的处理

1. 被继承人生前经营的山林、水利、养殖、种植等专业的合法收益,应准许合法继承人继承。

2. 由国家或集体负责生活费用的烈属和享受社会救济的城市居民,其遗产仍应准许合法继承人继承。

3.“五保户”遗产,原则上应归集体组织所有。实行“五保”时,双方有协议的按协议处理。没有协议的,如死者有遗嘱或法定继承人要求继承的,在扣还死者生前的合法债务和“五保”费用后,按法定继承或遗嘱继承处理。

4. 夫妻一方死亡后,另一方再婚或迁徙,可将本人及所抚养的子女应继承的遗产带走,遗产不便带走的,可折价处理。

5. 被继承人生前所欠的合法债务,应从遗产中偿还。继承人对被继承人的债务,应在遗产实际价值范围内负清偿责任。因继承人能尽而不尽扶养义务所欠的债务,即使遗产不足清偿,继承人仍应负清偿责任。

继承人有两个以上的,应根据各自的经济情况,合理分担被继承人的债务。

6. 继承开始后,在分割或处分遗产时,继承人明知而未主张权利,事后又要求继承的,一般不予支持。

7. 继承人在继承开始后,遗产分割前死亡的,其应继份额由他的法定继承人继承。

8. 继承人对被继承人生前有虐待、遗弃、杀害等行为的,应剥夺继承权。

最高人民法院作出的上述司法解释,不但为各级人民法院正确处理继承纠纷案件提出了统一的司法裁判规则,而且为制定新中国的第一部继承法提供了丰富的素材。

第三章
《中华人民共和国继承法》的颁布和实施

> 1985 年 4 月 10 日,第六届全国人民代表大会第三次会议正式通过了《中华人民共和国继承法》。该部法律的颁布和实施,标志着新中国的社会主义财产继承法律制度进入了崭新的阶段,中国的财产继承法具有系统、完整和可操作的法典化的法律形式,有效地保护了公民的私有财产继承权。[1]

第一节 《中华人民共和国继承法》的主要内容

《中华人民共和国继承法》分为五章,共计 37 条。该法的主要内容如下。

一、总则

第一章"总则"具体规定了该法的立法目的,继承的开始,遗产的范围,承包与继承的关系,继承的方式,无行为能力的人、限制行为能力人继承权、受遗赠权的行使,继承权的丧失和保护继承权的诉讼时效。具体规定如下:

1. 继承法的立法目的

根据《宪法》规定,为保护公民的私有财产的继承权,制定本法。

2. 继承的开始

继承从被继承人死亡时开始。

3. 遗产的范围

遗产是公民死亡时遗留的个人合法财产,包括:

(1)公民的收入;

(2)公民的房屋、储蓄和生活用品;

(3)公民的林木、牲畜和家禽;

(4)公民的文物、图书资料;

(5)法律允许公民所有的生产资料;

(6)公民的著作权、专利权中的财产权利;

(7)公民的其他合法财产。

4. 个人承包的收益在继承中的实现

个人承包应得的个人收益,依照本法规定继承。个人承包,依照法律允许由继承人继续

---

[1] 佟柔、刘素萍、龙翼飞:《继承法教程》,法律出版社 1986 年版,第 3 页。

承包的,按照承包合同办理。

5. 遗产处理的顺序

继承开始后,按照法定继承办理;有遗嘱的,按照遗嘱继承或者遗赠办理;有遗赠扶养协议的,按照协议办理。

6. 未成年人继承权与受遗赠权的实现

无行为能力人的继承权、受遗赠权,由他的法定代理人代为行使。

限制行为能力人的继承权、受遗赠权,由他的法定代理人代为行使,或者征得法定代理人同意后行使。

7. 继承权的丧失

继承人有下列行为之一的,丧失继承权:

(1)故意杀害被继承人的;

(2)为争夺遗产而杀害其他继承人的;

(3)遗弃被继承人的,或者虐待被继承人情节严重的;

(4)伪造、篡改或者销毁遗嘱,情节严重的。

8. 保护继承权的诉讼时效

继承权纠纷提起诉讼的期限为二年,自继承人知道或者应当知道其权利被侵犯之日起计算。但是,自继承开始之日起超过二十年的,不得再提起诉讼。

二、法定继承

在第二章"法定继承"中,该法规定了继承权的男女平等原则、法定继承人的范围和继承顺序、代位继承、丧偶儿媳和丧偶女婿在特定情形下的继承权、法定继承方式的遗产分配、酌情分得遗产的权利和法定继承的争议解决方式。具体规定如下:

1. 继承权男女平等原则

继承权男女平等。

2. 法定继承人范围和继承顺序

遗产按照下列顺序继承:

第一顺序:配偶、子女、父母。

第二顺序:兄弟姐妹、祖父母、外祖父母。

继承开始后,由第一顺序继承人继承,第二顺序继承人不继承。没有第一顺序继承人继承的,由第二顺序继承人继承。

本法所说的子女,包括婚生子女、非婚生子女、养子女和有扶养关系的继子女。

本法所说的父母,包括生父母、养父母和有扶养关系的继父母。

本法所说的兄弟姐妹,包括同父母的兄弟姐妹、同父异母或者同母异父的兄弟姐妹、养兄弟姐妹、有扶养关系的继兄弟姐妹。

3. 代位继承

被继承人的子女先于被继承人死亡的,由被继承人的子女的晚辈直系血亲代位继承。代位继承人一般只能继承他的父亲或者母亲有权继承的遗产份额。

4. 丧偶儿媳和丧偶女婿在特定情形下的继承权

丧偶儿媳对公、婆,丧偶女婿对岳父、岳母,尽了主要赡养义务的,作为第一顺序继承人。

5. 法定继承方式的遗产分配

同一顺序继承人继承遗产的份额，一般应当均等。

对生活有特殊困难的缺乏劳动能力的继承人，分配遗产时，应当予以照顾。

对被继承人尽了主要扶养义务或者与被继承人共同生活的继承人，分配遗产时，可以多分。

有扶养能力和有扶养条件的继承人，不尽扶养义务的，分配遗产时，应当不分或者少分。

继承人协商同意的，也可以不均等。

6. 酌情分得遗产的权利

对继承人以外的依靠被继承人扶养的缺乏劳动能力又没有生活来源的人，或者继承人以外的对被继承人扶养较多的人，可以分配给他们适当的遗产。

7. 法定继承的争议解决方式

继承人应当本着互谅互让、和睦团结的精神，协商处理继承问题。遗产分割的时间、办法和份额，由继承人协商确定。协商不成的，可以由人民调解委员会调解或者向人民法院提起诉讼。

三、遗嘱继承和遗赠

在第三章"遗嘱继承和遗赠"中，该法规定了公民的立遗嘱权、遗嘱的形式、遗嘱见证人、遗嘱内容的限制、遗嘱的撤销与变更、附义务的遗嘱和遗嘱的无效。具体规定如下：

1. 公民的立遗嘱权

公民可以依照本法规定立遗嘱处分个人财产，并可以指定遗嘱执行人。

公民可以立遗嘱将个人财产指定由法定继承人的一人或者数人继承。

公民可以立遗嘱将个人财产赠给国家、集体或者法定继承人以外的人。

2. 遗嘱的形式

公证遗嘱由遗嘱人经公证机关办理。

自书遗嘱由遗嘱人亲笔书写，签名，注明年、月、日。

代书遗嘱应当有两个以上见证人在场见证，由其中一人代书，注明年、月、日，并由代书人、其他见证人和遗嘱人签名。

以录音形式立的遗嘱，应当有两个以上见证人在场见证。

遗嘱人在危急情况下，可以立口头遗嘱。口头遗嘱应当有两个以上见证人在场见证。危急情况解除后，遗嘱人能够用书面或者录音形式立遗嘱的，所立的口头遗嘱无效。

3. 遗嘱见证人

下列人员不能作为遗嘱见证人：

(1)无行为能力人、限制行为能力人；

(2)继承人、受遗赠人；

(3)与继承人、受遗赠人有利害关系的人。

4. 遗嘱内容的限制

遗嘱应当对缺乏劳动能力又没有生活来源的继承人保留必要的遗产份额。

5. 遗嘱的撤销与变更

遗嘱人可以撤销、变更自己所立的遗嘱。

立有数份遗嘱,内容相抵触的,以最后的遗嘱为准。

自书、代书、录音、口头遗嘱,不得撤销、变更公证遗嘱。

6.附义务的遗嘱

遗嘱继承或者遗赠附有义务的,继承人或者受遗赠人应当履行义务。没有正当理由不履行义务的,经有关单位或者个人请求,人民法院可以取消他接受遗产的权利。

7.遗嘱的无效

无行为能力人或者限制行为能力人所立的遗嘱无效。

遗嘱必须表示遗嘱人的真实意思,受胁迫、欺骗所立的遗嘱无效。

伪造的遗嘱无效。

遗嘱被篡改的,篡改的内容无效。

四、遗产的处理

在第四章中,该法规定了遗产的处理规则,包括继承开始的通知、遗产的保管、继承和遗赠的接受与放弃、遗产与其他共有财产的区分、法定继承与遗嘱继承的适用、胎儿继承利益的保护、遗产分割的规则和方法、生存配偶再婚时对所继承遗产的处分权、遗赠扶养协议、无人继承又无人受遗赠的遗产、继承与债务清偿、遗赠与债务清偿。具体规定如下:

1.继承开始的通知

继承开始后,知道被继承人死亡的继承人应当及时通知其他继承人和遗嘱执行人。继承人中无人知道被继承人死亡或者知道被继承人死亡而不能通知的,由被继承人生前所在单位或者住所地的居民委员会、村民委员会负责通知。

2.遗产的保管

存有遗产的人,应当妥善保管遗产,任何人不得侵吞或者争抢。

3.继承和遗赠的接受与放弃

继承开始后,继承人放弃继承的,应当在遗产处理前,作出放弃继承的表示。没有表示的,视为接受继承。

受遗赠人应当在知道受遗赠后两个月内,作出接受或者放弃受遗赠的表示。到期没有表示的,视为放弃受遗赠。

4.遗产与其他共有财产的区分

夫妻在婚姻关系存续期间所得的共同所有的财产,除有约定的以外,如果分割遗产,应当先将共同所有的财产的一半分出为配偶所有,其余的为被继承人的遗产。

遗产在家庭共有财产之中的,遗产分割时,应当先分出他人的财产。

5.法定继承与遗嘱继承的适用

有下列情形之一的,遗产中的有关部分按照法定继承办理:

(1)遗嘱继承人放弃继承或者受遗赠人放弃受遗赠的;

(2)遗嘱继承人丧失继承权的;

(3)遗嘱继承人、受遗赠人先于遗嘱人死亡的;

(4)遗嘱无效部分所涉及的遗产;

(5)遗嘱未处分的遗产。

6.胎儿继承利益的保护

遗产分割时,应当保留胎儿的继承份额。胎儿出生时是死体的,保留的份额按照法定继承办理。

7. 遗产分割的规则和方法

遗产分割应当有利于生产和生活需要,不损害遗产的效用。

不宜分割的遗产,可以采取折价、适当补偿或者共有等方法处理。

8. 生存配偶再婚时对所继承遗产的处分权

夫妻一方死亡后另一方再婚的,有权处分所继承的财产,任何人不得干涉。

9. 遗赠扶养协议

公民可以与扶养人签订遗赠扶养协议。按照协议,扶养人承担该公民生养死葬的义务,享有受遗赠的权利。

公民可以与集体所有制组织签订遗赠扶养协议。按照协议,集体所有制组织承担该公民生养死葬的义务,享有受遗赠的权利。

10. 无人继承又无人受遗赠的遗产

无人继承又无人受遗赠的遗产,归国家所有;死者生前是集体所有制组织成员的,归所在集体所有制组织所有。

11. 继承与债务清偿

继承遗产应当清偿被继承人依法应当缴纳的税款和债务,缴纳税款和清偿债务以他的遗产实际价值为限。超过遗产实际价值部分,继承人自愿偿还的不在此限。

继承人放弃继承的,对被继承人依法应当缴纳的税款和债务可以不负偿还责任。

12. 遗赠与债务清偿

执行遗赠不得妨碍清偿遗赠人依法应当缴纳的税款和债务。

五、附则

在第五章"附则"中,该法规定了民族自治地方关于财产继承的变通或补充规定、涉外继承和继承法的生效日期。具体规定如下:

1. 民族自治地方关于财产继承的变通或补充规定

民族自治地方的人民代表大会可以根据本法的原则,结合当地民族财产继承的具体情况,制定变通的或者补充的规定。自治区的规定,报全国人民代表大会常务委员会备案。自治州、自治县的规定,报省或者自治区的人民代表大会常务委员会批准后生效,并报全国人民代表大会常务委员会备案。

2. 涉外继承

中国公民继承在中华人民共和国境外的遗产或者继承在中华人民共和国境内的外国人的遗产,动产适用被继承人住所地法律,不动产适用不动产所在地法律。

外国人继承在中华人民共和国境内的遗产或者继承在中华人民共和国境外的中国公民的遗产,动产适用被继承人住所地法律,不动产适用不动产所在地法律。

中华人民共和国与外国订有条约、协定的,按照条约、协定办理。

3. 继承法的生效日期

《继承法》自 1985 年 10 月 1 日起施行。

第二节 《中华人民共和国继承法》的中国特色社会主义性质

《中华人民共和国继承法》是一部具有中国特色社会主义性质的继承法典,具体表现在如下几个方面。

一、《继承法》贯彻马克思列宁主义关于继承制度的科学思想

马克思列宁主义经典作家在运用历史唯物主义的观点分析财产继承权法律制度时,提出了一系列科学思想。

首先,财产继承权的确认和保护,是由一定社会发展时期国家的经济基础的性质决定的,并反映着该社会发展时期上层建筑其他领域的要求。

其次,在社会主义阶段,国家应当根据社会经济发展的需要采取法律手段保护公民对其劳动成果的所有权和继承权。

最后,制定社会主义的继承法律制度应体现社会主义核心价值观并吸收人类法律文化的优秀成果。

二、《继承法》体现了当代中国继承法律制度的社会主义本质要求

首先,该法根据我国宪法所确立的社会主义基本经济制度的发展要求,确立了保护公民个人财产所有权和继承权的基本要求。

其次,该法将实现社会主义阶段婚姻家庭职能和家庭和睦团结作为其核心立法思想。

再次,该法充分体现了公民在法律面前人人平等的原则。

最后,该法全面反映了当代中国社会主义核心价值观的基本要求。

三、《继承法》反映了改革开放给公民个人财产的积累和使用所带来的崭新变化和崭新要求

首先,该法关于遗产范围的规定确认公民的个人劳动所得和其他合法方式所得可以在其死亡时作为遗产转移给继承人和其他社会成员与社会组织。

其次,该法确认经济体制改革中公民个人承包所产生的收益可以列入遗产范围,公民生前享有的承包经营权也可按承包合同的规定依法转移给继承人继续享有和行使。

再次,该法确认公民可以在生前与其他社会成员和社会组织订立遗赠扶养协议,从而有效地保障遗赠人和扶养人双方的合法权益。

最后,该法确认公民享有的知识产权及其所得收益可以作为遗产由继承人依法继承。

四、《继承法》具有鲜明的中国特色

第一,该法通过规定一系列具体制度,传承了中华民族在继承领域长期保持的遗产继承应当有利于家庭养老育幼的优良传统。例如,该法规定了法定继承人中对被继承人尽了主要扶养义务的人,分配遗产时可适当多分;法定继承人中属于缺乏劳动能力又没有生活来源的,在分配遗产时应当给予照顾;公民立遗嘱时应当为缺乏劳动能力又没有生活来源的法定继承人保留必要的遗产份额;鼓励丧偶儿媳和丧偶女婿对公婆或岳父母尽赡养义务,将该种

情形下的尽了主要赡养义务的丧偶儿媳和丧偶女婿作为第一顺序法定继承人,取得被继承人的相应遗产;鼓励社会成员互爱互助,通过订立和执行遗赠扶养协议,实现社会成员的生存利益和发展要求。

第二,该法倡导婚姻家庭成员在处理遗产分割和继承纠纷时遵循互谅互让、团结和睦的立法精神,协商解决遗产的归属与利用问题。

第三,该法贯彻了我国宪法规定的民族平等原则,充分尊重少数民族关于遗产继承问题的风俗习惯,允许民族自治地方的人民代表大会根据继承法的原则,结合当地民族财产继承的具体情况,制定变通或者补充的规定,从而实现对少数民族社会成员继承利益的充分保护。①

第三节　《中华人民共和国继承法》的实施

为了保证《中华人民共和国继承法》的正确实施,最高人民法院于 1985 年 9 月 11 日提出了《最高人民法院关于贯彻执行〈继承法〉若干问题的意见》(以下简称《继承法意见》)。②该司法解释的主要内容如下。

第六届全国人民代表大会第三次会议通过的《继承法》,是我国公民处理继承问题的准则,是人民法院正确、及时审理继承案件的依据。人民法院贯彻执行继承法,要根据社会主义的法制原则,坚持继承权男女平等,贯彻互相扶助和权利义务相一致的精神,依法保护公民的私有财产的继承权。

为了正确贯彻执行继承法,最高人民法院根据继承法的有关规定和审判实践经验,对审理继承案件中具体适用继承法的一些问题,提出以下意见,供各级人民法院在审理继承案件时试行。

一、关于总则部分

1. 继承从被继承人生理死亡或被宣告死亡时开始。

失踪人被宣告死亡的,以法院判决中确定的失踪人的死亡日期,为继承开始的时间。

2. 相互有继承关系的几个人在同一事件中死亡,如不能确定死亡先后时间的,推定没有继承人的人先死亡。死亡人各自都有继承人的,如几个死亡人辈份不同,推定长辈先死亡;几个死亡人辈份相同,推定同时死亡,彼此不发生继承,由他们各自的继承人分别继承。

3. 公民可继承的其他合法财产包括有价证券和履行标的为财物的债权等。

4. 承包人死亡时尚未取得承包收益的,可把死者生前对承包所投入的资金和所付出的劳动及其增值和孳息,由发包单位或者接续承包合同的人合理折价、补偿,其价额作为遗产。

---

① 佟柔、刘素萍、龙翼飞:《继承法教程》,法律出版社 1986 年版,第 5 页。

② 王怀安、林准、顾明等:《中华人民共和国法律全书》,吉林人民出版社 1989 年版,第 346 页。

5. 被继承人生前与他人订有遗赠扶养协议,同时又立有遗嘱的,继承开始后,如果遗赠扶养协议与遗嘱没有抵触,遗产分别按协议和遗嘱处理;如果有抵触,按协议处理,与协议抵触的遗嘱全部或部分无效。

6. 遗嘱继承人依遗嘱取得遗产后,仍有权依继承法第十三条的规定取得遗嘱未处分的遗产。

7. 不满六周岁的儿童、精神病患者,可以认定其为无行为能力人。已满六周岁,不满十八周岁的未成年人,应当认定其为限制行为能力人。

8. 法定代理人代理被代理人行使继承权、受遗赠权,不得损害被代理人的利益。法定代理人一般不能代理被代理人放弃继承权、受遗赠权。明显损害被代理人利益的,应认定其代理行为无效。

9. 在遗产继承中,继承人之间因是否丧失继承权发生纠纷,诉讼到人民法院的,由人民法院根据继承法第七条的规定,判决确认其是否丧失继承权。

10. 继承人虐待被继承人情节是否严重,可以从实施虐待行为的时间、手段、后果和社会影响等方面认定。

虐待被继承人情节严重的,不论是否追究刑事责任,均可确认其丧失继承权。

11. 继承人故意杀害被继承人的,不论是既遂还是未遂,均应确认其丧失继承权。

12. 继承人有继承法第七条第(一)项或第(二)项所列之行为,而被继承人以遗嘱将遗产指定由该继承人继承的,可确认遗嘱无效,并按继承法第七条的规定处理。

13. 继承人虐待被继承人情节严重的,或者遗弃被继承人的,如以后确有悔改表现,而且被虐待人、被遗弃人生前又表示宽恕,可不确认其丧失继承权。

14. 继承人伪造、篡改或者销毁遗嘱,侵害了缺乏劳动能力又无生活来源的继承人的利益,并造成其生活困难的,应认定其行为情节严重。

15. 在诉讼时效期间内,因不可抗拒的事由致继承人无法主张继承权利的,人民法院可按中止诉讼时效处理。

16. 继承人在知道自己的权利受到侵犯之日起的二年之内,其遗产继承权纠纷确在人民调解委员会进行调解期间,可按中止诉讼时效处理。

17. 继承人因遗产继承纠纷向人民法院提起诉讼,诉讼时效即为中断。

18. 自继承开始之日起的第十八年后至第二十年期间内,继承人才知道自己的权利被侵犯的,其提起诉讼的权利,应当在继承开始之日起的二十年之内行使,超过二十年的,不得再行提起诉讼。

二、关于法定继承部分

19. 被收养人对养父母尽了赡养义务,同时又对生父母扶养较多的,除可依继承法第10条的规定继承养父母的遗产外,还可依继承法第十四条的规定分得生父母的适当的遗产。

20. 在旧社会形成的一夫多妻家庭中,子女与生母以外的父亲的其他配偶之间形成扶养关系的,互有继承权。

21. 继子女继承了继父母遗产的,不影响其继承生父母的遗产。

继父母继承了继子女遗产的,不影响其继承生子女的遗产。

22. 收养他人为养孙子女,视为养父母与养子女关系的,可互为第一顺序继承人。

23. 养子女与生子女之间、养子女与养子女之间,系养兄弟姐妹,可互为第二顺序继承人。

被收养人与其亲兄弟姐妹之间的权利义务关系,因收养关系的成立而消除,不能互为第二顺序继承人。

24. 继兄弟姐妹之间的继承权,因继兄弟姐妹之间的扶养关系而发生。没有扶养关系的,不能互为第二顺序继承人。

继兄弟姐妹之间相互继承了遗产的,不影响其继承亲兄弟姐妹的遗产。

25. 被继承人的孙子女、外孙子女、曾孙子女、外曾孙子女都可以代位继承,代位继承人不受辈数的限制。

26. 被继承人的养子女、已形成扶养关系的继子女的生子女可代位继承;被继承人亲生子女的养子女可代位继承;被继承人养子女的养子女可代位继承;与被继承人已形成扶养关系的继子女的养子女也可以代位继承。

27. 代位继承人缺乏劳动能力又没有生活来源,或者对被继承人尽过主要赡养义务的,分配遗产时,可以多分。

28. 继承人丧失继承权的,其晚辈直系血亲不得代位继承。如该代位继承人缺乏劳动能力又没有生活来源,或对被继承人尽赡养义务较多的,可适当分给遗产。

29. 丧偶儿媳对公婆、丧偶女婿对岳父、岳母,无论其是否再婚,依继承法第十二条规定作为第一顺序继承人时,不影响其子女代位继承。

30. 对被继承人生活提供了主要经济来源,或在劳务等方面给予了主要扶助的,应当认定其尽了主要赡养义务或主要扶养义务。

31. 依继承法第十四条规定可以分给适当遗产的人,分给他们遗产时,按具体情况可多于或少于继承人。

32. 依继承法第十四条规定可以分给适当遗产的人,在其依法取得被继承人遗产的权利受到侵犯时,本人有权以独立的诉讼主体的资格向人民法院提起诉讼。但在遗产分割时,明知而未提出请求的,一般不予受理;不知而未提出请求,在二年以内起诉的,应予受理。

33. 继承人有扶养能力和扶养条件,愿意尽扶养义务,但被继承人因有固定收入和劳动能力,明确表示不要求其扶养的,分配遗产时,一般不应因此而影响其继承份额。

34. 有扶养能力和扶养条件的继承人虽然与被继承人共同生活,但对需要扶养的被继承人不尽扶养义务,分配遗产时,可以少分或者不分。

三、关于遗嘱继承部分

35. 继承法实施前订立的,形式上稍有欠缺的遗嘱,如内容合法,又有充分证据证明确为遗嘱人真实意思表示的,可以认定遗嘱有效。

36. 继承人、受遗赠人的债权人、债务人,共同经营的合伙人,也应当视为与继承人、受遗赠人有利害关系,不能作为遗嘱的见证人。

37. 遗嘱人未保留缺乏劳动能力又没有生活来源的继承人的遗产份额,遗产处理时,应当为该继承人留下必要的遗产,所剩余的部分,才可参照遗嘱确定的分配原则处理。

继承人是否缺乏劳动能力又没有生活来源,应按遗嘱生效时该继承人的具体情况确定。

38. 遗嘱人以遗嘱处分了属于国家、集体或他人所有的财产,遗嘱的这部分,应认定无效。

39. 遗嘱人生前的行为与遗嘱的意思表示相反,而使遗嘱处分的财产在继承开始前灭失,部分灭失或所有权转移、部分转移的,遗嘱视为被撤销或部分被撤销。

40. 公民在遗书中涉及死后个人财产处分的内容,确为死者真实意思的表示,有本人签名并注明了年、月、日,又无相反证据的,可按自书遗嘱对待。

41. 遗嘱人立遗嘱时必须有行为能力。无行为能力人所立的遗嘱,即使其本人后来有了行为能力,仍属无效遗嘱。遗嘱人立遗嘱时有行为能力,后来丧失了行为能力,不影响遗嘱的效力。

42. 遗嘱人以不同形式立有数份内容相抵触的遗嘱,其中有公证遗嘱的,以最后所立公证遗嘱为准;没有公证遗嘱的,以最后所立的遗嘱为准。

43. 附义务的遗嘱继承或遗赠,如义务能够履行,而继承人、受遗赠人无正当理由不履行,经受益人或其他继承人请求,人民法院可以取消他接受附义务那部分遗产的权利,由提出请求的继承人或受益人负责按遗嘱人的意愿履行义务,接受遗产。

四、关于遗产的处理部分

44. 人民法院在审理继承案件时,如果知道有继承人而无法通知的,分割遗产时,要保留其应继承的遗产,并确定该遗产的保管人或保管单位。

45. 应当为胎儿保留的遗产份额没有保留的应从继承人所继承的遗产中扣回。

46. 为胎儿保留的遗产份额,如胎儿出生后死亡的,由其继承人继承;如胎儿出生时就是死体的,由被继承人的继承人继承。

47. 继承人因放弃继承权,致其不能履行法定义务的,放弃继承权的行为无效。

48. 继承人放弃继承应当以书面形式向其他继承人表示。用口头方式表示放弃继承,本人承认,或有其他充分证据证明的,也应当认定其有效。

49. 在诉讼中,继承人向人民法院以口头方式表示放弃继承的,要制作笔录,由放弃继承的人签名。

50. 继承人放弃继承的意思表示,应当在继承开始后、遗产分割前作出。遗产分割后表示放弃的不再是继承权,而是所有权。

遗产处理前或在诉讼进行中,继承人对放弃继承翻悔的,由人民法院根据其提出的具体理由,决定是否承认。遗产处理后,继承人对放弃继承翻悔的,不予承认。

51. 放弃继承的效力,追溯到继承开始的时间。

52. 继承开始后,继承人没有表示放弃继承,并于遗产分割前死亡的,其继承遗产的权利转移给他的合法继承人。

53. 继承开始后,受遗赠人表示接受遗赠,并于遗产分割前死亡的,其接受遗赠的权利转移给他的继承人。

54. 由国家或集体组织供给生活费用的烈属和享受社会救济的城市居民,其遗产仍应准许合法继承人继承。

55. 集体组织对"五保户"实行"五保"时，双方有扶养协议的，按协议处理；没有扶养协议，死者有遗嘱继承人或法定继承人要求继承的，按遗嘱继承或法定继承处理，但集体组织有权要求扣回"五保"费用。

56. 扶养人或集体组织与公民订有遗赠扶养协议，扶养人或集体组织无正当理由不履行，致协议解除的，不能享有受遗赠的权利，其支付的供养费用一般不予补偿；遗赠人无正当理由不履行，致协议解除的，则应偿还扶养人或集体组织已支付的供养费。

57. 遗产因无人继承收归国家或集体组织所有时，按继承法第十四条规定可以分给遗产的人提出取得遗产的要求，人民法院应视情况适当分给遗产。

58. 人民法院在分割遗产中的房屋、生产资料和特定职业所需要的财产时，应依据有利于发挥其使用效益和继承人的实际需要，兼顾各继承人的利益进行处理。

59. 人民法院对故意隐匿、侵吞或争抢遗产的继承人，可以酌情减少其应继承的遗产。

60. 继承诉讼开始后，如继承人、受遗赠人中有既不愿参加诉讼，又不表示放弃实体权利的，应追加为共同原告；已明确表示放弃继承的，不再列为当事人。

61. 继承人中有缺乏劳动能力又没有生活来源的人，即使遗产不足清偿债务，也应为其保留适当遗产，然后再按继承法第三十三条和民事诉讼法第一百八十条的规定清偿债务。

62. 遗产已被分割而未清偿债务时，如有法定继承又有遗嘱继承和遗赠的，首先由法定继承人用其所得遗产清偿债务；不足清偿时，剩余的债务由遗嘱继承人和受遗赠人按比例用所得遗产偿还；如果只有遗嘱继承和遗赠的，由遗嘱继承人和受遗赠人按比例用所得遗产偿还。

五、关于附则部分

63. 涉外继承，遗产为动产的，适用被继承人住所地法律，即适用被继承人生前最后住所地国家的法律。

64. 继承法施行前，人民法院已经审结的继承案件，继承法施行后，按审判监督程序提起再审的，适用审结时的有关政策、法律。

人民法院对继承法生效前已经受理、生效时尚未审结的继承案件，适用继承法。但不得再以超过诉讼时效为由驳回起诉。

最高人民法院作出的上述司法解释，对于各级人民法院准确适用《继承法》，妥善处理各类遗产继承纠纷，发挥了重要的指导和规范作用。

第四章
当代中国继承法的立法完善

　　我国《继承法》颁布和实施三十多年来，其立法作用与日俱增，对保护亿万人民群众的个人财产继承利益发挥了积极的作用。但是，随着我国经济、政治、文化、环境、社会治理等领域新情况的出现，人民群众提出了保护财产继承权的新要求。现行继承法所存在的制度欠缺和法律措施不足等问题逐渐显现。法学研究工作者和法律实务工作者纷纷提出了完善我国继承法律制度的若干建议。

　　2001年和2018年，全国人大常委会先后组织起草了《中华人民共和国民法（草案）》和《中华人民共和国民法典各分编（草案）》，系统提出了编纂中国民法典的框架和具体法律条文，继承法部分被列为其中一编。

第一节　2001年《中华人民共和国民法（草案）》继承法编

　　2001年，第九届全国人大常委会组织起草了《中华人民共和国民法（草案）》，其中包括"继承法编"。2002年，该法律草案由第九届全国人大常委会进行了一次审议。经讨论，第九届全国人大常委会仍确定继续采取分别制定单行法的办法。此后，国内法学界对《中华人民共和国民法（草案）》继承法编应当具有的内容进行了广泛而深入的研究，并提出了一系列立法建议，形成了丰富的继承法研究成果。立法建议的主要内容如下。

一、关于遗产范围

　　法学界建议：在继承法编中应当根据社会经济生活的发展给公民个人财产权带来的新变化，相应扩大遗产的范围。例如，应当将公民个人持有的股权和其他投资性民事权利、网络虚拟财产的权利以及新出现的地理标志、商业秘密、集成电路布图设计等知识产权客体列入遗产范围。

二、关于继承权的丧失

　　法学界建议：应当将以欺诈、胁迫手段迫使或者妨碍被继承人设立、变更或者撤回遗嘱且情节严重的，列为丧失继承权的法定情形。被继承人知道继承人有遗弃被继承人的或者虐待被继承人且情节严重的，有伪造、篡改、隐匿或者销毁遗嘱且情节严重的，以欺诈、胁迫手段迫使或者妨碍被继承人设立、变更或者撤回遗嘱且情节严重的，对该继承人表示宽恕或者事后在遗嘱中明确将其列为继承人的，该继承人不丧失继承权。

三、关于法定继承

法学界建议:适当扩大法定继承人范围并增加法定继承顺序。建议将孙子女、外孙子女列入第二顺序法定继承人范围;将叔父、伯父、姑母、舅父、姨母和侄子女、外甥子女列为第三顺序的法定继承人。增设法定继承的遗产归扣制度。

四、关于遗嘱继承

法学界建议:增加遗嘱形式,将录像遗嘱、打印遗嘱列为遗嘱形式。增设口头遗嘱的存续期间。增设后位遗嘱继承人。为法定继承人设定特留份,禁止被继承人利用遗嘱剥夺法定继承人的特留份。

五、关于遗产管理人

法学界建议:增加遗产管理人制度,以确保遗产得到妥善管理和顺利分割,维护继承人和债权人的利益,避免和减少遗产继承纠纷。

关于法学界针对完善《中华人民共和国民法(草案)》继承法编而提出的具体立法建议,本书将在相关部分加以详述和评价。

第二节　2018 年《民法典各分编(草案)》继承编

编纂民法典是中国共产党第十八届四中全会提出的重大立法任务,是以习近平同志为核心的党中央作出的重大法治建设部署,是一项具有划时代意义的立法系统工程。按照立法安排,编纂民法典采取"两步走"的工作思路进行:第一步先出台民法总则;第二步编纂民法典各分编,适时出台民法典。2017 年 3 月,第十二届全国人民代表大会第五次会议审议通过了《民法总则》,完成了民法典编纂工作的第一步,为编纂民法典奠定了坚实基础。《民法总则》通过后,第十二届全国人大常委会和第十三届全国人大常委会抓紧开展"第二步"工作,全国人大常委会法制工作委员会与最高人民法院、最高人民检察院、司法部、中国社会科学院、中国法学会五家民法典编纂工作参加单位全力推进民法典各分编编纂工作。

参加单位系统梳理和研究了近年来全国人大代表、政协委员提出的修改完善相关民事法律的议案、建议和提案,开展立法调研,深入基层了解实践情况,开展比较研究,了解国外民事立法新发展,广泛听取地方人大、有关部门和单位、基层立法联系点、人大代表、专家学者等各方面的意见和建议。

在此基础上,以现行民事法律为基础,结合我国社会的发展实际,形成了《民法典各分编(草案)》(征求意见稿)。[①] 该《民法典各分编(草案)》(征求意见稿)包括了《民法典继承编(草案)》。

---

① 2018 年 8 月 27 日全国人大常委会法制工作委员会主任沈春耀在第十三届全国人民代表大会常务委员会第五次会议上所作关于提请审议《民法典各分编(草案)议案的说明》。

一、《民法典继承编(草案)》

2018 年 9 月 5 日,全国人大常委会在中国人大网公开征求社会各界对《民法典各分编(草案)》的意见,其中第五编为继承编。征求意见时间为 2018 年 9 月 5 日至 2018 年 11 月 3 日。其中,继承编(草案)内容如下。

《民法典各分编(草案)》
第五编　继　承

第一章　一般规定

第 898 条　因继承产生的民事关系,适用本编。

第 899 条　国家保护自然人的继承权。

第 900 条　继承从被继承人死亡时开始。

相互有继承关系的数人在同一事件中死亡,难以确定死亡时间的,推定没有其他继承人的人先死亡。都有其他继承人,辈份不同的,推定长辈先死亡;辈份相同的,推定同时死亡,相互不发生继承。

第 901 条　遗产是自然人死亡时遗留的个人合法财产,但法律规定或者依其性质不得继承的除外。

第 902 条　继承开始后,按照法定继承办理;有遗嘱的,按照遗嘱继承或者遗赠办理;有遗赠扶养协议的,按照协议办理。

第 903 条　继承开始后,继承人放弃继承的,应当在遗产处理前,作出放弃继承的表示。没有表示的,视为接受继承。

受遗赠人应当在知道受遗赠后两个月内,作出接受或者放弃受遗赠的表示。到期没有表示的,视为放弃受遗赠。

第 904 条　继承人有下列行为之一的,丧失继承权:

(一)故意杀害被继承人的;

(二)为争夺遗产而杀害其他继承人的;

(三)遗弃被继承人的,或者虐待被继承人情节严重的;

(四)伪造、篡改、隐匿或者销毁遗嘱,情节严重的;

(五)以欺诈、胁迫手段迫使或者妨碍被继承人设立、变更或者撤回遗嘱,情节严重的。

被继承人知道继承人有前款第 3 项至第 5 项行为,对该继承人表示宽恕或者事后在遗嘱中明确将其列为继承人的,该继承人不丧失继承权。

受遗赠人有本条第 1 款规定情形的,丧失受遗赠权。

第二章　法定继承

第 905 条　继承权男女平等。

第 906 条　遗产按照下列顺序继承:

第一顺序:配偶、子女、父母。

第二顺序:兄弟姐妹、祖父母、外祖父母。

继承开始后,由第一顺序继承人继承,第二顺序继承人不继承。没有第一顺序继承人继承的,由第二顺序继承人继承。

第907条 被继承人的子女先于被继承人死亡的,由被继承人的子女的晚辈直系血亲代位继承。

被继承人的兄弟姐妹先于被继承人死亡的,由被继承人的兄弟姐妹的子女代位继承。

代位继承人一般只能继承被代位继承人有权继承的遗产份额。

第908条 丧偶儿媳对公、婆,丧偶女婿对岳父、岳母,尽了主要赡养义务的,作为第一顺序继承人。

第909条 同一顺序继承人继承遗产的份额,一般应当均等。

对生活有特殊困难的缺乏劳动能力的继承人,分配遗产时,应当予以照顾。

对被继承人尽了主要扶养义务或者与被继承人共同生活的继承人,分配遗产时,可以多分。

有扶养能力和有扶养条件的继承人,不尽扶养义务的,分配遗产时,应当不分或者少分。

继承人协商同意的,也可以不均等。

第910条 对继承人以外的依靠被继承人扶养的人,或者继承人以外的对被继承人扶养较多的人,可以分给适当的遗产。

第911条 继承人应当本着互谅互让、和睦团结的精神,协商处理继承问题。遗产分割的时间、办法和份额,由继承人协商确定。协商不成的,可以由人民调解委员会调解或者向人民法院提起诉讼。

第三章 遗嘱继承和遗赠

第912条 自然人可以依照本法规定立遗嘱处分个人财产,并可以指定遗嘱执行人。

自然人可以立遗嘱将个人财产指定由法定继承人的一人或者数人继承。

自然人可以立遗嘱将个人财产赠给国家、集体或者法定继承人以外的人。

第913条 自书遗嘱由遗嘱人亲笔书写,签名,注明年、月、日。

第914条 代书遗嘱应当有两个以上见证人在场见证,由其中一人代书,并由遗嘱人、代书人和其他见证人签名,注明年、月、日。

第915条 打印遗嘱应当有两个以上见证人在场见证。遗嘱人和见证人应当在遗嘱每一页签名,注明年、月、日。

第916条 以录音录像形式立的遗嘱,应当有两个以上见证人在场见证。遗嘱人和见证人应当在录音录像中记录其姓名或者肖像,以及年、月、日。

第917条 遗嘱人在危急情况下,可以立口头遗嘱。口头遗嘱应当有两个以上见证人在场见证。危急情况解除后,遗嘱人能够用书面或者录音录像形式立遗嘱的,所立的口头遗嘱经过三个月无效。

第918条 公证遗嘱由遗嘱人经公证机构办理。

公证机构办理遗嘱公证,应当由两个以上公证员共同办理。特殊情况下只能由一个公证员办理的,应当有一个以上见证人在场。

第919条 下列人员不能作为遗嘱见证人:

（一）无民事行为能力人、限制民事行为能力人以及其他不具有见证能力的人；

（二）继承人、受遗赠人；

（三）与继承人、受遗赠人有利害关系的人。

第920条 遗嘱应当对缺乏劳动能力又没有生活来源的继承人保留必要的遗产份额。

第921条 遗嘱人可以撤回、变更自己所立的遗嘱。

立遗嘱后，遗嘱人实施与遗嘱内容相反行为的，视为对遗嘱相关内容的撤回。

立有数份遗嘱，内容相抵触的，以最后的遗嘱为准。

第922条 无民事行为能力人或者限制民事行为能力人所立的遗嘱无效。

遗嘱必须表示遗嘱人的真实意思，受欺诈、胁迫所立的遗嘱无效。

伪造的遗嘱无效。

遗嘱被篡改的，篡改的内容无效。

第923条 遗嘱继承或者遗赠附有义务的，继承人或者受遗赠人应当履行义务。没有正当理由不履行义务的，经利害关系人或者有关组织请求，人民法院可以取消其接受附义务部分遗产的权利。

第四章 遗产的处理

第924条 继承开始后，遗嘱执行人为遗产管理人；没有遗嘱执行人的，继承人应当及时推选遗产管理人；继承人未推选的，由继承人共同担任遗产管理人；没有继承人或者继承人均放弃继承的，由被继承人生前住所地的民政部门担任遗产管理人。

第925条 对遗产管理人的确定有争议的，利害关系人可以向人民法院申请指定遗产管理人。

第926条 遗产管理人应当履行的职责包括：

（一）清理遗产并制作遗产清单；

（二）保管遗产；

（三）处理债权债务；

（四）按照遗嘱或者依照法律规定分割遗产。

第927条 遗产管理人应当依法履行职责，因故意或者重大过失造成继承人、受遗赠人、债权人损失的，应当承担民事责任。

第928条 遗产管理人可以依照法律规定或者按照约定获得报酬。

第929条 继承开始后，知道被继承人死亡的继承人应当及时通知其他继承人和遗嘱执行人。继承人中无人知道被继承人死亡或者知道被继承人死亡而不能通知的，由被继承人生前所在单位或者住所地的居民委员会、村民委员会负责通知。

第930条 存有遗产的人，应当妥善保管遗产，任何人不得侵吞或者争抢。

第931条 继承开始后，继承人于遗产分割前死亡，并没有放弃继承的，该继承人应当继承的遗产转给其继承人，但遗嘱另有安排的除外。

第932条 夫妻共同所有的财产，除有约定的以外，分割遗产的，应当先将共同所有的财产的一半分出为配偶所有，其余的为被继承人的遗产。

遗产在家庭共有财产之中的，遗产分割时，应当先分出他人的财产。

第933条 有下列情形之一的，遗产中的有关部分按照法定继承办理：

（一）遗嘱继承人放弃继承或者受遗赠人放弃受遗赠的；

（二）遗嘱继承人丧失继承权或者受遗赠人丧失受遗赠权的；

（三）遗嘱继承人、受遗赠人先于遗嘱人死亡或者终止的；

（四）遗嘱无效部分所涉及的遗产；

（五）遗嘱未处分的遗产。

第 934 条　遗产分割时，应当保留胎儿的继承份额。胎儿娩出时是死体的，保留的份额按照法定继承办理。

第 935 条　遗产分割应当有利于生产和生活需要，不损害遗产的效用。

不宜分割的遗产，可以采取折价、适当补偿或者共有等方法处理。

第 936 条　夫妻一方死亡后另一方再婚的，有权处分所继承的财产，任何人不得干涉。

第 937 条　自然人可以与继承人以外的组织或者个人签订遗赠扶养协议。按照协议，该组织或者个人承担该自然人生养死葬的义务，享有受遗赠的权利。

第 938 条　遗产分割前，应当支付丧葬费、遗产管理费，清偿被继承人的债务，缴纳所欠税款；但应当为缺乏劳动能力又没有生活来源的继承人保留适当的遗产。

第 939 条　无人继承又无人受遗赠的遗产，归国家所有，用于公益事业；死者生前是集体所有制组织成员的，归所在集体所有制组织所有。

第 940 条　遗产已经分割的，继承人清偿被继承人的债务、缴纳所欠税款以所得遗产实际价值为限。超过遗产实际价值部分，继承人自愿偿还的不在此限。

继承人放弃继承的，对被继承人的债务和所欠税款可以不负偿还责任。

第 941 条　执行遗赠不得妨碍清偿遗赠人的债务、缴纳所欠税款。

第 942 条　既有法定继承又有遗嘱继承、遗赠的，由法定继承人清偿被继承人的债务、缴纳所欠税款；超过法定继承遗产实际价值的，由遗嘱继承人和受遗赠人按比例以所得遗产清偿。

二、《民法典继承编(草案)》(二次审议稿)

《民法典继承编（草案）》于 2019 年 6 月 25 日提请十三届全国人大常委会第十一次会议二审。2019 年 7 月 5 日中国人大网公布了《民法典继承编（草案）》（二次审议稿），邀请公众提出意见和建议，征求意见的时间为 2019 年 7 月 5 日至 2019 年 8 月 3 日。该草案二次审议稿的内容如下。

《民法典继承编(草案)》(二次审议稿)

目　录

第一章　一般规定

第 898 条　本编调整因继承产生的民事关系。

第 899 条　国家保护自然人的继承权。

第 900 条　继承从被继承人死亡时开始。

相互有继承关系的数人在同一事件中死亡,难以确定死亡时间的,推定没有其他继承人的人先死亡。都有其他继承人,辈份不同的,推定长辈先死亡;辈份相同的,推定同时死亡,相互不发生继承。

第 901 条　遗产是自然人死亡时遗留的个人合法财产,但是法律规定或者按照其性质不得继承的除外。

第 902 条　继承开始后,按照法定继承办理;有遗嘱的,按照遗嘱继承或者遗赠办理;有遗赠扶养协议的,按照协议办理。

第 903 条　继承开始后,继承人放弃继承的,应当在遗产处理前,作出放弃继承的表示。没有表示的,视为接受继承。

受遗赠人应当在知道受遗赠后两个月内,作出接受或者放弃受遗赠的表示。到期没有表示的,视为放弃受遗赠。

第 904 条　继承人有下列行为之一的,丧失继承权:

(一)故意杀害被继承人的;

(二)为争夺遗产而杀害其他继承人的;

(三)遗弃被继承人的,或者虐待被继承人情节严重的;

(四)伪造、篡改、隐匿或者销毁遗嘱,情节严重的;

(五)以欺诈、胁迫手段迫使或者妨碍被继承人设立、变更或者撤回遗嘱,情节严重的。

继承人有前款第 3 项至第 5 项行为,确有悔改表现,被继承人表示宽恕或者事后在遗嘱中将其列为继承人的,该继承人不丧失继承权。

受遗赠人有本条第 1 款规定行为的,丧失受遗赠权。

第二章　法定继承

第 905 条　继承权男女平等。

第 906 条　遗产按照下列顺序继承:

(一)第一顺序:配偶、子女、父母;

(二)第二顺序:兄弟姐妹、祖父母、外祖父母。

继承开始后,由第一顺序继承人继承,第二顺序继承人不继承。没有第一顺序继承人继承的,由第二顺序继承人继承。

本编所称子女,包括婚生子女、非婚生子女、养子女和有扶养关系的继子女。

本编所称父母,包括生父母、养父母和有扶养关系的继父母。

本编所称兄弟姐妹,包括同父母的兄弟姐妹、同父异母或者同母异父的兄弟姐妹、养兄弟姐妹、有扶养关系的继兄弟姐妹。

第 907 条　被继承人的子女先于被继承人死亡的,由被继承人的子女的晚辈直系血亲代位继承。

被继承人的兄弟姐妹先于被继承人死亡的,由被继承人的兄弟姐妹的子女代位继承。

代位继承人一般只能继承被代位继承人有权继承的遗产份额。

第 908 条　丧偶儿媳对公婆,丧偶女婿对岳父母,尽了主要赡养义务的,作为第一顺序继承人。

第909条　同一顺序继承人继承遗产的份额，一般应当均等。

对生活有特殊困难的缺乏劳动能力的继承人，分配遗产时，应当予以照顾。

对被继承人尽了主要扶养义务或者与被继承人共同生活的继承人，分配遗产时，可以多分。

有扶养能力和有扶养条件的继承人，不尽扶养义务的，分配遗产时，应当不分或者少分。

继承人协商同意的，也可以不均等。

第910条　对继承人以外的依靠被继承人扶养的人，或者继承人以外的对被继承人扶养较多的人，可以分给适当的遗产。

第911条　继承人应当本着互谅互让、和睦团结的精神，协商处理继承问题。遗产分割的时间、办法和份额，由继承人协商确定。协商不成的，可以由人民调解委员会调解或者向人民法院提起诉讼。

第三章　遗嘱继承和遗赠

第912条　自然人可以依照本法规定立遗嘱处分个人财产，并可以指定遗嘱执行人。

自然人可以立遗嘱将个人财产指定由法定继承人中的一人或者数人继承。

自然人可以立遗嘱将个人财产赠给国家、集体或者法定继承人以外的人。

第913条　自书遗嘱由遗嘱人亲笔书写，签名，注明年、月、日。

第914条　代书遗嘱应当有两个以上见证人在场见证，由其中一人代书，并由遗嘱人、代书人和其他见证人签名，注明年、月、日。

第915条　打印遗嘱应当有两个以上见证人在场见证。遗嘱人和见证人应当在遗嘱每一页签名，注明年、月、日。

第916条　以录音录像形式立的遗嘱，应当有两个以上见证人在场见证。遗嘱人和见证人应当在录音录像中记录其姓名或者肖像，以及年、月、日。

第917条　遗嘱人在危急情况下，可以立口头遗嘱。口头遗嘱应当有两个以上见证人在场见证。危急情况消除后，遗嘱人能够用书面或者录音录像形式立遗嘱的，所立的口头遗嘱无效。

第918条　公证遗嘱由遗嘱人经公证机构办理。

第919条　下列人员不能作为遗嘱见证人：

（一）无民事行为能力人、限制民事行为能力人以及其他不具有见证能力的人；

（二）继承人、受遗赠人；

（三）与继承人、受遗赠人有利害关系的人。

第920条　遗嘱应当为缺乏劳动能力又没有生活来源的继承人保留必要的遗产份额。

第921条　遗嘱人可以撤回、变更自己所立的遗嘱。

立遗嘱后，遗嘱人实施与遗嘱内容相反的民事法律行为的，视为对遗嘱相关内容的撤回。

立有数份遗嘱，内容相抵触的，以最后的遗嘱为准。

第 922 条 无民事行为能力人或者限制民事行为能力人所立的遗嘱无效。

遗嘱必须表示遗嘱人的真实意思,受欺诈、胁迫所立的遗嘱无效。

伪造的遗嘱无效。

遗嘱被篡改的,篡改的内容无效。

第 923 条 遗嘱继承或者遗赠附有义务的,继承人或者受遗赠人应当履行义务。没有正当理由不履行义务的,经利害关系人或者有关组织请求,人民法院可以取消其接受附义务部分遗产的权利。

第四章 遗产的处理

第 924 条 继承开始后,遗嘱执行人为遗产管理人;没有遗嘱执行人的,继承人应当及时推选遗产管理人;继承人未推选的,由继承人共同担任遗产管理人;没有继承人或者继承人均放弃继承的,由被继承人生前住所地的民政部门或者村民委员会担任遗产管理人。

第 925 条 对遗产管理人的确定有争议的,利害关系人可以向人民法院申请指定遗产管理人。

第 926 条 遗产管理人应当履行下列职责:

(一)清理遗产并制作遗产清单;

(二)向继承人报告遗产情况;

(三)采取必要措施防止遗产毁损;

(四)处理被继承人的债权债务;

(五)按照遗嘱或者依照法律规定分割遗产;

(六)实施与管理遗产有关的其他必要行为。

第 927 条 遗产管理人应当依法履行职责,因故意或者重大过失造成继承人、受遗赠人、债权人损失的,应当承担民事责任。

第 928 条 遗产管理人可以依照法律规定或者按照约定获得报酬。

第 929 条 继承开始后,知道被继承人死亡的继承人应当及时通知其他继承人和遗嘱执行人。继承人中无人知道被继承人死亡或者知道被继承人死亡而不能通知的,由被继承人生前所在单位或者住所地的居民委员会、村民委员会负责通知。

第 930 条 存有遗产的人,应当妥善保管遗产,任何人不得侵吞或者争抢。

第 931 条 继承开始后,继承人于遗产分割前死亡,并没有放弃继承的,该继承人应当继承的遗产转给其继承人;但是遗嘱另有安排的除外。

第 932 条 夫妻共同所有的财产,除有约定的以外,分割遗产的,应当先将共同所有的财产的一半分出为配偶所有,其余的为被继承人的遗产。

遗产在家庭共有财产之中的,遗产分割时,应当先分出他人的财产。

第 933 条 有下列情形之一的,遗产中的有关部分按照法定继承办理:

(一)遗嘱继承人放弃继承或者受遗赠人放弃受遗赠;

(二)遗嘱继承人丧失继承权或者受遗赠人丧失受遗赠权;

(三)遗嘱继承人、受遗赠人先于遗嘱人死亡或者终止;

(四)遗嘱无效部分所涉及的遗产;

(五)遗嘱未处分的遗产。

第 934 条　遗产分割时,应当保留胎儿的继承份额。胎儿娩出时是死体的,保留的份额按照法定继承办理。

第 935 条　遗产分割应当有利于生产和生活需要,不损害遗产的效用。

不宜分割的遗产,可以采取折价、适当补偿或者共有等方法处理。

第 936 条　夫妻一方死亡后另一方再婚的,有权处分所继承的财产,任何人不得干涉。

第 937 条　自然人可以与继承人以外的组织或者个人签订遗赠扶养协议。按照协议,该组织或者个人承担该自然人生养死葬的义务,享有受遗赠的权利。

第 938 条　遗产分割前,应当支付丧葬费、遗产管理费,清偿被继承人的债务,缴纳所欠税款。但是,应当为缺乏劳动能力又没有生活来源的继承人保留适当的遗产。

第 939 条　无人继承又无人受遗赠的遗产,归国家所有,用于公益事业;死者生前是集体所有制组织成员的,归所在集体所有制组织所有。

第 940 条　继承遗产应当清偿被继承人的债务、缴纳所欠税款,清偿债务、缴纳税款以所得遗产实际价值为限。超过遗产实际价值部分,继承人自愿偿还的不在此限。

继承人放弃继承的,对被继承人的债务和所欠税款可以不负偿还责任。

第 941 条　执行遗赠不得妨碍清偿遗赠人的债务、缴纳所欠税款。

第 942 条　既有法定继承又有遗嘱继承、遗赠的,由法定继承人清偿被继承人的债务、缴纳所欠税款;超过法定继承遗产实际价值部分,由遗嘱继承人和受遗赠人按比例以所得遗产清偿。

第三节　2019 年《中华人民共和国民法典(草案)》继承编

2019 年,第十三届全国人大常委会第十五次会议对《中华人民共和国民法典(草案)》进行了审议。12 月 28 日下午,《中华人民共和国民法典(草案)》在中国人大网公布,向社会公开征求意见,截止日期为 2020 年 1 月 26 日。[①] 该草案第 6 编为继承编,具体内容如下。

第六编　继　承

第一章　一般规定

第一千一百一十九条　本编调整因继承产生的民事关系。

第一千一百二十条　国家保护自然人的继承权。

第一千一百二十一条　继承从被继承人死亡时开始。相互有继承关系的数人在同一事件中死亡,难以确定死亡时间的,推定没有其他继承人的人先死亡。都有其他继承人,辈份不同的,推定长辈先死亡;辈份相同的,推定同时死亡,相互不发生继承。

第一千一百二十二条　遗产是自然人死亡时遗留的个人合法财产,但是依照法律规定或者根据其性质不得继承的除外。

第一千一百二十三条　继承开始后,按照法定继承办理;有遗嘱的,按照遗嘱继承

[①]　王晓琳:《民法典草案今起在中国人大网公开征求意见》,载中国人大网:http://www.npc.gov.cn/npc/c238/201912/19990925cf5e46c385e1dcbdf2a310f7.shtml,下载日期:2019 年 12 月 28 日。

或者遗赠办理；有遗赠扶养协议的，按照协议办理。

第一千一百二十四条　继承开始后，继承人放弃继承的，应当在遗产处理前，以书面形式作出放弃继承的表示。没有表示的，视为接受继承。

受遗赠人应当在知道受遗赠后两个月内，作出接受或者放弃受遗赠的表示。到期没有表示的，视为放弃受遗赠。

第一千一百二十五条　继承人有下列行为之一的，丧失继承权：（一）故意杀害被继承人；（二）为争夺遗产而杀害其他继承人；（三）遗弃被继承人，或者虐待被继承人情节严重；（四）伪造、篡改、隐匿或者销毁遗嘱，情节严重；（五）以欺诈、胁迫手段迫使或者妨碍被继承人设立、变更或者撤回遗嘱，情节严重。继承人有前款第三项至第五项行为，确有悔改表现，被继承人表示宽恕或者事后在遗嘱中将其列为继承人的，该继承人不丧失继承权。

受遗赠人有本条第一款规定行为的，丧失受遗赠权。

第二章　法定继承

第一千一百二十六条　继承权男女平等。

第一千一百二十七条　遗产按照下列顺序继承：（一）第一顺序：配偶、子女、父母；（二）第二顺序：兄弟姐妹、祖父母、外祖父母。继承开始后，由第一顺序继承人继承，第二顺序继承人不继承。没有第一顺序继承人继承的，由第二顺序继承人继承。本编所称子女，包括婚生子女、非婚生子女、养子女和有扶养关系的继子女。

本编所称父母，包括生父母、养父母和有扶养关系的继父母。

本编所称兄弟姐妹，包括同父母的兄弟姐妹、同父异母或者同母异父的兄弟姐妹、养兄弟姐妹、有扶养关系的继兄弟姐妹。

第一千一百二十八条　被继承人的子女先于被继承人死亡的，由被继承人的子女的直系晚辈血亲代位继承。被继承人的兄弟姐妹先于被继承人死亡的，由被继承人的兄弟姐妹的子女代位继承。代位继承人一般只能继承被代位继承人有权继承的遗产份额。

第一千一百二十九条　丧偶儿媳对公婆，丧偶女婿对岳父母，尽了主要赡养义务的，作为第一顺序继承人。

第一千一百三十条　同一顺序继承人继承遗产的份额，一般应当均等。

对生活有特殊困难又缺乏劳动能力的继承人，分配遗产时，应当予以照顾。

对被继承人尽了主要扶养义务或者与被继承人共同生活的继承人，分配遗产时，可以多分。

有扶养能力和有扶养条件的继承人，不尽扶养义务的，分配遗产时，应当不分或者少分。

继承人协商同意的，也可以不均等。

第一千一百三十一条　对继承人以外的依靠被继承人扶养的人，或者继承人以外的对被继承人扶养较多的人，可以分给适当的遗产。

第一千一百三十二条　继承人应当本着互谅互让、和睦团结的精神，协商处理继承问题。遗产分割的时间、办法和份额，由继承人协商确定。协商不成的，可以由人民调解员会调解或者向人民法院提起诉讼。

第三章　遗嘱继承和遗赠

第一千一百三十三条　自然人可以依照本法规定立遗嘱处分个人财产,并可以指定遗嘱执行人。

自然人可以立遗嘱将个人财产指定由法定继承人中的一人或者数人继承。

自然人可以立遗嘱将个人财产赠与国家、集体或者法定继承人以外的人。

第一千一百三十四条　自书遗嘱由遗嘱人亲笔书写,签名,注明年、月、日。

第一千一百三十五条　代书遗嘱应当有两个以上见证人在场见证,由其中一人代书,并由遗嘱人、代书人和其他见证人签名,注明年、月、日。

第一千一百三十六条　打印遗嘱应当有两个以上见证人在场见证。遗嘱人和见证人应当在遗嘱每一页签名,注明年、月、日。

第一千一百三十七条　以录音录像形式立的遗嘱,应当有两个以上见证人在场见证。遗嘱人和见证人应当在录音录像中记录其名或者肖像,以及年、月、日。

第一千一百三十八条　遗嘱人在危急情况下,可以立口头遗嘱。口头遗嘱应当有两个以上见证人在场见证。危急情况消除后,遗嘱人能够以书面或者录音录像形式立遗嘱的,所立的口头遗嘱无效。

第一千一百三十九条　公证遗嘱由遗嘱人经公证机构办理。

第一千一百四十条　下列人员不能作为遗嘱见证人:(一)无民事行为能力人、限制民事行为能力人以及其他不具有见证能力的人;(二)继承人、受遗赠人;(三)与继承人、受遗赠人有利害关系的人。

第一千一百四十一条　遗嘱应当为缺乏劳动能力又没有生活来源的继承人保留必要的遗产份额。

第一千一百四十二条　遗嘱人可以撤回、变更自己所立的遗嘱。

立遗嘱后,遗嘱人实施与遗嘱内容相反的民事法律行为的,视为对遗嘱相关内容的撤回。

立有数份遗嘱,内容相抵触的,以最后的遗嘱为准。

第一千一百四十三条　无民事行为能力人或者限制民事行为能力人所立的遗嘱无效。

遗嘱必须表示遗嘱人的真实意思,受欺诈、胁迫所立的遗嘱无效。伪造的遗嘱无效。

遗嘱被篡改的,篡改的内容无效。

第一千一百四十四条　遗嘱继承或者遗赠附有义务的,继承人或者受遗赠人应当履行义务。没有正当理由不履行义务的,经利害关系人或者有关组织请求,人民法院可以取消其接受附义务部分遗产的权利。

第四章　遗产的处理

第一千一百四十五条　继承开始后,遗嘱执行人为遗产管理人;没有遗嘱执行人的,继承人应当及时推选遗产管理人;继承人未推选的,由继承人共同担任遗产管理人;没有继承人或者继承人均放弃继承的,由被继承人生前住所地的民政部门或者村民委员会担任遗产管理人。

第一千一百四十六条　对遗产管理人的确定有争议的,利害关系人可以向人民法院申请指定遗产管理人。

第一千一百四十七条　遗产管理人应当履行下列职责：（一）清理遗产并制作遗产清单；（二）向继承人报告遗产情况；（三）采取必要措施防止遗产毁损；（四）处理被继承人的债权债务；（五）按照遗嘱或者依照法律规定分割遗产；（六）实施与管理遗产有关的其他必要行为。

第一千一百四十八条　遗产管理人应当依法履行职责，因故意或者重大过失造成继承人、受遗赠人、债权人损害的，应当承担民事责任。

第一千一百四十九条　遗产管理人可以依照法律规定或者按照约定获得报酬。

第一千一百五十条　继承开始后，知道被继承人死亡的继承人应当及时通知其他继承人和遗嘱执行人。继承人中无人知道被继承人死亡或者知道被继承人死亡而不能通知的，由被继承人生前所在单位或者住所地的居民委员会、村民委员会负责通知。

第一千一百五十一条　存有遗产的人，应当妥善保管遗产，任何组织或者个人不得侵吞或者争抢。

第一千一百五十二条　继承开始后，继承人于遗产分割前死亡，并没有放弃继承的，该继承人应当继承的遗产转给其继承人；但是遗嘱另有安排的除外。

第一千一百五十三条　夫妻共同所有的财产，除有约定的除外，遗产分割时，应当先将共同所有的财产的一半分出为配偶所有，其余的为被继承人的遗产。

遗产在家庭共有财产之中的，遗产分割时，应当先分出他人的财产。

第一千一百五十四条　有下列情形之一的，遗产中的有关部分按照法定继承办理：（一）遗嘱继承人放弃继承或者受遗赠人放弃受遗赠；（二）遗嘱继承人丧失继承权或者受遗赠人丧失受遗赠权；（三）遗嘱继承人、受遗赠人先于遗嘱人死亡或者终止；（四）遗嘱无效部分所涉及的遗产；（五）遗嘱未处分的遗产。

第一千一百五十五条　遗产分割时，应当保留胎儿的继承份额。胎儿娩出时是死体的，保留的份额按照法定继承办理。

第一千一百五十六条　遗产分割应当有利于生产和生活需要，不损害遗产的效用。不宜分割的遗产，可以采取折价、适当补偿或者共有等方法处理。

第一千一百五十七条　夫妻一方死亡后另一方再婚的，有权处分所继承的财产，任何人不得干涉。

第一千一百五十八条　自然人可以与继承人以外的组织或者个人签订遗赠扶养协议。按照协议，该组织或者个人承担该自然人生养死葬的义务，享有受遗赠的权利。

第一千一百五十九条　分割遗产，应当清偿被继承人依法应当缴纳的税款和债务。但是，应当为缺乏劳动能力又没有生活来源的继承人保留适当的遗产。

第一千一百六十条　无人继承又无人受遗赠的遗产，归国家所有，用于公益事业；死者生前是集体所有制组织成员的，归所在集体所有制组织所有。

第一千一百六十一条　继承人以所得遗产实际价值为限清偿被继承人依法应当缴纳的税款和债务。超过遗产实际价值部分，继承人自愿偿还的不在此限。

继承人放弃继承的，对被继承人依法应当缴纳的税款和债务可以不负清偿责任。

第一千一百六十二条　执行遗赠不得妨碍清偿遗赠人依法应当缴纳的税款和债务。

第一千一百六十三条　既有法定继承又有遗嘱继承、遗赠的,由法定继承人清偿被继承人依法应当缴纳的税款和债务;超过法定继承遗产实际价值部分,由遗嘱继承人和受遗赠人按比例以所得遗产清偿。

第四节　2020 年《中华人民共和国民法典》继承编

2020 年 5 月 28 日,第十三届全国人民代表大会第三次会议审议并通过了《中华人民共和国民法典》。该法典第 6 编对继承进行了规定。

第六编　继　承

第一章　一般规定

第一千一百一十九条　本编调整因继承产生的民事关系。

第一千一百二十条　国家保护自然人的继承权。

第一千一百二十一条　继承从被继承人死亡时开始。

相互有继承关系的数人在同一事件中死亡,难以确定死亡时间的,推定没有其他继承人的人先死亡。都有其他继承人,辈份不同的,推定长辈先死亡;辈份相同的,推定同时死亡,相互不发生继承。

第一千一百二十二条　遗产是自然人死亡时遗留的个人合法财产。

依照法律规定或者根据其性质不得继承的遗产,不得继承。

第一千一百二十三条　继承开始后,按照法定继承办理;有遗嘱的,按照遗嘱继承或者遗赠办理;有遗赠扶养协议的,按照协议办理。

第一千一百二十四条　继承开始后,继承人放弃继承的,应当在遗产处理前,以书面形式作出放弃继承的表示;没有表示的,视为接受继承。

受遗赠人应当在知道受遗赠后六十日内,作出接受或者放弃受遗赠的表示;到期没有表示的,视为放弃受遗赠。

第一千一百二十五条　继承人有下列行为之一的,丧失继承权:

(一)故意杀害被继承人;

(二)为争夺遗产而杀害其他继承人;

(三)遗弃被继承人,或者虐待被继承人情节严重;

(四)伪造、篡改、隐匿或者销毁遗嘱,情节严重;

(五)以欺诈、胁迫手段迫使或者妨碍被继承人设立、变更或者撤回遗嘱,情节严重。

继承人有前款第三项至第五项行为,确有悔改表现,被继承人表示宽恕或者事后在遗嘱中将其列为继承人的,该继承人不丧失继承权。

受遗赠人有本条第一款规定行为的,丧失受遗赠权。

第二章　法定继承

第一千一百二十六条　继承权男女平等。

第一千一百二十七条　遗产按照下列顺序继承:

（一）第一顺序：配偶、子女、父母；

（二）第二顺序：兄弟姐妹、祖父母、外祖父母。

继承开始后，由第一顺序继承人继承，第二顺序继承人不继承；没有第一顺序继承人继承的，由第二顺序继承人继承。

本编所称子女，包括婚生子女、非婚生子女、养子女和有扶养关系的继子女。

本编所称父母，包括生父母、养父母和有扶养关系的继父母。

本编所称兄弟姐妹，包括同父母的兄弟姐妹、同父异母或者同母异父的兄弟姐妹、养兄弟姐妹、有扶养关系的继兄弟姐妹。

第一千一百二十八条 被继承人的子女先于被继承人死亡的，由被继承人的子女的直系晚辈血亲代位继承。

被继承人的兄弟姐妹先于被继承人死亡的，由被继承人的兄弟姐妹的子女代位继承。

代位继承人一般只能继承被代位继承人有权继承的遗产份额。

第一千一百二十九条 丧偶儿媳对公婆，丧偶女婿对岳父母，尽了主要赡养义务的，作为第一顺序继承人。

第一千一百三十条 同一顺序继承人继承遗产的份额，一般应当均等。

对生活有特殊困难又缺乏劳动能力的继承人，分配遗产时，应当予以照顾。

对被继承人尽了主要扶养义务或者与被继承人共同生活的继承人，分配遗产时，可以多分。

有扶养能力和有扶养条件的继承人，不尽扶养义务的，分配遗产时，应当不分或者少分。

继承人协商同意的，也可以不均等。

第一千一百三十一条 对继承人以外的依靠被继承人扶养的人，或者继承人以外的对被继承人扶养较多的人，可以分给适当的遗产。

第一千一百三十二条 继承人应当本着互谅互让、和睦团结的精神，协商处理继承问题。遗产分割的时间、办法和份额，由继承人协商确定；协商不成的，可以由人民调解委员会调解或者向人民法院提起诉讼。

第三章 遗嘱继承和遗赠

第一千一百三十三条 自然人可以依照本法规定立遗嘱处分个人财产，并可以指定遗嘱执行人。

自然人可以立遗嘱将个人财产指定由法定继承人中的一人或者数人继承。

自然人可以立遗嘱将个人财产赠与国家、集体或者法定继承人以外的组织、个人。

自然人可以依法设立遗嘱信托。

第一千一百三十四条 自书遗嘱由遗嘱人亲笔书写，签名，注明年、月、日。

第一千一百三十五条 代书遗嘱应当有两个以上见证人在场见证，由其中一人代书，并由遗嘱人、代书人和其他见证人签名，注明年、月、日。

第一千一百三十六条 打印遗嘱应当有两个以上见证人在场见证。遗嘱人和见证人应当在遗嘱每一页签名，注明年、月、日。

第一千一百三十七条　以录音录像形式立的遗嘱,应当有两个以上见证人在场见证。遗嘱人和见证人应当在录音录像中记录其姓名或者肖像,以及年、月、日。

第一千一百三十八条　遗嘱人在危急情况下,可以立口头遗嘱。口头遗嘱应当有两个以上见证人在场见证。危急情况消除后,遗嘱人能够以书面或者录音录像形式立遗嘱的,所立的口头遗嘱无效。

第一千一百三十九条　公证遗嘱由遗嘱人经公证机构办理。

第一千一百四十条　下列人员不能作为遗嘱见证人:

(一)无民事行为能力人、限制民事行为能力人以及其他不具有见证能力的人;

(二)继承人、受遗赠人;

(三)与继承人、受遗赠人有利害关系的人。

第一千一百四十一条　遗嘱应当为缺乏劳动能力又没有生活来源的继承人保留必要的遗产份额。

第一千一百四十二条　遗嘱人可以撤回、变更自己所立的遗嘱。

立遗嘱后,遗嘱人实施与遗嘱内容相反的民事法律行为的,视为对遗嘱相关内容的撤回。

立有数份遗嘱,内容相抵触的,以最后的遗嘱为准。

第一千一百四十三条　无民事行为能力人或者限制民事行为能力人所立的遗嘱无效。

遗嘱必须表示遗嘱人的真实意思,受欺诈、胁迫所立的遗嘱无效。

伪造的遗嘱无效。

遗嘱被篡改的,篡改的内容无效。

第一千一百四十四条　遗嘱继承或者遗赠附有义务的,继承人或者受遗赠人应当履行义务。没有正当理由不履行义务的,经利害关系人或者有关组织请求,人民法院可以取消其接受附义务部分遗产的权利。

第四章　遗产的处理

第一千一百四十五条　继承开始后,遗嘱执行人为遗产管理人;没有遗嘱执行人的,继承人应当及时推选遗产管理人;继承人未推选的,由继承人共同担任遗产管理人;没有继承人或者继承人均放弃继承的,由被继承人生前住所地的民政部门或者村民委员会担任遗产管理人。

第一千一百四十六条　对遗产管理人的确定有争议的,利害关系人可以向人民法院申请指定遗产管理人。

第一千一百四十七条　遗产管理人应当履行下列职责:

(一)清理遗产并制作遗产清单;

(二)向继承人报告遗产情况;

(三)采取必要措施防止遗产毁损、灭失;

(四)处理被继承人的债权债务;

(五)按照遗嘱或者依照法律规定分割遗产;

(六)实施与管理遗产有关的其他必要行为。

第一千一百四十八条　遗产管理人应当依法履行职责,因故意或者重大过失造成继承人、受遗赠人、债权人损害的,应当承担民事责任。

第一千一百四十九条　遗产管理人可以依照法律规定或者按照约定获得报酬。

第一千一百五十条　继承开始后,知道被继承人死亡的继承人应当及时通知其他继承人和遗嘱执行人。继承人中无人知道被继承人死亡或者知道被继承人死亡而不能通知的,由被继承人生前所在单位或者住所地的居民委员会、村民委员会负责通知。

第一千一百五十一条　存有遗产的人,应当妥善保管遗产,任何组织或者个人不得侵吞或者争抢。

第一千一百五十二条　继承开始后,继承人于遗产分割前死亡,并没有放弃继承的,该继承人应当继承的遗产转给其继承人,但是遗嘱另有安排的除外。

第一千一百五十三条　夫妻共同所有的财产,除有约定的外,遗产分割时,应当先将共同所有的财产的一半分出为配偶所有,其余的为被继承人的遗产。

遗产在家庭共有财产之中的,遗产分割时,应当先分出他人的财产。

第一千一百五十四条　有下列情形之一的,遗产中的有关部分按照法定继承办理:

(一)遗嘱继承人放弃继承或者受遗赠人放弃受遗赠;

(二)遗嘱继承人丧失继承权或者受遗赠人丧失受遗赠权;

(三)遗嘱继承人、受遗赠人先于遗嘱人死亡或者终止;

(四)遗嘱无效部分所涉及的遗产;

(五)遗嘱未处分的遗产。

第一千一百五十五条　遗产分割时,应当保留胎儿的继承份额。胎儿娩出时是死体的,保留的份额按照法定继承办理。

第一千一百五十六条　遗产分割应当有利于生产和生活需要,不损害遗产的效用。

不宜分割的遗产,可以采取折价、适当补偿或者共有等方法处理。

第一千一百五十七条　夫妻一方死亡后另一方再婚的,有权处分所继承的财产,任何组织或者个人不得干涉。

第一千一百五十八条　自然人可以与继承人以外的组织或者个人签订遗赠扶养协议。按照协议,该组织或者个人承担该自然人生养死葬的义务,享有受遗赠的权利。

第一千一百五十九条　分割遗产,应当清偿被继承人依法应当缴纳的税款和债务;但是,应当为缺乏劳动能力又没有生活来源的继承人保留必要的遗产。

第一千一百六十条　无人继承又无人受遗赠的遗产,归国家所有,用于公益事业;死者生前是集体所有制组织成员的,归所在集体所有制组织所有。

第一千一百六十一条　继承人以所得遗产实际价值为限清偿被继承人依法应当缴纳的税款和债务。超过遗产实际价值部分,继承人自愿偿还的不在此限。

继承人放弃继承的,对被继承人依法应当缴纳的税款和债务可以不负清偿责任。

第一千一百六十二条　执行遗赠不得妨碍清偿遗赠人依法应当缴纳的税款和债务。

第一千一百六十三条　既有法定继承又有遗嘱继承、遗赠的,由法定继承人清偿被继承人依法应当缴纳的税款和债务;超过法定继承遗产实际价值部分,由遗嘱继承人和受遗赠人按比例以所得遗产清偿。

第二编

法条评注

第五章
评注第1条(继承法的立法目的)

保护公民的私有财产继承权,是我国《继承法》立法的目的,是继承法律规范体系设计的基础和依据。我国《宪法》第13条规定:"国家依照法律规定保护公民的私有财产权和继承权。"保护公民的私有财产继承权原则在宪法中得到确认。《中华人民共和国民法通则》(以下简称《民法通则》)第76条规定:"公民依法享有财产继承权。"我国《民法总则》第124条规定:"自然人依法享有继承权。自然人合法的私有财产,可以依法继承。"我国《继承法》第1条规定:"根据《中华人民共和国宪法》规定,为保护公民的私有财产的继承权,制定本法。"

第一节　立法目的

一、全面保障公民的私有财产权

"有恒产方有恒心。"国家在制度层面为公民的私有财产权提供保障,是公民形成稳定的财产权预期、参与社会活动的基础。相反,忽视或者否认对公民私有财产权的保障,会造成社会主体不安、恐惧的心理,降低其参与社会活动和创新的积极性、主动性。

保障公民的私有财产权应当是立体式、全面、完整的。公民生前私有财产权的民法保护主要体现在物权法、合同法以及知识产权法中,其中物权法侧重公民有形财产的静态安全保障,合同法侧重公民有形财产的动态安全保障,知识产权法侧重公民无形财产的安全保障。上述民事法律规范体系形成了对公民生前私有财产权相对完善的保护。

但是,保障公民的私有财产权不仅限于对其生前私有财产权的保障。对公民死后遗产的合理处分是公民私有财产权的自然延伸。倘若公民死后,其遗产由国家取得或者能够由第三人随意侵占,则会导致一定程度的混乱与无序,也会降低原财产权人创造和积累财富的热情。公民死亡后,保障其生前的合法财产能够转移至其继承人,"继续发挥个人财产和家庭财产的积极作用,防止因公民死亡而使其个人财产和家庭财产处于不稳定状态及可能造成的损失","是保护公民个人财产所有权和家庭财产所有权的必然要求"。[1]

二、激发公民创造或积累财富的积极性

倘若公民仅在生前能够对其创造或积累的财富进行占有、使用、收益、处分并排除他人

---

[1]　杨大文:《亲属法与继承法》,法律出版社2013年版,第301页。

干涉,但是,在其死后遗产被收归国有或由陌生人占有,其创造或积累财富的积极性、主动性就会显著降低。忽视或否认公民私有财产继承权的保障,甚至会诱发公民生前恶意处分甚至抛弃财产的行为,造成社会资源的浪费。

保障公民私有财产的继承权,能够激发公民创造或积累财富的热情。尤其是在目前我国社会主义市场经济的条件下,由于社会生产力发展以及人们的思想觉悟水平还存在一定的局限性,如果对公民私有财产的继承权不加以保障,可能导致公民丧失创造和积累财富的主动性与积极性,出现肆意挥霍财物的现象。反之,我国社会主义市场经济条件下,保障公民私有财产继承权能够激发人们建设社会主义市场经济的热情,鼓励人们积极创新,投身社会主义建设,使得传承的财富得到合理利用。

三、有利于发挥家庭承载的社会功能

家庭是社会的细胞,承载着养老育幼的社会功能。自然人在其年幼时受到父母或其他家庭成员的照顾;待其成年后负有抚养未成年子女和赡养老人的义务;再到其年老丧失劳动能力时,客观上需要子女的照顾和陪伴。家庭充分发挥其承载的养老育幼功能,一方面需要情感方面的维系与依赖,另一方面需要以物质为纽带。家庭成员之间除了感情上的相互依赖关系以外,还会因抚养、赡养、扶养等发生经济上的联系。夫妻之间,父母子女之间,祖父母、外祖父母与孙子女、外孙子女之间,兄弟姐妹之间关系的维系或多或少需要一定的物质基础。保障公民私有财产的继承权,当家庭成员死亡,其财产基于婚姻关系、血缘关系等在家庭成员之间移转,从物质上增强了家庭成员之间的联系,促进了家庭的和谐,有利于家庭养老育幼功能的发挥。

第二节　宪法对继承权的保障

一、宪法为继承制度提供政治支撑

宪法是国家的根本法,具有最高的法律效力,是一切机关、组织和个人的根本行为准则。尽管实施宪法是建立宪政的基本途径,但宪法实施不等于宪政,宪政能否真正建立起来,在很大程度上取决于宪法实施状况,如果宪法在国家和社会管理过程中真正具有最高法律效力,那么,公共权力的限制、公民权利的实现也就有了坚实的保障,而宪政也就能够最终建立起来。因此,可以说,树立宪法的最高权威就是宪政的集中表现。尽管宪法是宪政的前提,没有宪法就没有宪政,但有宪法不一定有宪政,之间并不存在必然的联系。关键的环节在于,宪法制定出来后能否实施,如果没有得到实施,就等于一纸空文,那么,用宪法来限制政府权力、保障人权的目的就不可能实现。宪法实施的过程,也就是建立宪政的过程,因此,实施宪法是建立宪政的基本途径。而权利制约权力是宪政的核心,这一核心在政治实施中的具体表现,就是一切公共权力的合法性都置于宪法之中,即必须建立有限政府,必须给予公民以足够的自由空间。政府必须受到限制是由人类建立政府的目的决定的,政府的规模产生于也依赖于公民的同意。因此,建立有限政府是宪政的基本精神。这一精神表现为两个宪政原则:一是法治原则,即公共权力是人民通过宪法授予的,不得行使宪法没有授予的和禁止行使的权力;二是人权原则,即公共权力不仅不得侵犯宪法所规定的公民权利,而且有

义务保障公民权利的实施。① 继承权作为公民的一项基本权利,应当受到宪法的保护。

二、宪法为继承制度提供法律支撑

《宪法》第 13 条规定:"公民的合法的私有财产不受侵犯。国家依照法律规定保护公民的私有财产权和继承权。"该条文源于 2004 年 3 月,根据经济发展的需要,我国《宪法》再次修订,在此次修正案中明确提出了"公民的合法的私有财产不受侵犯"以及"国家依照法律规定保护公民的私有财产权和继承权"。这是我国宪法第一次明确提出私有财产的合法性。② 将私有财产合法化,在宪法法律制度上经历了很大波折。1982 年《宪法》第 12 条规定:"社会主义的公共财产神圣不可侵犯。国家保护社会主义的公共财产。禁止任何组织或者个人用任何手段侵占或者破坏国家的和集体的财产。"当时公共财产的地位是非常高的,而私有财产的地位一直以来是不被认可的,虽然 1988 年《宪法修正案》中确立了全民、集体、个体、私营经济四种经济组成成分,但是,现实经济的发展并不满足于宪法条文作出的修改,外资企业、中外合资企业、中外合作经营企业、混合所有制企业等经济成分的出现,显然用全民、集体、个体、私营经济都无法解释,同时,由于个体、私营经济仅仅是社会主义公有制经济的补充,也与要求各个经济成分平等对待的市场经济规律不符。因此,1999 年《宪法修正案》第 14 条将《宪法》第 6 条修改为:"国家在社会主义初级阶段,坚持公有制为主体、多种所有制经济共同发展的基本经济制度。"1999 年《宪法修正案》第 16 条将《宪法》第 11 条修改为:"在法律规定范围内的个体经济、私营经济等非公有制经济,是社会主义市场经济的重要组成部分。"至此,《宪法》不但用非公有制经济这个外延的概念来涵盖个体经济、私营经济等非公有制经济,而且把非公有制经济作为了社会主义市场经济的重要组成部分,使其与公有制经济享有平等的地位。1999 年修宪以后,我国的经济结构已经转变为以公有制经济为主体、公有制经济与非公有制经济并存的局面。与此相对应,1975 年、1978 年《宪法》所确立的"不劳动者不能食""各尽所能、按劳分配"的分配制度,也转变为以按劳分配为主体、按劳分配和按生产要素分配并存的分配制。由此,1982 年《宪法》第 13 条中公民的合法财产就不仅仅是按劳分配的生活资料,还包括了公民发展非公有制经济所需的生产资料。宪法的修订对各种经济成分的发展以及经济发展有重要影响,③因此,宪法对私有权利的保护也上升到了一个新的台阶,在 2004 年修订《宪法》时将公民的合法的私有财产不受侵犯,并且保护公民的私有财产权和继承权作为一项法律制度规定下来,是具有历史意义的。

三、宪法为继承制度提供文化保障

(一)继承是一种文化

"继承"一词,其义颇多。英文 succession,可作相续、承受、演替等各种解释。稽之中国古籍,继承亦称承继,或简称继,承接先人遗业之谓也。《论语·尧曰》有"兴灭国,继绝世"之载;《中庸》有"善继人之志"等语。唐韩愈在《平淮西碑》中说:"圣子神孙,继继承承,于千万

① 曲振涛、杨恺钧:《法经济学教程》,高等教育出版社 2006 年版,第 127～128 页。
② 曲振涛:《法经济学》,中国发展出版社 2005 年版,第 173 页。
③ 曲振涛:《法经济学》,中国发展出版社 2005 年版,第 172～173 页。

年,敬戒不怠。"可见,继承一词的原义,并不以继承产业(财产)为限,其内容是十分广泛的。它的不同含义,可从下列三个层次分别加以说明。最广义的继承,系指后代对先辈创造的物质文明和精神文明的继承,如继承社会财富,继承国家领土,继承民族文化,继承革命传统,等等。广义的继承,系指生者对死者生前所享有的权利(有时也包括所承担的义务)的继承。其内容既有财产继承,也有身份继承;后者如王位、爵位和其他人身特权的继承,中国古代的宗祧继承,日本旧法中的家督继承,等等。狭义的继承,专指生者对死者的财产的继承。这里所说的财产,包括积极财产(所有权、债权),也包括消极财产(债务)。能够作为被继承人和继承人的,只能是自然人,即公民个人。法人或其他社会组织消灭时遗留的财产,是不依继承程序处理的。当代法学中的继承一词,就是在狭义上使用的,它是财产继承的简称。①

(二)继承的变迁:逐渐演化为法律文化

继承制度是社会制度的组成部分,是一定社会经济基础之上的上层建筑的一部分。按照历史唯物主义的见解,继承制度并不是自始存在、永恒不变的,它是人类社会发展到一定阶段的产物;它的产生,是私有财产制确立的必然结果。

在人类社会的初始阶段,人们与自然作斗争的能力极其薄弱。规模不大的原始群体,是当时唯一的社会生活组织。在同一群体内,成员们共同劳动,共同消费。由于没有剩余生产物,没有可供继承的财产,任何意义上的继承制度都是不存在的。死者遗留的简陋工具,或用以殉葬,或留在群体内部使用,这些事实在当时的经济生活中并不具有重要意义。继承作为一种财产移转的手段,大致萌芽于生产力有了初步提高的母系氏族时期。从历史上来看,氏族的产生同原始社会的两性和血缘关系社会形式的发展变化有着密切的关系。原始社会中最初出现和长期存在的氏族组织是母系氏族。当时,它是人们的基本的生产单位和生活单位。在原始公有制的基础上,死者遗留的少量财物必须留在氏族内部,这是调整继承关系的神圣不可侵犯的原则。当时的继承制度具有如下特点:第一,死者遗留的财物,由他(她)所在的氏族成员继承。这种继承具有公共继承或者集团继承的性质,是与以氏族为单位的原始公有制的生产关系相适应的。从遗产归本氏族共有到遗产归死者的较近的亲属所有,经历了一个漫长的历史过程。第二,继承人的范围,是按照母系的血缘关系来确定的。这种不同于双系继承的单系继承,是母系氏族制度在继承问题上的必然要求。因此,死者的遗产理所当然地转归其母方的血缘亲属所有。"男性死者的子女并不属于死者的氏族,而是属于他们的母亲的氏族;最初他们是同母亲的其他血缘亲属共同继承母亲的,后来,可能就首先由他们来继承了;不过,他们不能继承自己的父亲,因为他们不属于父亲的氏族,而父亲的财产应该留在父亲自己的氏族内。"②第三,"配偶"关系不是继承的根据,"夫妻"不得相互继承遗产。因为,无论在亚血缘群婚制(普那路亚)下,还是在对偶婚制下,男女双方都是不同氏族的成员。第四,可供继承的财物在数量上极为有限,主要是某些生产工具和生活资料。许多文化遗存都表明,氏族成员死亡后,遗留财物的相当部分是用以随葬的。另一些则为生者继续使用,或保存起来作为纪念。至于土地、牲畜和其他生产资料,本来就是为全氏族所公有的,它们不受某一成员死亡的影响,根本谈不到什么继承问题。第五,继承关系为当时通

---

① 杨大文:《亲属法与继承法》,法律出版社 2013 年版,第 267 页。
② 《马克思恩格斯全集》第 21 卷,人民出版社 1995 年版,第 67 页。

行的习惯所调整,不具有任何法律意义。哪些财物可以继承,以及由谁继承和如何继承等问题,是由长期形成的公共生活规则确定的。具有上述诸特点的继承制度,显然同阶级社会中的继承制度大相径庭,因为它是建立在原始公有制的经济基础之上的,又是与当时的社会组织形式——母系氏族相一致的。我们只是在死者的遗物为生者所承受的意义上称其为继承制度,它与后世的、与个人财产所有权相联系的继承法律制度有着本质的区别。母系氏族为父系氏族所替代,使原有的继承制度发生了重大的变革。完整意义上的继承制度,即继承法律制度,则是在私有制、一夫一妻制的婚姻家庭、阶级和国家产生以后才最终形成的。在母系氏族社会后期,社会生产力较前有了很大的发展。农业和畜牧业带来了前所未有的社会财富,同时也孕育着私有制的最初萌芽。生产进步所提供的剩余产品,起先无疑是归于氏族的。后来,按照在生产发展的基础上形成的新的社会分工,男子逐渐在主要的生产部门中占有重要地位,他们是新的财富即畜群的掌管者;随着最初的阶级分化的出现,一部分男子又成了新的劳动工具即奴隶的管理人。私有经济的因素在氏族公有经济内部不断积累,一部分富有的、有权势的男子占有了越来越多的财产。对偶婚制的形成和发展,又给人与人之间的关系注入了新的因素。过去,人们只能确定子女的生母,现在,子女的生父一般也是能够确定的了。这一切,就从社会经济方面和血缘结构方面,为父系氏族的产生准备了充分的条件。在父系氏族制下,子女的血缘关系从父计算并可继承父亲的财产,于是,便逐渐地在父系氏族内部形成以男性为中心的新的家庭组织,即一夫一妻制的家庭。恩格斯在论及这种家庭时说:"它是建立在丈夫的统治之上的,其明显的目的就是生育确凿无疑的出自一定父亲的子女;而确定出自一定的父亲之所以必要,是因为子女将来要以亲生的继承人的资格继承他们父亲的财产。"①当私有制已经确立,对立的阶级已经形成,父系氏族组织被国家组织代替的时候,以私有财产为基础的继承制度就被最后固定下来,成为奴隶社会上层建筑的重要组成部分。上述变化是一个渐进的过程。就古代世界各民族的继承制度而言,在形成过程中虽然具有各自的特点,其结果却是殊途同归的。在私有制的基础上,私有财产的继承和政治权力、身份、地位的继承一开始就是紧密地结合在一起的。与原始社会中的继承制度不同,植根于私有财产制度和阶级剥削制度的继承制度,既是私有财产制的产物,又是它的补充、扩大和延伸。随着国家、法律的产生,奴隶主阶级把符合其阶级利益的继承制度,用法律的形式加以确定,以国家的强制力保证其实现。从那时起,继承制度就成了法律制度的组成部分之一;调整继承关系的法律规范,成为人们必须遵守的行为规则。②

(三)宪法为继承文化提供保障

2004 年修正的《宪法》第 24 条规定:"国家通过普及理想教育、道德教育、文化教育、纪律和法制教育,通过在城乡不同范围的群众中制定和执行各种守则、公约,加强社会主义精神文明的建设。""国家提倡爱祖国、爱人民、爱劳动、爱科学、爱社会主义的公德,在人民中进行爱国主义、集体主义和国际主义、共产主义的教育,进行辩证唯物主义和历史唯物主义的教育,反对资本主义的、封建主义的和其他的腐朽思想。"精神文明建设的范围非常广泛,正如有的学者说的那样,精神文明建设的途径有四个方面。一是"教育",包括第 1 款已明示的

---

① 《马克思恩格斯全集》第 21 卷,人民出版社 1995 年版,第 74 页。
② 杨大文:《亲属法与继承法》,法律出版社 2013 年版,第 267~269 页。

理想教育、道德教育、文化教育、纪律与法制教育;第 2 款所言的爱国主义、集体主义、国际主义、共产主义、辩证唯物主义、历史唯物主义教育可统称为政治教育,因为在我国,爱国与爱社会主义天然不可分,宪法上的爱国只能是爱中华人民共和国,必然包含爱社会主义。集体主义、国际主义、共产主义、辩证唯物主义、历史唯物主义都是社会主义意识形态不可或缺的内容,故政治教育也是精神文明建设的应然之义。二是"提倡",对象是"五爱"公德。三是"立约","在城乡不同范围的群众中制定和执行各种守则 公约"。四是反对资本主义、封建主义和其他腐朽思想。此四者都必须有国家参与,因为第 24 条的主语是"国家",无论直接还是间接,国家都是当然的主体。值得注意的是,现行宪法关于社会主义精神文明的规定并不只限于第 24 条,"社会主义精神文明建设"作为现行宪法的基本构成单位,是由复数的、位于文本不同位置的条文组成的,这些条文在价值关系和逻辑意义上共同构成了一个具备完整意义的规范,包括第 19 条至第 23 条,以及第二章中部分权利义务条款,甚至还有宪法文本之外的内容。① 由此可见,继承对于公民而言是一种财产性权利,而对于社会而言,它是一种文化,是社会传承的要素之一,也是社会主义精神文明的组成部分之一,宪法对继承制度给予保护,其实也是从文化的角度对继承制度给予了法律上的支撑。

四、宪法为继承制度提供经济保障

(一)宪法发挥资源配置作用

一方面,资源是稀缺的。社会资源总是处于稀缺状态。人类面临的问题永远是无穷的欲望、有限的资源。资源的稀缺性使得资源利用的效率问题变得很重要,效率成为资源配置好坏的重要量度标准。另一方面,人类不能完全理性行事,主要原因在于人类所拥有的知识是非正规的、琐碎的,它往往高度复杂并存在于特定的地点、环境和时间,并且通过实践边干边学才能恰当地获得。这就使得人类在开发、验证和应用知识上只具备有限的能力。为了克服资源稀缺性引起的问题及弥补人的有限理性的短处,法律制度就扮演着十分重要的角色。法律制度的创新和改进能合理配置资源,提高劳动生产率,创造更多的社会财富,满足人们更高层次上的需要。法律制度对社会资源的分配和合理利用是通过一系列法律法规体系功能的发挥体现出来的。在这个分配制度体系中,宪法起到了根本性的作用。②

(二)宪法保护继承权是保护了资源配置关系

一般说来,宪政对自然资源、人文资源的分配是间接的,是通过对市场直接配置经济资源的认可和保障来实现的,而它对政治资源、法律资源的配置是直接的,尤其是在当代法治社会,经济资源、人文资源和政治资源往往表现为法律资源的形式,因而法律资源的配置往往制约甚至决定着其他资源的分配状况。宪政从根本上说就是协调统一国家权力和公民权利的宪法政治,它通过宪法的最高权威来配置权利和权力,以此规范社会主体的政治行为、经济行为和社会行为,从而达到国家为适应经济社会协调发展的需要对社会性资源进行直接或间接分配的目的。我国 2004 年通过的《宪法修正案》就增加了这方面的规定。制度安

---

① 黄鑫:《宪法秩序中的精神文明建设》,载《上海政法学院学报(法治论丛)》2015 年第 4 期。
② 卢现祥、刘大洪:《法经济学》,北京大学出版社 2007 年版,第 351 页。

排也是一种资源,而且是更重要的资源,是配置其他资源的资源。宪法就属于制度资源,是现代社会调节、配置社会资源的最重要的手段之一。[1] 由此可见,宪法保护继承权实际上是通过法律制度的形式将继承权这样的私有财产权予以法定化,从而将其划入稀缺资源的范畴,再通过规则安排来配置继承权取得的方法和方式,从而保护了稀缺资源的配置。

第三节 相关法律概念

一、继承权的法律概念

对继承权的概念性描述可以追溯至罗马法时期,当时罗马人对继承权进行的描述是:"继承权是对于一个死亡者全部法律地位的一种继承。"[2]

有些学者对继承权的理解是:"继承权使得继承人不仅获得被继承人财产,还获得其生前拥有的法律地位和所有权利,尤其是家长权。继承人依据继承权继续着被继承人的民事生活和他的法律生存。之所以会有这样的继承权概念,是因为古代社会的继承制度不仅是财产的继承,还是身份的继承,而且更看重身份的继承。"[3]

也有学者认为"继承权是指公民依照法律的直接规定或者被继承人所立的合法有效的遗嘱享有的继承被继承人遗产的权利"。其具体是指:"(1)是公民享有的权利。只有公民才可以享有继承权,并且基于继承权取得遗产。法人、其他组织和国家接受被继承人遗产的情况有两种:一是受遗赠;二是接受无人继承又无人受遗赠的财产。(2)有两种发生的根据。合法有效的遗嘱和法律的直接规定。(3)具有财产性,是继承人取得被继承人财产的法律根据。"[4]

从上述内容我们可以看出,对于继承权的理解在不同时期和不同学者看来是具有差异的,但是总体上讲,继承权是基于身份权利而产生的权利,是一种财产权,而且具有绝对权性质。

笔者认为,继承权是指公民依照法律的规定或者被继承人生前立下的合法有效的遗嘱而承受被继承人遗产的权利。继承权是财产继承法律关系的权利主体——继承人所享有的权利,它是财产继承法律关系的重要组成部分。没有继承权,财产继承法律关系将是毫无意义的。继承权在内容上包含三个方面的具体权利:接受或放弃继承遗产的权利,取得遗产的权利,继承权受侵犯时的回复请求权。[5]

继承权有两种含义:

1. 客观意义上的继承权

所谓客观意义上的继承权是指继承开始前,公民依照法律的规定或者遗嘱的指定而接受被继承人遗产的资格,即继承人所具有的继承遗产的权利能力。

---

[1] 卢现祥、刘大洪:《法经济学》,北京大学出版社2007年版,第351～352页。

[2] [英]梅因:《古代法》,沈景一译,商务印书馆1997年版,第104页。

[3] 刘文:《继承法律制度研究》,中国政法大学出版社2016年版,第39页。

[4] 王琳:《亲属与继承法》,法律出版社2014年版,第177页。

[5] 龙翼飞、陈群峰:《民法案例教程》,法律出版社2013年版,第323页。

　　客观意义上的继承权产生于法律的直接规定和被继承人所立遗嘱的指定。它是不依继承人的主观意志为转移的、客观存在的、具有实现可能性的权利。依照我国《继承法》的有关规定,被继承人的配偶、子女、父母、兄弟姐妹、祖父母、外祖父母以及对公婆尽了主要赡养义务的丧偶儿媳和对岳父母尽了主要赡养义务的丧偶女婿均属于法定继承人,上述法定继承人中的一人或数人经被继承人立遗嘱指定可作为遗嘱继承人。凡符合上述条件的法定继承人和遗嘱继承人,都具有取得被继承人遗产的资格,即都享有客观意义上的可能性继承权。这种继承权的法律意义在于:第一,它属于人身性质的权利,本身还不具有直接财产内容,不得转让与抛弃。第二,在继承开始前,它已受法律保护,不得任意剥夺。第三,当其归属发生争议时,可作为确认之诉的标的。第四,继承开始时,享有该种权利的人直接参加财产继承法律关系,不再另行经过确认。但是这种客观意义上的继承权还仅仅是一种法律意义上的、其财产内容尚未实现的继承权,本身并不稳固。继承人既可能会因某种法定原因而丧失对特定被继承人的继承权,也可能会由于被继承人设立遗嘱或取消遗嘱而排除其法定继承权或否定其遗嘱继承权,还可能会由于顺位在先的法定继承人的存在而排斥顺位在后的法定继承人的继承权。只有在具备了法定条件即出现了一定的法律事实时,这种继承权才能给继承人带来实际的财产利益。正因为如此,有些学者在其著述中将这种客观意义上的继承权称为"继承期待权"。

　　2. 主观意义上的继承权

　　它是指当法定的条件(即一定的法律事实)具备时,原来享有客观意义上的继承权的继承人对被继承人的遗产已经拥有的事实上的财产权利,即已经属于继承人并给他带来实际财产利益的继承权。这种继承权同继承人的主观意志相联系,他可以接受继承,也可以放弃继承。这是具有现实性、财产性的继承权。

　　由客观意义上的继承权转化为主观意义上的继承权,必须具备两个法定条件,即必须出现如下两个法律事实:第一,被继承人已经死亡并留有遗产。我国《继承法》规定:"继承从被继承人死亡时开始。"如果被继承人还未死亡,就根本不可能发生遗产继承问题,那么,继承人所享有的客观意义上的继承权也就无法转化为主观意义上的继承权。继承权的客体是遗产。如果被继承人未留下任何遗产,则继承权将无法行使。第二,继承人没有丧失继承权。按照我国《继承法》的规定,继承人如果有故意杀害被继承人,为争夺遗产而杀害其他继承人,遗弃被继承人或虐待被继承人情节严重以及伪造、篡改、销毁遗嘱情节严重的,均应依法丧失继承权。因此,如果继承人丧失了继承权,那么,继承人原有的客观意义上的继承权同样不会转化为主观意义上的继承权。主观意义上的继承权由于具有能够给继承人带来现实财产利益的特性,因此,有些学者称这种主观意义上的继承权为"继承既得权"。[1]

---

　　① 　杨大文:《亲属法与继承法》,法律出版社 2013 年版,第 323～324 页。

二、继承权的性质

(一)继承权的享有者只能是公民(自然人)

依照我国《继承法》的规定,能够作为法定继承人和遗嘱继承人从而享有继承权的只能是公民。这种立法规定的理由在于:首先,确定继承权只能由与被继承人有婚姻、血缘、家庭关系的公民享有,其根本出发点是保证使遗产用于发挥家庭经济职能、养老育幼和促使家庭团结和睦。其次,法律上赋予公民的以身份关系为前提条件的某些权利,法人是不能享有的,如婚姻权利、继承权利等。因此,法律规定继承权的享有者只能是公民。至于国家或特定的国家机关、全民或集体的企事业单位以及各种社会团体,不能作为法定继承人或者遗嘱继承人,只能以受遗赠人的身份取得遗赠财产;国家或者集体所有制组织还可依法取得无人继承又无人受遗赠的遗产。[①] 最后,在继承开始时尚未出生或者已经死亡的人,没有继承能力。我国法律不承认胎儿具有民事主体资格,但《继承法》对胎儿的利益加以特殊保护。《继承法》第 28 条规定:"遗产分割时,应当保留胎儿的继承份额。胎儿出生时是死体的,保留的份额按照法定继承办理。"应当为胎儿保留的遗产份额没有保留,应从继承人所继承的遗产中扣回。为胎儿保留的遗产份额,如胎儿出生后死亡的,由其继承人继承;如胎儿出生时是死体的,由被继承人的继承人继承。[②]

(二)继承权的发生根据是法律的直接规定或合法有效的遗嘱

在我国,继承权的发生根据不外乎两种:第一,国家法律的直接规定。这是指在法定继承时,由法律直接规定哪些人可以作为法定继承人而享有继承权。第二,合法有效的遗嘱。这是指在遗嘱继承时,被继承人有权通过设立合法有效的遗嘱,赋予法定继承人中的一人或数人以遗嘱继承权。

(三)继承权的客体只能是财产

继承权本身之所以具有财产性,原因在于其权利客体是被继承人死亡时遗留的个人合法财产。按照我国《继承法》,能够作为遗产转移给继承人的财产包括公民的所有权、债权、债务,公民的版权、专利权、商标权中的财产权利和义务,以及其他合法财产。公民的人身权利与公民的人身不可分离,以人身存在为前提,并随着公民的死亡而消失,因而不能作为继承权的客体转移给他人。

(四)继承权的实现以一定的法律事实的出现为前提

法律上规定或被继承人遗嘱中指定的继承权还只是客观意义上的继承权。仅凭借这种继承权尚不能取得任何实际财产利益。只有出现一定的法律事实,客观意义上的继承权才能转化为主观意义上的继承权,继承权才能得以实现。

---

① 杨大文:《亲属法与继承法》,法律出版社 2013 年版,第 324～325 页。

② 李俊:《婚姻家庭继承法》,中国政法大学出版社 2010 年版,第 191 页。

（五）继承权的接受和放弃取决于继承人的主观意志

继承开始后,继承人即已取得了主观意义上的继承权,从继承开始到遗产分割前,继承人完全可以在法律允许的范围内根据自己的意志为接受继承权或放弃继承权的意思表示,他人无权干涉。①

第四节　主要内容

一、继承人有权依法继承遗产

根据我国《继承法》的规定,凡是公民生前所有的个人合法财产都可以作为遗产,由其继承人在其死后继承。继承人依据法律规定或者被继承人生前所立的合法有效的遗嘱享有继承被继承人遗产的权利。被继承人死亡后,继承人没有放弃继承权的,有权参与遗产分割,取得被继承人遗产中应当由其继承的份额。

二、国家滞后于继承人或受遗赠人取得遗产

我国《继承法》根据实现家庭养老育幼和经济消费功能的需要,确定了继承人的范围和继承顺序。遗产的分配根据推定的伦理上的亲疏远近关系首先在具有血缘关系、婚姻关系或扶养关系的主体之间进行。只有在上述主体都不存在的情况下,为了避免因遗产纠纷导致社会陷入混乱或无序,才由国家取得遗产。即便是无人继承且无人受遗赠的遗产,根据我国《继承法》第14条和第32条的规定,在特定情况下也应当由个人或者集体取得遗产,而非收归国有。特定情况包括:一是对继承人以外的依靠被继承人扶养的缺乏劳动能力又没有生活来源的人,或者继承人以外的对被继承人扶养较多的人,可以给他们适当分配遗产;二是被继承人生前为集体所有制组织成员的,遗产归所在集体所有制组织。换言之,公民死亡后,遗产通常不收归国有,而是尽可能地由继承人或受遗赠人取得。继承人或受遗赠人行使继承权或受遗赠权受到国家保障。

【典型案例】

老人遗产无人继承　成厦门首例"无主财产"案②

卢老先生出生于1922年,他的侄子、原告老卢已经年过七旬。卢老先生终生未婚,无配偶,无子女。据老卢说,叔叔退休后,这20多年来,一直是由老卢照顾其日常生活起居,甚至,老卢还花钱在海沧区购买了一套房子,供叔叔居住养老。卢老先生去世后,老卢又出资为老人办理下葬,购买墓地,还为老人安排了一场葬礼,老人外地亲友来厦门参加葬礼,也是老卢花钱接待的。据老卢说,为了给老人送终,他花了不少钱,仅目前保存的票据就花费了9万多元,还有很多花费没有保存票据。老人去世后,留下了一笔

---

① 杨大文:《亲属法与继承法》,法律出版社2013年版,第324～325页。

② 陈捷:《老人遗产无人继承　成厦门首例"无主财产"案》,载《海峡导报》,http://news.fznews.com.cn/fuzhou/20150823/55d9283c2b66c.shtml,下载日期:2015年8月23日。

遗产。2015 年 6 月 25 日,老卢收到叔叔生前工作单位出具的《厦门市住房货币补贴支取通知书》,告知卢老先生有一笔人民币 97500 元的"住房货币补贴",这笔钱已经存入卢老先生在厦门一家银行的公积金账户,可到银行去领取。但是,卢老先生已经不在人世,而侄子老卢去银行,又领不到这笔钱。

老卢先是状告银行,后来,又撤诉,改为向法院申请认定"无主财产"。老卢认为,这笔 97500 元的住房货币补贴款属于卢老先生的遗产,而他为卢老先生尽了"生养死葬的义务",为处理卢老先生后事支出的费用,有权从卢老先生的遗产中受偿,并有权依据《继承法》第 14 条之规定享受其遗产。

本案中,卢老先生的遗产首先应当根据我国《继承法》的规定进行继承。卢老先生生前未签订遗赠扶养协议,也未立有遗嘱,且没有法定继承人,该无主财产应当归属于国家或集体所有。本案暴露了我国《继承法》规定的法定继承人范围过于狭窄的弊端。为了避免财产成为无主物,可以考虑参照国外立法适当扩大法定继承人的范围。

三、不得非法剥夺公民的继承权

国家对剥夺公民的继承权进行严格限制,只有在法定事由出现的情况下,公民的继承权才会被剥夺。公民死亡后,继承人有权自主决定是否继承;继承人未明确表示放弃继承权的,视为接受,不能推定为继承人放弃继承权。只有在法律规定的情形下,继承人才会丧失继承权。根据我国《继承法》第 7 条的规定,继承人丧失继承权的情形包括:故意杀害被继承人;为争夺遗产而杀害其他继承人;遗弃被继承人或者虐待被继承人情节严重;伪造、篡改或者销毁遗嘱,情节严重。

四、保障继承权人继承权的实现

权利的享有与权利的实现之间既有联系,也存在区别。权利的实现以享有权利为前提,但是享有权利并不必然导致权利实现。保障公民私有财产继承权不但包括保障继承权人享有继承权,而且包括保障继承权人实现该继承权。静态的权利宣示与动态的权利实现是保障公民财产继承权的两个方面。

我国《继承法》第 6 条规定:"无行为能力人的继承权、受遗赠权,由他的法定代理人代为行使。限制行为能力人的继承权、受遗赠权,由他的法定代理人代为行使,或者征得法定代理人同意后行使。"根据这一规定,完全行为能力人得自主行使继承权,受到法律保障。与此同时,通过代理制度保障无行为能力人、限制行为能力人的继承权得以实现。

五、侵害公民继承权的法律救济

继承权在性质上属于绝对权,继承权人以外的其他主体负有不得侵害继承权的义务。公民的继承权遭受非法侵害时,继承人有权直接向加害人主张恢复继承权原状、返还遗产、赔偿损失。加害人拒绝承担法律责任的,继承人有权在法律规定的时效期限内,请求法院依法保护公民的继承权。

第五节 国外或地区立法现状

一、公民私有财产继承权保护立法目的隐含在具体规则中

考察德国、法国、日本、瑞士、俄罗斯联邦等国家的民法典,不难发现,现代社会法治国家在继承法编或继承法卷中明确提及"公民私有财产继承权保护"的几乎没有。这并不意味着现代社会法治国家忽视或否认公民私有财产继承权保护的重要性。其主要原因在于:第一,公民私有财产继承权保护是宪法保护"私有财产神圣不可侵犯"在继承法中的自然延伸。经过权利启蒙运动的西方法治国家,"私有财产神圣不可侵犯"的观念已经深入人心,即便不在继承法篇或继承法卷中重申保护公民私有财产继承权的立法目的,也不会削弱法律对公民私有财产继承权的保护。第二,从公民财产权保护的整体性角度而言,公民私有财产继承权保护是公民生前财产权保护的延伸。保护公民私有财产继承权是保护公民财产权这一整体中不可分割的一部分。第三,从继承法编或继承法卷具体规则设计上看,继承法律规范设计秉承了保护公民私有财产继承权的理念。

也就是说,法律体系分为外在的规范体系与内在的价值体系。从外在规范体系的角度看,明确将公民私有财产继承权保护的立法目的规定在继承法或民法典中的情形极为少见。但是,这并不意味着国外立法忽视或否认对公民私有财产继承权进行保护。公民私有财产继承权保障属于"私有财产神圣不可侵犯"的重要组成部分,是制定继承法必须遵循的价值理念和基本内核。现代社会,各法治国家都将保护公民私有财产继承权作为继承法规则设计的基本目标。

二、国家继承权的补充性与滞后性

为了避免遗产因欠缺法定继承人而出现无主的情况,现代法治国家大多设置了由国家取得遗产的制度。但是,由国家取得遗产具有补充性与滞后性的特征。各国继承法在法定继承制度的设计上,都确定了国家滞后于亲属、配偶的规则,让遗产尽量由被继承人的亲属、配偶等继承,而不收归国有。

《德国民法典》"继承法编"第 1936 条规定:"在继承开始时,不存在被继承人的血亲、配偶或者生活伙伴的,被继承人在继承开始时最后住所地所在的州,或者在无法认定此种住所时,其惯常居所地所在的州,为法定继承人。在此之外,由联邦继承。"根据这一规定,国家享有法定继承权,是法定继承人。"国家的法定继承权不为公权力上的归属权或者先占权,而为归属于私法的继承权:在既不存在远亲属,也没有配偶或者生活伙伴的情形下,国家被指定为最后顺序的法定继承人。"[①]1804 年《法国民法典》第 723 条规定:"法律规定法定继承人间的继承顺序:无法定继承人时,遗产归非婚生子女,无非婚生子女时,归未死亡的配偶;如此等继承人均无时,遗产属于国家。"《意大利民法典》第 586 条规定:"于没有其他得继承的人的场合,继承财产由国家继承。其取得不需要经过承认,而且亦不得将其放弃。国家对超过其取得的财物的价额不负继承债务及遗赠责任。"《葡萄牙民法典》第五卷"继承法"第二编

[①] 杜景林、卢谌:《德国民法典》,中国政法大学出版社 2015 年版,第 1135 页。

"法定继承"第六章专门就"国家之继承"进行了规定。其中第2152条规定:"无配偶、任何可继承遗产之血亲时,赋权予国家继承。"

值得注意的是,为了避免遗产大量被收归国有,现代法治国家大多规定了较多的法定继承人顺序层级,从而扩大法定继承人的范围,尽量将遗产转移给与被继承人相关的近亲属。《德国民法典》第1924条至第1928条对法定继承人的顺序进行了规定。该法典将法定继承人的顺序分为五个层级。第一顺序法定继承人为被继承人的直系卑亲属。第二顺序法定继承人为被继承人的父母和父母的直系卑亲属。第三顺序法定继承人为被继承人的祖父母和祖父母的直系卑亲属。第四顺序法定继承人为被继承人的曾祖父母和曾祖父母的直系卑亲属。第五顺序法定继承人和更远亲等顺序的法定继承人,为被继承人的远亲等尊亲属和远亲等尊亲属的直系卑亲属。《俄罗斯联邦民法典》第1141条至第1145条将法定继承人的顺序分为六个层级。第一顺序法定继承人是被继承人的子女、配偶、父母以及被继承人的孙子女(外孙子女)及其后代代位继承。第二顺序继承人为被继承人的同父同母兄弟姐妹和同父异母(同母异父)兄弟姐妹、被继承人的祖父母和外祖父母以及被继承人同父同母兄弟姐妹和同父异母(同母异父)兄弟姐妹的子女代位继承。第三顺序继承人为被继承人父母的同父同母兄弟姐妹和同父异母(同母异父)兄弟姐妹(被继承人的叔伯姑舅姨)以及被继承人的堂(表)兄弟姐妹代位继承。第四顺序继承人为第三亲等的亲属——被继承人的曾祖父母和外曾祖父母。第五顺序继承人为第四亲等的亲属——被继承人亲侄子女和亲外甥子女的子女、被继承人祖父母和外祖父母的亲兄弟姐妹。第六顺序继承人为第五亲等的亲属——被继承人侄孙子女和侄外孙子女的子女、被继承人堂(表)兄弟姐妹的子女以及被继承人堂(表)祖父母的子女。第七顺序继承人为继子、继女、继父、继母。《葡萄牙民法典》第2133条第1款规定:"可继承遗产之人依下列顺序而被赋权继承:a)配偶及直系血亲卑亲属;b)配偶及直系血亲尊亲属;c)兄弟姐妹及其直系血亲卑亲属;d)四亲等内之其他旁系血亲;e)国家。"根据上述规定,法定继承人根据顺序被分为五个层次。《法国民法典》第734条规定:"在没有有继承权的配偶的情况下,亲属按照以下顺序继承遗产:1.子女和他们的直系卑亲属;2.父母、兄弟姐妹以及兄弟姐妹的直系卑亲属;3.父母之外的直系尊亲属;4.除兄弟姐妹以及他们的直系卑亲属以外的旁系亲属。以上四类亲属各成一个继承人顺序,并排除其后各顺序继承。"

第六节　立法发展趋势

一、民法典继承编的设计应当以保护公民私有财产继承权为基础

民法典继承编应当弘扬保护公民私有财产继承权的价值理念。在宏观制度设计以及微观规则设计方面都应当以保护公民私有财产继承权为基础。以保护公民私有财产继承权为基础的制度与规则设计需要从形式理性和实质理性两个方面着手。从形式理性的角度而言,我国民法典继承编中应当明确提及保护公民私有财产继承权。虽然从现代法治国家民法典的立法现状看,很少有国家在继承法编或继承法卷中明确记载"保护公民私有财产继承权"。但是,考虑到我国权利启蒙的相对滞后性以及财产权保护的现状,在民法典中明示公民私有财产继承权保护并无不妥。这样有利于弘扬财产权保障的价

值理念。从实质理性的角度而言,应当在民法典继承编的具体规则设计中贯穿保护公民私有财产继承权的价值理念。让保护公民私有财产继承权成为深入民众骨髓的基本法律价值理念。

二、扩张法定继承人的范围,限缩国家取得遗产的范围

遗产应当由被继承人的亲属或配偶继承或受遗赠。[①] 在没有亲属或配偶作为法定继承人并且不存在受遗赠人的情况下,为避免遗产成为无主物才由国家取得该遗产。根据我国《继承法》的规定,无人继承或受遗赠的财产应当由集体组织或国家取得。相较于西方法治国家而言,我国法定继承人的范围比较狭窄且未明确国家取得遗产的性质。未来我国民法典继承编设计时应当明确国家取得被继承人遗产的性质,同时扩大法定继承人的范围,增加法定继承的可能性,限制国家取得遗产的范围。

---

① 　夏吟兰:《婚姻家庭继承法》,中国政法大字出版社 2012 年版,第 245 页。

第六章

评注第 2 条(继承的开始)

《中华人民共和国继承法》第 2 条规定:"继承从被继承人死亡时开始。"

第一节 立法目的

本条是关于继承开始时间的规定。继承制度是为处理死者遗产的法律制度。本条立法的目的是确定继承开始的时间点。继承开始的时间,是继承法律关系发生的时间,也是财产所有权转移的时间。与一般民事法律关系发生的原因不同,继承法律关系的发生不是因为当事人的民事行为,而是基于客观的法律事实。在现代,继承限于财产继承,身份权的丧失不再是继承开始的原因,罗马法关于"无论何人不能成为生存者之继承人"的原则,已为各国继承法所继受。[①] 当自然人死亡,丧失了民事权利能力,不能成为自己财产的权利主体时,继承开始,其生前所有的财产依遗嘱或依法转移给法律规定的一定范围内的亲属所有。据此,能够引起继承法律关系发生的事实是自然人的死亡,包括生理死亡和宣告死亡。这是现代各国立法的通例,也是各国法律规定的继承开始的唯一原因。

第二节 本条的价值与意义

一、继承开始的时间,是被继承人的遗产转移给继承人所有的时间

继承开始前,继承人所享有的是继承期待权,即客观意义上的继承可能性。继承开始后,继承人享有的是继承既得权,即实际取得遗产的现实可能性。因而,继承开始的时间,既是继承人的继承期待权转为继承既得权的时间,也是被继承人的财产转移给继承人所有的时间。当继承人为一人时,该继承人单独继承遗产,继承人为两人或以上的,继承人共同继承遗产。

二、继承开始的时间,是确定遗产范围的时间

遗产是被继承人死亡时遗留的个人合法财产。被继承人生前的财产范围、数量和价值是不断变化的,但继承开始的时间,是被继承人遗产范围被固定的时间。虽然,继承开始时确定的遗产价值与遗产分割时的遗产价值会有所不同,但这是因财产自然减损、毁损或产生

---

① 郭明瑞、房绍坤:《继承法》,法律出版社 1996 年版,第 188 页。

孳息等原因造成的,与遗产的保管、使用和收益有关,与继承开始时确定的遗产范围无关。

三、继承开始的时间,是确定继承人范围的时间

1. 继承开始时,只有生存的继承人,才能享有继承被继承人遗产的权利。在理论上,有"同时存在的原则"。如果继承开始时,继承人已经先于被继承人死亡的,该继承人就不再具备继承的能力。但这里要注意几个问题:(1)继承开始时生存的继承人,在遗产分割时死亡的,不丧失继承遗产的权利。其应当继承的遗产份额依法发生转继承,由该继承人的继承人继承。(2)继承开始时尚未出生的胎儿,并不享有法定继承权,但依照《民法总则》第16条的规定,"涉及遗产继承、接受赠与等胎儿利益保护的,胎儿视为具有民事权利能力。但是胎儿娩出时为死体的,其民事权利能力自始不存在"。《继承法》第28条规定:"遗产分割时,应当保留胎儿的继承份额。胎儿出生时是死体的,保留的份额按照法定继承办理。"(3)在法定继承中,如果被继承人的子女先于被继承人死亡的,由被继承人的子女的晚辈直系血亲代位继承。代位继承人一般只能继承他的父亲或者母亲有权继承的遗产份额。(4)如果遗嘱继承人在继承开始时已经先于遗嘱人死亡的,遗嘱人指定的由遗嘱继承人继承的部分遗产,按法定继承处理。

2. 继承开始时,只有与被继承人有一定亲属关系的人,才依法享有法定的继承权。如果在继承开始前,已与被继承人解除了婚姻关系、父母子女关系等身份关系的,不能再以法定继承人的身份继承遗产。但是,如果在继承开始时,继承人与被继承人之间存在身份关系,在遗产分割时,继承人已经与他人建立了新的身份关系(如被继承人的配偶再婚、子女被送养等),依法仍然是被继承人的法定继承人,享有法定的继承权。

3. 继承开始的时间,是确认继承人是否丧失继承权的时间。《继承法》第7条规定了继承人丧失继承权的法定情形。但《继承法意见》第13条规定:"继承人虐待被继承人情节严重的,或者遗弃被继承人的,如以后确有悔改表现,而且被虐待人、被遗弃人生前又表示宽恕,可不确认其丧失继承权。"据此,被继承人在死亡前已经明确对其表示宽恕的,该继承人不丧失继承权。

4. 继承开始的时间,是确定继承人应继份额的时间。按照《继承法》第13条的规定:"同一顺序继承人继承遗产的份额,一般应当均等。对生活有特殊困难的缺乏劳动能力的继承人,分配遗产时,应当予以照顾。对被继承人尽了主要扶养义务或者与被继承人共同生活的继承人,分配遗产时,可以多分。有扶养能力和有扶养条件的继承人,不尽扶养义务的,分配遗产时,应当不分或者少分。继承人协商同意的,也可以不均等。"尽管从继承开始到遗产分割,被继承人的遗产范围、数量和价值都有可能发生一定的变化,但是,继承人继承遗产的应继份不会改变。也就是说,法律规定的"应当""可以"多分、少分或者不分的情形,依据的是继承开始时,而非遗产分割时。

5. 继承开始的时间,是确定继承人放弃继承权的时间。主要有两层含义:一方面,《继承法意见》第49条规定:"继承人放弃继承的意思表示,应当在继承开始后、遗产分割前作出。"在继承开始前,继承人只享有继承期待权,因此,继承人在继承开始前作出的放弃继承的意思表示不发生法律效力。另一方面,《继承法意见》第51条规定:"放弃继承的效力,追溯到继承开始的时间。"也就是说,继承开始后,继承人可以作出放弃继承的意思表示,但放弃继承的意思表示追溯到继承开始时,继承人自始不参加继承法律关系,对被继承人的遗产

不享有继承权。

6. 继承开始的时间,是被继承人所立遗嘱生效的时间。主要包括以下内容:

(1)订立遗嘱是遗嘱人生前处分其死后财产的法律行为,但遗嘱的生效时间不是订立遗嘱的时间,而是继承开始的时间。也就是说,遗嘱人生前订立的合法有效的遗嘱,只是遗嘱继承的法律事实之一,合法有效的遗嘱从遗嘱人死亡时才开始发生法律效力。

(2)根据《继承法》第 20 条的规定,订立遗嘱是单方法律行为,遗嘱人在生前可以随时设立、撤销或变更自己所立的遗嘱,无须征得他人同意。如果遗嘱人在生前立有数份遗嘱,内容相抵触的,以最后的遗嘱为准,但自书、代书、录音、口头遗嘱,不得撤销、变更公证遗嘱。

(3)继承开始的时间,是考察遗嘱是否具有执行力的时间。遗嘱是否有执行力,需要依据法律的规定来进行判断,例如《继承法》第 19 条规定:"遗嘱应当对缺乏劳动能力又没有生活来源的继承人保留必要的遗产份额。"《继承法意见》第 37 条规定:"遗嘱人未保留缺乏劳动能力又没有生活来源的继承人的遗产份额,遗产处理时,应当为该继承人留下必要的遗产,所剩余的部分,才可参照遗嘱确定的分配原则处理。继承人是否缺乏劳动能力又没有生活来源,应按遗嘱生效时该继承人的具体情况确定。"也就是说,违反特留份规定的遗嘱不能作为执行依据。对缺乏劳动能力又没有生活来源的继承人的确认,应该依据的是继承开始时的具体情况,而非遗产分割时。

7. 继承开始的时间,是确定二十年最长时效的起算点。《继承法》第 8 条规定:"继承权纠纷提起诉讼的期限为二年,自继承人知道或者应当知道其权利被侵犯之日起计算。但是,自继承开始之日起超过二十年的,不得再提起诉讼。"因此,继承开始的时间,是继承人请求法院保护其继承回复请求权的长期诉讼时效的起算点,超过二十年的,法律不再保护。

第三节　本条的演变

世界上曾经存在过因身份权的丧失而开始继承的制度,而身份权的丧失包括患有不治恶疾、沦为奴隶或俘虏、隐居、(和尚)出家、丧失国籍、终止收养、丧失户主权等诸多情形。现代各国民法,一般均不把身份权丧失作为继承开始的原因,只有人的死亡才是继承开始的唯一原因。[①] 我国自 1985 年《继承法》颁布至今,"继承从被继承人死亡时开始"的规定没有变化,但死亡时间(包括生理死亡和宣告死亡)的法律规范在不断地发展与完善。

一、关于生理死亡的规定

《民法通则》第 9 条规定:"公民从出生时起到死亡时止,具有民事权利能力,依法享有民事权利,承担民事义务。"《最高人民法院关于贯彻执行〈中华人民共和国民法通则〉若干问题的意见(试行)》(以下简称《民通意见》)第 1 条仅规定了公民的民事权利能力自出生时开始。出生的时间以户籍证明为准;没有户籍证明的,以医院出具的出生证明为准。没有医院证明的,参照其他有关证明认定。《民通意见》没有公民死亡的相关规定。于此,《民法总则》第 15 条增加了有关自然人死亡时间的规定。自然人的死亡时间,以死亡证明记载的时间为准;没有死亡证明的,以户籍登记或者其他有效身份登记记载的时间为准。有其他证据足以

---

① 刘春茂:《中国民法学·财产继承》,中国人民公安大学出版社 1990 年版,第 511 页。

推翻以上记载时间的,以该证据证明的时间为准。

二、关于宣告死亡的规定

1982 年《民事诉讼法(试行)》首次规定了宣告死亡的程序。该法第 133 条规定:"利害关系人要求宣告失踪人死亡的申请,向失踪人最后居所地的基层人民法院提出。申请书应当写明失踪的事实、时间和请求,并附有公安机关关于该公民失踪的书面证明。"第 134 条规定:"人民法院受理宣告失踪人死亡案件后,应当发出寻找失踪人的公告。公告期间为一年。公告期间届满,人民法院根据被宣告失踪人死亡的事实是否得到确认,作出终结审理的裁定或者宣告死亡的判决。"1985 年《继承法》第 2 条规定:"继承从被继承人死亡时开始。"1985 年最高人民法院在《继承法意见》中规定:"继承从被继承人生理死亡或被宣告死亡时开始。失踪人被宣告死亡的,以法院判决中确定的失踪人的死亡日期,为继承开始的时间。"1986 年《民法通则》确立了宣告失踪和宣告死亡两个制度并立的立法模式。随后,最高人民法院在《民通意见》第 20 条至第 25 条中,对宣告失踪和宣告死亡制度的具体法律适用问题作了详细的规定。2012 年修订的《民事诉讼法》和 2015 年最高人民法院出台的《最高人民法院关于适用〈中华人民共和国民事诉讼法〉的解释》完善了宣告失踪和宣告死亡的程序。在起草《民法总则》的过程中,有关宣告失踪和宣告死亡制度的规定是在继受《民法通则》和《民通意见》的基础上,根据理论研究成果和审判经验作了进一步的完善。主要体现在以下几个方面:

(一)关于宣告死亡和宣告失踪的关系

《民法通则》没有关于宣告失踪和宣告死亡关系的规定。最高人民法院在《民通意见》第 29 条的规定是:"宣告失踪不是宣告死亡的必经程序。公民下落不明,符合申请宣告死亡的条件,利害关系人可以不经申请宣告失踪而直接申请宣告死亡。但利害关系人只申请宣告失踪的,应当宣告失踪;同一顺序的利害关系人,有的申请宣告死亡,有的不同意宣告死亡,则应当宣告死亡。"《民法总则》对《民通意见》的这一规定予以吸收,增加了宣告死亡和宣告失踪关系的规定。即对同一自然人,有的利害关系人申请宣告死亡,有的利害关系人申请宣告失踪,符合本法规定的宣告死亡条件的,人民法院应当宣告死亡。这一规定表明在利害关系人间因宣告失踪还是宣告死亡发生冲突时,人民法院应当宣告死亡,其在逻辑上包含了宣告失踪不是宣告死亡必经程序的文意,据此,《民法总则》在文字的表述上进行了简化,将宣告失踪不是宣告死亡的必经程序的内容删除。①

在《民法总则》的起草过程中,对于可以向人民法院申请宣告死亡的利害关系人要不要有顺序上的限制? 较为普遍的意见是,法律不应当规定申请宣告死亡的利害关系人顺序,因为如果顺序在先的当事人不申请,则失踪人长期不能被宣告死亡,使得与其相关的法律关系长期不能稳定,如继承不能发生、遗产不能分割等,对利害关系人的利益损害极大,也与法律规定宣告死亡制度的初衷相悖。因此《民法总则》没有规定利害关系人申请宣告死亡的

---

① 沈德咏:《〈中华人民共和国民法总则〉条文理解与适用(上)》,人民法院出版社 2017 年版,第 379~380 页。

顺序。①

(二)关于宣告死亡的时间

首先,对下落不明自然人宣告死亡的时间。1985 年最高人民法院颁布的《继承法意见》第 1 条规定:"继承从被继承人生理死亡或被宣告死亡时开始。失踪人被宣告死亡的,以法院判决中确定的失踪人的死亡日期,为继承开始的时间。"但在司法实践中,对"以法院判决中确定的失踪人的死亡日期"的理解不尽相同。有的法院以寻找失踪人届满之日,作为被宣告失踪人死亡的日期;有的法院以判决作出之日,作为被宣告死亡人死亡的日期;还有的法院以判决文书中直接确定的日期作为被宣告死亡人死亡的日期。② 对此,《民法通则》第 23 条只规定:"公民有下列情形之一的,利害关系人可以向人民法院申请宣告他死亡:(一)下落不明满四年的;(二)因意外事故下落不明,从事故发生之日起满二年的。战争期间下落不明的,下落不明的时间从战争结束之日起计算。"有关宣告死亡的日期仍没有明确。为统一司法裁判,最高人民法院在《民通意见》第 36 条作出明确规定:"被宣告死亡的人,判决宣告之日为其死亡的日期。"但是,对"判决宣告之日"的理解仍不一致,主要有三种解释:(1)判决书落款部分标明的制作完成日期;(2)判决书中由法官直接根据具体情况确定的死亡日期;(3)法院制作的判决书公开宣判之日。③ 于此,《民法总则》对宣告死亡的日期作了进一步的完善。第 48 条规定:"被宣告死亡的人,人民法院宣告死亡的判决作出之日视为其死亡的日期;因意外事件下落不明宣告死亡的,意外事件发生之日视为其死亡的日期。"该规定与《民通意见》第 36 条规定不同的是,《民通意见》是以判决宣告之日为其死亡的日期,但判决宣告有两种方式,一种是当庭宣判,另一种是定期宣判。当庭宣判的应当在十日内发送判决书;定期宣判的,宣判后立即发给判决书。而《民法总则》规定的判决作出之日,是以判决书落款处的日期为准。这里要指出的是,判决作出之日与判决生效之日是不同的,判决书只有在送达当事人并且经过一定的法定上诉期间后无人上诉,才可以发生法律效力。宣告死亡的判决书除发给申请人外,还应当在被宣告死亡人的住所地和人民法院所在地公告。④ 因此,《民法总则》的规定,有效避免了《民通意见》第 36 条规定的歧义。

其次,对在意外事件中下落不明自然人宣告死亡的时间。《民法通则》第 23 条第 1 款第 2 项规定,公民"因意外事故下落不明,从事故发生之日起满二年的",利害关系人可以向人民法院申请宣告他死亡。之后的《民事诉讼法》第 184 条第 1 款规定:"公民下落不明满四年,或者因意外事故下落不明满二年,或者因意外事故下落不明,经有关机关证明该公民不可能生存,利害关系人申请宣告其死亡的,向下落不明人住所地基层人民法院提出。"《民法总则》在延续《民法通则》第 23 条规定精神的基础上稍作修改。《民法总则》第 46 条的规定是,自然人因意外事件,下落不明满二年的,利害关系人可以向人民法院申请宣告该自然人死亡。因意外事件下落不明,经有关机关证明该自然人不可能生存的,申请宣告死亡不受二年时间的限制。该规定填补了《民通意见》对因特殊意外事件而被申请宣告死亡人的下落不

---

① 李适时、张荣顺:《中华人民共和国民法总则释义》,法律出版社 2017 年版,第 131 页。

② 沈德咏:《〈中华人民共和国民法总则〉条文理解与适用(上)》,人民法院出版社 2017 年版,第 389 页。

③ 沈德咏:《〈中华人民共和国民法总则〉条文理解与适用(上)》,人民法院出版社 2017 年版,第 390 页。

④ 张新宝:《〈中华人民共和国民法总则〉释义》,中国人民大学出版社 2017 年版,第 92～93 页。

明起算点的立法空白,增加"经有关机关证明该自然人不可能生存的,申请宣告死亡不受二年时间的限制"的特殊规定。法律的进步主要表现在:其一,因意外事件被法院判决宣告死亡的,其死亡日期为意外事件的发生之日,确定意外事件发生之日作为死亡日期,有利于在实践中与一般的下落不明作出区分,更有利于对被宣告死亡人的民事法律关系进行确定,而且有利于法院节约司法资源,避免要确定因意外事件被宣告死亡的自然人的下落不明的开始时间而产生的麻烦。① 其二,对于因意外事件下落不明的自然人,如果与意外事件相关机关证明该自然人不可能生存的,利害关系人就可以以此申请宣告该自然人死亡,而不必等到下落不明满二年。其三,《民法总则》立法废弃了"意外事故"的表述,采用了"意外事件"。事件原因是,意外与事故在一定程度上存在语义重复,意外事件比意外事故涵盖面要广,如地震等天灾,一般语言习惯不称之为"事故",因而,使用"意外事件"作为法律用语更加规范,也更符合社会的语言习惯。②

三、关于死亡推定的规则

《继承法意见》第 2 条规定:"相互有继承关系的几个人在同一事件中死亡,如不能确定死亡先后时间的,推定没有继承人的人先死亡。死亡人各自都有继承人的,如几个死亡人辈份不同,推定长辈先死亡;几个死亡人辈份相同,推定同时死亡,彼此不发生继承,由他们各自的继承人分别继承。"该推定规则主要是遵循两个原则,一是保护继承人利益,二是遵循自然规则。但这一推定规则适用于保险领域并不合理,因此,《中华人民共和国保险法》(以下简称《保险法》)对死亡推定规则作了创新性的规定。《保险法》第 42 条规定:"被保险人死亡后,有下列情形之一的,保险金作为被保险人的遗产,由保险人依照《中华人民共和国继承法》的规定履行给付保险金的义务:(一)没有指定受益人,或者受益人指定不明无法确定的;(二)受益人先于被保险人死亡,没有其他受益人的;(三)受益人依法丧失受益权或者放弃受益权,没有其他受益人的。受益人与被保险人在同一事件中死亡,且不能确定死亡先后顺序的,推定受益人死亡在先。"《最高人民法院关于适用〈中华人民共和国保险法〉若干问题的司法解释(三)》(以下简称《保险法解释(三)》)第 15 条规定:"受益人与被保险人存在继承关系,在同一事件中死亡且不能确定死亡先后顺序的,人民法院应依据保险法第四十二条第二款的规定推定受益人死亡在先,并按照保险法及本解释的相关规定确定保险金归属。"

第四节　主要内容

一、生理死亡

《民法总则》第 15 条规定:"自然人的出生时间和死亡时间,以出生证明、死亡证明记载的时间为准;没有出生证明、死亡证明的,以户籍登记或者其他有效身份登记记载的时间为准。有其他证据足以推翻以上记载时间的,以该证据证明的时间为准。"

首先,死亡证明,是指有关单位出具的证明自然人死亡的文书。主要包括以下几类:公

---

① 张新宝:《〈中华人民共和国民法总则〉释义》,中国人民大学出版社 2017 年版,第 93 页。
② 李适时、张荣顺:《〈中华人民共和国民法总则〉释义》,法律出版社 2017 年版,第 129 页。

民死于医疗单位的,由医疗单位出具死亡医学证明书;公民正常死亡,但无法取得医院出具的死亡证明的,由社区、村居委会或者基层卫生医疗机构出具证明;公民非正常死亡或者卫生部门不能确定是否属于正常死亡的,由公安司法部门出具死亡证明;死亡公民已经火化的,由殡葬部门出具火化证明。死亡证明只是记载死亡时间的原始证明,具有证明死亡时间的准确性和规范性,因此,将死亡证明记载的时间作为判断自然人死亡时间的最基本的依据。[①]

其次,没有死亡证明的,以户籍登记或者其他有效身份登记记载的时间为准。户籍登记是国家公安机关按照国家户籍管理法律法规,对公民的身份信息进行登记的制度。根据我国户籍管理制度,自然人死亡后,户主、亲属等应当在规定的时间内向公安机关申报死亡登记,注销户口。《中华人民共和国户口登记条例》第8条规定:"公民死亡,城市在葬前,农村在一个月以内,由户主、亲属、抚养人或者邻居向户口登记机关申报死亡登记,注销户口。公民如果在暂住地死亡,由暂住地户口登记机关通知常住地户口登记机关注销户口。公民因意外事故致死或者死因不明,户主、发现人应当立即报告当地公安派出所或者乡、镇人民委员会。"据此,户籍登记记载的死亡时间具有较强的法律效力,本条将户籍登记记载的死亡时间作为判断自然人死亡时间的重要依据,没有死亡证明的以户籍登记记载的死亡时间为准。

最后,如果由于各种原因造成死亡证明或者户籍登记的记载时间出现错误,有其他证据足以推翻死亡证明以及户籍登记的,应当以该证据证明的时间为准。

二、宣告死亡

宣告死亡是自然人下落不明达到法定期限,经利害关系人申请,人民法院经过法定程序在法律上推定失踪人死亡的一项民事制度。自然人长期下落不明会使得与其相关的财产关系和人身关系处于不稳定状态,通过宣告死亡制度,可以及时了结下落不明人与他人的财产关系和人身关系,从而维护正常的经济秩序和社会秩序。[②] 鉴于宣告死亡是人民法院依审判程序推定公民死亡的一种法律制度,产生与自然死亡相同的法律后果,既是继承开始的时间,也是继承法律关系发生的根据,因此,宣告死亡必须具备以下法律规定的条件:

1. 自然人下落不明达到一定的时间

自然人下落不明需要达到法定的时间才能宣告死亡。在一般情况下,下落不明的时间要满四年,因意外事件下落不明的,下落不明的时间要满二年。

第一,一般情况下,自然人下落不明需要满四年的时间。根据《民法总则》第40条规定,利害关系人向人民法院申请宣告自然人为失踪人的时间是下落不明满二年,而宣告自然人死亡的时间是下落不明满四年。这是因为,宣告自然人失踪只产生财产代管的法律后果,但宣告自然人死亡会产生财产继承和婚姻关系解除的法律后果。因此,宣告死亡的时间较之宣告失踪的时间要长。要指出的是,关于下落不明的起算点,《民法总则》没有具体规定,对于下落不明满四年的起算点,应自下落不明之日起算,具体可以参照《民通意见》第26条、第

---

① 李适时、张荣顺:《中华人民共和国民法总则释义》,法律出版社2017年版,第44页。
② 李适时、张荣顺:《中华人民共和国民法总则释义》,法律出版社2017年版,第128页。

28条的规定处理,从自然人离开最后居住地后没有音讯之日的次日起算。[①]

第二,自然人因意外事件下落不明的,利害关系人向法院申请宣告死亡的时间是二年。意外事件,是指非因当事人的故意或过失而发生的偶然事故。[②] 由于自然人在意外事件中下落不明生存的可能性小于一般意义上的下落不明,因此,因意外事件下落不明申请宣告死亡的时间相对要短,在现实生活中,意外事件可能是继发性的,也可能是持续一段时间的。但因意外事件申请宣告下落不明的失踪人死亡的,应当以意外事件发生之日起算,即意外事件发生之日为宣告死亡之日,不以意外事件结束之日为宣告死亡人的死亡日期。《民法通则》第23条第1款第2项规定的"从事故发生之日起满二年的"可以借鉴。[③]

第三,在意外事件中下落不明的,如果经有关机关证明该自然人不可能生存的,申请宣告死亡不受二年时间的限制。这里的"有关机关",是指依法有权确认失踪人死亡事实的国家机关。一般情形下,有关机关包括公安机关等国家机关。"有关机关"在不同危难事件中表现为不同的机构,但是必须具有一定的公信力和权威性。[④]

2. 利害关系人的申请

宣告死亡,必须要有利害关系人提出申请。所谓利害关系人,通常是指与被宣告人死亡与否的法律后果有直接利害关系的人。《民法总则》延续《民法通则》的模式,没有规定利害关系人的范围,利害关系人的范围一般参照宣告失踪制度中的利害关系人范围。即配偶、父母、子女、兄弟姐妹、祖父母、外祖父母、孙子女、外孙子女和其他有民事权利义务关系的人。这里所称"其他有民事权利义务关系的人"包括财产共有人、继承人、受赠人、债权人、债务人、人寿保险合同的受益人等。此外,检察机关也可以作为国家利益代表申请宣告死亡。因为现实生活中存在自然人长期下落不明,利害关系人因各种原因不申请宣告死亡,致使其权利义务不确定状态长期存在,从而使国家利益面临受损危险的情况。[⑤]

《民通意见》第25条规定:"申请宣告死亡的利害关系人的顺序是:(一)配偶;(二)父母、子女;(三)兄弟姐妹、祖父母、外祖父母、孙子女、外孙子女;(四)其他有民事权利义务关系的人。申请撤销死亡宣告不受上列顺序限制。"但《民法总则》第47条的规定是:"对同一自然人,有的利害关系人申请宣告死亡,有的利害关系人申请宣告失踪,符合本法规定的宣告死亡条件的,人民法院应当宣告死亡。"由此可以看出,宣告失踪不是宣告死亡的必经程序或先决条件,而且对"利害关系人申请宣告死亡需按顺序"是持否定态度的。要指出的是,就法律后果而言,宣告死亡与自然死亡的法律效力相同,不但影响被宣告人的财产权属关系,而且也会影响到其相关的身份关系。因此,为避免当事人恶意利用宣告死亡制度损害失踪人利益的问题,可以申请宣告死亡的利害关系人,应当具备以下条件:第一,同失踪的自然人具有利益关系;第二,如果不宣告自然人死亡,则其利益不能得到满足。也就是说,"其他有民事权利义务关系的人"可以包括受遗赠人、人身保险合同的受益人等。但如果可以通过其他诉

---

① 沈德咏:《〈中华人民共和国民法总则〉条文理解与适用(上)》,人民法院出版社2017年版,第372页。
② 张新宝:《〈中华人民共和国民法总则〉释义》,中国人民大学出版社2017年版,第89页。
③ 沈德咏:《〈中华人民共和国民法总则〉条文理解与适用(上)》,人民法院出版社2017年版,第372页。
④ 张新宝:《〈中华人民共和国民法总则〉释义》,中国人民大学出版社2017年版,第89页。
⑤ 龚兵:《论宣告死亡的构成要件》,载《法学杂志》2010年第2期。

讼程序维护其利益的,则不应当允许其申请宣告失踪人死亡,如失踪自然人的债权人、与失踪自然人具有劳动关系的单位,以及在自然人有配偶或父母子女的情况下,则其兄弟姐妹不应具有申请宣告死亡的资格。[①]

3. 人民法院的宣告

《民法总则》第 13 条规定:"自然人从出生时起到死亡时止,具有民事权利能力,依法享有民事权利,承担民事义务。"任何自然人的民事权利能力和民事行为能力都是国家法律赋予的,除法律规定的情况和依法定程序外,不得予以剥夺和限制。[②] 因此,宣告死亡只能由人民法院经过法定程序作出,任何单位或个人都无权宣告自然人死亡。依据《民事诉讼法》第 177 条、第 184 条、第 185 条的规定,人民法院审理宣告死亡案件,适用《民事诉讼法》第十五章规定的特别程序。宣告死亡的条件和程序是:利害关系人申请宣告其死亡的,向下落不明人住所地基层人民法院提出,申请书应当写明下落不明的事实、时间和请求,并附有公安机关或者其他有关机关关于该公民下落不明的书面证明。人民法院受理宣告死亡案件后,应当发出寻找下落不明人的公告。宣告死亡的公告期间为一年。因意外事故下落不明,经有关机关证明该公民不可能生存的,宣告死亡的公告期间为三个月。公告期间届满,人民法院应当根据被宣告失踪、宣告死亡的事实是否得到确认,作出宣告死亡的判决或者驳回申请的判决。要指出的是,公安机关的证明是宣告死亡的证明文件,并不表示可以依据公安机关的证明不经过宣告死亡的程序就直接注销下落不明失踪人的户口而达到宣告死亡的法律效果。

三、死亡时间的推定

当两个或两个以上互有继承关系的人在同一事件中死亡,而死亡的先后时间又不能确定时,如何推定他们死亡的先后顺序,直接关系到继承人继承的范围、顺序和应继份的多少。为此,《继承法意见》第 2 条规定:"相互有继承关系的几个人在同一事件中死亡,如不能确定死亡先后时间的,推定没有继承人的人先死亡。死亡人各自都有继承人的,如几个死亡人辈份不同,推定长辈先死亡;几个死亡人辈份相同,推定同时死亡,彼此不发生继承,由他们各自的继承人分别继承。"

1. 根据客观事实确定

两个或两个以上互有继承权的人在同一事件中死亡,其死亡时间应当根据客观情况确定,如果有某种客观事实能够证明他们死亡时间的先后,就应根据这种客观事实来确定他们死亡时间的先后。只有在死亡先后时间无法认定时,才能适用该推定规则。

2. 按照保护继承人利益原则和自然法则推定

如果不具备能够证明他们死亡先后时间的客观事实,则应当按照保护生存的继承人利

---

① 沈德咏:《〈中华人民共和国民法总则〉条文理解与适用(上)》,人民法院出版社 2017 年版,第 375 页。
② 何丽新:《论〈海商法〉第 248 条"船舶失踪"与〈民法总则〉第 46 条"宣告死亡"》,载《政法论丛》2018 年第 6 期。

益的原则和自然法则来推定死亡时间的先后。

（1）数人中有的有继承人，有的没有继承人的，推定没有继承人的人先死亡。例如，夫妻在一起事故中同时死亡，丈夫有一妹妹，妻子没有继承人，这时应推定妻子先死亡，妻子的遗产由丈夫继承，丈夫后死亡，丈夫的遗产加上继承其妻子的遗产，即夫妻二人的遗产最终是由丈夫的妹妹继承。

（2）都有继承人而辈份不同的，推定长辈先死亡。例如，甲、乙是父子，在同一事件中死亡，如不能确定两人死亡时间的，推定父亲甲先死亡，甲的遗产由儿子乙继承，乙后死亡，乙继承的甲的遗产，由乙的法定继承人继承。

（3）都有继承人而辈份相同的，推定同时死亡，彼此不发生继承，其遗产分别由各自的继承人继承。例如，甲、乙是夫妻，二人死于同一事故。甲有父母，乙有兄弟姐妹，这时应推定甲、乙同时死亡，彼此不发生继承关系，甲的遗产由其父母继承，乙的遗产由其兄弟姐妹继承。

第五节　重要的学术观点和争议

一、遗产从何时由被继承人转归继承人所有

关于遗产转移的时间，理论上有死亡说和分割说两种意见。分割说认为，继承开始后遗产分割前，继承人取得的是继承权而不是所有权，遗产的所有权只有在遗产分割后继承人才能取得。死亡说认为，继承因被继承人死亡而开始。继承开始，被继承人生前享有的财产权利便转归继承人所有。继承开始后，被继承人因死亡而不能再对其财产享有所有权，如果此时继承人也不享有遗产的所有权，则该遗产就成了无主财产。主观意义上的继承权是确定遗产所有权的根据，与遗产的所有权是同时发生的。[1]

二、宣告失踪和宣告死亡的关系

对于宣告失踪和宣告死亡的关系，主要有两种意见：一是，我国应当借鉴法国法、德国法等法律制度，先宣告失踪，后宣告死亡，将宣告失踪作为宣告死亡的必经程序。二是，我国的民法制度并不要求宣告失踪是宣告死亡的先决程序，上述意见不符合我国宣告失踪与宣告死亡制度的设计目的。[2]

三、宣告死亡的利害关系人是否应当有顺序上的区分

关于宣告死亡的利害关系人是否应当有顺序上的区分，主要的观点有：（1）配偶是第一顺序的利害关系人，其不愿意申请宣告死亡，其他顺序的利害关系人不能越位申请宣告死亡。不同的利害关系人，对其利益的权衡有所不同。配偶最为特殊，与失踪人有最为亲密的人身关系，因为宣告死亡意味着婚姻关系在死亡宣告之日起消灭，配偶与其他利害关系人相

---

[1]　郭明瑞、房绍坤：《继承法》，法律出版社1996年版，第190页。

[2]　沈德咏：《〈中华人民共和国民法总则〉条文理解与适用（上）》，人民法院出版社2017年版，第378～379页。

比,在宣告死亡问题上具有优先性和排他性。① (2)申请宣告死亡的利害关系人应当按照以下顺序申请:①配偶;②父母、子女;③兄弟姐妹、祖父母、外祖父母、孙子女、外孙子女;④其他有民事权利义务关系的人。在先顺序的主体优先于在后顺序的主体,同顺序的人权利平等。这是因为,因被申请人的死亡宣告而引起人身关系变化的,主要是被申请人的配偶的婚姻关系,法律赋予配偶以最先优先的顺序,就是为了保护被申请人的配偶的婚姻关系,其他利害关系人一般不能绕开被申请人的配偶自己抢先申请宣告下落不明的主体死亡。但是配偶的申请优先权也不是绝对的,如果被申请人的配偶故意不作为而损害其他利害关系人的利益,则为了维护公平正义,配偶申请宣告死亡的优先权应当受到限制。因此,在符合法定情形的情况下,被申请人的配偶故意不申请宣告死亡而影响其他利害关系人的利益,或者不申请宣告死亡,客观上会给其他利害关系人的合法权益造成严重损害的,在由其他利害人对此事实予以证明的情况下,可以由人民法院认定配偶不再享有申请优先权,后顺序的申请人可以申请宣告死亡。② (3)申请宣告死亡是由利害关系人按照顺序申请,并没有确定配偶为唯一的申请人,在查明配偶基于财产掌控和恶意转移财产等不正当目的故意不提出申请,致使其他利害关系人合法权益遭受损害的情况下,不能排除第二顺序利害关系人的申请。③ (4)我国法律不应当规定申请宣告死亡的利害关系人的顺序。因为如果顺序在先的当事人不申请,则失踪人长期不能被宣告死亡,造成财产关系长期不能稳定,例如继承不能发生、遗产不能分割等,对利害关系人的利益影响很大。④

四、宣告死亡的时间应当如何确定

宣告死亡的时间应当如何确定? 有的认为,被宣告死亡者的死亡时间确定,应以法定失踪期间届满之日为准。这是因为,客观上失踪人已经死亡之推定,是随着失踪时间的持续推进而逐步形成的,当事人对于失踪人已经死亡的认识,也是随着失踪事实状态之长期延续而逐渐加强的,因此,一般情况下的失踪人的死亡时间确定为失踪之后经过一段时间,更符合有关当事人的预期,亦更有利于维护法律关系的稳定。⑤ 有的认为,判决宣告之日为失踪人死亡的日期,但判决宣告之日并非判决作出之日,而是判决中宣告死亡之日。⑥ 有的认为,人民法院宣告判决中确定的失踪人的死亡日期,视为失踪人的死亡日期,判决中没有确定其死亡日期的,则以判决生效的日期为失踪人的死亡日期。⑦

五、关于推定被继承人死亡时间规则的完善

关于推定被继承人死亡时间的规则的完善,主要的意见是:最高人民法院确定的死亡在先和同时死亡相结合的推定制,体现了两个原则,即保护继承人利益和遵循自然法则。但若

---

① 沈德咏:《〈中华人民共和国民法总则〉条文理解与适用(上)》,人民法院出版社 2017 年版,第 378 页。
② 张新宝:《〈中华人民共和国民法总则〉释义》,中国人民大学出版社 2017 年版,第 90 页。
③ 沈德咏:《〈中华人民共和国民法总则〉条文理解与适用(上)》,人民法院出版社 2017 年版,第 378 页。
④ 沈德咏:《〈中华人民共和国民法总则〉条文理解与适用(上)》,人民法院出版社 2017 年版,第 380 页。
⑤ 沈德咏:《〈中华人民共和国民法总则〉条文理解与适用(上)》,人民法院出版社 2017 年版,第 388~389 页。
⑥ 郭明瑞、房绍坤:《继承法》,法律出版社 1996 年版,第 193 页。
⑦ 佟柔、王利明、马俊驹:《中国民法》,法律出版社 1990 年版,第 83 页。

将自然法则机械化适用,则会产生有违自然法则的后果。如年老长辈与壮年晚辈同时遇难,推定长辈先死亡,完全符合自然法则,但如果壮年长辈与幼年晚辈同时遇难,同样推定长辈先死亡就违背了自然法则,其最终结果是损害了某些继承人的继承利益。因此建议按以下的原则确定死亡人的死亡先后:首先,推定没有继承人的人先死亡;其次,死亡人都有继承人的,若死亡人辈份相同,则推定同时死亡,若辈份不同,则推定成年晚辈后于长辈死亡,未成年人晚辈先于长辈死亡。①

第六节　国外或地区立法现状

1. 自然死亡的,一般以死亡证明文件所载时间为准,如法国死亡证书、瑞士身份证书等。②

2. 宣告死亡的日期,各国立法例不尽相同。主要有:(1)宣告之日或宣告确定之日;(2)裁判上认定为死亡之日;(3)最后音讯或危难发生之日;(4)失踪期间届满之日。对一般情形下的失踪人的宣告,日本法规定的是法定宣告死亡所需期间届满之时(《日本民法典》第31条),瑞士法规定的是得知失踪人最后一次音讯之时(《瑞士民法典》第38条第2款),德国法规定的是法定宣告死亡所需失踪期间届满之时(《德国失踪法》第9条第2款)。对于因战争或意外事件等特殊事由失踪的人的死亡时间,日本法规定为战争停止、船舶沉没或危难消失之时(《日本民法典》第31条),瑞士法规定为失踪人于战争或意外事故中失踪之时(《瑞士民法典》第38条第2款)。③

3. 如果数名互有继承权的人在同一事件中死亡,不能确知各人的死亡时间,各国都规定了死亡时间的推定制度。主要有两种立法例:一是"推定同时死亡主义",推定在同一事件中遇难的数人同时死亡,相互之间不发生继承关系,如德国、瑞士、日本、法国等;二是"推定强者长活主义",依据自然规律,根据辈分、年龄等因素来判断强弱,推定强者为长活者,如现代英国法,推定年长者先于年幼者死亡。④

第七节　立法发展趋势

一、遗产转移的时间

《继承法意见》第49条规定:"继承人放弃继承的意思表示,应当在继承开始后、遗产分割前作出。遗产分割后表示放弃的不再是继承权,而是所有权。"第52条规定:"继承开始后,继承人没有表示放弃继承,并于遗产分割前死亡的,其继承遗产的权利转移给他的合法继承人。"但《中华人民共和国物权法》(以下简称《物权法》)第29条规定:"因继承或者受遗

---

① 郭明瑞、房绍坤:《继承法》,法律出版社1996年版,第195页。
② 陈苇:《外国继承法比较与中国民法典继承编制定研究》,北京大学出版社2011年版,第120～121页。
③ 沈德咏:《〈中华人民共和国民法总则〉条文理解与适用(上)》,人民法院出版社2017年版,第387～388页。
④ 陈苇:《外国继承法比较与中国民法典继承编制定研究》,北京大学出版社2011年版,第120～121页。

赠取得物权的,自继承或者受遗赠开始时发生效力。"尽管该规定解决了无主财产的问题,但将继承权等于所有权,不但存在法律冲突的问题,而且将继承纠纷转化为所有权纠纷是否妥当还有待进一步研究。

二、利害关系人申请宣告死亡的顺序

《民法总则》第 47 条规定:"对同一自然人,有的利害关系人申请宣告死亡,有的利害关系人申请宣告失踪,符合本法规定的宣告死亡条件的,人民法院应当宣告死亡。"本条规定取消了利害关系人申请宣告死亡的顺序,即有申请宣告死亡资格的人均有权申请宣告死亡。这对于保护利害关系人的利益具有重要价值,原因是如果设立申请的先后顺序,对长期下落不明的人,顺序在先的利害关系人不申请宣告死亡的,会造成顺序在后的利害关系人的利益得不到保障。但是,这也可能导致利害关系人利用宣告失踪人死亡制度,损害其他利害关系人权益和失踪人利益的情形,尤其对配偶的利益影响是重大的。如果允许配偶以外的人申请宣告死亡,可能导致被宣告死亡的人的婚姻关系终止,损害配偶的人身权益。因此,对于如何平衡配偶和其他利害关系人的关系、如何保障配偶的权利,需要做进一步的研究。

三、宣告死亡的日期

《民法总则》第 48 条规定:"被宣告死亡的人,人民法院宣告死亡的判决作出之日视为其死亡的日期;因意外事件下落不明宣告死亡的,意外事件发生之日视为其死亡的日期。"但是,以"宣告死亡的判决作出之日"作为失踪人死亡的日期,容易导致在被保险人因发生意外事故而下落不明的情况下,被保险人被宣告死亡之后,该死亡日期往往已经超过保险期限,从而造成保险受益人的利益无法得到满足的弊端。[1] 就保险期限较短的意外伤害保险而言,被保险人被宣告死亡之日往往在保险责任期间之外,这就会导致受益人的保险金给付请求权落空。《保险法解释(三)》第 24 条,就是用来解决《民法通则》实施后机械地将宣告死亡的日期与死亡宣告判决作出的日期二者等同起来所导致的弊端。有学者指出,宣告死亡的判决作出之日与确定死亡之日是完全不同的两回事,不能将二者捆绑在一起。对于死亡日期的确定方法,有两种不同的规范思路。一种是法官根据相关事实,基于自由裁量来确定。其优点是赋予法官较大程度的自由裁量权,能够使得死亡时间的认定,符合相关当事人之间的利益的权衡。但缺点是无确定死亡日期之标准,纯由法官自由心证难称妥当。另外一种思路是,把死亡时间与法定期限的届满联系起来,通常是将处于失踪状态满一定年限之时推定为死亡时间。优点是具有一定程度的确定性,但缺点是过于机械。较为合理的做法应该是将死亡时间的认定与特定期限的届满联系起来,如果在该期限届满之前存在可以推定死亡的情形,则允许利害关系人通过举证来说服法院确定另外一个更加合理的死亡日期。一方面,照顾到法律规范适用上的稳定性,避免给予法院在这一问题上过于宽泛的自由裁量权;另一方面,也为相关的利害关系人实事求是地基于具体情形,请求法院确定另外的日期作为被宣告死亡者的死亡日期提供了可能性。这种稳定性与灵活性妥当结合的做法,应当

---

[1]　沈德咏:《〈中华人民共和国民法总则〉条文理解与适用(上)》,人民法院出版社 2017 年版,第 390 页。

是未来立法和司法发展的方向。①

四、死亡推定的时间

最高人民法院《继承法意见》第 2 条规定:"相互有继承关系的几个人在同一事件中死亡,如不能确定死亡先后时间的,推定没有继承人的人先死亡。死亡人各自都有继承人的,如几个死亡人辈份不同,推定长辈先死亡;几个死亡人辈份相同,推定同时死亡,彼此不发生继承,由他们各自的继承人分别继承。"该推定规则遵循的原则,一是保护继承人利益,如推定没有继承人的人先死亡,目的是避免出现无主财产的问题,假若推定有继承人的人先死亡,则没有继承人的人,继承了有继承人的人的财产后,其遗产将成为无主财产,不利于保护有继承人的死亡人的继承人的利益。二是遵循自然法则。倘若死亡人各自都有继承人,辈份相同的人若不推定同时死亡,则被推定后死亡之人继承被推定先死亡之人的财产。那么被推定后死亡之人的继承人不但取得了被推定后死亡之人生前的全部财产,而且还取得了被推定后死亡之人通过继承而取得的被推定先死亡之人的遗产。而被推定先死亡之人的继承人能够继承的却只有被继承人生前的部分财产,相比之下,显然是不公允的。但该法对不同辈份的人,若简单一概推定长辈先死亡,并不完全符合自然法则。例如,如果年老长辈与壮年晚辈同时遇难,推定长辈先死亡,完全符合自然规律,但如果壮年长辈与幼年晚辈同时遇难,同样推定长辈先死亡,则违背了自然规律,并可能带来不公平。因此正确的规定应如下:相互有继承权的人在同一事件中死亡,如不能确定死亡先后时间的,推定没有生存继承人的人先死亡。死亡人各自都有生存继承人的,如几个死亡人辈份相同,推定同时死亡;如几个死亡人辈份不同,则推定成年晚辈后于长辈死亡,未成年晚辈先于长辈死亡。② 从体系上看,死亡推定与自然人主体资格的终止相关,应与《民法总则》中关于自然人死亡宣告的规定相协调。③ 该推定规则还需要作进一步的完善。

---

① 薛军:《论被宣告死亡者死亡日期的确定——以中国民法典编纂为背景的论述》,载《政治与法律》2016 年第 6 期。

② 王利明:《中国民法典学者建议稿及立法理由人格权编·婚姻家庭编·继承编》,法律出版社 2005 年版,第 481~482 页。

③ 郭明瑞:《民法典编纂中继承法的修订原则》,载《比较法研究》2015 年第 3 期。

第七章
评注第3条(遗产的范围)

> 我国《继承法》第3条采用概括式与列举式相结合的方式界定了遗产的概念。该条规定:"遗产是公民死亡时遗留的个人合法财产,包括:(一)公民的收入;(二)公民的房屋、储蓄和生活用品;(三)公民的林木、牲畜和家禽;(四)公民的文物、图书资料;(五)法律允许公民所有的生产资料;(六)公民的著作权、专利权中的财产权利;(七)公民的其他合法财产。"

第一节　立法目的

一、明确继承权的客体范围

遗产范围的确定是继承被继承人遗产的前提条件。权属不明确的情况下,可能发生继承过程中侵害其他权利人权益的情况。我国《继承法》通过列举式与兜底条款相结合的方式对遗产的范围进行规定,明确了遗产的范围,有利于定分止争。实践中,经常出现被继承人个人财产与家庭共有财产、夫妻共同财产以及其他类型的财产相混同,引发矛盾纠纷的情况。明晰遗产的范围、明确继承权的客体范围有利于减少相关矛盾冲突。

二、明晰遗产分割以及债务清偿的规则

遗产继承的实现涉及遗产分割、权属移转以及债务清偿等问题。我国《继承法》规定遗产制度,明确了遗产分割的原则、方式,对债务清偿也进行了明确的规定,这有利于遗产继承的实现,避免因遗产分割、权属移转以及债务清偿诱发矛盾冲突。

第二节　相关法律概念

一、遗产的法律概念

被继承人死亡时留有遗产是发生继承法律关系的前提条件。遗产是继承法律关系的客体,它"是以财产利益为内容的,既包括积极财产,也包括消极财产,但不包括身份利益"。[1]我国《继承法》第3条规定:"遗产是公民死亡时遗留的个人合法财产。"由此可见,我国《继承

---

① 魏振瀛:《民法》,北京大学出版社、高等教育出版社2010年第4版,第575页。

法》中遗产的概念包括三层含义：一是遗产是个人死亡时遗留的财产；二是遗产是个人财产；三是遗产是合法财产。

二、遗产的法律特征

（一）时间特定性

被继承人死亡是区分被继承人个人财产与遗产的时间界限。被继承人在生命存续期间拥有的财产属于其个人财产。被继承人是权利主体，其有权依自由意志对其财产进行利用或处分，其他主体无权干涉。即便被继承人为无行为能力人或限制行为能力人，其拥有的个人财产也不得由他人据为己有或非法利用。被继承人生前以遗嘱的方式处分的财产在被继承人死亡前，其作为权利人仍然可以进行占有、使用、收益、处分，并非遗产。只有当被继承人死亡的法律事实发生，被继承人丧失权利主体资格，被继承人生前所有的个人合法财产才转化为遗产。换言之，遗产以被继承人死亡为时间限定性条件。被继承人生存期间，任何主体无权以分割遗产为由主张取得被继承人的财产。只有当公民死亡时遗留的财产才能转化为遗产。

（二）财产性

遗产本质上为财产，是被继承人生前的个人合法财产变形的结果。遗产是财产权利与财产义务的结合，包括被继承人生前取得的合法收入、生产与生活资料，因合同、无因管理、不当得利或侵权等原因产生的债权、债务，知识产权中的财产权利与财产义务等。但是，与人身密切相关的权利或义务不能作为遗产。如姓名权、肖像权、名誉权、隐私权、监护权等人格权或身份权以及扶养、抚养、赡养义务等。"人身权利与义务之所以不能作为遗产，这是因为，人身权利与义务的设定是以人身存在为客观前提条件的，它们与公民的生存密不可分。"①总而言之，我国继承权指向的对象限于财产，不包括人身等其他利益。

【典型案例】

工龄优惠不属于财产性权益②

高×与李×于 2012 年 5 月 19 日登记结婚；高×1、高×3、高×2、高×4 系高×与前妻邓×生育之子女；邓×于 1994 年 7 月死亡；高×于 2013 年 2 月 7 日死亡。2001 年 11 月 10 日，高×作为买方与其单位中国社会科学院签订房屋买卖合同，中国社会科学院以成本价将涉案房屋出售高×，高×以享受本人工龄和邓×生前工龄优惠后的房价 31793 元购房。高×分别于 1998 年 12 月、1999 年 12 月、2000 年 12 月以分期付款方式支付了购房款。2003 年 10 月 23 日，高×取得涉案房屋的所有权证，该房屋建筑面积为 74.17 平方米。

2012 年 1 月 29 日，高×至北京市方圆公证处立有公证遗嘱，内容为："在我名下房产位于北京市朝阳区×号；上述房产是我的个人财产；在我百年之后，将此房产留给李×个人所有。"

---

① 杨大文：《亲属法与继承法》，法律出版社 2013 年版，第 310 页。
② 北京市第三中级人民法院(2014)三中民终字第 2402 号民事判决书。

2013年4月,高×1、高×3、高×2、高×4共同诉至原审法院称:我们的父亲高×与母亲邓×共生育我们四名子女。高×于1948年参加工作,生前为中国社会科学院文学研究所编审、离休干部。邓×在中国工商银行兰州分行东岗西路支行工作直至退休。1984年,高×从单位分得北京市朝阳区×福利房一套。1998年1月,高×以成本价购得该房屋。购房时,父母的工龄合并计算,折算到房屋购买价款内。1994年7月,邓×去世。出于社会习俗的考虑,我们子女没有与高×提出分割母亲遗产的想法。因高×用于购买房产的房款中,不但有邓×工龄折算成货币的权利价值,且使用父母生前的共同财款的一部分购置,因此该房屋有邓×的遗产份额,应由子女继承。高×将该房屋作为个人财产全部赠与李×的遗嘱,侵犯了子女的合法权益,应认定无效。邓×去世后,一直由子女轮流陪伴高×,生活费子女分摊。2008年之后,高×与李×交往,李×极力挑拨高×与我们的关系,指责我们不管高×,还随意处理家中物品,掌控了高×的所有证件及财物。高×去世后,含有邓×遗产的全部家产被李×侵占,使我们蒙受重大财产损失。因此在分割邓×遗产份额时,高×具有过错,不应和我们共同分割,应全部归我们所有。现我们起诉,要求继承高×名下位于北京市朝阳区×房屋,由我们各自继承25%的份额。

李×辩称:1.涉案房屋原为高×的个人财产。高×于2012年1月29日在公证处立遗嘱,遗嘱内容为高×百年后,房屋归我所有。高×1等四人在明知有遗嘱的情况下,仍起诉,增加诉累。2.邓×于1994年去世,高×于1998年12月自行分期付款购买涉案房屋,工龄并非财产,邓×对涉案房屋不享有民事权利。3.高×1等四人主张购房款中有邓×未分割的遗产,但无证据支持。高×曾告诉我,涉案房屋的购房款为其个人财产,邓×无工作,收入低,在去世前,没有攒下款项。4.高×1等四人称生活问题,与案件无关。我与高×有深厚爱情,并登记为合法夫妻。高×为科学院离休干部,对结婚、财产有深刻理解。我不同意高×1等四人的诉讼请求,请求法院判决涉案房屋归我所有。

朝阳区人民法院认为:公民有权订立遗嘱处分自己的财产;公证遗嘱由遗嘱人经公证机关办理。高×在购买涉案房屋时所享受的邓×的工龄优惠只是属于一种政策性补贴,而非财产权益,故对高×1等四人的上述主张,法院不予采纳。高×作为涉案房屋的所有权人,有权依法处理个人财产。根据查明的事实,高×至北京市方圆公证处办理了公证遗嘱,公证处对高×的身份、房屋权属等情况进行了核实,并对高×制作了接谈笔录及录像,公证处在代书遗嘱后由高×签字确认,公证处出具了《公证书》,完成了公证的相关事宜,公证书所载内容应为高×的真实意思表示。高×1等四人主张公证遗嘱无效,缺乏证据,法院不予采信。高×对涉案房屋的处理意见,应当予以尊重并遵照履行。判决:一、位于北京市朝阳区×的房屋归李×所有。二、驳回高×1、高×3、高×2、高×4的诉讼请求。高×1、高×3、高×2、高×4不服北京市朝阳区人民法院(2013)朝民初字第20852号民事判决。

北京市第三中级人民法院认为:《中华人民共和国继承法》规定,遗产是公民死亡时遗留的个人合法财产。夫妻在婚姻关系存续期间所得的共同所有的财产,除有约定的以外,如果分割遗产,应当先将共同所有的财产的一半分出为配偶所有,其余的为被继承人的遗产。根据本案已经查明的事实,高×为购买涉案房屋支付第一次房款的时间系 1998 年,签订房屋买卖合同时间系 2001 年 11 月 10 日。高×前妻邓×于 1994 年 7 月去世,高×与李×结婚时间在 2012 年 5 月 19 日,故高×在购买涉案房屋过程中与邓×及李×均不存在婚姻关系。依据法律规定,涉案房屋系高×的个人财产。高×去世后,该房屋属于高×的遗产。上诉人高×1 等四人称高×购买该房屋时使用邓×生前工龄,故该房屋应属于夫妻共同财产,无法律依据,对其该项上诉意见,本院难以采纳。

《中华人民共和国继承法》规定:"公民可以依照本法规定立遗嘱处分个人财产。"高×去世前立遗嘱将涉案房屋留给李×个人所有,并进行了公证。高×的行为系其自主处分个人财产的行为,应予以尊重。上诉人高×1 等四人不认可公证遗嘱的效力,但其未能提供相反证据推翻该公证遗嘱,故对其该上诉意见,本院亦难以采信。判决如下:驳回上诉,维持原判。

本案中,高×取得涉案房屋所有权支付的对价低于市场价值。高×与邓×的工龄优惠在计算房屋价款的过程中起到了折抵作用,高×确因邓×的工龄优惠而减少了房屋价款支出。但是,这并不影响高×对涉案房屋取得完整的所有权。对邓×的工龄优惠,是一种具有特定人身属性的福利,并未形成独立的财产利益。因而,涉案房产属于高×个人所有的财产,其有权通过遗嘱的方式进行处理。

(三)可转移性

被继承人死亡,能够作为遗产转移给继承人或受遗赠人的,必须是具有可移转性的财产。与财产权人的特定身份关联,专属于财产权人,不能依法转移给他人的财产不能成为遗产,如领取养老金、救济金、抚恤金的权利。只有依据法律规定能够转移给他人的财产才能作为遗产。即使是民事上的财产权利和财产义务也不必然能够作为遗产进行转移,如演出合同。此类合同在实际履行前若一方当事人死亡,则民事上的权利义务关系自行终止,原有的财产权利与财产义务不能作为遗产由继承人或受遗赠人承受。

【典型案例】

抚恤金不能作为被继承人的遗产进行继承①

梁某乙与前妻张某某结婚后收养了梁某甲、梁乙,与前妻郭某某结婚后收养了梁甲,1996 年郭某某去世。梁某乙与前妻柴某某于 1998 年 11 月 25 日办理了结婚登记手续,柴某某于 2008 年 8 月 9 日因病去世。2008 年 9 月 17 日,栗某某与梁某乙登记结婚,属再婚。2000 年,梁某乙诉至法院要求与梁乙解除收养关系,法院出具了(2000)乌前民初字第 437 号调解书,依法解除了梁某乙与梁乙的收养关系。2014 年 3 月 17 日,梁某乙因病去世。2014 年 4 月 28 日,中共乌拉特前旗委员会组织部组干字(2014)73 号、104 号文件确定共计给付梁某乙丧葬费 14756 元、抚恤费 586960 元。栗某某按月领取养老金待遇 1706.91 元。2015 年 3 月 9 日,栗某某领取丧葬费、抚恤费 100000 元,2015 年 6 月 3 日,栗某某领取丧葬费、抚恤费 100000 元,栗某某共计领取丧葬费、抚恤费 200000 元。2015 年 6 月,梁某甲、梁甲、梁乙向法院起诉,请求判令对梁某乙的丧葬

---

① 内蒙古自治区巴彦淖尔市中级人民法院(2015)巴民一终字第 738 号民事判决书。

费 13464 元,一次性抚恤费 586960 元,共计 600424 元依法分割。

　　乌拉特前旗人民法院认为,一次性抚恤费是给予死者近亲属精神上的抚慰和经济上的补偿,不属于死者遗产。本案中,梁某乙去世后,涉及的一次性抚恤金依据中共乌拉特前旗委员会组织部组干字(2014)73 号文件精神发放,但该文件未对一次性抚恤金的分配对象及顺序进行规定,依据 2011 年 11 月 15 日民政部、人力资源和社会保障部、财政部民发(2011)192 号文件规定:"2011 年 8 月 1 日,国务院公布施行的《烈士褒扬条例》和国务院、中央军委公布施行的《关于修改〈军人抚恤优待条例〉的决定》调整了一次性抚恤金标准。为适应有关政策的变化,现就国家机关工作人员及离退休人员死亡一次性抚恤金发放有关问题通知如下……"本案一次性抚恤金发放标准参照的是《烈士褒扬条例》和国务院、中央军委制定的《军人抚恤优待条例》,而《烈士褒扬条例》和《军人抚恤优待条例》均规定:"一次性抚恤金发给烈士、因公牺牲军人、病故军人的父母或者抚养人、配偶、子女",本案中梁某甲、梁甲、栗某某系死者梁某乙的女儿、配偶,均有权分割一次性抚恤金,根据法律的公平原则,三人应均等分配,每人分配三分之一,即195653.33 元(586960 元÷3＝195653.33 元),栗某某已领取 200000 元。故对梁某甲、梁甲要求依法分配一次性抚恤金的诉讼请求予以支持。对梁乙要求分配一次性抚恤金的诉讼请求,因梁乙与梁某乙已解除了收养关系,根据《中华人民共和国收养法》第 29 条的规定,收养关系解除后,养子女与养父母及其他近亲属间的权利义务关系即行消除,梁乙对本案的一次性抚恤金无权参与分配,不予支持。对梁某甲、梁甲、梁乙要求依法分割梁某乙丧葬费的诉讼请求,因(2014)乌前民初字第 1052 号民事判决已依法裁判,不予支持。对于栗某某关于梁某甲、梁甲无权分割一次性抚恤金的抗辩意见,无法律和事实依据,不予采纳。对栗某某关于梁某乙遗嘱中将全部财产确定由其一人继承,梁某甲、梁甲无权分割一次性抚恤金的抗辩意见,因一次性抚恤金不属于遗产,不包括在遗嘱中"全部财产"里,对该辩解意见,不予采纳。判决:梁某甲、梁甲、栗某某每人依法分得一次性抚恤金 195653.33 元(586960 元÷3＝195653.33 元)。驳回梁某甲、梁甲要求分割丧葬费的诉讼请求。

　　栗某某不服乌拉特前旗人民法院 2015 年 8 月 10 日作出的(2015)乌前民初字第 2282 号民事判决,提起上诉称,本案属遗产继承纠纷,梁某乙在其遗嘱中将其所有财产都确定由上诉人继承,(2014)乌前民初字第 1052 号民事判决,梁某甲、梁甲对梁某乙的遗产没有继承权,原审对该证据任意取舍,认为不具有关联性,违反了诚实信用原则。退一步讲,尽管抚恤金不属遗产范围,如果人民法院参照遗产进行分割,梁某甲、梁甲无权继承梁某乙的遗产,那么该二人对抚恤金更没有权利分割。请求撤销原判第一项,依法改判。

　　巴彦淖尔市中级人民法院认为,抚恤金是国家在相关人员死亡后发给其亲属的具有精神安慰和物质补偿性的金钱给付。遗产是公民死亡时遗留的个人合法财产,因抚恤金不是遗产,故本案不属于遗产继承纠纷,本案案由应确定为分割抚恤金纠纷。一审根据民政部、人力资源和社会保障部、财政部民发(2011)192 号文件规定及参照《军人抚恤优待条例》和《烈士褒扬条例》相关规定,确定本案一次性抚恤金的发放对象为栗某某和梁某甲、梁甲,符合相关规定及政策精神,栗某某作为梁某乙的配偶,梁某甲、梁甲作为梁某乙的女儿,均属于抚恤金第一顺序享受者。栗某某称梁某甲、梁甲无权分割抚恤金的理由无法律依据,不予支持。判决:驳回上诉,维持原判。

本案中,抚恤金是否属于遗产的范围是争议的焦点之一。倘若抚恤金属于遗产的范围,则应当按照遗嘱继承由栗某某继承;倘若抚恤金不属于遗产的范围,则不能依遗嘱进行继承和分割。抚恤金是针对死者近亲属进行的精神抚慰与经济补偿,具有明确的发放对象,不属于死者遗产,不能作为遗产进行继承。

(四)合法性

遗产限于被继承人生前合法取得的财产。合法性是指被继承人在生前取得财产具有正当的权源基础。被继承人遗留下来作为遗产的财产应当是其生前合法取得的。非法取得的财产不受法律保障,不能作为遗产继承。

【典型案例】

小产权房属于可继承的遗产吗?[①]

岑泉山生前曾购买属丰台区花乡狼垡村的小产权房并以《特此声明》的方式将其遗赠给罗×。岑泉山去世后,罗×在法律规定的时限内明确表示接受赠与。周×对罗×就涉案小产权房受遗赠提出异议,提起诉讼。一审胜诉、二审败诉后,周×向北京市高级人民法院申请再审。

周×认为:罗×不能证明涉案房产是岑泉山的财产。遗产是公民死亡时遗留的个人合法财产,罗×只出示了一份岑泉山的《购房合同》复印件,周×不予认可。岑泉山购买的房屋属丰台区花乡狼垡村的小产权房,国家法律明确规定,城镇居民不得购买农村宅基地、农民住宅。岑泉山是非农民户口,购买明春东苑房屋违反法律规定,不受法律保护。目前国家要求对农村集体土地进行确权发证,但对小产权房等违法用地不允许确权发证,也不受法律保护。明春东苑房屋是在集体所有土地上建的农民住宅,房屋管理部门始终不予办理房屋所有权证,一审法院已予以认定,但二审法院认为有"行政审批瑕疵"明显违反法律规定,属适用法律错误。市建委发出的购房风险提示中明确提及"使用权""乡产权""小产权"的房屋无产权保障,不具有房屋所有、转让、处分、收益等权利,不能办理产权过户手续。罗×企图通过司法途径使其合法化,是行不通的。明春东苑房屋无产权登记,罗×也未提供任何证据证明该房屋系经相关建设管理部门批准建造的合法建设工程项目。罗×不能向法庭提交岑泉山合法拥有明春东苑房屋的证据,明春东苑房屋不是岑泉山的合法财产,不应受到法律的保护。

北京市高级人民法院认为:诉争房产属于限制交易的小产权房,当前,虽然尚不能依法进行物权登记或变更登记,但岑泉山出资购买并居住使用多年,亦属于法律意义上的物,其能够为权利人占有、使用、收益。罗×起诉时表明接受遗赠遗嘱并要求确认诉争房屋的使用权,于法有据。二审改判支持罗×的诉求正确,并同时指出罗×取得诉争房屋使用权后,如遇国家政策调整等情况,其应按国家相关政策处理诉争房产,符合实际,并无不当。裁定如下:驳回周×的再审申请。

---

① 北京市高级人民法院(2014)高民申字第00097号民事裁定书。

本案中,被限制交易的小产权房能否作为岑泉山的遗产由受遗赠人罗×取得是本案争议的焦点之一。审理本案的人民法院对涉案小产权房的继承持肯定的态度。涉案小产权房由岑泉山生前支付相应价款购得。虽然因土地用途管制限制,无法进行房屋产权登记,但是,其对该房屋进行占有、使用以及收益的权利应当得到认可。被继承人对涉案小产权房不享有所有权,但仍然享有合法的利益,其死后应当作为遗产进行处理。值得注意的是,倘若涉案小产权房能够被继承,就在一定程度上认可了被继承人与原小产权房销售主体之间交易行为的合法性,认可被继承人通过交易行为取得了合法权益。这是否与国家的土地政策以及对小产权房的态度一致尚待商榷。倘若不认可小产权房能够作为遗产由继承人继承,则应在否定小产权房交易行为有效性的基础上,要求销售小产权房的主体返还相应价款,该价款作为遗产由继承人继承,从而保障继承人的合法权益。

(五)总体性

遗产的范围不但包括被继承人拥有的一定财产权利,如所有权、债权,而且还包括被继承人负有的一定财产义务,如债务。遗产就是被继承人遗留的一定财产权利和财产义务的统一体,它们同时依继承法规范转移给继承人或其他人。继承人如果表示接受继承,从法律上来说他不但继承被继承人遗产中的财产权利,而且还要继承遗产中的财产义务。继承人若表示接受继承,就要连同被继承人的所有权、债权以及债务共同继承。与此相对应,继承人若表示放弃继承,就意味着他不再负担清偿被继承人债务的义务,同时也丧失了取得被继承人的财产所有权和债权的权利。

第三节　主要内容

一、遗产的范围

遗产是被继承人生前个人的合法财产转化的结果。遗产的范围受制于公民生前个人财产的范围。遗产包括积极财产与消极财产。继承人在继承遗产的实际价值范围内负有清偿被继承人生前所负债务的义务。遗产不足以清偿被继承人生前所负债务的,除另有规定外,继承人不负有清偿义务。1984年《最高人民法院关于贯彻执行民事政策法律若干问题的意见》第49条规定:"因继承人能尽而不尽扶养义务所欠的债务,即使遗产不足清偿,继承人仍应负清偿责任。"

根据我国《继承法》第3条的规定,遗产包括以下财产:(1)公民的收入;(2)公民的房屋、储蓄和生活用品;(3)公民的林木、牲畜和家禽;(4)公民的文物、图书资料;(5)法律允许公民所有的生产资料;(6)公民的著作权、专利权中的财产权利;(7)公民的其他合法财产。关于第7项规定的"其他合法财产"的范围,《继承法意见》第3条作出了进一步的明确,即"公民可继承的其他合法财产包括有价证券和履行标的为财物的债权等"。此外,我国《继承法》第4条还规定:"个人承包应得的个人收益,依照本法规定继承。个人承包,依照法律允许由继承人继续承包的,按照承包合同办理。"

（一）公民的有形个人财产

我国《民法通则》第75条第1款规定："公民的个人财产,包括公民的合法收入、房屋、储蓄、生活用品、文物、图书资料、林木、牲畜和法律允许公民所有的生产资料以及其他合法财产。"这里主要对公民的有形个人财产进行了规定。公民有权在生前对上述有形个人财产进行占有、使用、收益、处分并排除他人干涉。在其死亡后,上述个人财产能够作为遗产转移至继承人或受遗赠人。

1. 公民的合法收入

公民的合法收入,是指公民通过劳动或其他合法途径取得的财产性收入。它包括以下几种类型：(1)劳动所得。在国家机关、企业单位、事业单位、社会团体等从事体力劳动或脑力劳动或从事个体劳动所取得工资、奖金等金钱收入或者实物。(2)劳动报酬。例如公民从事居间、承揽、保管、运输、服务等活动取得的收入。(3)法定孳息。公民基于储蓄或投资所取得的股息、红利、利息等。(4)借贷以及租赁所得。公民基于出借金钱、房屋、机器设备、交通工具得到的租金。(5)特许权使用费。公民转让或许可他人使用著作权、专利权、商标专用权等取得的收入。(6)奖励所得。公民在从事工作或劳动过程中因表现突出或有益于社会等而获得的奖金、奖品。

2. 公民的房屋、储蓄以及生活用品

房屋是公民赖以生存的基本生活资料。根据房屋的使用用途不同,可以将房屋分为自住房、出租房、营业用房等不同类型。房屋总是依附于一定的土地而建的。因而房屋作为遗产发生继承,其所依附的土地使用权也应当一并转移,否则会出现房地分离的现象。农村宅基地上的房屋可以作为遗产被继承人继承,但是,该房屋附属的宅基地的使用权并不能作为遗产被继承人继承,在实践中可能诱发矛盾纠纷。公民的储蓄,是指公民存入银行或其他金融机构的货币。储蓄行为使得存款人与银行等金融机构之间产生一定的债权债务关系。银行负有到期还本付息的义务,储蓄的本息归存款人所有。公民的生活用品,是指满足公民日常生活需求,如衣、食、住、用、行等的生活资料。

3. 公民的林木、牲畜、家禽

公民的林木,是指公民依法种植的树木、竹林等。公民的牲畜和家禽,是指公民饲养的牛、马、骡、驴、狗、羊、鸡、鸭、鹅、兔等。公民饲养牲畜和家禽部分被用于生产经营活动,部分被用于生活消费。

4. 公民的文物与图书资料

文物,是指具有一定的历史、艺术和科学价值,值得收藏的物品。公民对文物享有的所有权受到法律保护。被继承人死亡后,公民的文物可以作为遗产继承。继承人继承的文物应当按照《中华人民共和国文物保护法》处理。文物可以由文化行政管理部门指定的单位收购；将个人收藏的文物捐给国家,可以得到国家给予的物质和精神奖励。图书资料是指公民拥有的出版或未出版的藏书、资料等。

（二）公民的无形个人财产

公民的无形个人财产主要是指公民的知识产权中的财产权利。目前我国公民享有的知识产权主要包括著作权、专利权、商标权、商业秘密权等类型。它是特殊的民事权利,既包括人身利益也包括财产利益。知识产权中与人身密不可分的权利,如署名权,不具有可移转性,不能作为遗产由继承人继承。而其中的财产权利具有可移转性,能够作为遗产由继承人继承。"我国《继承法》确认公民的知识产权中的财产权利可以作为遗产来继承,这在世界各国继承立法上还属创举,这对调动人们从事科学、技术和文化的创造性劳动,保护创造者的合法权益,促进我国科学、技术和文化事业的繁荣与发展都具有十分深远的意义。"①

1. 著作权中的财产权利

我国《民法通则》第 94 条规定:"公民、法人享有著作权,依法有署名、发表、出版、获得报酬的权利。"其中"署名、发表、出版"具有人身性特征,属于人身权利。此外,保证作品的完整性,禁止擅自修改、删节或补充原作品,也是著作权人的人身权利。上述权利专属于著作权人本人,不得转让,不能作为遗产由继承人继承。"获得报酬"的权利属于财产权利,在生前由著作权人本人行使,在其死亡之后作为遗产由继承人继承。

2. 专利权中的财产权利

专利权人享有在其专利产品的包装上标明专利标记和专利号的权利等。这些权利具有人身性,只能由专利权人行使,不能作为遗产由继承人继承。专利权人也享有财产权利,如专利所有权、专利转让权等。知识产权中的财产权利可以转让给他人,能够作为遗产由继承人继承。

3. 商标权中的财产权利

商标权人对注册商标既享有人身权利也享有财产权利。其中,商标权人享有的财产权利包括商标专用权、商标转让权、商标许可权以及损害赔偿请求权等。商标权中的财产权利具有可移转性,能够作为遗产由继承人继承。

4. 其他知识产权中的财产权利

除著作权、商标权、专利权外,我国《民法通则》以及单行立法还规定了其他类型的知识产权。我国《民法通则》第 97 条第 1 款规定:"公民对自己的发现享有发现权。发现人有权申请领取发现证书、奖金或者其他奖励。"该条第 2 款规定:"公民对自己的发明或者其他科技成果,有权申请领取荣誉证书、奖金或者其他奖励。"此外,公民依法还享有商业秘密权、发明权等知识产权。上述知识产权中的财产权利部分具有可转让性,可以作为遗产由继承人继承。

(三)公民的债权、债务

债权与债务是基于合同约定或法律规定而在当事人之间产生的以给付为内容的特定民事权利与义务关系。基于债的发生原因不同,大致可以将公民的债权、债务划分为五种类型。

1. 基于合同发生的债权、债务

合同之债,是指当事人之间意思表示一致达成协议产生的债权与债务。公民死亡后,原债权、债务通常应当作为遗产由其继承人或受遗赠人继受。如借款合同中借贷方死亡的,继承人或受遗赠人负有在借款合同约定的期限内还款的义务。但是,并非所有的合同权利与义务都能够继承。与合同当事人人身密切相关的权利义务,如委托合同中委托人与受托人

---

① 　杨大文:《亲属法与继承法》,法律出版社 2013 年版,第 313 页。

的权利义务,需承揽人亲自完成承揽义务的承揽合同中承揽方的权利义务,出版、演出合同中的权利义务等。

2. 基于侵权发生的债权、债务

侵权之债,是指侵权行为人实施加害行为造成受害方遭受精神损害或经济损失,根据法律规定在加害人与受害人之间产生的债权、债务。与合同之债的意定性不同,侵权之债具有法定性。侵权之债的法律关系中,受害人作为债权人享有损害赔偿请求权。受害人死亡后,其获得赔偿的权利能够作为遗产转移给继承人或受遗赠人。同理,加害人作为债务人承担的损害赔偿责任,在加害人死亡后也可以转移至其继承人或受遗赠人,在遗产价值范围内进行偿还。

3. 基于不当得利发生的债权、债务

不当得利之债,是指没有合法根据取得不当利益,造成他人损失,产生的受益主体与受损主体之间的债权、债务。关于不当得利,我国《民法通则》第 92 条规定:"没有合法根据,取得不当利益,造成他人损失的,应当将取得的不当利益返还受损失的人。"不当得利的主体与利益受损害主体之间成立的不当得利债权债务关系可以移转,一方或双方死亡的情况下,继承人或受遗赠人有权取得该遗产。

4. 基于无因管理发生的债权、债务

无因管理之债,是指没有法律上的依据,管理人为他人的利益实施了管理行为并使得他人受益,从而产生的债权债务关系。根据我国《民法通则》第 93 条的规定,无因管理人作为债权人有权要求受益人偿还因无因管理支付的必要费用。无因管理人所享有的债权以及受益人所承担的债务可以作为遗产,在无因管理人和受益人一方或双方死亡后,由继承人或受遗赠人取得。

5. 因单方法律行为产生的债权、债务

单方法律行为之债,是指基于单方意思表示产生的债权债务关系。倘若此类债权、债务不具有人身性质,当事人死亡后该债权、债务可以作为遗产,转移至继承人或受遗赠人继受。

(四)公民的其他财产

公民的其他财产包括有价证券,已经领取的复员费、转业费、医疗费、离退休金、养老金、个人承包应得的个人收益等。

抚恤金、丧葬费能否作为遗产在实践中一直存在较大争议。有人主张抚恤金应当根据抚恤对象的人数平均分配,有人主张抚恤金是遗产,应当根据法定继承或遗嘱继承的要求进行继承。笔者认为,对抚恤金的类型进行划分,抚恤金分为伤残抚恤金和死亡抚恤金。伤残抚恤金在实践中又主要体现为因公伤残抚恤金和残废军人抚恤金。关于前者,《中华人民共和国劳动保险条例》规定:工人、职员因工负伤确定为残废时,完全丧失劳动能力不能工作退职后,饮食起居需人扶助者,应发放因工残废抚恤费,至其死亡时为止。完全丧失劳动能力不能工作退职后,饮食起居不需人扶助者,发给因工残废抚恤费,至其恢复劳动能力时为止。残废军人抚恤金,是国家对参加革命战争保卫祖国或执行军务负伤导致残疾的军人、民兵等人员给予的生活扶助金。死亡抚恤金,是国家机关、事业单位、企业单位、社会团体给予因公死亡的职工、牺牲或病故的革命军人、因意外事故死亡的职工的家属的一定金额的生活补助费,用于精神慰藉和物质帮助。

不同类型的抚恤金的功能存在差异,发放的对象有别,能否作为遗产由继承人或受遗赠人继受需要具体问题具体分析。伤残抚恤金,无论是因工伤残抚恤金还是残废军人抚恤金,通常是国家、单位等直接发放给伤残的职工或军人的,具有人身专属性。该类抚恤金由伤残的职工或军人领取,不能作为遗产继承。但是,伤残的职工或军人已经领取抚恤金,然后死亡的,该抚恤金可以作为遗产由继承人或受遗赠人继受。死亡抚恤金通常是发放给死者家属作为精神安慰和物质帮助的,并不是死者的财产。死亡抚恤金的发放应当根据发放主体的相关分配方案确定对象及发放数额。未明确抚恤金分配方案的,应按照抚恤对象的人数平均分配。

丧葬费是用于处理死者丧葬事宜的,不属于死者的遗产。"但是,若丧葬费尚有余款,一般可参照死者生前与其亲属的共同生活情况,由与其生活关系最密切的亲属取得。"[1]

二、遗产的保管

被继承人死亡后、遗产分割前,遗产作为继承人的共同财产而存在,其归属并未确定。这就需要对遗产进行保管,避免遗产遭受损害。我国《继承法》第 24 条规定:"存有遗产的人,应当妥善保管遗产,任何人不得侵吞或者争抢。"

人民法院审理继承案件时,如果知道继承人而无法通知,分割遗产时,应当为其保留其应继承的遗产,并确定遗产保管人或保管单位。遗产保管人的职责包括及时清理遗产,编制遗产清单并对遗产进行妥善保管。遗产保管人不但不能侵占、抢夺遗产,而且需要防止遗产遭受人为或自然侵害。遗产保管人仅有为全体继承人保管财产的权利,不能擅自对遗产进行使用、收益或处分。对遗产进行使用、收益应当由所有继承人一致决定。因对遗产进行使用、收益而产生的增值,除非另有约定,应当与遗产一同分割,分别归属于不同的继承人。

三、遗产分割与债务清偿

(一)遗产分割

1. 遗产分割的概念与情形

遗产分割,是指被继承人死亡后存在数个继承人、受遗赠人或同时存在继承人和受遗赠人的情形,共同继承人或继承人与受遗赠人按照继承人或受遗赠人的应得份额分配遗产的行为。

遗产由一人继承的,通常遗产归继承人取得,无须分割遗产。但是,即便仅存在一个继承人,也会出现需要遗产分割的情况。被继承人死亡后继承人虽为一人,但是同时存在一个或数个受遗赠人,也会涉及遗产分割。即便不存在继承人,倘若存在数个受遗赠人,同样会出现遗产分割的问题。

遗产由数人继承或受遗赠的情形,遗产在分割前由数个共同继承人或受遗赠人共同所有,对遗产进行使用、收益和处分需要全体继承人或受遗赠人意思表示一致。各继承人或受遗赠人独立使用、收益或处分财产以遗产被分割为前提。换言之,分割遗产是遗产继承人或受遗赠人将遗产中应得的份额转化为个人财产的必要程序。

---

① 杨大文:《亲属法与继承法》,法律出版社 2013 年版,第 320 页。

2. 遗产分割的原则

第一，自由原则。遗产分割请求权在本质上属于继承人或受遗赠人的形成权。依据形成权的属性，作为形成权人的继承人或受遗赠人有权依单方意思表示行使权利，无须其他主体同意或认可。处于临时共有状态的遗产并不是为了维系共有人的共同生活需要，各继承人或受遗赠人请求分割共有的遗产，并不会损害其他共有人的利益。继承人或受遗赠人请求分割遗产，其他继承人或受遗赠人不应拒绝。

第二，胎儿利益保护优先原则。胎儿因尚未出生，并非法律意义上的人，不具有权利能力或行为能力，因而不能作为继承人。但是，无论是基于伦理道德还是法律价值的考量，都应当对胎儿的利益进行保护。现代法治社会，各国或地区立法大多遵循胎儿利益保护优先原则，设立特留份制度，保护胎儿的利益。我国《继承法》第 28 条规定："遗产分割时，应当保留胎儿的继承份额。胎儿出生时是死体的，保留的份额按照法定继承办理。"根据该规定，遗产分割时必须为胎儿保留相应的遗产份额，未保留的应当从继承人所继承的遗产中扣回。为胎儿保留的遗产份额，由胎儿出生后继承。胎儿出生时为死体的，由继承人继承。

第三，互谅互让原则。虽然遗产分割请求权在性质上属于形成权，但是权利人在行使权利的过程中，为了保障权利的实现，避免遗产遭受损失，应当互谅互让。遗产分割过程中，各当事人应当就遗产分割的时间、份额、方法协商一致。当事人之间未能协商一致的，可以通过调解委员会调解或者向人民法院提起诉讼。

第四，兼顾各当事人利益，最大化遗产效用原则。物尽其用是现代物权法或财产法的基本原则。在分割遗产的过程中，遗产分割方法、时间、手段等选择应当有利于生产和生活，发挥遗产的效用，避免遗产价值遭受贬损。尤其是对房屋、生产资料以及与特定职业密切相关的遗产进行分割时，应当充分考虑遗产的使用效用和现状以及各继承人或受遗赠人的需要，兼顾各当事人的利益，最大化遗产效用。

【典型案例】

遗产分割应当兼顾各继承人的利益[①]

吴某某与邓氏于 1954 年 10 月 1 日生育吴某甲，邓氏于同年去世。周某与吴某某婚后生育 2 个女儿，即吴某乙、吴某丙。1984 年 10 月 1 日，原浦北县小江镇北江大队北江三队将其所有的集体土地一幅转让给吴××、吴某某作为住宅用地使用，转让费用为 4800 元。2008 年 7 月，吴某某去世。周某以其为土地使用权人于 2011 年 4 月 28 日办理上述土地中原吴某某享有使用权的部分土地的国有土地使用证。周某取得建设工程规划许可证后于 2011 年 6 月拆除前述土地上的临时建筑物准备建房时，吴某甲到达现场以其对前述土地使用权享有继承权为由阻挠周某施工，双方发生争议，周某因此停止施工至今。

2013 年 1 月 29 日，周某、吴某乙、吴某丙诉至浦北县人民法院称，根据相关法律规定，周某应当享有该地块的八分之五，吴某乙、吴某丙、吴某甲分别享有八分之一。因将前述土地的八分之一分割给吴某甲不符合实际也没有实际使用价值，请求法院将讼争地块的使用权判归周某、吴某乙、吴某丙所有，由周某、吴某丙、吴某乙补偿吴某甲 2.5 万元。

---

① 广西壮族自治区高级人民法院(2015)桂民提字第 187 号民事判决书。

吴某甲辩称,吴某某是其父亲,讼争土地及房屋 1 套是吴某某的遗产,应当由双方继承、分割。2011 年 4 月 28 日,周某未经吴某甲许可而将上述土地使用权办理至其名下,非法剥夺了吴某甲的继承权。吴某某临终前曾立下口头遗嘱,明确将讼争土地上 3 间房屋中的 1 间归吴某甲所有。吴某甲对父亲尽了生养死葬的主要义务,应当多分遗产。

浦北县人民法院一审认为,讼争土地是周某与吴某某的共有财产,其中的一半为周某所有,另一半为吴某某的遗产。吴某甲辩称吴某某临终前立下口头遗嘱,明确将坐落于讼争土地上的 3 间房屋中的 1 间归其所有,但未能提供确实、充分的证据证实。吴某某的遗产应当按照法定继承办理,由第一顺序继承人周某、吴某乙、吴某丙、吴某甲继承,不存在对继承人多分、少分遗产的情形,各继承人份额均等,各享有遗产的四分之一份额。因吴某甲享有的八分之一份额较少,为有利于管理、使用讼争的住宅用地,不宜分割,由周某等人折价补偿较为合理。遂于 2013 年 5 月 15 日作出(2013)浦民初字第 430 号民事判决:涉案住宅用地使用权由周某、吴某乙、吴某丙享有,由周某、吴某乙、吴某丙补偿吴某甲 29422.5 元(235380 元÷8＝29422.5 元)。

吴某甲上诉至钦州市中级人民法院称,吴某甲享有讼争土地份额的继承权,有权使用、收益,法院不应轻易剥夺,不同意金额补偿。周某在其他继承人不同意也不知情的情况下,擅自将讼争土地变更到自己名下,已经违反了《最高人民法院关于贯彻执行〈中华人民共和国继承法〉若干问题的意见》第 59 条的规定,应减少其继承份额。

周某、吴某乙、吴某丙答辩称,吴某甲主张其继承讼争土地的三分之一份额,无事实和法律依据。因吴某甲继承的土地份额仅一米宽,没有使用价值,由周某一方补偿比较合理。周某已经办好建房手续,如将宅基地分割使用,将损害土地的使用价值。请求驳回上诉,维持原判。

钦州市中级人民法院二审认为,遗产按法定继承办理,由第一顺序继承人周某、吴某乙、吴某丙、吴某甲继承。因不存在多分或少分的情形,故四位继承人各享有四分之一的份额。一审法院从有利于管理、使用讼争住宅用地的角度考虑,将该份额折价补偿吴某甲,符合本案实际。该院遂于 2013 年 10 月 8 日作出(2013)钦民一终字第 120 号民事判决:驳回上诉,维持原判。

广西壮族自治区人民检察院抗诉认为,讼争土地是可以分割登记的物权,对物权的处分,应尊重各物权所有人的真实意思表示,二审判决认为分割会损害土地效用,没有依据。根据《中华人民共和国物权法》第 100 条第 1 款、第 101 条的规定,当事人可以协商确定分割,在达不成协议而难以分割的情况下,才采取折价或者拍卖的方法。即使吴某甲同意转让其份额,周某等人也只是享有优先购买的权利,而不是直接折价补偿。

吴某甲同意检察院的抗诉意见,同时补充认为,吴某丙、吴某乙曾签订过放弃继承的协议,所以吴某甲的份额调整为四分之一。周某对吴某某从未尽到扶养义务,应由吴某甲多分份额。

周某、吴某乙、吴某丙答辩称,2010 年 7 月 5 日的协议不是吴某丙、吴某乙的真实意思表示,只是土地办证需要,包括在本案的诉讼中,吴某丙、吴某乙都没有表示放弃自己的份额。原审根据有利于生产生活及发挥土地最大效用的原则,判定由周某折价补偿是正确的。本案土地确实不适用直接分割的方式,吴某甲分得的土地只有 14.1 平方米,还是长方形的,根本没有利用价值。周某已经取得了涉案土地的使用权证,而且投入一定的资金,也没有政策表明可以一证分多证。已经有另案生效判决确定涉案土地的权属属于周某,并判决排除吴某甲的妨害。

广西壮族自治区高级人民法院再审认为,本案各法定继承人不存在多分或少分遗产的情形,应按其享有的法定继承的份额进行分割。对于本案遗产应采取何种方式分割的问题,《最高人民法院关于贯彻执行〈中华人民共和国继承法〉若干问题的意见》第58条规定:"人民法院在分割遗产中的房屋、生产资料和特定职业所需要的财产时,应依据有利于发挥其使用效益和继承人的实际需要,兼顾各继承人的利益进行处理。"因此本案土地分割时应充分考虑双方当事人的利益。因涉案土地系空地,土地上面未建造房屋,根据我国国土资源部《土地登记办法》第8条"两个以上土地使用权人共同使用一宗土地的,可以分别申请土地登记"的规定,涉案土地分割后可以分别办理物权登记,不存在难以分割的情形。从涉案土地的利用看,该地块宽14米,长8米,形状规整,将其中八分之一分割给吴某甲不影响周某等人对剩余地块的使用,也未降低土地效益。虽然吴某甲分得的土地面积较小,但涉案地块地处交易市场入口,即使无法居住也可用作商用,吴某甲在诉讼中也一再要求直接分割不同意折价,故本案应尊重当事人的意愿,兼顾双方当事人的利益,直接进行分割,不宜采取折价的方式。对吴某甲直接分割涉案土地的请求,本院予以支持。

本案中,法定继承人就遗产分割方式发生分歧。周某、吴某乙、吴某丙主张涉案土地使用权由周某取得,并由周某对其他法定继承人进行折价补偿。吴某甲不同意进行折价补偿,主张采用实物分割的方式。鉴于涉案标的物具有可分割性,分割并不会对土地利用造成不利影响,且当事人无法就折价补偿达成一致意见,应当兼顾各法定继承人的利益采用实物分割的方式。

3. 遗产分割的方式

我国《继承法》第29条第2款规定:"不宜分割的遗产,可以采取折价、适当补偿或者共有等方法处理。"根据该规定,遗产分割的具体方式包括实物分割、折价分割、补偿分割以及共有等四种。被继承人在遗嘱中明确指定分割方式的,按照遗嘱指定的分割方式分割遗产;被继承人未在遗嘱中明确指定分割方式的,由继承人或受遗赠人协商,协商不成的,可以通过调节或诉讼方式解决。

【典型案例】

采用按份共有方式分割房产①

被继承人王某某与配偶朱某某婚后生育六个子女,即朱C、朱甲、朱乙、朱丙、朱丁、朱A。朱B系朱C与配偶沈红莲之女。朱某某于1985年4月10日死亡,朱C于2007年7月20日死亡,王某某于2009年1月17日死亡;朱C、王某某生前均未留遗嘱。因本案当事人无法就遗产继承达成一致意见,2015年1月8日,朱B诉至法院请求判令朱B继承上海市普陀区子长路×××弄×××号×××室房屋(以下简称"子长路房屋")六分之一产权份额。子长路房屋原系动迁安置所得的公有住房,于2005年购买产

---

① 上海市第二中级人民法院(2015)沪二中民一(民)终字第1840号民事判决书。

权,登记至被继承人王某某一人名下。目前该房屋由朱 A 及其家人居住使用。原审审理中,经本案当事人协商一致,确认该房屋市场价值为人民币(以下币种同)100 万元。

原审法院经审理后认为:遗产是公民死亡时遗留的个人合法财产。子长路房屋系登记在被继承人王某某名下的个人合法财产,其过世后,应作为遗产继承处理。因王某某生前未留遗嘱,朱甲、朱乙、朱丙、朱丁、朱 A 作为其子女,朱 B 作为代位继承人,均有权按法定继承方式分得遗产。综合考虑房屋居住现状及当事人的意愿,为避免诉累,子长路房屋可归朱 A 所有,由其按照双方协商确认的市场价值分别给付其他继承人相应份额的折价款。

朱甲、朱乙、朱丙、朱丁、朱 A 不服上海市普陀区人民法院(2015)普民一(民)初字第 176 号民事判决,提起上诉。上诉人朱 A 诉称:子长路房屋系被继承人王某某的遗产,应归本案当事人共有,原审判归朱 A 所有,朱 A 并无支付房屋折价款的能力,且对处理该房屋的相关费用未明确。该房屋的实际出资人为朱 A、朱丙,在分配房屋份额时应考虑到该因素。请求二审撤销原判,改判子长路房屋由本案当事人共有。上诉人朱甲、朱乙、朱丙、朱丁诉称:朱 A 尽了主要的赡养义务,其应该多分,其余事实和理由同朱 A 所陈述。请求二审撤销原判,改判子长路房屋由本案当事人共有,其中朱 A、朱丙各占四分之一份额,其余当事人各占八分之一份额。

被上诉人朱 B 答辩称:上诉人未提供证据证明子长路房屋系由朱 A、朱丙出资,若朱 A、朱丙认为其系该房屋的共有人,应另案提起确权之诉。被继承人在养老院期间的费用都是由其自己的收入支付的,朱 A 并未尽到主要的赡养义务。被上诉人在原审中已经对子长路房屋的价值作出让步,房屋过户费用理应由朱 A 负担。被上诉人在原审中诉请将产权登记在六人名下,但上诉人不同意。

上海市第二中级人民法院认为,本案争议焦点之一是作为被继承人王某某遗产的子长路房屋应如何分割。我国《继承法》规定,遗产分割应当有利于生产和生活需要,不损害遗产的效用。不宜分割的遗产,可以采取折价、适当补偿或者共有等方法处理。本案中,被上诉人原审诉请系以按份共有的方式分割子长路房屋,其余五位上诉人均未表达要求取得该房屋的意愿,原审虽为避免当事人诉累进行了析产处理,但该处理方式未考虑到本案具体案情及当事人的意愿,且对于处理该房屋的相关费用也未作处理,使判决内容的实现增加了不确定性。有鉴于此,本院认为,本案上诉人所主张的按份共有子长路房屋的诉请,有事实和法律依据,本院予以采纳,子长路房屋应在本案各继承人之间按份共有。本案争议焦点之二是各继承人应得子长路房屋产权份额。本案朱 A、朱丙诉请其应占子长路房屋产权份额的四分之一,依据在于尽了主要赡养义务及对该房屋有出资。本院认为,子长路房屋登记在被继承人王某某名下,上述两位上诉人对该房屋有出资与否,与该房屋产权并无关联。且本案系遗产继承纠纷,出资情形不能作为遗产多分依据。关于对被继承人赡养的情况,本案上诉人并未有充分依据证明何人对被继承人王某某尽了主要赡养义务,且孝敬父母乃人之常情,本院对上诉人的该项主张不予采纳。

本案中,法定继承人之间就遗产分割的方式产生了争议。原审过程中,涉案房产已经转移至朱 A 名下,且由朱 A 实际利用。从涉案房产的状况以及减少房产权属变更的费用角度考虑,原审法院作出由朱 A 取得房产,并由其给予其他法定继承人补偿的方式具有一定的合理性。但是,因朱 A 表示其并无支付房屋折价款的能力,且对处理该房屋的相关费用未明确。而其他法定继承人又具有作为房屋所有权人的意愿,因此二审改判涉案房产由各法定继承人按份共有。

4. 遗产分割的效力

关于遗产分割的效力,存在转移主义和宣告主义两种不同的立法例。转移主义将遗产分割视为各继承人或受遗赠人之间的财产交换。遗产分割过程中根据各继承人或受遗赠人的应得份额,占有遗产的继承或受遗赠人让与部分财产给其他继承人或受遗赠人,并取得由其他继承人或受遗赠人让与的部分财产,进而形成各继承人或受遗赠人对财产单独所有的权利状况。转移主义模式下,遗产分割具有转移和创设权利的效力。

宣告主义认为,因遗产分割而分配给继承人或受遗赠人的财产自继承开始已经归属于各继承人或受遗赠人单独所有。遗产分割不过是对既有财产权状况的宣告或者认定。换言之,自被继承人死亡、继承开始起,遗产已经归属于各继承人或受遗赠人单独所有。遗产分割只是对继承开始时的权属状况的确认,不具有设权效力。

我国《继承法》中并未明确规定遗产分割的效力,理论上也存在两种不同的观点。多数学者持宣告主义立场,认为遗产分割的效力应当溯及继承开始时,遗产分割分配给继承人或受遗赠人的财产直接来源于被继承人。各继承人或受遗赠人之间互负瑕疵担保责任。倘若一个或数个继承人或受遗赠人所取得的财产因为权利瑕疵或物的瑕疵不能取得单独所有权,其他继承人或受遗赠人应当重新分割遗产,补偿因权利瑕疵或物的瑕疵而遭受损失的继承人或受遗赠人。

(二)债务清偿

1. 被继承人的遗产债务范围

被继承人的遗产债务,属于遗产中的消极财产,是指被继承人死亡时应由被继承人清偿但尚未清偿的债务。被继承人的遗产债务既包括被继承人的个人债务,也包括其在共同债务中应当承担的债务。

被继承人的遗产债务主要包括以下几种类型:(1)被继承人依法应当缴纳的税款;(2)被继承人未履行的合同之债;(3)被继承人未履行的不当得利返还之债;(4)被继承人未履行的无因管理必要费用偿还之债;(5)被继承人未履行的侵权损害赔偿之债;(6)其他应由被继承人承担但其尚未履行的债务。被继承人因夫妻或家庭共同生活以个人名义对外所欠债务,视为共同债务,被继承人仅承担部分债务清偿责任。

2. 被继承人的遗产债务清偿原则

我国《继承法》第 33 条规定:"继承遗产应当清偿被继承人依法应当缴纳的税款和债务,缴纳税款和清偿债务以他的遗产实际价值为限。超过遗产实际价值部分,继承人自愿偿还的不在此限。继承人放弃继承的,对被继承人依法应当缴纳的税款和债务可以不负清偿责任。"该法第 34 条还规定:"执行遗赠不得妨碍清偿遗赠人依法应当缴纳的税款和债务。"根据上述法律规定,可以将我国《继承法》关于被继承人的遗产债务清偿原则概括为以下几点:

第一,有限清偿原则。有限清偿,是指继承人对被继承人的遗产债务所负的清偿责任以遗产的实际价值为限。在继承人继承遗产的实际价值范围内,继承人对被继承人的债务负有清偿责任;超过继承人继承遗产的实际价值范围,继承人对被继承人的债务不负有法定的清偿责任,是否清偿取决于继承人的意思。换言之,继承人通过继承虽可能承担被继承人的全部或部分消极财产,但是,除非继承人自愿清偿,继承人继承的消极财产不会超过其继承的积极财产。继承行为原则上不会给继承人带来负担。有限清偿原则的确立也否定了"父债子偿"的原则,彰显了个体的独立性与自主性。

第二,特留份优先于债务清偿原则。继承人清偿被继承人的遗产债务以为需要特殊照顾的继承人适当保留遗产为前提。即便遗产不足以清偿被继承人的遗产债务,也需要为缺乏劳动能力又没有生活来源的继承人适当保留遗产。在为特殊人群保留遗产份额的前提下,才能根据我国《继承法》以及相关法律的规定清偿被继承人的遗产债务。

第三,清偿债务优先于执行遗赠原则。执行遗赠之前应当先清偿被继承人的遗产债务。清偿完毕被继承人的遗产债务之后的剩余财产,方能执行遗赠;反之,清偿完毕被继承人的遗产债务之后没有剩余财产或者遗产不足以清偿被继承人的遗产债务的,不能执行遗赠。

第四,连带清偿责任原则。对被继承人的遗产债务,继承被继承人遗产的继承人负有连带清偿责任。债权人有权请求继承被继承人遗产的共同继承人全体或任意一人或数人清偿。

3. 清偿被继承人遗产债务的时间与方式

通常应当在分割遗产前清偿被继承人的遗产债务。但并不绝对。遗产已经分割但尚未清偿被继承人遗产债务的,如果同时存在法定继承、遗嘱继承和遗赠,应当首先由法定继承人以其所得遗产进行债务清偿。法定继承人继承的遗产不足以清偿被继承人遗产债务的,应当由遗嘱继承人和受遗赠人按照比例以所得遗产偿还债务。

四、遗产与共同共有财产

(一)遗产与夫妻共同共有财产

夫妻共同共有财产为夫妻双方不分份额地平等享有。夫妻一方死亡时,应当将夫妻共同共有财产进行分割,其中的二分之一作为遗产由死者的继承人或受遗赠人继受取得,其余的二分之一属于生存配偶的个人财产,不能作为死者的遗产进行处分。死者生前通过遗嘱处分配偶应当享有的财产份额的,侵害了生存一方配偶的利益,属于无效法律行为。我国《继承法》第 26 条规定:"夫妻在婚姻关系存续期间所得的共同所有的财产,除有约定的以外,如果分割遗产,应当先将共同所有的财产的一半分出为配偶所有,其余的为被继承人的遗产。"

夫妻婚后通常将个人所有的财产与另一方的个人财产或者夫妻共同所有财产混合在一起。配偶一方或双方死亡后,区分遗产与夫妻共同共有财产,应当首先划清夫妻个人财产与夫妻共同共有财产的界限。

(二)遗产与和配偶以外其他家庭成员的共同共有财产

除配偶以外,家庭成员还包括子女、父母、兄弟姐妹、祖父母与外祖父母。共同生活的家庭成员之间的财产法律关系变得复杂化。应当区分家庭成员的个人财产与家庭共同共有财产,从而划定遗产范围。我国《继承法》第 26 条规定:"遗产在家庭共有财产之中的,遗产分割时,应当先分出他人的财产。"

第一,基于共同经济生活需要积累的财产在性质上属于家庭共同共有财产,属于家庭成员共同所有。家庭成员中一人或数人死亡的,应当将死者享有的财产份额从家庭共同共有财产中分离出来作为遗产,由其继承人或受遗赠人继受取得。

第二,父母或其他监护人管理的未成年子女的财产不能作为父母的遗产进行继承。未成年子女的生活用品以及通过创作发明、接受赠与、继承、遗赠等方式取得的财产,由父母或其他监护人管理,但该财产权归属于未成年子女。当管理未成年子女财产的父母或其他监护人死亡时,应当将未成年子女的个人财产与其父母或监护人的财产相区分,不能将其混同为其父母或监护人的遗产。

第三,成年子女将其收入投入家庭生活共同积累家庭财富的,其对家庭共同共有财产享有一定的权利。当家庭成员死亡需要分割遗产时,应当将参与家庭财富积累的成年子女拥有的财产份额分离出来。

第四,出于共同的经济目的,家庭成员按一定的出资比例出资取得的财产,倘若家庭成员之间并未对财产的性质进行约定,通常被视为按份共有财产。按份共有人仅对自己拥有的财产份额享有权利、负有义务。家庭成员中一人或数人死亡的,应当将死者相应的财产份额作为遗产。

第五,家庭成员共同继承但尚未实际分割的遗产,家庭成员之间按份共有。遗产分割前,家庭成员中的一人或数人死亡的,应当将死者拥有的财产份额划分出来作为其遗产由其继承人或受遗赠人继受取得。

第六,家庭成员之间的财产资助性质上属于赠与。接受赠与的家庭成员对赠与物享有完整的权利,不作为家庭共同共有财产。接受赠与的家庭成员死亡,赠与财产作为其遗产由其继承人或受遗赠人继受取得。

（三）遗产与合伙共同共有财产

共同共有关系的建立以共有人之间存在特殊的身份关系为基础。这种特殊关系不限于夫妻之间、家庭成员之间,也包括合伙主体之间。合伙是由两人或两人以上的数人联合,共同出资,共同经营,共担风险的组织形式。合伙人之间的财产既可能是共同共有,也可能是按份共有。合伙人生前与他人之间存在合伙关系,其对合伙财产享有的份额,应当作为遗产进行分割。

第四节　国外或地区立法现状

一、从身份继承到财产继承

"在继承制度史上,对遗嘱继承与法定继承是否具有兼容性发生过激烈的争论,遗嘱继承的财产性与法定继承的身份性被人为地严格区分。近代以来,随着资产阶级革命的进展,传统的法定继承与遗嘱继承的不兼容性和相异性已经被打破,身份继承的属性渐渐被财产继承的观念所取代,这也符合资产阶级'私有财产神圣不可侵犯'的民法原理。"①从身份继承向财产继承转变的过程中,遗产制度的重要性日益凸显。遗产逐渐成为继承权的唯一客体。

二、遗产概括继承原则

总体继承遗产原则起源于古罗马时期的继承法。根据古罗马时期的法律,被继承人遗留的财产所有权、债权和债务都属于遗产,继承人在取得遗产中的财产所有权和债权的同时必须接受遗产中的债务。近现代大陆法系国家或地区大多沿袭了古罗马法的总体继承遗产原则。例如法国、德国、瑞士、日本等国家的继承法中,都明确规定遗产是积极财产和消极财产的统一体,应当作为遗产整体转移给继承人。继承人不能分割遗产中的财产权利与财产义务进行选择性继承。《德国民法典》第 1922 条第 1 款规定:"自一个人死亡时起(继承开始),其财产(遗产)作为整体转移于另外一个或者数个人(继承人)。"《俄罗斯联邦民法典》第 1110 条第 1 款明确规定:"通过继承,死亡人的财产(遗产)依照权利概括继受程序,即作为统一的整体、在同一时刻、以不变的形式移转给他人,但本法典的规则有不同规定的除外。""英国的继承法则有不同的规定:被继承人遗留的全部财产并不都是遗产。只有从被继承人的全部财产中扣除掉其生前所负的债务,其余部分才作为遗产来继承。"②

三、关于遗产概念和范围的规定

现代法治社会各国民法典继承法编或继承法卷中都使用了遗产的概念。但是,大多并未明确界定遗产的概念及范围。少数国家在民法典中进行了明确。如《俄罗斯联邦民法典》第 1112 条明确规定了"遗产"的概念。该条规定:"遗产包括继承开始之日属于被继承人的物和其他财产,包括财产权利和财产义务。遗产不包括与被继承人的人身不可分割地联系在一起的权利和义务,其中包括领取赡养金的权利、因公民生命或健康受到损害而取得赔偿的权利,以及本法典或其他法律不允许通过继承移转的权利和义务。遗产不包括人身非财产权和其他非物质利益。"《葡萄牙民法典》第 2024 条与第 2025 条对遗产的概念与范围从正反两个方面进行了规定。第 2024 条从正面将遗产界定为"原属该死者之财产"。第 2025 条从反面对遗产的范围进行了排除性规定:"法律关系基于其性质或法律之规定,在其主体死亡时即应消灭者,不构成继承标的。属权利主体之意愿者,可放弃之权利亦得于主体死亡时消灭。"

四、遗嘱执行人制度完善

现代社会各国不但关注继承权的享有,而且关注继承权的实现。遗产管理人与执行制度等是各国民法典继承法编或继承法卷关注的重点之一。《德国民法典》《意大利民法典》《日本民法典》《俄罗斯联邦民法典》《葡萄牙民法典》等详尽规定了遗产执行人的制度。

《德国民法典》第 2197 条对遗嘱执行人的任命进行了规定:"被继承人可以遗嘱任命一名或数名遗嘱执行人。被继承人可以针对被任命的遗嘱执行人在接受职务前或者在接受职

---

① 杨大文:《亲属法与继承法》,法律出版社 2013 年版,第 336 页。
② 杨大文:《亲属法与继承法》,法律出版社 2013 年版,第 311 页。

务后不能履行职务的情形,任命另一名遗嘱执行人。"该法典第 2198 条第 1 款对遗嘱执行人的指定进行了规定:"被继承人可以将遗嘱执行人的人选交付第三人指定。指定以向遗产法院作出意思表示的方式进行;表示应当以公开认证的方式作出。"关于遗嘱执行人的职责,该法典第 2203 条规定:"遗嘱执行人应当将被继承人的终意处分付诸实施。"第 2205 条规定:"遗嘱执行人应当管理遗产。遗嘱执行人特别是有权占有遗产和处分遗产标的物的,仅在无偿处分符合道德上的义务或者礼仪上的考虑时,始有权进行无偿处分。"关于遗嘱执行人的报酬,该法典第 2221 条规定:"遗嘱执行人可以为执行其职务而请求适当的报酬,被继承人另有规定的除外。"《意大利民法典》第 700 条至第 712 条,《俄罗斯联邦民法典》第 1134 条至第 1136 条,《葡萄牙民法典》第 2320 条至第 2334 条,《日本民法典》第 1004 条至第 1021 条等都对遗嘱的执行进行了详细规定。

第五节　立法发展趋势

一、宅基地使用权作为遗产继承的客体

(一)宅基地使用权继承中的权利冲突

所谓"权利冲突应该是指合法性、正当性权利之间所发生的冲突。通常来讲,权利冲突发生于、存在于两者或两者以上之间,即两个或两个以上合法权利主体之间"。[1] 非集体经济组织成员继承宅基地使用权中的权利冲突通常表现为:继承人认为,宅基地使用权是被继承人合法取得的财产,应当作为遗产由继承人继承;而集体经济组织则认为,享有宅基地使用权的主体限于本集体经济组织成员,不具有集体经济组织成员身份的继承人无权继承宅基地使用权。

继承人依法享有的继承权应当受到法律保护,其继承被继承人生前建造的房屋并不存在法律上的障碍,又因房屋的存在必须依附于特定的土地,因而,继承人对房屋所有权的继承真正得以实现必须以其享有相应的宅基地使用权为基础。而集体经济组织享有宅基地所有权也无异议,当宅基地上不再有集体经济组织成员时,集体经济组织应当依据所有权的弹力性理论成为享有完全所有权的主体,并有权排除其他主体在未经其同意的情况下所为的行为。

也就是说,宅基地使用权既是继承人实现房屋所有权继承的基础,也是集体经济组织取得完满所有权的前提。由于现行法律规范对于宅基地使用权能否继承没有作出明确规定,导致当事人之间权利边界划分不清,未能达到定分止争的预期法律目的。从解释论的视角探求现行法律规范体系下的解决方案,并从立法论的视角发现现行法律规范的不足并加以完善,不无必要。

(二)相关处理模式及法律支持的理由

当前,就非集体成员能否继承宅基地使用权的问题在实务中存在四种不同类型的处理

---

[1]　刘作翔:《权利冲突的几个理论问题》,载《中国法学》2002 年第 2 期。

模式,而这些处理模式与宅基地使用权人是否存在身份限制、宅基地使用权人是否享有处分权能以及能够在何种限度内享有处分权能等前提性的问题密切相关。

1. 以宅基地使用权人存在身份限制为基础的处理模式

1999 年,国务院办公厅颁布的《关于加强土地转让管理严禁炒卖土地的通知》中规定:"农民的住宅不得向城市居民出售","不得为购买的住宅发放土地使用证和产权证"。2004 年,国土资源部颁发的《关于加强农村宅基地管理的意见》禁止城镇居民购置宅基地,禁止为城镇居民购买和违法建造的住宅发放土地使用证。2004 年 11 月,国土资源部颁布的《关于加强农村宅基地管理的意见》规定:"严禁城镇居民在农村购置宅基地,严禁为城镇居民在农村购买和违法建造的住宅发放土地使用证。"

依据上述通知和意见,大多数学者和实务部门的工作人员认为,宅基地使用权的分配具有福利性质,其目的在于保障集体经济组织成员"居者有其屋",因而,宅基地使用权限于在集体经济组织成员内部有条件地进行流转,禁止将其对外流转。因户口迁移丧失集体经济组织成员身份的人员不能成为享有宅基地使用权的适格主体,虽有权继承宅基地上的房屋,但是无权继承宅基地使用权。因而,在实务中存在以下三种处理方式。

第一,继承人在限定的期限内将宅基地使用权连同房屋一并转让给集体经济组织内符合宅基地使用权分配条件的成员。这种处理方式使得继承人享有的权利转化为相应的价款,而宅基地使用权并没有流转出集体经济组织之外。这是当前农村中普遍采用的处理方式,枣庄案中村委会起初也试图通过这一方式解决矛盾纠纷。但是,这一处理方式存在着逻辑上的矛盾。继承人可以将宅基地使用权连同房屋一并转让的前提是继承人享有宅基地使用权,这与宅基地使用权人应当满足身份限制的前提条件相矛盾。

为了解决逻辑上的矛盾,另有学者提出继承人所取得的价款仅为房屋所有权的对价,集体经济组织成员取得宅基地使用权属于原始取得。但是,这一解读虽然消除了逻辑矛盾的障碍,但明显与事实不相符。如果转让的是与宅基地使用权无关的房产价值,那么为什么不同区位的房产存在价值上的差异? 此外,强制继承人转让房屋的法律依据何在,限期转让能否充分保障转让人的合法权益,这些问题不无疑问。

第二,宅基地使用权因集体经济组织成员主体资格的消灭回归集体经济组织。继承人虽有权取得宅基地上的房屋所有权,但因其无所依附,应当限期拆除。这一处理方式表面上既保护了继承人的继承权又符合所有权的弹力性原则,维护了集体经济组织的权益,但是,实质上极大地损害了继承人的合法权益。继承人继承房屋所有权为其所带来的不是法律上的利益,而是负担。

针对这一缺陷,有学者提出修正意见认为,集体经济组织可以获得完满的所有权,作为代价应当由其对房屋进行拆除,并给予继承人适当的补偿。这一类似于征收的处理方式虽有其合理之处,但是,也存在固有的缺陷。强制拆除消灭房屋所有权的法律依据何在以及补偿的范围、标准和可行性等问题也值得思考。

第三,继承人可以对宅基地上的房屋继续进行占有、使用,但对该房屋不得进行翻建、改建和扩建。当房屋处于不可居住的状态时,由宅基地所在地的集体经济组织收回。这也是当前农村普遍采用的一种方式。这一处理方式既维持了既有状态,又保证了宅基地使用权最终恢复至集体经济组织,有一定的合理性。但是,继承人对继承房屋仅有占有、使用的权能,不能收益、处分,不得翻建、改建和扩建的正当性何在? 继承人在维持既有状态的情况下享有房屋所有权对宅基地进行利用的法律依据何在？

2. 以宅基地使用权人不存在身份限制为基础的处理模式

国务院和国土资源部颁布的关于限制宅基地向集体经济组织成员以外流转的通知和意见在一定程度上代表了当前主流学者的观点，体现了实务部门的政策导向，但能否将其作为对宅基地使用权人进行身份限制的法律依据仍值得商榷。首先，通知和意见中规定宅基地使用权人的主体范围限于意定的买卖关系中的受让人，至于法定的继承关系中的继受人则并没有明确规定。依据法无明文规定即允许的权利推定一般原理，不能将对意定关系人的限制扩张至法定继承人。其次，即便是在意定法律关系中，通知、意见等也不能作为法律依据。我国《行政法规制定程序暂行条例》第 3 条规定："行政法规的名称为条例、规定和办法。"通知、意见虽然是由国务院、国土资源部等公权机关颁布的，但是并不属于行政法规的范畴。《最高人民法院关于适用〈中华人民共和国合同法〉若干问题的解释（一）》第 4 条规定："人民法院确认合同无效，应当以全国人大及其常委会制定的法律和国务院制定的行政法规为依据，不得以地方性法规、行政规章为依据。"因而，通知、意见只能作为人民法院审判案件的参考，而不能作为否定合同效力的依据。

既然法律并没有对继承宅基地使用权的主体进行身份限制，那么应当允许继承人利用宅基地使用权。基于这一观点，理论和实务界对享有继承权的非集体经济组织成员利用宅基地使用权主要有两种处理模式。

第一，附随房屋继承享有附条件的宅基地使用权。宅基地使用权不能被单独继承，但是，继承人可以基于宅基地上房屋所有权的移转而享有附条件的宅基地使用权。换言之，"在我国，宅基地使用权与私人住宅所有权具有一致性，享有住房所有权也必然享有住宅占用范围内的土地（即宅基地）的使用权"[①]。坚持这一观点的学者在 1999 年国务院颁布的《中华人民共和国土地管理法实施条例》中寻求到法律支持。该法第 6 条规定："因依法转让地上建筑物、构筑物等附着物导致土地使用权转移的，必须向土地所在地的县级以上人民政府土地行政主管部门提出土地变更登记申请，由原土地登记机关依法进行土地所有权、使用权变更登记。土地所有权、使用权的变更，自变更登记之日起生效。"笔者认为，这一处理方式肯定了非集体经济组织成员对宅基地进行利用的权利，但没有解决该权利的来源、行使范围和期限等问题，在操作过程中主观随意性较大、可行性较弱，不能达到充分保障继承人的权益的目的。

第二，充分保障私人财产权，明确宅基地使用权可以由非集体经济组织成员继承，并对其利用不附加额外的限制。具体而言，农村集体经济组织成员生前享有的房屋所有权以及宅基地使用权均属于主体的私有财产，依据我国《宪法》《继承法》的相关规定，在条件成熟时应当由其继承人加以继承。继承人在继承房屋所有权的同时应享有房屋赖以存在的宅基地的使用权。至于继承人是否属于集体经济组织成员并不重要。有学者建议，在修改《中华人民共和国土地管理法》时，应增加下列规定："农村集体经济组织的成员死亡以后，其生前享有的宅基地使用权和在该宅基地上建造的房屋的所有权可以依照《继承法》的规定由其继承人继承。"[②]这一处理方式与现行法律规定并不存在抵触，具有合理性，预示着未来宅基地

---

① 郭明瑞：《关于宅基地使用权的立法建议》，载《法学论坛》2007 年第 1 期。

② 龙翼飞：《我国〈物权法〉对家庭财产关系的影响》，载《浙江工商大学学报》2008 年第 6 期。

相关立法的走向。

(三)法理分析及可行性方案的选择

宅基地使用权能否被继承不仅仅是一个法律技术层面上的问题,其背后深蕴着公平、效率等价值理念。持否定说的学者认为,宅基地使用权取得的无偿性使得其不同于普通的能够继承的财产,宅基地使用权人的身份特殊性和宅基地使用权的福利性决定其不能被继承。持肯定说的学者则从物尽其用、公平等价值理念出发提出了截然相反的观点。笔者认为,农民权益保护应当是设计宅基地使用权制度的基础,公平、效率等价值最终应当落实在这一点上。

1. 非"有效市场"下的理性选择

有效市场的形成以产权界定明晰和产权流转顺畅为前提。但是,当前宅基地使用权的流转存在较大的障碍。虽然有学者认为:"不允许农民利用宅基地使用权抵押、出资、进行商业化利用,将严重限制农村经济发展和农村城市化进程,也不符合市场经济的基本原则。因此,必须向农民开放其宅基地商业化利用途径和规则。"[1]但是,持相反观点的学者则认为:"农村宅基地不得交易是农村宅基地分配制度的有机组成部分,农村宅基地分配制度是有效维系亿万农民基本生存权利的重要制度,物权法必须重申农村宅基地交易的现行法律政策。开禁或变相开禁农村宅基地交易的主张是强势群体的利益诉求,不具有正当性和公平性。"[2]2007 年颁布的《物权法》没有对宅基地使用权的流转问题进行明确规定,实务和理论界大多数人认为,在当前法律规范体系下,应当采取禁止宅基地使用权对外流转的观点。因此,宅基地使用权流转的市场并非"有效市场"。

在宅基地使用权流转处于非"有效市场"环境的大前提下,坚持非集体经济组织成员不能继承宅基地使用权,就会导致降低物的利用效率、诱发逆向选择的危机等后果。具体而言,在实务中,即便是持宅基地使用权不能继承观点的人大多也并不否认继承人对宅基地上建造的建筑物享有权利。无偿剥夺显然缺乏正当性,因而选择由其他集体经济组织成员购买或由集体经济组织给予适当补偿成为具有一定合理性的替代方式。但是,由于宅基地使用权的流转是封闭的,只能在集体组织成员内部流转,即"宅基地使用权可以本着调剂余缺的原则,在本集体内成员之间协议转让,但必须经乡(镇)政府批准,而且出让方不得牟利"[3]。因而,集体经济组织成员以及集体经济组织在缔约过程中处于相对强势的地位,可以压低价格,通过形式合理的方式不当取得继承人的财产,资源合理配置的正常渠道被破坏。对于财产权合理预期的破坏又会诱使房屋所有权人在生前转移房屋所有权,隐性转移宅基地使用权,也可能导致其对房屋的闲置或滥用。正如学者所指出的:"潜在的购买人范围是极小的。结果只能或是房屋所有人不得不以极低的价格转让房屋,或是宁可将房屋闲置也不转让,从而造成农村旧房的闲置,这就会导致不仅使所有人的财产权失去意义,也会减少宅基地供给量的目标落实。"[4]

① 高富平:《土地使用权和用益物权——我国不动产物权体系研究》,法律出版社 2001 年版,第 28 页。
② 孟勤国:《物权法开禁农村宅基地交易之辩》,载《法学评论》2005 年第 4 期。
③ 王卫国:《中国土地权利研究》,中国政法大学出版社 2003 年版,第 193 页。
④ 郭明瑞:《关于宅基地使用权的立法建议》,载《法学论坛》2007 年第 1 期。

2. 关于权利分离减损物的价值的思考

房屋必须附着于一定的土地之上,因而权属的一致性在不动产利用中至关重要。在法律规范的层面,通常采用"房随地走"或"地随房走"的原则,确保房屋所有权与土地使用权相一致,合理配置资源。但是,在不允许非集体经济组织成员继承宅基地使用权的情况下,就会产生土地使用权与房屋所有权相分离的状况,出现权利虚化的现象,即非集体经济组织成员依据《宪法》《继承法》等法律法规对宅基地上的房屋享有所有权,但对房屋所依附的土地并不享有使用权;集体经济组织享有宅基地所有权和使用权,但对宅基地上的房屋不享有权利。

土地使用权与房屋所有权分离,分别归属于不同主体的状况导致房屋所有权人和宅基地使用权人都无法合理行使权利。房屋所有权人因欠缺宅基地使用权缺乏在宅基地上保有房屋的正当理由,更不用说行使所有权;宅基地使用权人因宅基地上已经有房屋等建筑物存在而无法对宅基地进行利用。此时房屋所有权和宅基地使用权均处于虚化状态,严重违背了物尽其用、合理配置资源的原则。

3. 关于社会弱势群体利益保护的思考

(1)家长情结。我国民法中将地上权区分为"两种不同的类型,即建设用地使用权和宅基地使用权,分别对应于国有土地和集体所有的土地。这种二元构成的选定有其背后的无奈,即建设用地使用权是我国房地产市场的要素,而宅基地使用权游离于市场之外,无多少自由可言,却负载于沉重的使命和负担"[①]。由此可见,在对待宅基地使用权的问题上,弥漫着浓厚的家长情结的气息。

政策和法律的制定者并没有将农民假定为能够自己决定、自己负责的理性人,而是像父母关爱自己的孩子一样对其生活进行干预。这种干预蕴含了对社会弱势群体利益予以保护的现代法律价值理念,其进步性自不待言。但是,这种干预应当是适度的,当其超过必要限度时,不但不能保护农民的利益,相反会对其造成损害。此外,"法律的生命在于经验,而不在于逻辑","纸面上的法"所承载的理想的预期只有转化为现实生活中的"活法"才能真正达到立法者的目的。脱离现实生活的玄想,初衷纵然美好,却往往难逃适得其反的厄运。对宅基地使用权继承进行限制的干预态度的初衷毋庸置疑,但是,结果可能与初衷相背离。

(2)从身份到契约的回归。在家长情结的支配下,宅基地使用权继承的问题也打上了身份的烙印。农民处于被监护的状态,具体表现为:认为宅基地是农民的生存之本,而宅基地使用权属于财产权,当生存权与财产权发生冲突时,处于较低效力位阶的财产权应当让位于生存权。在处理非集体经济组织成员能否继承宅基地使用权的问题上,该观点将非集体经济组织成员的财产权与集体经济组织成员的生存权相对立,并认为非集体经济组织成员的财产权应当让位。

笔者认为,这种极端的权利冲突观点与事实并不相符。首先,允许非集体经济组织成员继承宅基地使用权并不会对集体经济组织成员的生存权构成威胁。否定非集体经济组织成员的继承权,实际上是变相否认了具有集体经济组织成员身份的前人享有的财产权,并破坏了他们的财产预期。在城乡二元对立的框架中,不难发现这实质上是剥夺了农民的利益。

---

①　韩世远:《宅基地的立法问题——兼析物权法草案第十三章:"宅基地使用权"》,载《政治与法律》2005 年第 5 期。

以生存权保护为出发点的制度设计最终成为剥夺农民财产权的工具，并恶化了集体经济组织成员后人的生存状况。其次，以保护耕地、防止基本农业用地被占用为由限制非集体经济组织成员通过继承等方式取得宅基地使用权理由不充分。有学者认为，农村土地属于不可再生的稀缺资源，基于国家对农业用地的特殊保护，村民的宅基地使用权应当相对受限。倘若允许非集体经济组织成员继承宅基地使用权，则可能增加对宅基地的需求，造成农用地被侵占的后果。为避免这一情况出现，需要限制宅基地使用权的继承、流转等。但是，这种考虑是建立在宅基地的增加是以占用农业用地为基础这一假定上的。事实上，为了保护基本农田，只需要严格规定基本农业用地不经特定程序批准不得转化为宅基地，没有必要限制非集体经济组织成员继承宅基地使用权。

家长情结忽略了集体经济组织成员参与社会生活时理性的一面，试图通过理想的制度架构为集体经济组织成员营造理想的生活模式，至少提供最低限度的生活保障。但是，这种过度的关怀使得集体经济组织成员享有的宅基地使用权在一定条件下成为虚化的财产，与集体经济组织成员的预期相背离，不但不能起到保护农民利益的效果，相反还降低了物的利用价值、破坏了财产权人的合理预期。因而，我们应当反思在关注社会弱势群体利益，给予其保护时，是否逾越了必要的限度，给予不必要的关怀。在保护农民利益时，应当在一定范围内实现从身份到契约的回归。

对宅基地使用权能否继承进行法理分析的结果表明：宅基地使用权的制度设计必须以现实社会生活为根基，以法律实效为评判依据；宅基地使用权承载了立法者和政策制定者过多的期待，也附加了过度的限制。在非"有效市场"的背景下，家长式的过度关爱降低了物的利用价值，破坏了正常的交易秩序，不仅没有起到保护社会弱势群体利益的作用，相反使得财产权虚化，对财产权的预期遭受破坏，这一局面有待改变。当前非集体经济组织成员能否继承宅基地使用权的制度供给与需求严重不均衡，必然产生制度变迁的诱因。我们应当借此机会明确规定非集体经济组织成员有权继承宅基地使用权，并完善相应法律规范。

二、遗体能否作为遗产

遗体能否作为遗产进行继承在学说上存在分歧：（1）肯定说。该说认为，遗体不再具有主体性，在本质上属于物，是被继承人死亡时遗留的个人合法财产，能够作为遗产由继承人继承。（2）否定说。根据对遗体是不是物的认识不同，持否定说的学者又分化为两种不同的观点。一种观点认为，遗体虽然是物，但是具有特殊性，不是所有权的客体，不能随意进行支配或利用。遗体作为物只能用于埋葬，是死者亲属埋葬权的客体，不属于遗产的范围。另一种观点认为，遗体不是物，遑论所有权的客体。它具有一定的人格属性，基于人格权延伸保护理论，属于人格权的客体。

笔者认为，自然人死亡后，其权利能力丧失，不再是权利主体，因而，遗体不再具有主体性。但是，遗体也并非一般意义上的物，不能由原权利主体以外的其他主体任意进行占有、使用、收益、处分。根据人格权延伸保护理论，遗体应当作为人身权的自然衍生得到保护，不能作为遗产继承。即便根据物权法上的理论，也应当将其视为特殊性质的物，需要根据公序良俗的要求对其进行处理。

三、虚拟网络物品能否作为遗产①

近年来,网络游戏玩家通过真实的交易活动取得或转移游戏装备、虚拟货币的情形屡见不鲜,成为常态,且交易额呈明显的上升态势。虚拟网络物品具有现实价值成为不争的事实。换言之,网络物品的虚拟性并不否定其在现实世界中的价值。但是,经济价值颇为重要的虚拟网络物品在法律上应当如何定位,如虚拟网络物品是否属于遗产的范畴、能否被继承、如何被继承等问题至今尚未达成共识,留下了产生矛盾纠纷的隐患。

（一）关于虚拟网络物品能否继承的观点及争议焦点

虚拟网络空间与现实世界具有相对独立性。当虚拟网络物品仅在网络空间中具有存在的价值和意义时,现实世界世俗的继承法律制度与其并无关联。但是,虚拟网络物品的虚拟性并未将其与现实世界完全隔离。当虚拟网络物品具有现实的价值和意义时,其与现实世界的继承法律制度便自然产生关联。

QQ 号码、网络邮箱、虚拟货币、网络空间照片、网络博客能否被继承？如何继承？随着互联网的普及以及其在经济生活中重要性的提升,虚拟网络物品继承的问题日益凸显。对于如何解决实践中出现的矛盾纠纷,理论和实务界认识不一。赞成或反对虚拟网络物品被继承的均大有人在,且各有其理。

赞成虚拟网络物品应作为遗产被继承的学者和实务工作者通常认为:"有恒产,有信心。"虽然虚拟网络物品具有虚拟性特征,存在于网络空间,但是这并不否认其在现实世界中存在的价值。网络用户投入时间、精力、金钱获得的虚拟网络物品具有财产属性,应当由其继承人继承。反对虚拟网络物品应作为遗产被继承的学者和实务工作者则认为:虚拟网络物品并不属于我国《继承法》规定的遗产范围,继承虚拟网络物品缺乏法律依据;虚拟网络物品的价值主要存在于虚拟世界,游戏玩家购买虚拟货币、拥有游戏装备的目的是获得游戏本身带来的乐趣,而并非现实世界的金钱;用户协议中有关虚拟网络物品所有权归属以及禁止继承的条款明确约定,基于"合同应当严守"的原则以及法律规定,虚拟网络物品不能被继承。

概括理论和实践中相关争议,可以将争议焦点归纳为以下几个方面:第一,虚拟网络物品是否属于遗产的范畴;第二,继承虚拟网络物品是否具有法律依据;第三,网络用户与运营商之间达成的用户协议能否作为限制继承权的正当理由。

（二）虚拟网络物品是否属于遗产的范畴

遗产是继承的对象,即继承法律关系中的客体。遗产的存在是继承法律关系产生的前提条件,无遗产,无继承。试图解决虚拟网络物品继承的问题,首先应当明确虚拟网络物品是否属于遗产。

关于遗产的范围,我国《继承法》第 3 条进行了明确规定:"遗产是公民死亡时遗留的个人合法财产,包括:(一)公民的收入;(二)公民的房屋、储蓄和生活用品;(三)公民的林木、牲畜和家禽;(四)公民的文物、图书资料;(五)法律允许公民所有的生产资料;(六)公民的著作权、专利权中的财产权利;(七)公民的其他合法财产。"探讨虚拟网络物品是否属于遗产的范

---

① 董彪:《虚拟网络物品继承若干问题探讨》,载吕来明:《商法研究》,法律出版社 2014 年版。

畴,应当考察其是否属于上述法律规定列举的事项。这一问题的解决又有赖于对虚拟网络物品法律性质的定位。对此学者认识不一。

(1)关于虚拟网络物品法律性质的学说

第一,知识产权客体说。该说认为,虚拟网络物品是网络用户耗费大量的时间、精力,投入智力性劳动形成的,是创造性智力成果的结晶,应当被视为知识产权中的著作权的客体进行保护。对此,有学者提出反对意见认为:"首先,虚拟财产并非劳动所得。无可否认虚拟财产是网络用户自己通过投入时间、金钱获取的,但这并非劳动创造。其次,虚拟财产不具有独创性,知识取得方式比较新颖。再次,虚拟财产不具有垄断性。只要达到网络运营商设定的条件谁都可以获得相应的虚拟财产。最后,虚拟财产不具有地域性。网络的无国界性使虚拟财产不受地域的限制。"①

第二,物权客体说。该说认为虚拟网络物品是物权的客体,并且属于典型物权的客体。有学者提出反对意见认为,虚拟网络物品的虚拟性、无体性与物权客体的特征不相符。将虚拟网络物品作为物权的客体与大陆法系传统观念不符,甚至可能摧毁我国正在构建的物权法体系。此外,传统物权学说通常认为物权的实现无须他人意思介入或辅助,即将支配性特征作为物权的重要特征。但是,对虚拟网络物品进行利用受制于网络空间这一媒介物。

第三,债权客体说。该说认为虚拟网络物品是网络用户与网络运营商之间合同行为指向的对象,虚拟网络物品的取得、转让、灭失均应视为债的法律关系。有学者提出反对意见认为:不可否认网络用户与网络运营商之间存在合同关系,但是不能将虚拟网络物品的法律性质与网络服务合同的性质混为一谈。我国司法实践中存在大量认定窃取虚拟网络物品构成盗窃罪的案例。认为虚拟网络物品是债权的客体,仅存在于网络服务商和用户之间,显然与司法实践不符。

第四,权益客体说。该说认为,虚拟网络物品并非权利的客体,而是权益的客体,虚拟网络物品是民事权利之外应当受到法律保护的利益。将虚拟网络物品作为权利的客体没有脱离权利体系的桎梏。"我们完全可以抛开权利的思维束缚,从利益的视角考虑虚拟财产的性质。"②

(2)笔者关于虚拟网络物品法律性质定位的认识

虚拟网络物品是现代科技的产物,存在于虚拟空间中。对于这一新兴事物,试图在传统法学理论或既有权利体系中寻求其法律性质定位无异于缘木求鱼。在传统法学理论产生以及《著作权法》《物权法》等法律制定时并未将虚拟网络物品作为考察或规制的对象。③ 因而,将虚拟网络物品作为著作权或物权的客体只能是"类比""视为""扩大解释"的结果,更多的是一种法律应然层面的判断。这种判断结果很容易被学者以不符合传统法学理论和现行法律规定为由予以否定。倘若采用"权利—权益"的二元分析框架,将权利限定在实定法的层面,将权利理解为经法律规范确认的合法利益,则将虚拟网络物品理解为权益而非权利指

---

① 李岩:《虚拟财产继承立法问题》,载《法学》2013 年第 4 期。

② 李岩:《虚拟财产继承立法问题》,载《法学》2013 年第 4 期。

③ 根据我国《合同法》的规定以及合同法的基本原则,民事合同的标的物由合同当事人基于自愿协商议定。因而,虚拟网络物品作为合同的标的物并无法律障碍。但是,这无法解决合同以外第三人与虚拟网络物品之间的关系问题,解释力有限。

向的对象具有更强的合理性。值得注意的是,将虚拟网络物品定性为权益的客体只是对其非法定性、非定型化以及开放性的描述,并不意味着弱化对其进行的法律保护,并未否定其作为遗产的可能性。

（3）类型化视角下的分析

根据我国《继承法》第 3 条的规定,只要虚拟网络物品属于公民的"合法财产",它就可以作为遗产由继承人继承。因而,判断虚拟网络物品是否属于遗产的命题转化为虚拟网络物品是否属于公民的"合法财产"。倘若认为虚拟网络物品是权利的客体则其当然属于公民的"合法财产"的范畴;倘若认为虚拟网络物品是权益的客体则其是否属于公民的"合法财产"的范畴不可一概而论。什么样的虚拟网络物品属于遗产的范畴呢? 对此学者认识不一。

第一,财产利益型虚拟网络物品与人格利益型虚拟网络物品。有学者将虚拟网络物品分为财产利益型虚拟网络物品和人格利益型虚拟网络物品。网络型虚拟财产包括财产利益型虚拟财产和人格利益型虚拟财产,前者如网络店铺、游戏设备等,后者如邮箱账号和密码等。涉及个人隐私的虚拟财产不能继承,但涉及共同隐私的虚拟财产只能被隐私群体中有继承资格的人继承,此时不受继承顺位的限制。[①]

继承法律关系中关注的客体属性主要是财产性。纯粹的人格利益和身份利益不能作为继承的客体,因而将虚拟网络物品区分为财产利益型与人格利益型在解决继承问题上具有较强的解释力,值得赞同。但是,以虚拟网络物品能否带来经济利益或精神利益为标准对其进行区分,并笼统地认为可继承的虚拟网络物品包括两种类型,并不恰当。

第二,有偿取得的虚拟网络物品和无偿取得的虚拟网络物品。有学者将虚拟网络物品分为有偿取得的虚拟网络物品和无偿取得的虚拟网络物品,并在此基础上认为前者因网络用户付出了现实的代价应当允许继承,反之,后者不应允许继承。

虚拟网络物品是否具有财产属性、能否作为遗产与其是否有偿取得并无直接的因果关系。有偿取得的虚拟网络物品固然受到法律保护或关注。如 2009 年文化部、商务部联合下发的《关于加强网络游戏虚拟货币管理工作的通知》第 11 条规定,游戏终止服务时,对用户已经购买但尚未使用的虚拟货币,企业必须以法定货币方式或用户接受的其他方式予以退还。2008 年国家税务总局《对北京市地税局〈关于个人通过网络销售虚拟货币取得收入计征个人所得税问题的请示〉的批复》中明确规定:"第一,个人通过网络收购玩家的虚拟货币,加价后向他人出售取得的收入,属于个人所得税应税所得,应按照'财产转让所得'项目计算缴纳个人所得税。第二,个人销售虚拟货币的财产原值为其收购网络虚拟货币所支付的价款和相关税费。第三,对于个人不能提供有关财产原值凭证的,由主管税务机关核定其财产原值。无偿取得的虚拟网络物品也未尝不能作为继承的客体。"实践中,网络用户大多是通过无偿的方式获得虚拟网络物品的,即向网络服务商提出申请,符合相关条件,经用户注册便可免费获得的物品,如网上店铺、免费电子邮箱等。但是这些免费取得的虚拟网络物品经过网络用户的设计、打理,往往会附加一定的商业价值。此类无偿取得的虚拟网络物品同样具有财产属性,应当被继承。

第三,与现实世界脱节的虚拟网络物品和与现实世界关联的虚拟网络物品。费安玲教授认为:"网络虚拟财产可分为两种情况,一种是虚拟财产离开了虚拟空间,这项财产可能与

---

① 李岩:《虚拟财产继承立法问题》,载《法学》2013 年第 4 期。

现实社会完全脱节,即离开了虚拟世界就什么都不是了;另一种情况,虚拟空间中的财产和现实生活中的财产相挂钩,比如,支付了现实社会中的货币来购买产品,或者在虚拟财产的状态下去挣虚拟货币,然后这些货币又能转化成现实生活中的货币。这是两种不同的状态,所以不能泛泛地说虚拟财产能不能继承的问题。""只有对那些虚拟的财产可支配并能与现实社会的财产有衔接、能互换,我们才能考虑财产的继承问题,单纯的虚拟状态是不能作为财产继承的。"①

这一分类方式具有一定的合理性。但是,实践中如何对二者进行区分不无疑问。何谓与"现实社会完全脱节",怎样才能"和现实生活中的财产相挂钩",还需要进一步解释、细化。

总而言之,判断虚拟网络物品是否属于遗产,主要应当考察其是否属于公民享有的"合法财产"。对这一问题的考察,则最终落脚于虚拟网络物品是否具有财产属性。具有财产属性的虚拟网络物品可作为继承的客体,反之,具有人身依附性的虚拟网络物品不能作为继承的客体。游戏装备、虚拟货币、网上店铺等具有明显的财产属性,当然可以作为继承的客体。网络空间中的照片、信件等本身而非其承载的精神利益是继承法律关系所关注的。虽然其承载着精神利益,但是,这并不否认其本身的财产属性,其仍然可以作为继承的对象。具有人身依附性的虚拟网络物品,如账号,不能均作为继承的对象。

(三)虚拟网络物品继承是否具有法律依据

我国现行法律法规并未明确规定虚拟网络物品能否被继承。实践中,各地审理相关案件处理方式不一。部分实务工作者认为,我国《继承法》中规定的遗产范围并不包括虚拟网络物品,因而继承虚拟网络物品缺乏实在法上的正当理由,不应予以支持。如有人认为:"当前无论《物权法》、《继承法》还是《民法通则》,对财产的定义都不包括虚拟财产。从司法实践看,几乎没有一家法院支持它的继承和分割,盗窃虚拟财产也一般不被认为构成盗窃罪。"②也有部分实务工作者认为,虽然我国《继承法》中未明确列举虚拟网络物品为遗产,但是,法律也未作出禁止性规定。我国《继承法》第 3 条的兜底性条款中规定了公民的"其他合法财产"为遗产,虚拟网络物品可以涵盖在其中。

笔者认为,从严格法律规范意义上讲,我国《继承法》的确没有将虚拟网络物品作为遗产进行规定。在该法立法时,并未考虑到虚拟网络物品的问题,立法者并未对虚拟网络物品是否可以被继承作出肯定或否定的评价。该问题属于立法的空白地带。我国《继承法》第 3 条第 7 项中规定的"合法财产"在当时也并未涵盖虚拟网络物品。但是,并不能以此为由否定继承虚拟网络物品的正当性。

正如摩尔根所言:"财产种类的增加,必然促进有关它的所有权和继承权的某些规则的发展。这些占有财产和继承财产的法则所依据的习惯,是由社会组织的状况和进步确定和限制的。"③虚拟网络物品的出现也必然导致相应的继承规则发生变化。

在法律规则难以满足社会生活需要的时候,不是社会生活而是法律应当作出让步。因

① 李吉斌:《网络虚拟财产能否继承引争议　专家称无须专门立法可加强判例指导》,载《法制日报》2011 年 10 月 21 日第 3 版。

② 张轶婷、王梦婕:《虚拟财产继承要看网站"脸色"?》,载《法制与经济》2013 年第 2 期。

③ [美]路易斯·亨利·摩尔根:《古代社会》,杨东莼等译,商务印书馆 1997 年版,第 533 页。

而，以我国《继承法》并未对网络虚拟财产继承问题进行明确规定为由否认继承网络虚拟财产的正当性，在应然的层面上缺乏依据。事实上，已经有不少学者和实务工作者看到了这一法律漏洞，试图通过完善立法和案例指导的方式缓解这一矛盾。如中国人民大学与黑龙江大学起草的《〈中华人民共和国继承法〉修正草案建议稿》中明确规定遗产包括虚拟网络物品。费安玲教授认为："根据我国目前的情况，可以通过最高人民法院的指导性案例来解决有关网络虚拟财产的继承问题。"①

当然，应然层面的正当性并不绝对等同于实然层面的合法性。为解决虚拟网络物品的继承问题，仍需要在现行法律体系内部寻求法律依据。这就应当对我国《继承法》第3条进行目的扩张性解释，将部分虚拟网络物品理解为该法所规定的公民的"合法财产"的范畴。笔者认为，在当下，作出该目的扩张性解释具有合理性。一方面，我国《继承法》第3条第7项的兜底性条款设计的目的本身就是防范挂一漏万，为法律发展预留了空间。另一方面，部分虚拟网络物品本身具有财产属性，该目的扩张性解释与日常生活、民众共识并不相悖。

（四）网络服务合同能否对虚拟网络物品继承权进行限制

在湖南长沙夏女士与腾讯公司就夏女士的丈夫死亡后夏女士能否继承其夫的虚拟网络物品进行交涉的问题上，腾讯公司认为，根据腾讯公司与网络用户的协议约定，QQ号码所有权归属于腾讯公司，用户仅拥有号码使用权，"用户不能将QQ号码作为个人财产处置，因为QQ号码不属于法律上遗产继承的范畴"。② 网上店铺网络服务协议也通常明确禁止店铺转让或继承。

上述事实存在表明，即便虚拟网络物品可以作为遗产，但是，网络运营商仍然可以通过用户协议的方式使得虚拟网络物品继承权事实上形同虚设。倘若此时仍然固守形式公平、意思自治等原则，往往会导致实质上的不正义。因为，单个用户事实上欠缺与网络运营商进行公平磋商的能力。表面建立在自愿基础上的用户协议实质是网络运营商单方意思表示。这就有必要通过法律的强制性规定予以校正。

当然，这也并不意味着用户协议中约定的一切限制行为均是不合理的。例如，为保护网络用户隐私而进行的限制。"一个通奸的人通过电子邮件让私通变得更加便利，一个十多岁的孩子和他的好朋友通过即时信息分享生活中的最私密的细节。在这些典型的情况下，服务的提供商有法律上的义务去保护账号拥有人的权利。如果最后揭露了这些隐私信息将会和死者在创设账户时的隐私预期不相符。"③此时，为保障网络用户的隐私利益对继承权进行限制就具有了正当性。

关键问题不是能否通过用户协议限制继承权，而是该用户协议是否在实质意义上符合公平、正义的要求，是否真实体现了网络用户的意思。网络运营商不能仅以用户同意为由主张对相关继承权进行限制，还需要其他的正当性理由。网络服务中的用户协议不应当是网

① 李吉斌：《网络虚拟财产能否继承引争议专家称无须专门立法可加强判例指导》，载《法制日报》2011年10月21日第3版。
② 李吉斌：《网络虚拟财产能否继承引争议专家称无须专门立法可加强判例指导》，载《法制日报》2011年10月21日第3版。
③ 李岩：《虚拟财产继承立法问题》，载《法学》2013年第4期。

络运营商侵占他人财产、无正当理由免除自身义务或责任的手段。

四、遗嘱信托财产制度的确立①

虽然遗嘱信托财产来源于遗产,但是由于信托关系的设置,使得遗嘱信托财产独立于委托人的固有财产之外,它不再是传统遗产继承的标的。根据信托财产独立性的要求,委托人不以转移遗嘱信托财产给受托人为目的,而只是为了使该财产从委托人的财产中分离出来,最终实现对受益人的更大给付。同时,受托人取得遗嘱信托财产所有权也不是目的,而只是为了方便受托人行使管理权的一种手段。受益人享有受益权也不是以直接取得遗嘱信托财产为途径,而是按照遗嘱信托文件规定的条件和目的,通过受托人取得遗嘱信托利益。因此,遗嘱信托财产也并不直接归属于受益人。在遗嘱信托存续期间,遗嘱信托财产实质上不属于任何遗嘱信托当事人。遗嘱信托财产实际上是一种独立于委托人、受托人和受益人财产之外的特殊"财产",它是遗嘱信托的目的对象。在遗嘱信托中,由于传统的遗产继承方式被信托的方式所取代,因此,对于继承人来说,他所能够受益的范围就不仅仅只是原来的"遗产"那么简单。就遗嘱信托财产而言,它的外延范围更广。总的来说,它包括两大类:

1. 原始遗嘱信托财产

在遗嘱信托关系中,委托人设立遗嘱信托,规定当继承开始时会将相应的财产以信托的名义转移给受托人,受托人承诺接受遗嘱信托,对这份财产予以妥善管理与投资,之后,受托人再根据遗嘱信托合同对受益人进行财产支付。在这个关系中,原始遗嘱信托财产是由委托人拟设立的财产转换而来的,其具体的范围、种类与形态由委托人确定。如委托人可以将现金作为原始遗嘱信托财产设立资金遗嘱信托,也可以以动产或者不动产作为原始遗嘱信托财产设立遗嘱信托,也可以以股权或者知识产权作为原始遗嘱信托财产设立股权遗嘱信托,等等。在法律上,只要是委托人合法拥有的、符合法律规范要求的财产或者财产权,经过委托人与受托人的遗嘱信托合同,均可成为原始遗嘱信托财产。

2. 扩张遗嘱信托财产

由于遗嘱信托方式能够使受益人最后的受益额大于原来的遗产,因此,这种遗产的处理方式为更多的富人阶层所使用,而这也意味着遗嘱信托财产概念的外延不限于委托人设立遗嘱信托时转移给受托人的原始遗嘱信托财产,也包括受托人在遗嘱信托关系存续期间因遗嘱信托财产的管理运用、处分或者任何处理遗嘱信托事务的其他情形而取得的变形和扩张的遗嘱信托财产。尽管这些财产在形态上已经完全不同于原始遗嘱信托财产,比如原始遗嘱信托财产为现金,因受托人管理而转换为动产、不动产等实物资产或者转换为股权、债权、知识产权等权利性资产,但法律性质上这些财产仍然属于遗嘱信托财产。据此,遗嘱信托财产依其性质既包括原始遗嘱信托财产,也包括经过管理运用及处分的变形和扩张遗嘱信托财产。

变形和扩张的遗嘱信托财产是指在遗嘱信托存续期间,因受托人在管理、运用及处分遗嘱信托财产,使得遗嘱信托财产发生形态变化或新增的财产。委托人设立遗嘱信托的目的,就是通过受托人对原始遗嘱信托财产的管理,达成自己在财产转移和财产管理方面的意愿。因此,遗嘱信托设立后,原始遗嘱信托财产因为受托人的管理会发生变化,这种变化既可能

---

① 葛俏、龙翼飞:《论我国遗嘱信托财产的法律属性界定》,载《学术交流》2015 年第 9 期。

是形态上的,也可能是数量上的,还可能是价值上的。但是,无论原始遗嘱信托财产如何发生变化,变化后的财产仍然属于遗嘱信托财产,具有遗嘱信托财产的法律性质。

从实际运作来看,遗嘱信托设立后,受托人因管理而取得的变形和扩张遗嘱信托财产,其类型主要包括三种:受托人因处分遗嘱信托财产所取得的遗嘱信托财产;受托人因管理遗嘱信托财产而取得的遗嘱信托财产;受托人因为遗嘱信托财产的灭失、毁损而取得的遗嘱信托财产。无论是哪一种,它们都是基于原始遗嘱信托财产而产生的扩张财产。

此外,还需要指出的是,受托人在管理遗嘱信托财产、处理遗嘱信托事务过程中,凭借其受托人地位,可能获取利益。那么该利益是否属于遗嘱信托财产在学理上存在争议。日本有学者认为,受托人因遗嘱信托财产与遗嘱信托交易上的地位而取得的收入,如董监事收入,应归为遗嘱信托财产;而也有学者认为,这些收入不是因为遗嘱信托财产直接发生,不能直接理解为遗嘱信托财产的代位物,但是委托人和受益人可以对受托人所得主张不当得利,要求受托人将其返还给遗嘱信托,从而归入遗嘱信托财产。笔者认为,对于受托人凭借其地位而取得的收入,原则上不能简单地归入遗嘱信托财产。第一,它们既不是遗嘱信托财产的自然孳息、法定孳息或直接收益,也不是遗嘱信托财产的代位物,直接将之归入遗嘱信托财产没有法律上的依据;第二,作为管理方企业的董事、监事等高级管理人员,在尽职尽责进行财产管理之后,理应获得报酬,当事人可以在遗嘱信托协议中对相应报酬进行规定,超出该合理范围的酬劳,就可以依照不当得利由受益人主张不当得利返还请求权。

正是因为遗嘱信托财产外延的多样性,所以,无论从性质上还是数量上来看,遗嘱信托财产与传统的遗产之间都存在巨大的差别。因此,在对待遗嘱信托财产方面,应当更多应用信托法的有关规定或者应当启动对继承法的新一轮修改活动,以使得新法与旧法之间的切合度更加紧密。

五、遗产归扣制度的确立①

遗产归扣是指在法定继承的遗产分割中,将被继承人子女获得的特种赠与归入总遗产中,并在总遗产的应继份中予以扣除。首先,特种赠与是指被继承人在其生前赠与子女一定的财产,并将该财产作为子女今后法定应继份的预先支付。其次,总遗产是指各个归扣义务人将各自所获得的特种赠与的财产价值全部归入被继承人现有的、待分割的遗产中,在此基础上相加计算出来的遗产总和。需要注意的是,归扣义务人仅仅是出于计算总遗产的需要,将各自所获得的特种赠与的价值归入总遗产中,并非将财产实际地与总遗产混同。

(一)遗产归扣制度本土化的基础

归扣制度起源于罗马法,如今已被世界上绝大多数国家和地区所接受,可以说是各国立法的通例。《德国民法典》第2050条规定:"被继承人的直系卑亲属接受被继承人生前财产赠与的,应当在遗产分割时予以扣除";此外,《法国民法典》第843条、《瑞士民法典》第626条以及《日本民法典》第903条也都是关于归扣的规定。在我国民法典起草的大背景下,多数学者建议将归扣制度引入我国,例如梁慧星教授的《中国民法典草案建议稿·继承篇》第1843条的"赠与与冲抵",以及王利明教授的《中国民法典草案建议稿附说明:继承篇》第13

---

① 　龙翼飞、窦冬辰:《遗产归扣制度在我国的适用》,载《法律适用》2016年第5期。

条的"归扣"。

1. 民间继承习惯是社会基础

我国现行《继承法》中并无遗产归扣制度的规定,但我国民间,特别是农村地区,素来有分家析产的传统。许多人或许不了解遗产归扣制度在法律上的内涵,但朴素的公平观念在我国民间的继承中早已广泛存在。

由于遗产归扣只能适用于法定继承,因此法定继承在继承中的使用频率也是衡量该制度是否具备社会基础的重要因素。根据学者的社会实证研究可知,我国仅有极少数人会选择以遗嘱的方式处理自己的遗产。以北京为例,在1000份调查问卷中,仅有9.9%的人认为"自己身边的亲朋经常使用遗嘱来处理个人遗产";而这一数据在重庆、武汉和山东分别是15.8%、21.7%和14.1%。不难发现,法定继承仍然是当今财产传承的主要手段,这也构成了遗产归扣制度本土化的社会基础之一。

2. 准确推定被继承人的意志是法理基础

从本质上讲,法定继承规则实际上是法律对被继承人死前关于遗产分配意思的推测。根据我国现行《继承法》第10条和第13条的规定,如果被继承人无遗嘱死亡,其遗产将由处于前顺位的继承人等额分配。这一规则显然过于绝对,在一些情况下还可能推定出与被继承人意思相反的结果。而遗产归扣的核心价值理念就是对法定继承规则的进一步矫正,通过扣除特种赠与价值的方法使法律能够更加精确地推定被继承人的真实意思。

法定继承既然属于法律推定的范畴,那么在制度设计上就应当留有被反驳的可能性,否则就背离了法律推定内在的、追求推定背后高度盖然性的基本制度价值。归扣制度的适用一方面提高了法律推定的准确性,另一方面也为现行的法定继承规则提供了修正方案以避免其过于僵硬。

(二)遗产归扣的具体规则

1. 归扣的主体

(1)主体范围的限定

归扣的主体包括权利主体和义务主体。一般认为,归扣制度的权利主体是法定继承人中可以请求适用归扣的人,而义务主体是接受过被继承人特种赠与的法定继承人。对于是否所有的法定继承人都是归扣的权利主体或义务主体,笔者持否定观点。

归扣的主体应当仅限于被继承人的直系卑亲属,一般情况下为子女,当发生代位继承时这一范围可能延伸到孙子女,但不应当将法定继承人中的配偶和父母作为归扣的主体。因为归扣制度背后的法理在于,一般情况下被继承人对于自己子女的长辈之爱是平等的,不会特别明显地偏爱某一子女,因此在这一基本事实判断的基础上,法律更进一步推定当被继承人无遗嘱死亡时,其同样希望自己的遗产在自己子女之间尽可能平均地分配。然而对于配偶和父母而言,其与被继承人的子女不在同一亲等上,相互之间也没有可比性,且没有"平等之爱"的伦理基础。因此应当将归扣的主体仅限于被继承人的子女和孙子女。

此外还应当注意,对于那些不参与法定继承的子女而言,由于不实际分得遗产,因此他们也不是归扣的主体。这其中包含两种情况:第一,子女主观上不愿参与继承,即放弃继承权。第二,子女客观上不能参与继承,即有不端行为从而丧失继承权。对于第一种情况而言,子女不实际参与继承的原因很多。在遗产归扣中经常出现的情况就是该子女认为自己所接受的被继承人的特种赠与数额已远超过总遗产基础上的应继份,如果此时参与继承,虽然不会将多出的数额返还从而蒙受损失,但也没有实际意义,因此该子女通常会选择放弃继承权。对于第二种情况而言,我国有学者认为,此时子女有《继承法》第7条中规定的严重不法行为,法律出于惩罚目的应将其财产强行归扣并返还。此观点值得商榷,当子女有《继承法》第7条中的严重不法行为时,法律已经剥夺了其参与继承的权利,同时《刑法》也对这些行为作出了评价,此时如果还要否定赠与的效力从而再一次剥夺其财产权,就有双重惩罚的嫌疑,这与现代法治精神相违背。除此之外还会使财产权属处于不稳定的状态,继而损害交易安全。对此,笔者认为,相关当事人可以尝试用《中华人民共和国合同法》(以下简称《合同法》)第192条规定的行使赠与合同法定撤销权的方式使不法行为人返还赠与财产。

(2)权利主体与义务主体

对于权利主体的判断标准,学界有两种不同的观点。一种观点认为,"所谓遗产归扣的主体,为接受被继承人生前赠与财产的继承人以外的其它共同继承人",即只要共同继承人中有人接受过被继承人的特种赠与,其他的继承人,无论是否接受过被继承人的特种赠与,均为归扣的权利人。还有一种观点认为,"得请求归扣之权利人系不受生前特种赠与之其他共同继承人",即享有归扣请求权的必须是没有受到过被继承人任何特种赠与的子女。笔者认为,第一种观点更为合理。如果按照第二种观点的思路,在一些情况下会引起不公正。例如,被继承人甲死亡时留有个人财产100万元,并没有遗嘱,其法定继承人为自己的子女乙、丙(均未放弃继承权),经查明,乙获得价值50万元的特种赠与,丙获得价值5万元的特种赠与,此时,如果按第二种观点,则丙无权要求归扣,这显然是不公平的。

归扣的义务主体是接受过特种赠与并希望继续参与法定继承的子女。其中有两层含义。其一,该子女曾获得被继承人的特种赠与。由于特种赠与的性质是法定应继份的预先支付,因此当该子女继续参与遗产分割时应当将这部分财产的价值扣除。这也是遗产归扣制度的核心。其二,要求该子女参与遗产分割,即该子女没有丧失继承权或放弃继承权。如果子女放弃继承权,则不能将其列为归扣的义务人。也就是说,即便该子女从被继承人处所接受的特种赠与的数额远远超出总遗产基础上的应继份,此时也不能强制其参与继承,更不能强行将该部分财产扣除。

因为,当某一子女获得的赠与远远超出其应继份时,这一现象的出现本身就可以表明该子女得到了被继承人的偏爱,对被继承人的这种默示意思表示应予尊重。早在1853年美国的 Phillips v. McLaughlin 案中,法官就曾明确指出:"遗产管理人无权强迫继承人参与继承,是否参与继承是继承人的权利,如果继承人选择参与继承,即参与遗产分配程序,那么该继承人必须提交其所接受过的特种赠与的清单,以便日后的归扣;但如果继承人满足于现状,则他也有权不参与继承,从而仅保留这部分特种赠与。"

(3)代位继承人的归扣主体地位

关于代位继承人是否可为归扣义务主体,我国有学者认为当被代位人受有特种赠与时,代位继承人则为归扣的义务主体。笔者认为,当归扣制度与代位继承规则结合时,由于包含了两次财产转移,可能出现的情况较为复杂,因此对于代位继承人的主体地位不可一概而论,而应进行分类讨论。但无论以下哪种情况,代位继承人成为归扣义务人的前提都是其没有抛弃且没有丧失继承权。

第一种情况,当被代位继承人受有被继承人的特种赠与,而代位继承人没有接受过被继

承人的特种赠与时,不宜将代位继承人作为归扣义务人。原因在于,当被代位继承人获得特种赠与后,该财产便转化为其自有财产,可以不受被继承人的限制而进行自由支配。那么,代位继承人能从被代位继承人处获得其中多少利益很难判断,甚至可能没有获得任何利益。如果此时将代位继承人列为归扣义务人是很不公平的。例如,甲在生前曾将一辆汽车赠与自己的儿子乙作为法定应继份的预付,但乙在开车时发生车祸死亡(汽车的价格因此大幅贬损),此时,乙的代位继承人根本没有获得任何利益;再比如,乙在死亡前留有遗嘱将该部分财产赠与了他人,此时代位继承人也没有从中获益。因此,在这种情况下,代位继承人虽然参与继承,但不能被认为是归扣的义务主体。

第二种情况,被继承人在生前将特种赠与直接转移给代位继承人,此时,由于代位继承人直接从被继承人处获得了可确定的财产,并亲自参与遗产分配,所以应当为归扣的义务主体。由此,当被继承人直接将特种赠与物赠与代位继承人,且该代位继承人并未放弃继承权或未丧失继承权时,该代位继承人应当被认定为归扣的义务主体。

2. 归扣的客体

归扣的客体就是归扣的标的,是被继承人生前所为的具有应继份预付性质的赠与,其价值应在遗产分割中予以扣除。包括我国在内的大陆法系将其称为"特种赠与",而英美法系国家将其称为"世间支付"(advance ment)。虽然称谓不同,但二者所指代、表达、描述的都是被继承人以法定应继份预先支付的形式所为的生前赠与。因此究竟选择何种称谓,是民法问题中的解释选择问题。我国法学界已形成了"特种赠与"的概念,因此采用特种赠与的称谓显然更符合我国的法律传统和习惯,固应当坚持。

(1)比较法中的推定规则概述

由于在遗产分割时被继承人已经死亡,其真实想法便无从得知,必须用法律推定的方法来确定被继承人的意图。具体推定规则的差异意味着当事人举证责任的不同,体现了立法者的价值判断。从比较法的角度来看,在不同国家、不同历史时期主要有以下几种不同的推定规则。

第一种模式是将被继承人生前赠与子女的所有财产均推定为特种赠与,在遗产分割时予以扣除。该模式以英美法系中传统普通法为典型。依该规则,死者生前对其子女的一切赠与都被推定为特种赠与,如果该子女既想参与继承又想排除该规则的适用,则子女须承担举证责任,必须证明该赠与是纯粹的赠与,即该赠与没有应继份预付的性质。可以看出,传统普通法的推定规则设计虽旨在使被继承人子女达到绝对意义上的平等,但未免矫枉过正。首先,子女负担的举证责任过大,反而会引起不公平,举证责任的分配也就意味着败诉风险的承担。其次,很多学者批评普通法的这一规定,认为被继承人对子女的赠与有时能反映出父母对该子女的偏爱,法律不应设置如此严苛的证明责任给受赠人。最后,父母的一生可能与子女有很多财务上的往来,特别是共同生活的家庭,更加难以分清财产转移的性质以及具体数额。如此做法对司法资源也是极大的浪费。

第二种模式是将被继承人赠与子女的所有财产都推定为非特种赠与,除非其他子女有相反证据推翻该假定。由于上述传统普通法的推定存在诸多争议,美国许多州的立法机关都作出了改变,规定被继承人生前的所有赠与都不会被推定为特种赠与,除非有相反证据。还有一部分州以及美国《统一遗嘱认证法典》的规定则更为激进,其要求用以推翻该假定的证据必须用书面形式,且该书面凭证必须有父母的签字。要求以书面证据证明特种赠与几乎排除了归扣制度在法定继承中的适用,固仅有少数州有此项要求。

第三种模式以大陆法系各国现代立法为代表,即通过判断赠与物的用途推定赠与的性质,反对推定结果的当事人负有举证责任。采取这种方法的国家在确定究竟将何种用途的赠与物推定为特种赠与上,略有不同,造成这种不同的原因是各国在法律文化以及社会风俗习惯等方面的差异。《法国民法典》第 843 条、第 851 条、第 852 条规定,因成立家业、清偿债务所为的赠与应当返还,但生活、教育、学徒费用以及一般的设备费用、婚礼与习惯上的礼品费用,不应返还;《瑞士民法典》第 626 条规定,应当进行归扣的财产包括嫁妆、结婚费用、以财产转让或者债务免除的名义交付与直系卑亲属的全部财产;《日本民法典》第 903 条规定,归扣的财产包括因结婚、作为生计资本等而接受的赠与财产;《德国民法典》第 2050 条规定,除被继承人另有规定,对婚嫁立业的财产应当进行归扣,除此之外,被继承人为后代支付的职业先期培训费用如果与被继承人的财产状况不成比例的,也应当进行归扣。

（2）我国的立法选择

我国学界普遍接受了上述的第三种做法,即通过判断财产的特定用途来推定是否为法定应继份的预先支付,如果财产用途符合法律中所规定的特定用途,那么该赠与就被推定为法定应继份的预先支付,如果受赠人没有相反证据,该赠与的价值就会在遗产分割中被扣除,当然,这也是以受赠人没有放弃且没有被剥夺继承权为前提的。

通过判断赠与物用途进行推定的做法是值得肯定的,却不充分。首先,在现实生活,特别是在家庭生活中,情况往往很复杂,赠与物的用途也很难判断,有时是多种赠与目的或用途的混合。其次,如果仅按此单一方法进行推定,会导致价值很小的财产赠与被推定为特种赠与,从而导致滥诉,浪费司法资源。因此除了赠与物的用途外,还应当考察赠与的价值以及赠与物本身的性质。满足了三个条件中两个以上的,方能将其推定为法定应继份的预付。

首先,对于用途而言,我国学界普遍接受了大陆法系国家的判断标准,并在此基础上,结合我国目前社会经济生活的现实情况,归纳出特种赠与的种类,其中包括:婚姻、营业、另居、为继承人支付保险费、偿还债务支出的费用以及超出正常范围的教育费用。但对于一些具体的类别尚存一些争议,例如,梁慧星教授就认为不应将教育费用推定为特种赠与。该问题涉及事实判断,因此进行规则设计时应以相应的社会实证分析为基础,即大多数父母是否将为子女支出的教育费用视为法定应继份的预先支付。同时,由于我国幅员辽阔且各地风俗习惯差异较大,对于用以婚姻、营业、另居的费用的性质比较容易判断,但对于教育费用、偿还债务的支出等恐怕目前阶段不宜规定得过于僵化,可以给法官一定的自由裁量权,根据当地经济发展程度、风俗习惯以及个案事实等因素,并依据民法中的公平原则和公序良俗原则进行裁决。

其次,关于赠与的价值,不宜限定一个具体的数额,而应当借鉴上述德国法的规定,结合每个家庭不同的经济收入和财政状况来判断其相应的数额。同样的数额,或许对于那些经济条件较优越的家庭而言就不能推定为法定应继份的预付,但对一些经济条件较差的家庭而言就应当推定为法定应继份的预付,在将来分割遗产时予以扣除,除非受赠人提供相反证据。例如,父母同样资助子女出国留学,对于经济条件极为优越的家庭而言,就不应被推定为特种赠与,而对一般家庭来说则应推定为特种赠与。

最后,除了上述两个因素以外,当赠与的标的是物的情况下,还应当考虑赠与标的本身的性质,若赠与标的是金钱或是权利,则仍应当以用途和价值来判断。当赠与的标的物的情况下,应当将其分为动产和不动产。对于房屋等不动产来说,其已经成为我国大多数家庭中最为重要的财产,作为长辈的父母在处分房屋时往往会考虑到所有子女的感受和处境。如果子女的数量大于房产数量,父母通常希望将自己的其他财产由那些未分到房产的子女继承,已经分得房产的子女则不参与继承或应当在扣除该部分财产价值的基础上参与遗产分配。因此对于不动产的赠与而言,应当将其推定为法定应继份的预先支付,除非受赠人有相反证据,否则该不动产的价值在分割遗产时应予扣除。

(3)特种赠与的价值

特种赠与的价值究竟以何时为准是实践中经常遇到的问题。对于这一问题,即便在大陆法系内部也存在分歧。以日本和瑞士为代表国家的继承法规定,归扣遗产的价值以继承开始时为准;而以德国为代表的另一部分大陆法系国家继承法则规定以赠与当时的价值为准。如《德国民法典》第 2055 条第 2 款规定:"价额依发生给予的时间予以确定。"而在英美法系中,普遍以子女实际控制财产时,即赠与发生时的价值为准。美国《统一遗嘱认证法典》对于这一问题则确定了两个时间点:其一,子女实际控制财产时;其二,被继承人死亡时,并以最先出现的时间点为准,确定财产的价值。可见美国法采取了较为折中的做法,这种做法主要是用来规范被继承人以信托的剩余利益或者寿险利益为赠与标的的情形。

我国学界普遍认为归扣财产的价值应以赠与时的价值为准。笔者认为,在绝大多数情况下采用这种方法是正确的,但在例外情况下,推定的结果可能会偏离被继承人的意志并且造成不公平。这集中体现在不动产赠与中,从子女实际享有所有权到继承开始,有可能经过很长时间,其价值可能发生了很大变化,房价可能已经翻了好几倍,如果此时仍然按照赠与时的价格进行归扣,就背离了立法的本意。因此,当归扣的客体为不动产时,应当结合我国目前的实际情况,以继承开始时的价值为准。

3. 归扣的具体计算方法

无论英美法系还是大陆法系,成文法中均没有对于归扣具体计算步骤的规定。在总结相关判例的基础上,可将具体步骤归纳如下:第一步,将符合特种赠与推定标准的赠与视作从未发生,即出于计算目的,将各继承人获得的特种赠与的价额全部归入遗产中,以计算出总遗产的数额(增加后的遗产)。第二步,在总遗产数额的基础上计算出每个子女的应继份。第三步,从应继份中减去特种赠与的价值,以算得每个继承人实际应分得的份额。当然,被用于计算总遗产(增加后的遗产)的特种赠与并不需要实际归入遗产中,只需将其折算为相应的价值即可,这种虚拟的计算方法在大陆法系中被称作充当计算主义。日本、德国、瑞士以及美国等绝大多数国家采用此种做法。

举例说明:如果甲(无遗嘱)去世,其有 ABC 三个子女,并留下了 10000 元的遗产,此时,三个子女应均分财产。但是,如果经查明,A 曾获得价值 1500 元的特种赠与,B 曾获得价值 500 元的特种赠与,而 C 没有获得任何特种赠与。如果此时进入归扣程序,首先,应出于计算总遗产(增加后的遗产)的目的,将 A 和 B 所获得的特种赠与的价额归入遗产中,从而模拟计算出总遗产的数额,即 10000 元＋1500 元＋500 元＝12000 元。其次,在总遗产(增加后的遗产)的基础上计算出 ABC 各自的应继份,即 12000 元平均分成三份,每人得到 4000元。最后,由于继承人并不实际将特种赠与归入,因此只需在 4000 元的基础上减去特种赠与的价值即可。那么,A 所分得的遗产应为 4000 元－1500 元＝2500 元;同理,B 所获得的份额为 4000 元－500 元＝3500 元;C 由于没有获得特种赠与,因此应获得 4000 元。

如果经计算后的应继份的数额小于特种赠与的数额,该继承人无须返还之间的差额,理由前文已论述。举例说明,甲(无遗嘱)去世,其有 ABC 三个子女,留下了 100 万元遗产,A、B 没有获得任何特种赠与,C 曾受有 60 万元的特种赠与。此时首先应出于计算目的,将 C 所获得的 60 万元赠与模拟归入遗产中以算得总遗产为 160 万元(100＋60)。其次,在总遗产的基础上算出 A、B、C 的应继份,即 A、B、C 各获得 53.3 万元(160÷3)。最后,对于 C 来讲,由于该价值小于特种赠与的 60 万,所以在这种情况下,对于 C 多出的财产而言,不发生归扣。因此只需将 100 万元遗产平均分给 A 与 B,他们各分得 50 万元。

(三)遗产归扣在现行法中的适用

立法毕竟是一个旷日持久的过程,如何利用现有法律规则解决迫切的社会需求才是当务之急。笔者认为,虽然没有明确的法律条文,但现行继承法其实也没有绝对禁止归扣规则的适用。我国《继承法》第 13 条第 1 款规定:"同一顺序继承人继承遗产的份额,一般应当均等。"应当注意立法者在此并没有简单地规定"应当均等",而是规定了"一般应当均等"。这也就意味着在特殊情况下,法官享有一定的自由裁量权,可以进行个案判断。这也构成了在现行法中适用归扣的法律基础。

《继承法》第 13 条第 2 款至第 4 款分别列举了三种可以不均等分配的例外情况。此时就出现了两种可以在司法实践中适用归扣制度的情形。

其一,依据《继承法》第 13 条第 3 款至第 4 款的规定,出现了应予照顾(第 2 款)、可以多分(第 3 款)、应当不分或者少分(第 4 款)的情形时,这部分多分或少分的遗产由谁来承担?笔者认为,一旦出现了应予照顾或是可以多分的情况时,这部分财产可以由接受过特种赠与子女的继承份额来承担;当不分或是少分的情形出现时,这些由于不分或少分而多出的财产应当分给那些没有接受过被继承人生前赠与的子女。具体归扣规则可以借鉴前文的方法。当然,法官在具体案件中还应综合考虑继承人所尽的扶养义务、共同生活等因素。

其二,根据该条第 3 款规定,如果继承人与被继承人共同生活,那么,分配遗产时可以多分。其中的隐含意思之一就是该子女并没有像其他子女一样通过特种赠与的形式得到用于分家立业的财产,因此,仍然与被继承人一同居住。此时,法官在处理案件时也应有归扣的理念,可以参照前文关于归扣的具体规则,对那些没有获得特种赠与并仍然与父母共同居住的子女适当地多分,该部分多分财产的来源应当出自那些已经获得特种赠与子女的份额。

与此同时,《民法通则》第 4 条规定"民事活动应当遵循自愿、公平、等价有偿、诚实信用的原则"。我国《继承法》第 13 条仅规定了"一般应当均等",虽然第 2 款至第 5 款分别列举了可以不均等的情况,但从条文的结构看,立法者并没有将例外的情况局限在这几点上。因此依公平原则以及诚实信用原则处理涉及分家析产的法定继承案件并不会导致违法裁判或"向一般原则逃逸"的发生。法官在裁判案件过程中,如果发现适用《继承法》第 13 条第 1 款的规定会产生极为不公平的后果,完全可以根据具体情况,依据公平原则和诚实信用原则的要求,并借鉴遗产归扣的具体规则进行裁判,以实现法律原则的应有之义。

第八章
评注第4条(个人承包的收益在继承中的实现)

> 《中华人民共和国继承法》第4条规定:"个人承包应得的个人收益,依照本法规定继承。个人承包,依照法律允许由继承人继续承包的,按照承包合同办理。"

第一节　立法目的

一、明确个人承包的收益能够作为遗产继承

个人承包的收益是个人承包经营的劳动所得。该收益能够作为遗产由其继承人或受遗赠人取得体现了法律对公民生前承包经营活动的认可。个人承包收益在继承中的实现纠纷通常发生在农村土地承包经营活动中。保障个人承包的收益在继承中实现有利于保障农民的合法权益。

二、明确承包权不属于遗产的范围

实践中经常出现错误理解承包权,将承包权与承包收益相混同,从而导致矛盾冲突的情况。明确个人承包的合同性质,将承包权排除在遗产范围之外,有助于明确权利归属,明晰权利义务,减少或化解矛盾纠纷。

第二节　法律概念与法律特征

一、承包权的法律概念与特征

承包权是指家庭或个人基于承包合同享有的承包经营土地、山林、果园或鱼塘等的权利。承包权具有以下法律特征:第一,承包权是基于承包经营合同产生的权利。第二,承包权具有不可让渡性。第三,承包权具有人身属性,不能作为遗产由继承人继承。被继承人死亡后,继承人继续承包的,继承人享有承包权是基于继承人与发包人之间的合同关系,属于承包经营合同的主体变更,并非源于继承。

二、承包收益的法律概念与特征

承包收益是指承包人因承包活动而取得的收益。承包收益具有以下法律特征:第一,承包收益是承包权的实现,是承包人使用承包的财产获得的收益。第二,承包收益不具有人身

属性,不是专属于承包人的,具有可让渡性。第三,承包收益既可能是已得财产也可能是应得财产。承包收益,无论是被继承人已得还是应得的财产,都属于公民个人的收入,属于遗产的范围,可以由继承人继承。

三、承包财产的法律概念与特征

承包财产,是指承包权指向的对象,即承包人承包经营的土地、山林、果园、鱼塘等。承包的财产具有以下法律特征:第一,承包的财产属于发包人。基于承包经营合同,承包人有权对承包的财产进行占有、使用、收益,但是,不能对其进行处分。第二,承包的财产与承包的收益相分离,可以分别由不同的权利主体享有。

第三节　主要内容

一、个人承包应得的个人收益可作为遗产继承

根据我国《民法通则》第 80 条和第 81 条的规定,公民依法对集体所有的土地、森林、山岭、草原、荒地、滩涂、水面的承包经营权,受到法律保护。个人承包应得的个人收益,是指个人承包集体所有的土地、森林、山岭、草原、荒地、滩涂、水面等,按照合同约定或法律规定取得的合法收益。公民有权对该收益进行转让或处分。公民死亡后,个人承包应得的个人收益可作为遗产由继承人或受遗赠人继受取得。我国《继承法》第 4 条明确规定:"个人承包应得的个人收益,依照本法规定继承。"

个人承包应得的个人收益既包括公民生前已经取得的收益,也包括承包人死亡时确定能够取得但尚未取得的收益。承包人死亡时尚未取得的收益能否作为遗产继承,我国《继承法意见》第 4 条进行了明确回答。该意见指出:"承包人死亡时尚未取得承包收益的,可把死者生前对承包所投入的资金和所付出的劳动及其增值和孳息,由发包单位或者接续承包合同的人合理折价、补偿。其价额作为遗产。"换言之,承包人死亡时尚未取得承包收益的,应当按照死亡时承包人的资金投入和付出的劳动确定收益数额,该确定的价额可以作为遗产继承。

二、承包权不能作为遗产继承

实行家庭联产承包责任制的农村,承包合同通常是农户以家庭为单位与集体经济组织之间订立的。与集体经济组织签订合同的一方一般为户主,但是,这种类型的承包被视为全体家庭成员共同参与的家庭承包。家庭成员中的一员包括户主死亡,仍有其他家庭成员保有集体经济组织成员身份的,原承包合同不发生变更或终止,家庭承包权仍然由家庭成员共同享有,不能作为遗产继承。所有家庭成员都丧失集体经济组织成员身份资格的,土地承包权自然终止,由集体经济组织收回。

承包合同中明确了家庭成员各自承包份额的,应按照合同约定由各家庭成员分别享有承包权。承包人死亡的,该承包权根据所有权的弹力性规则回复至集体经济组织,不能作为遗产由其继承人或受遗赠人继受取得。

"承包经营权是一种合同权利,只能由承包经营者本人享有。其内容仅包括占有、使用

和收益的权能,而不能处分。因此,在承包人死亡的情况下,就无法将承包经营权转移给其继承人。"①被继承人死亡后,承包人的继承人愿意继续承包的,应当与发包方协商,重新订立承包合同。

【典型案例】

土地承包经营权不能作为遗产继承②

樊某某家庭承包霸州市东段乡董家堡村土地 1.5 亩(土地承包经营权证载明 1.63 亩,现存 1.5 亩),樊某某、吴某某、樊某戊分别承包 0.5 亩。2011 年 5 月 2 日,樊某某去世。继承人之间发生争议,诉至法院。

关于土地承包经营权能否作为遗产继承,一审法院认为:土地承包经营权是基于土地承包合同取得的对土地的管理权,不属遗产性质,根据《中华人民共和国农村土地承包法》相关规定,不属于遗产范围。《中华人民共和国农村土地承包法》规定"妇女离婚或者丧偶,仍在原居住地生活或者不在原居住地生活但在新居住地未取得承包地的,发包方不得收回其原承包地",因吴某某、樊某戊仍属于集体组织成员,故依法应享有原家庭承包地中各 0.5 亩的承包经营权。另 0.5 亩土地在樊某某去世后,承包主体消失,导致其与村集体的土地承包经营合同归于终止,其承包经营的 0.5 亩土地应由村集体另行处理、分配,不得作为遗产继承。

樊某甲不服河北省霸州市人民法院作出的(2012)霸民初字第 1889 号民事判决,提起上诉称本案涉及的 1.5 亩土地为樊某某个人承包,因承包所得收益应由继承人依法继承,承包地应由继承人继续承包经营。

廊坊市中级人民法院认为,关于樊某某名下 1.5 亩承包地的归属问题,法律规定只有通过招标、拍卖、公开协商等取得的农村土地,承包人在承包期内死亡的,其继承人才可以继续承包。涉案土地上诉人樊某甲、被上诉人樊某丁均承认讼争土地为口粮田,加之在被上诉人吴某某提供的 2001 年 12 月 8 日《董家堡村村民分地明细表》中樊某某名下有三口人,每人应分 0.5 亩,而樊某某、樊某甲、樊某丁三兄弟于 2006 年 10 月 19 日已签订了分家单,且樊某丁在庭审中承认另两口人指的是吴某某和她女儿樊某戊,只是对村里违法分地有意见,故一审关于该块土地的处理符合法律规定,二审法院予以维持。

本案中,被继承人死亡后,其生前享有的土地承包经营使用权能否由继承人继承成为争议的焦点之一。根据我国《继承法》及相关法律的规定,土地承包经营使用权原则上不能够作为遗产由继承人继承。只有通过招标、拍卖、公开协商等方式取得的土地承包经营权,在承包期限内,才能由继承人继续享有。其他方式取得土地承包经营权的,随着土地承包经营权主体资格消失,土地承包经营权随之消灭,该土地应当收归集体经济组织,由其重新进行分配。

---

① 杨大文:《亲属法与继承法》,法律出版社 2013 年版,第 321 页。

② 河北省廊坊市中级人民法院(2014)廊民一终字第 1523 号民事判决书。

第四节 国外或地区立法现状

国外民法典继承法编或继承法卷中少有对个人承包收益能否作为遗产进行明确规定的立法例。国外继承法中几乎没有集体经济组织的概念,也不存在集体经济组织成员与集体经济组织之间订立承包合同,承包人拥有承包权,并进而产生承包收益的问题,更无所谓承包收益的继承问题。考虑到国外继承法普遍承认个人合法财产能够作为遗产被继承,应当理解为国外类似承包收益能够作为遗产被继承。

第五节 立法发展趋势

我国正在进行农村土地产权制度改革,三权分置的农村土地产权结构框架逐渐形成,即土地所有权、土地使用权与土地经营权三权分置。承包人并非承包土地的所有权人,承包人死亡后,其占有、使用、收益的土地应当根据所有权弹力性规则回归集体经济组织,不能作为被继承人的财产被继承。承包人享有的土地承包权,是与其集体经济组织成员身份密切相关的。承包人丧失主体资格,其与集体经济组织签订的承包协议终止,土地承包权不能作为遗产继承。但是土地经营权人的权利与集体经济组织成员身份无关,具有财产利益,能够作为遗产由其继承人继承。我国未来继承法立法应当根据农村土地产权的结构性变化进行调整,设计顺应时代潮流的继承法律制度。

第九章
评注第5条(遗产处理的顺序)

《中华人民共和国继承法》第5条规定:"继承开始后,按照法定继承办理;有遗嘱的,按照遗嘱继承或者遗赠办理;有遗赠扶养协议的,按照协议办理。"这就确立了我国遗产处理顺序的一般原则,即遗嘱继承优先于法定继承,遗赠扶养协议优先于遗嘱继承。具体而言,体现被继承人意愿的遗嘱继承排除推定被继承人意愿的法定继承,作为双方法律行为的遗赠扶养协议排除作为单方法律行为的遗嘱继承。

第一节 立法目的

一、明晰财产权的归属,定分止争

被继承人生前有权依据自己的意愿对其死后财产如何处分进行安排。被继承人生前未对其死后财产如何处分进行安排的,为了避免其死后财产陷入无主的困境,法律依据被继承人通常的意思表示直接规定被继承人死后财产权的归属。被继承人死亡后,遗产应当根据法律规定以及被继承人生前的意思表示进行处分。

倘若法律不对遗产处理的顺序进行规定,就会出现数个遗产继承人或受遗赠人争夺遗产的情况,诱发矛盾冲突。被继承人死亡后,法定继承人基于法律规定有权继承遗产,遗嘱继承人有权依据被继承人的单方意思表示继承遗产,遗赠扶养协议的受遗赠人有权依据扶养人与受扶养人之间的双方法律行为接受遗赠。当出现存在数种类型有权合法继承遗产或接受遗赠的主体以及同种类型存在数个权利主体的情形时,法律必须为不同类型的权利主体以及同种类型的数个权利主体确定权利行使的顺序,定分止争,避免权利冲突。

二、区分不同类型的权利人,发挥养老育幼的功能

遗赠扶养协议的受遗赠人取得遗产权利的基础是扶养人与受扶养人之间存在遗赠扶养协议。受遗赠人的权利取得与其义务履行相对应。法律规定受遗赠人优先取得遗产,有利于保障被继承人生前获得生活保障。遗嘱继承人取得遗产权利的基础是被继承人的单方意思表示。被继承人能够根据其日常生活中的体验与感受,合理分配遗产,保障其生活。遗嘱继承人优先于法定继承人继承的规则,有利于鼓励法定继承人更好地照顾被继承人的生活。法定继承人取得遗产权利的基础是法律的直接规定。将法定继承人排在遗赠扶养协议受遗赠人、遗嘱继承人之后,是法定继承人仅需受法定义务约束的结果。

第二节　相关法律概念

一、法定继承的法律概念与特征

(一)法定继承的概念

法定继承一词源自古罗马法的 succession ab intestato。它是相对于遗嘱继承而言的，又称无遗嘱继承，"是指根据法律直接规定的继承人的范围、继承人继承的顺序、继承人继承遗产的份额及遗产的分配原则继承被继承人的遗产"[①]。法定继承是原始社会后期在习惯法的基础上确立起来的制度，是古代社会中最基本的继承方式。梅因认为："在所有自然生长的社会中，在早期的法律学中是不准许或是根本没有考虑到过'遗嘱权'的，只有在法律发展的后来阶段，才准许在多少限制之下使财产所有者的意志能胜过他血亲的请求。"[②]

与遗嘱继承相区别，法定继承中参与继承的继承人范围、继承人参与继承的顺序、继承人继承遗产的份额以及遗产的分配原则由法律直接规定，并不取决于被继承人的意志。这是法律依推定的被继承人的意思将遗产直接转移给其近亲属的继承方式。

(二)法定继承的特征

1. 法定继承方式是对遗嘱继承方式的必要补充

法定继承是现实生活中最为常见的遗产继承方式。但是，该遗产继承方式在效力上并非优先于遗嘱继承，而是滞后于遗嘱继承。被继承人死亡后，应当优先适用遗嘱继承。只有当被继承人并未设立遗嘱或遗嘱继承人丧失或放弃继承权的情况下，才适用法定继承。遗嘱继承方式优先于法定继承方式是私法领域中意思自治的表现。法定主义的调整方式是弥补意思自治不足的工具和手段。

【典型案例】

遗嘱中未明确处分的财产适用法定继承[③]

张某乙、张某甲及张某丙为姐、弟、妹关系。三人的父亲为张某某，母亲为成某某。张某某与成某某分别于 1996 年 5 月 5 日各自书写遗嘱一份，主要内容是死后将房屋、遗物均留给配偶。2002 年 7 月 1 日，张某某与成某某又各自书写遗嘱一份，主要内容是死亡后的遗产(住房)和遗物均由配偶继承，同时又立成某某书写、两人共同签名遗嘱一份，内容是："我们决定二人都去世后，所有遗产(住房)和遗物都由儿子张某甲继承和使用。特立此嘱。"后成某某、张某某先后于 2008 年 4 月、2014 年 2 月 6 日去世。

2012 年 12 月 14 日由张某甲作为张某某的代理人，与嘉兴市南湖区人民政府房屋征收与补偿管理办公室(下称征收办)签订嘉兴市市区国有土地上房屋征收补偿协议，主要内容为征收办依法征收张某某名下的上述房屋，补偿、补助和奖励共计

---

① 魏振瀛:《民法》，北京大学出版社、高等教育出版社 2010 年第 4 版，第 586 页。
② 杨大文:《亲属法与继承法》，法律出版社 2013 年版，第 334 页。
③ 浙江省嘉兴市中级人民法院(2015)浙嘉民终字第 481 号民事判决书。

1330527.10 元(张某乙、张某丙主张的数额有误,以征收协议为准),于 2013 年 1 月 22 日前支付给张某某。后因张某某年老生病住院,张某乙、张某丙与张某甲对该款由谁领取发生争议而暂未给付。张某某另有建设银行工资卡,开卡时间为 2003 年 5 月 22 日,截至 2015 年 3 月 21 日存款余额为 538812.23 元;张某甲分别于 2013 年 4 月 17 日、10 月 14 日、12 月 17 日领取张某某建设银行账户内的个人定期存款本息合计 456804.36 元。

张某乙、张某丙起诉称,成某某于 2008 年 4 月去世,张某某于 2014 年 2 月 6 日去世,张某某的遗嘱继承人已先于其死亡,因此所有的遗产及遗物应当按照法定继承分配。故诉请判令:张某乙、张某丙依法各继承张某某遗产的 1/3,即 748990.82 元。原审庭审中,张某乙、张某丙更正诉讼请求:银行存单存款为 595804.36 元,遗产总金额为 2493776.81 元,张某乙、张某丙要求各继承 1/3。张某甲在原审中答辩称,被继承人张某某于 2002 年 7 月 1 日留有遗嘱,所有遗产均由张某甲继承。因此本案不是法定继承而是遗嘱继承。

南湖区人民法院认为,本案争议的焦点为:一、张某甲持有的遗嘱的法律效力;二、若其有效,则遗嘱中处分遗产的范围是否包括存款。关于焦点一,法律规定公民可以依法立遗嘱处分个人财产。本案中张某某与妻子成某某于 2002 年 7 月 1 日书写三份遗嘱,均表示身故后要将自己的遗产留给对方,同时又表示在两人均身故后要将遗产留给张某甲。共同落款的遗嘱由成某某书写,两人共同签名。此三份遗嘱系同一天书写,用纸及格式均相同,应视为一整体,反映了张、成二人的遗愿。关于张某乙、张某丙认为共同落款的遗嘱属于张某某的代书遗嘱,不符合遗嘱的法定形式的观点,原审认为,张、成二人在该遗嘱中处分夫妻共同财产,由其中一人书写、二人共同签名甚为符合日常生活习惯,张某乙、张某丙所谓"他人"应指成某某,而成本人也为财产共同共有人,显然不能视为《继承法》上所指的他人。根据该遗嘱的具体形式,视为法律所指之自书遗嘱更为妥当。结合张、成二人单独书写并签名的遗嘱以及张某乙、张某丙提供的 1996 年的两份遗嘱内容分析,两者形式、内容相似。尽管张某乙、张某丙称成某某偏爱张某甲,张某某无奈之下才在争议的遗嘱上签名,但若该遗嘱违反张某某本意,从 2002 年立遗嘱后,甚至 2008 年成某某去世后,至张某某 2014 年 2 月去世前这段时间内,其完全有条件撤销该遗嘱。但张某某生前既没有另立遗嘱将遗产留给张某乙、张某丙,也没有撤销原遗嘱的行为。因此原审认定该遗嘱合法有效。张某乙、张某丙主张遗嘱无效的理由不成立,不予支持。关于焦点二,遗嘱中表达为"所有遗产(住房)和遗物",该处"住房"是遗嘱人将遗产仅特指住房,还是包括住房,含义并不清晰。根据查明的事实,工资卡开立时间为 2003 年,也无证据显示张某甲取出的存款产生于立遗嘱之前。故原审认为除住房之外的存款等均是立遗嘱之后新取得的财产。因此,在遗嘱就遗产范围表达的含义不明的情况下,推定该遗嘱没有对存款部分进行处分。对遗嘱没有处分的遗产,依法按法定继承处理。至于住房遇国家征收而签订补偿协议,为公民响应国家政策,并非被继承人生前主动、积极处理财产。其获得的补偿、奖励款等为房产的直接、天然的替代物,张某乙、张某丙、张某甲对此均未表示异议。该部分遗产依法按遗嘱继承处理。张某甲辩称存款应一并按遗嘱继承的理由不足,不予支持。综上,张某甲已领取的 456804.36 元的被继承人存款应在第一顺序的法定继承人范围内平等分割,由张某乙、张某丙、张某甲三人各分得 152268.12 元,张某甲负有给付张某乙、张某丙的义务;工资卡内的存款同理分割,由张某乙、张某丙共同领取后,向张某甲给付相应的款项。对房屋的补偿、补助和奖励款等由张某甲取得。

张某甲不服嘉兴市南湖区人民法院(2014)嘉南民初字第616号民事判决,提起上诉称:一、原审认定事实错误。《中华人民共和国继承法》规定,遗产是公民死亡时遗留的个人合法财产。被继承人张某某于2014年2月6日去世,其生前分别于2013年4月17日、10月14日、12月17日三次依法处分其个人财产银行存款456804.36元。原审将该部分生前已处分的财产错误认定为遗产,系混淆了遗产的概念。二、原审推定事实错误。张某某与成某某订立遗嘱,表明所有遗产(住房)和遗物都由儿子张某甲继承和使用,原审对此也予以认定,但原审以"遗嘱立于2002年7月1日,而存款账户开设于2003年"为理由,作出"推定该遗嘱没有对存款部分进行处分"的认定,存有错误。"所有遗产(住房)和遗物"应理解为"所有遗产和遗物包括住房"。遗产包括公民生前的收入、房屋、储蓄和生活物品等,涉案遗嘱中也特别说明了是"所有遗产"。另外,银行账户虽开设于2003年,但并不表示其中的存款都是2003年之后获得的,二者没有必然的逻辑联系。且被继承人都是离休干部,1984年至2002年立遗嘱期间肯定是有存款的。即使被认定是2003年后获得的,那也是遗嘱中确定由张某甲继承的遗产。

嘉兴市中级人民法院另查明,张某甲在原审庭审中自认,已由其领取的张某某建设银行账户个人定期存款本息456804.36元,系张某某生前委托张某甲领取,分成四份给本案三人及张某某本人。张某某的建设银行工资卡由张某某生前交由张某乙保管。

嘉兴市中级人民法院认为:首先,遗嘱中表述为"所有遗产(住房)和遗物",该处"住房"是遗嘱人将遗产仅特指住房,还是包括住房,含义并不清晰;其次,已由张某甲领取的456804.36元,根据张某甲原审庭审中的自认,张某某生前委托张某甲领取,分成四份给本案三人及张某某本人,而非归张某甲一人所有;最后,工资卡的开立时间在遗嘱订立之后,且根据查明的事实,该工资卡在张某某生前即交由张某乙保管,而不是由张某甲持有。依常理,如对工资卡上存款,张某某有意全留给张某甲,则不可能将工资卡交由张某乙保管。综合以上情形,根据张某某生前行为可推定其有将上述存款排除在遗嘱之外处分的意思。故原审以此为由推定存款不在遗嘱处分范围之内,将该部分存款按法定继承处理,由本案三人平均分割,处理结果并无不当,也合乎情理,二审不再调整。判决如下:驳回上诉,维持原判。

本案中,人民法院既认可了遗嘱的真实有效性,同时也认定存款部分按照法定继承处理。一方面,遗嘱继承优先于法定继承,对于遗嘱中明确处分的遗产应当排除法定继承的适用;另一方面,在遗嘱的内容模糊不清,无法判断当事人的真实意思表示时,对遗嘱人未明确处分的遗产应当按照法定继承处理。本案例反映了法定继承作为遗嘱继承的补充的特征。

2. 法定继承构成对遗嘱继承的部分限制

体现被继承人意志的遗嘱继承具有优先于法定继承的效力,并不否定在特定的情形下法定继承构成对遗嘱继承的限制。我国《继承法》第19条规定了法定继承人的特留份制度。根据该规定,遗嘱应当对缺乏劳动能力又没有生活来源的继承人保留必要的遗产份额。法律规定的特留份构成对遗嘱继承的限制。值得注意的是,尊重被继承人自由意志是我国《继承法》的基本原则,因而遗嘱继承通常优先于法定继承。法定继承构成对遗嘱继承的限制必

须基于一定的正当理由,并限定在合理的范围内,不能造成对意思自治的不当干预。

3. 法定继承以被继承人与继承人之间存在特定的人身关系为基础,具有人身性

法定继承中继承人的范围是由法律推定被继承人的意思而进行普遍性规定的结果。法律推定是建立在一定的身份关系基础上的,是基于继承人与被继承人之间存在血缘关系、婚姻关系、收养关系等作出的规定。有的英国学者认为:"无遗嘱继承规则来源于十分流行的家庭概念,并且它可以说是家庭法的附录。"①具体而言,我国《继承法》中确定配偶为法定继承人的基础是配偶关系;确定父母、子女、兄弟姐妹、祖父母、外祖父母为法定继承人的基础主要是血缘关系,其中养亲与继亲为法定继承人的基础是收养关系与扶养关系;确定对公婆尽了主要赡养义务的丧偶儿媳、对岳父母尽了主要赡养义务的丧偶女婿为法定继承人的基础是扶养关系、赡养关系等。

4. 法定继承采用的是法定主义的调整方式,相关规范具有强行性特征

遗嘱继承中继承人的选择、继承人继承顺序以及应继承的遗产份额的确定取决于被继承人的意志,相关规范具有任意性特征。与采用意定主义调整方式的遗嘱继承不同,法定继承是依据法律规定将遗产转移给继承人的方式,法律直接规定继承人的范围、继承人继承顺序以及应继承的遗产份额等。

二、遗嘱继承的法律概念与特征

(一)遗嘱的法律概念与特征

遗嘱,是指被继承人生前对自己财产的处分在其死亡时发生法律效力的单方法律行为。遗嘱法律关系中,遗嘱继承人与受遗赠人为权利主体,权利主体以外的其他任何人为义务主体,负有不得侵害遗嘱继承人或受遗赠人权利的义务。遗嘱与遗嘱继承既相互联系又有所区别。遗嘱是遗嘱继承的依据和前提条件,但遗嘱不同于遗嘱继承。

遗嘱有以下法律特征:

第一,遗嘱是单方法律行为。遗嘱是被继承人的单方意思表示的结果,无须与他人意思表示一致。被继承人以外的其他主体作出的意思表示不影响遗嘱的成立、生效以及内容。遗嘱中指定的继承人不同意继承的,有权在继承开始后遗产分割前明确放弃继承权。该放弃行为属于主体处分继承权的行为,并不影响遗嘱的成立与生效。

第二,遗嘱是被继承人生前独立处分财产的法律行为。首先,遗嘱是被继承人生前对其死后财产如何处分作出的安排。其次,遗嘱应当由被继承人亲自独立作出。遗嘱是被继承人亲自为意思表示,自主处分其财产的法律行为,不适用代理。最后,遗嘱应体现被继承人真实的意思表示。受胁迫或欺诈所立的遗嘱无效或可变更、可撤销。

第三,遗嘱以被继承人死亡为生效条件。被继承人生前处分财产并已经产生法律效力的行为不属于遗嘱的范畴。被继承人立遗嘱后,遗嘱成立,但并不发生法律效力。被继承人死亡之前,遗嘱不产生法律效力,立遗嘱人有权随意变更或者撤销遗嘱。立遗嘱人死亡,遗嘱产生法律效力,继承人根据法律规定以及遗嘱确定的内容继承遗产,遗嘱不能再被变更或者撤销。

---

① 〔英〕F·H. 劳森、B. 拉登:《财产法》,施天涛等译,中国大百科全书出版社 1998 年版,第 207 页。

第四,遗嘱是要式法律行为。遗嘱对被继承人死后财产的处置影响甚巨,法律为保障遗嘱真实反映立遗嘱人的遗愿,对遗嘱的形式进行了明确规定和要求。立遗嘱人必须严格遵循法律规定的形式要件制作遗嘱,否则不能发生法律效力。

第五,遗嘱是处分行为。遗嘱是立遗嘱人自由处分自己财产的法律行为。财产是遗嘱的处分对象。与财产处分无关的行为不属于我国《继承法》规定的遗嘱。

(二)遗嘱继承的概念

遗嘱继承是源自古罗马法的一种继承方式。它与法定继承相对应,又称意定继承,是指根据被继承人生前所立的遗嘱继承被继承人遗产的制度。立遗嘱的被继承人为遗嘱人,遗嘱指定继承遗产的权利人为遗嘱继承人。我国《继承法》第16条规定:"公民可以依照本法规定立遗嘱处分个人财产,并可以指定遗嘱执行人。"

与法定继承相区别,遗嘱继承中继承人的范围、继承人继承的顺序、继承人继承遗产的份额及遗产的分配原则由遗嘱人依据自由意志自主决定,直接体现了遗嘱人自由处分其财产的意愿。"遗嘱继承更能体现法律充分保护和尊重被继承人对自己私有财产的处分权利,更有利于保护私有财产所有权。"[1]

(三)遗嘱继承的法律特征

1. 遗嘱继承以存在合法有效的遗嘱为前提

被继承人死亡是继承开始的条件,但仅此并不能启动遗嘱继承的程序。遗嘱继承除需要具备被继承人死亡的法律事实外,还需要被继承人生前立有合法有效的遗嘱。缺乏合法有效的遗嘱,无法发生遗嘱继承。倘若被继承人生前并未设立遗嘱或者所立遗嘱无效、被撤销,则遗嘱中涉及的相关财产应当根据法定继承的要求由法定继承人继承。

2. 遗嘱继承直接体现被继承人遗愿

法定继承体现的是推定的被继承人的意志。法律认为被继承人通常具有将遗产留给亲属的意愿,进而规定了法定继承的程序。与此不同,遗嘱继承体现的是被继承人明确的意思表示。被继承人在遗嘱中明确继承人及其继承份额,无须法律作出推定。

3. 遗嘱继承优先于法定继承

遗嘱是被继承人生前对其死后财产如何处分作出的意思表示,遗嘱继承直接体现被继承人处分财产的遗愿。为了充分保护和尊重被继承人的自由意志,遗嘱继承通常优先于法定继承。具体而言,被继承人生前立有遗嘱的,排除法定继承的适用,按照遗嘱进行继承或遗赠;被继承人生前没有立遗嘱或所立遗嘱无效、被撤销的,按照法定继承进行遗产继承。遗嘱中指定的继承人及其继承份额不受法定继承顺序和应继承份额的限制。

---

[1]　魏振瀛:《民法》,北京大学出版社、高等教育出版社2010年第4版,第594页。

【典型案例】

梅某某遗产继承纠纷案①

香港艺人梅某某于 2003 年去世,其生前已立遗嘱安排自己财产。其中两处物业赠与好友,140 万港币用作外甥、侄女的教育经费。剩余财产由信托公司管理,每月由信托公司支付梅某某母亲 7 万元港币的生活费,以及梅某某母亲的司机及工人共三人的日常工资,并声明在梅某某母亲百年之后,所剩资产捐给佛学会。

梅某某过世之后,梅某某母亲认为女儿遗产分配不公,于 2004 年开始提起诉讼,至 2011 年 7 年间,梅某某母亲先起诉遗嘱无效,后又起诉遗嘱执行人、主诊医师、遗产受益人等,但所有控告均以失败告终。2008 年 6 月,香港高等法院认定梅某某生前所立遗嘱有效。2011 年 5 月 10 日,香港高院下达终审判决书,梅某某母亲败诉。

梅某某有权通过遗嘱的方式在生前对其死后财产的处理进行安排。梅某某所立的遗嘱是其自由处分财产的体现。虽然梅某某的母亲是梅某某死后唯一的法定继承人,但是,其无权干涉梅某某所为的财产处分行为。遗嘱继承具有优先于法定继承的效力,只要遗嘱合法有效,就应当按照遗嘱的内容继承。梅某某的母亲欲推翻遗嘱继承,改采法定继承,就必须证明遗嘱无效,其无权质疑梅某某遗产分配的公正性。梅某某母亲在长达 7 年的诉讼过程中,并未拿出有效证据证明梅某某所留遗嘱无效,也无证据证明遗嘱执行人、主诊医师、遗产受益人三方有串通欺骗遗产的行为,也就无法推翻遗嘱的有效性,无权主张法定继承。

4. 遗嘱继承中的继承人范围具有限定性

关于遗嘱继承中继承人的范围各国立法有所不同,大致包括三种方式:一是规定遗嘱继承中的继承人既可以是法定继承人,也可以是法定继承人以外的人,但是以自然人为限;二是规定遗嘱继承中的继承人不仅可以是自然人,还可以是国家或法人;三是规定遗嘱继承中的继承人只能是法定继承人范围之内的自然人。我国立法采用了第三种立法例,遗嘱继承的主体限定在法定继承人范围之内,且必须为自然人。我国《继承法》第 16 条第 2 款规定:"公民可以立遗嘱将个人财产指定由法定继承人的一人或数人继承。"

三、遗赠与遗赠扶养协议

(一)遗赠的概念与法律特征

遗赠是指自然人通过设立遗嘱的方式,将其个人财产赠给国家、集体或者法定继承人以外的其他主体的单方法律行为。立遗嘱的自然人为遗赠人,遗嘱指定的接受赠与的人为受遗赠人,遗嘱指定赠与的财产为遗赠财产。我国《继承法》第 16 条第 3 款明确规定:"公民可以立遗嘱将个人财产赠给国家、集体或者法定继承人以外的人。"

遗赠具有以下法律特征:

第一,遗赠是立遗嘱人所为的单方法律行为。立遗嘱人通过遗嘱将个人合法财产赠给国家、集体或者法定继承人以外的人仅需遗赠人一方为意思表示即可,无须受遗赠人为同意

---

① 李爽:《"梅某某信托"启示:梅妈流落街头,谁之过?》,载《21 世纪经济报道》2015 年 4 月 16 日第 11 版。

的意思表示。

第二，遗赠是遗赠人生前处分财产并于死后发生效力的行为。遗赠的意思表示是遗赠人生前作出的。但是，该处分财产的意思表示并不立即发生法律效力，需待遗赠人死亡后才发生效力。

第三，受遗赠人不能是法定继承人。受遗赠人既可以是国家、集体、其他组织，也可以是自然人。指定自然人作为受遗赠人的，应当在法定继承人范围之外进行选择。立遗嘱人通过遗嘱将其合法的个人财产赠给某一或某些法定继承人的，属于遗嘱继承，而非遗赠。

第四，遗赠是无偿法律行为。遗赠是遗赠人无偿赠与受遗赠人财产的法律行为。无偿性是区分遗赠与遗赠扶养协议的显著特征。但是，遗赠的无偿性并不排斥在遗赠中附负担。遗赠中所附的负担并非受遗赠的对价。受遗赠人在遗赠生效后应当履行所附的义务。《继承法意见》第 43 条规定："附义务的遗嘱继承或遗赠，如义务能够履行，而继承人、受遗赠人无正当理由不履行，经受益人或其他继承人请求，人民法院可以取消他接受附义务那部分遗产的权利，由提出请求的继承人或受益人负责按遗嘱人的意愿履行义务，接受遗产。"

遗赠与遗嘱继承均是自然人通过遗嘱处分财产的方式，具有一定的共通性。但是，两者又有所区别。首先，受遗赠人与遗嘱继承人的范围不同。遗嘱继承人的主体形式相对单一，只能是自然人；受遗赠人的主体形式相对多样，既可以是国家、集体、其他社会组织，也可以是自然人。遗嘱继承人必须是法定继承人范围之内的人，而受遗赠人是法定继承人范围之外的人。

其次，受遗赠权与遗嘱继承权的客体不同。受遗赠权的客体限于财产权利，不包括财产义务；而遗嘱继承权的客体是遗产，既包括财产权利也包括财产义务。被继承人的债务可以作为遗嘱继承权的客体，不能作为受遗赠权的客体。

最后，受遗赠人与遗嘱继承人默示的意思表示效果不同。我国《继承法》第 25 条第 2 款规定："受遗赠人应当在知道受遗赠后两个月内，作出接受或者放弃受遗赠的表示。到期没有表示的，视为放弃受遗赠。"根据这一规定，受遗赠人接受遗赠必须在法定的期限内作出明确的意思表示。法定期限已过，受遗赠人未进行明确的意思表示，视为受遗赠人放弃遗赠。与此不同，继承开始后遗产分割前，遗嘱继承人接受继承的，不需要明确作出接受的意思表示，只要遗嘱继承人未明确作出放弃继承的意思表示，则视为接受继承。

【典型案例】

季某诉讨季某某先生巨额捐赠案①

2001 年 7 月，国学大师季某某先生与北京大学签订了一份捐赠协议书。该协议书中载明：季某某先生将属于季某某个人所藏的书籍、著作、手稿、照片、古今字画以及其他物品捐赠给北京大学。赠品将分批分期由赠与人移交受赠与人指定的北京大学图书馆，直到本协议所列各项赠品全部移交完毕。

季某某先生之子季某因对季某某先生生前保存的古今字画等物是否应由北京大学占有存在争议，将北京大学诉至北京市第一中级人民法院，请求返还季某某文物、字画等共计 649 件。季某起诉称，2008 年 12 月季某某书嘱"全权委托我的儿子季某处理有关我的一切事务"。季某认为，季某某已于 2008 年的书嘱中表明全权委托季某处理撤

---

① 王巍：《告北大　索捐赠　季某某之子败诉》，载《新京报》2016 年 8 月 17 日第 A12 版。

销捐赠协议的事宜,据此,主张北京大学返还文物、字画等共计 649 件。北京大学答辩称:季某某先生未有撤销《捐赠协议》的行为,且《合同法》明确规定,具有救灾、扶贫等社会公益、道德义务性质的赠与合同或者经过公证的赠与合同,不适用可以撤销的规定。季某提出"返还原物主张"没有依据。

2016 年 5 月 31 日,北京一中院开庭审理了此案,双方就季某请求返还原物是否于法有据、赠与协议是否有效以及赠与协议是否具有公益性等焦点问题展开激烈辩论。同年 8 月,北京市第一中级人民法院一审公开宣判,认定季某某先生与北京大学签订的《捐赠协议》已然成立并合法有效,且属于公益性质的捐赠,即便季某某先生本人都不能撤销,判决驳回季某的全部诉讼请求。

季某当庭表示上诉,他认为季某某先生的捐赠协议违法,把其母亲应得的部分也捐赠了,同时捐赠协议没有签字。

法院认为,季某作为季某某先生的全权受托人,只能按照委托人的真实意思实施委托事务。季某某先生本人经过深思熟虑签订《捐赠协议》,其直至逝世都未明确表示要撤销该《捐赠协议》。在这种情况下,季某作为受托人更无权违背季某某先生的意愿或超越季某某先生本人的权利而主张该《捐赠协议》或捐赠意向被撤销,因而也就无权主张返还原物。所以,季某以 2008 年 12 月 6 日书嘱受托人的身份要求北京大学返还原物的主张不能得到支持。

本案中,季某某先生作为财产权主体有权在生前对其财产进行处分。季某某先生与北京大学签订的《捐赠协议》合法有效。季某某先生去世后,生前由季某某先生保存的古今字画等物应当根据《捐赠协议》的约定移交北京大学。季某作为季某某先生处分财产的受托人无权撤销捐赠协议。季某某先生去世后,其生前保留的古今字画等也不能作为遗产由其继承人继承。

(二)遗赠扶养协议的概念与法律特征

遗赠扶养协议是指扶养人与受扶养人之间订立的关于扶养人扶养受扶养人并享有受遗赠权利的协议。我国《继承法》第 31 条规定:"公民可以与扶养人签订遗赠扶养协议。按照协议,扶养人承担该公民生养死葬的义务,享有受遗赠的权利。公民可以与集体所有制组织签订遗赠扶养协议。按照协议,集体所有制组织承担该公民生养死葬的义务,享有受遗赠的权利。"

遗赠扶养协议的法律特征有:

第一,遗赠扶养协议属于双方法律行为。与遗嘱、遗赠等单方法律行为不同,遗赠扶养协议成立需要扶养人与受扶养人之间意思表示一致,属于双方法律行为。扶养人与受扶养人之间形成合同法律关系。

第二,遗赠扶养协议属于诺成性法律行为。扶养人与受扶养人双方意思表示一致遗赠扶养协议即可成立。遗赠扶养协议中涉及的标的物是否给付与遗赠扶养协议的成立或生效之间并无直接关联。

第三,遗赠扶养协议属于要式法律行为。扶养人与受扶养人订立遗赠扶养协议应当依法采用书面形式。

第四，遗赠扶养协议属于双务法律行为。遗赠扶养协议的扶养人负有生前扶养受扶养人、受扶养人死后安葬受扶养人的义务;受扶养人负有将其财产遗赠给扶养人的义务。扶养人与受扶养人相互之间负有对待给付义务。

第五，受扶养人死亡并不导致遗赠扶养协议终止。遗赠扶养协议是受扶养人生前对其死后的遗产进行处分的方式,受扶养人死亡是遗赠扶养协议遗赠内容生效的条件,并不导致遗赠扶养协议终止。

第六，扶养人应为对受扶养人无法定扶养义务的主体。扶养人的主体形式是多样的,既可以是自然人,也可以是组织,但是,对受扶养人有法定扶养义务的人不能作为遗赠扶养协议中的扶养人。

【典型案例】

符合遗赠扶养协议要求的招赘凭书具有法律效力①

王某某与朱某某夫妇于1959年生长女李某甲,1961年7月26日生次女朱某乙。王某某、朱某某于1976年申请建造房屋五间,于1977年建设朝南正房三间、朝东厨房两间。1979年5月,李某甲与陆某某结婚并办理了结婚仪式,王某某、朱某某招婿陆某某为子。陆某某、李某甲结婚后与王某某、朱某某共同居住。1993年,陆某某、李某甲另建房屋居住。1984年,朱某乙结婚后居住其单位宿舍至今。1996年,王某某去世。2008年,朝东两间厨房进行了翻建。2010年1月20日,朱某某去世。2012年6月,李某甲与南通顺达房屋拆迁有限公司签订农村房屋搬迁补偿安置协议,在此之前,该公司本已与朱某乙签订房屋搬迁补偿安置协议,李某甲持招赘凭书与该公司交涉,该公司改与李某甲签订协议。案涉房屋后被拆除。

朱某乙于2013年1月11日向江苏省南通市港闸区人民法院提起诉讼,请求确认李某甲、陆某某持有的遗嘱无效。一审庭审中,朱某乙进一步明确其诉讼请求为确认李某甲、陆某某持有的招赘协议中关于遗产继承的内容无效。

为查明案件事实,一审法院依职权调取了招赘凭书彩色复印件,内容为:"招赘凭书。今立招赘凭字人王某某、朱某某夫妇生有两女,长女李某甲经红娘介绍与陆某某结为伉俪,经与陆某某本人及其父母协商,同意陆某某招赘入朱氏门为子。王某某夫妇现有朝南正屋三间,朝东厨房二间及全部家当归陆某某、李某甲所有。日后朱氏门中一切事宜均由陆某某执掌门庭。二老的生养死葬由陆某某、李某甲承担一切责任,不得借口推诿。另次女朱某乙顶替父亲工作,及父母为其置办嫁妆等,陆某某、李某甲不得异议,朱某乙亦不分享家中一草一木。唯口说无凭,今立招书为证。"落款中,立招赘字人王某某和朱某某姓名下方均划有"十"字,入赘字栏有陆某某的签字,见证人栏有黄某某的签字,执笔栏有冯某某的签字。日期只显露出一小部分,不能确定具体日期。

陆某某夫妇为证明其结婚时确实立有招赘凭书,申请其婚姻介绍人郭某、陆某到庭作证。郭某陈述,其与朱某某系远亲关系,其和陆某是陆某某夫妇的婚姻介绍人,在做介绍时就议定是招婿陆某某为子,陆某某入赘后王某某夫妇的生老病死由陆某某夫妇负责,家业也由陆某某夫妇继承。招赘纸是在陆某某举办结婚仪式的第二天立的,当时,其和陆某,王某某和朱某某夫妇,陆某某的父母及李某甲、朱某乙的爷爷奶奶等在

---

① 江苏省高级人民法院(2014)苏审二民申字第0744号民事裁定书。

场,招赘凭书是用长方形的红纸,由一个老人书写的,该人是李某甲、朱某乙家的亲戚,原来是和他们爷爷一起吃斋念佛的,具体名字记不清楚了。陆某陈述,其与李某甲、朱某乙原是邻居关系,陆某某夫妇是由其和郭某介绍,当时王某某夫妇提出招婚为子,在写招赘纸时,介绍人、两家的父母、黄长庆(朱某某的哥哥)、冯国清(朱某某的姐夫,是看风水的)等很多人在场。由于其不认识字,不知道招赘纸上的具体内容。王某某夫妇也不识字。王某某夫妇去世时,都是陆某某以儿子的身份穿孝子服的。另外,陆某某夫妇为证明确实存在招婚为子等事实,还提供了唐闸镇街道长岸村社区委员会向吴凤英、成宝祥所做的调查笔录一份,吴凤英和成宝祥证明王某某夫妇招婚陆某某为子,王某某夫妇平时饮食起居和生老病死是由陆某某一手操办。朱某乙为证明不存在招赘凭书,申请证人黄某到庭作证。黄某陈述,其是朱某某的姐姐,陆某某招婚一事不清楚,没有听说过招赘凭书。陆某某夫妇结婚时,开始是住在朱某某家中,陆某某起房子后,就住到后面去了(陆某某将房屋建造在案涉房屋后面)。朱某某和王某某去世时,陆某某夫妇当的孝子。

一审法院认为:依据郭某、陆某的证人证言及唐闸镇街道长岸村社区委员会所做的调查笔录,足以认定在陆某某夫妇结婚时,王某某和朱某某夫妇招婚陆某某为子,并曾向陆某某出具过招赘凭书。在王某某夫妇去世时,陆某某是以儿子的身份为他们穿孝子服的。王某某夫妇与陆某某所立的招赘凭书中,有关财产处分和王某某夫妇生养病葬事宜的约定,和《继承法》所规定的遗赠扶养协议类似,并不是单纯意义上的遗嘱。该约定是王某某夫妇和陆某某的真实意思表示,并不违反法律规定,且在立招赘凭书时双方当事人均具有民事行为能力。根据双方的当庭陈述,朱某乙对于案涉房屋的建设和厨房的改造均没有出资,对案涉房屋没有贡献,故王某某夫妇将案涉房屋处分给陆某某夫妇并不需要征求朱某乙的同意,况且该处分行为没有损害朱某乙的利益。同时一审法院注意到,王某某夫妇在招婚陆某某为子时,亦考虑了朱某乙的利益,让其顶替父亲王某某的工作,并为其置办嫁妆。因此,王某某夫妇和陆某某夫妇之间关于案涉房屋等财产处分的约定真实,具有法律效力。朱某乙主张招赘凭书中有关房屋处分的约定无效,缺乏事实和法律依据,不予支持。

朱某乙不服一审判决,向江苏省南通市中级人民法院提起上诉。南通市中级人民法院 2013 年 10 月 18 日作出(2013)通中民终字第 1343 号民事判决:驳回上诉,维持原判。朱某乙不服该判决,申请再审称:(一)原判决违反当事人诉讼请求进行审理。朱某乙一审诉讼请求是确认遗嘱无效,并对王某某、朱某某项下的财产进行析产,本案根本诉请是析产,应属继承纠纷,而原判决却将朱某乙诉请变更为确认遗赠扶养协议无效。(二)案涉招赘凭书与现行法律规定的遗赠扶养协议有本质区别,且因其为封建社会特有,不符合现行法律规定,应为无效。(三)李某甲、陆某某未能提供有力证据证明存在真实的招赘凭书,其提供的复印件、所谓知情人证言及利害关系人证言不能达到证明要求。(四)招赘凭书在本案中是书证而不是物证,原判决却未查明招赘凭书的内容。

江苏省高级人民法院认为:(一)朱某乙于 2013 年 5 月 13 日一审庭审中明确其诉讼请求为确认李某甲、陆某某持有的招赘协议中关于遗产继承的内容无效,其并未提出析产请求,因此其主张原判决违反其诉讼请求进行审理缺乏事实依据。(二)遗赠扶养协议是自然人和扶养人之间关于扶养人扶养受扶养人,受扶养人将财产遗赠给扶养人的协议。本案诉争招赘凭书的主要内容是王某某、朱某某招赘陆某某为子,二老生养死葬由陆某某夫妇负责,王某某夫妇现有房产及全部家当归陆某某夫妇所有。王某某、朱某某与陆某某在招赘凭书中约定形成的法律关系符合遗赠扶养协议的基本法律特征,招赘凭书是双方当事人真实意思表示,符合当地风俗习惯,且并无违反法律、行政法规强制性规定的情形,应为有效。裁定如下:驳回朱某乙的再审申请。

本案中,招赘凭书的内容是王某某、朱某某二老的生养死葬由陆某某夫妇负责,王某某、朱某某死后房产及全部家当归陆某某夫妇所有。上述内容符合遗赠扶养协议的要求,是受扶养人王某某、朱某某与扶养人陆某某之间基于真实意思表示达成的遗赠扶养协议。该遗赠扶养协议符合公序良俗,并未违反法律强制性规定,合法有效。受扶养人王某某、朱某某死亡后,其遗产应当首先依据该遗赠扶养协议约定的内容进行分割。该遗赠扶养协议排除了法定继承人朱某乙参与遗产分配的可能。

第三节　主要内容

一、法定继承的主要内容

(一)法定继承适用的条件

法定继承是法律直接规定的继承方式,是推定被继承人意愿的结果。适用这一法定主义的调整方式需要满足一定的条件。

第一,被继承人生前并未制作遗嘱,制作的遗嘱无效、被撤销,或者所立遗嘱之外仍有未被处分的财产。这是适用法定继承的基本要求。"遗嘱在先原则"决定被继承人生前的财产未被合法有效的遗嘱处分是启动法定继承程序的先决条件。第二,遗嘱继承人、受遗赠人丧失或放弃继承权或受遗赠权。虽然被继承人生前立有合法有效的遗嘱,对其财产进行了处分。但是,因法定事由出现,遗嘱继承人或受遗赠人丧失或放弃继承权或受遗赠权,使得遗产处于无遗嘱继承的状态时,应当适用法定继承程序。第三,遗嘱继承人、受遗赠人先于被继承人死亡。被继承人死亡之前,遗嘱中记载的遗嘱继承人或受遗赠人已经丧失权利主体资格,不具备继承能力或受遗赠能力的,原本应由该遗嘱继承人、受遗赠人继受取得的财产适用法定继承方式,由法定继承人继承。

我国《继承法》第 27 条规定:"有下列情形之一的,遗产中的有关部分按照法定继承办理:(一)遗嘱继承人放弃继承或受遗赠人放弃受遗赠的;(二)遗嘱继承人丧失继承权的;(三)遗嘱继承人、受遗赠人先于遗嘱人死亡的;(四)遗嘱无效部分所涉及的遗产;(五)遗嘱未处分的遗产。"

(二)法定继承人的范围

法定继承人是指根据法律直接规定有权依法继承被继承人遗产的人。法定继承人不是由被继承人指定的,而是直接由法律根据继承人与被继承人之间的亲属关系确定的,具有不

可变更性。换言之,法定继承人的权利来源于法律直接规定,而非遗嘱或遗赠扶养协议。根据我国《继承法》的规定,法定继承人包括以下类型:

1. 配偶

配偶是与被继承人之间存在合法婚姻关系的人。夫妻双方互为配偶,一方死亡,另一方可以作为法定继承人参与遗产继承。

配偶作为法定继承人须以被继承人死亡时被继承人与继承人处于合法的婚姻关系状态为条件。在我国,符合事实婚姻条件的情形外,合法的婚姻关系必须以婚姻登记为前提。未进行婚姻登记而同居或姘居的人,相互之间不存在配偶关系,一方死亡的,另一方不能作为法定继承人。虽然已经进行婚姻登记,但是并未共同生活的,婚姻关系不受影响,一方死亡的,另一方能够作为法定继承人参与遗产继承。相反,婚姻关系被宣告无效或被撤销的,当事人之间不存在合法的婚姻关系,相互之间并非配偶,一方死亡,另一方不能作为配偶参与法定继承。

与被继承人之间曾经存在合法的婚姻关系,但在被继承人死亡前,婚姻关系已经被解除的,其与被继承人之间的配偶关系终止,不能作为继承人。离婚诉讼过程中或离婚判决产生效力之前夫妻一方死亡的,配偶关系并未终止,另一方仍然能够以配偶的身份参与法定继承。

因历史遗留原因或尊重少数民族习惯而存在的一夫多妻或一妻多夫现象,当事人之间存在合法的婚姻关系,一方死亡,另一方可以以配偶的身份参与法定继承。

2. 子女

子女是与父母相对应的称谓,是与被继承人最近的直系卑亲属。根据父母与子女关系形成方式的不同,子女可以分为婚生子女、非婚生子女、养子女以及继子女等类型。我国《继承法》第 10 条明确规定:"本法所说的子女,包括婚生子女、非婚生子女、养子女和有扶养关系的继子女。"

婚生子女,是指婚姻关系存续期间生育的子女。婚生子女的姓氏、婚姻状况以及与父母共同生活的状况不影响其与父母之间的父母子女关系。父母死亡的,婚生子女作为法定继承人参与继承。

非婚生子女,是指在缺乏合法的婚姻关系状态下生育的子女。从最大限度地保护未成年人利益的角度出发,我国《继承法》遵从非婚生子女与婚生子女继承权平等原则。非婚生子女不仅是其生母的法定继承人,也是其生父的法定继承人,且不论其生父是否认领该非婚生子女。

养子女,是指基于收养关系成为被收养人的子女。收养关系具有解除养子女与其生父母之间法律上的权利义务关系的效力。收养人与被收养人一旦建立收养关系,便成为拟制血亲,成为养父母和养子女。与此同时,养子女与其生父母之间法律上的权利义务关系被解除。养子女是养父母的法定继承人,有权继承养父母的遗产;他不是其生父母的法定继承人,无权继承其生父母的遗产。养子女对生父母扶养较多的,可分得生父母的适当遗产。

合法的收养关系存续并有效是形成养父母与养子女关系的前提。事实上被领养或寄养但未依法成立收养关系的,无法形成养父母与养子女的关系,被领养人或被寄养人不能作为法定继承人继承被继承人的遗产。

被继承人死亡前,收养关系被解除的,原养子女不再是被继承人的法定继承人,不能作为法定继承人参与继承被继承人的遗产。收养关系解除后，未成年的被收养人与其生父母之间法律上的权利义务关系自动恢复，能够作为生父母的法定继承人，参与继承生父母的遗产；成年且独立生活的，是否恢复其与生父母之间法律上的权利义务关系，应由双方当事人协商予以确定。

收养人与被收养人之间以祖孙相称的，视为养父母与养子女关系。

继子女，是指配偶与前夫或前妻生育的子女。继父母与继子女关系不是基于自然产生，而是基于生父母一方再婚形成的。继子女成为法定继承人以其与被继承人之间存在扶养关系为前提。与被继承人之间形成扶养关系的继子女才能作为法定继承人参与遗产继承；与被继承人之间并未形成扶养关系的继子女不能作为法定继承人参与遗产继承。

父母一方或双方再婚形成继父母与继子女关系并不影响继子女与生父母之间的继承权。换言之，无论继子女是否继承了继父母的遗产，其与生父母之间法律上的权利义务关系不受影响，仍能作为法定继承人参与继承生父母的遗产。

3. 父母

父母是与子女相对应的称谓，是与被继承人最近的直系尊亲属。与子女的类型划分类似，根据父母与子女关系形成方式的不同，父母可以分为生父母、养父母以及继父母等。我国《继承法》第10条明确规定："本法所说的父母，包括生父母、养父母和有扶养关系的继父母。"关于父母能否作为法定继承人参与继承其子女的遗产的分析与"子女"部分的分析相同或类似，在此不再赘述。

4. 兄弟姐妹

兄弟姐妹，是与被继承人最近的旁系血亲。被继承人的兄弟姐妹包括同父同母的兄弟姐妹、同父异母或同母异父的兄弟姐妹、养兄弟姐妹和继兄弟姐妹。我国《继承法》第10中明确规定："本法所说的兄弟姐妹，包括同父母的兄弟姐妹、同父异母或者同母异父的兄弟姐妹、养兄弟姐妹、有扶养关系的继兄弟姐妹。"

被收养人自收养关系成立之日起不再与其亲兄弟姐妹之间存在法律上的权利义务关系，而与养兄弟姐妹之间发生法律上的权利义务关系，有权作为法定继承人参与遗产继承。继兄弟姐妹之间能否作为法定继承人继承遗产取决于他们之间是否发生了扶养关系。与被继承人发生扶养关系的继兄弟姐妹是法定继承人；反之，与被继承人未发生扶养关系的继兄弟姐妹不是法定继承人。继兄弟姐妹之间是否发生扶养关系、是否形成继承法律关系等不影响被继承人与亲兄弟姐妹之间的继承法律关系。被继承人的亲兄弟姐妹仍能作为法定继承人参与遗产继承。

5. 祖父母与外祖父母

祖父母与外祖父母，是仅次于父母的与被继承人最近的尊亲属。根据祖孙之间关系形成的原因不同，祖父母与外祖父母可分为亲祖父母与亲外祖父母、养祖父母与养外祖父母、继祖父母与继外祖父母。

6. 对公、婆尽了主要赡养义务的丧偶儿媳和对岳父、岳母尽了主要赡养义务的丧偶女婿

儿媳对公婆、女婿对岳父母并无法律规定的赡养义务。倘若丧偶儿媳对公婆，丧偶女婿对岳父、岳母尽到了主要赡养义务，其能够作为第一顺序法定继承人继承财产，这是新中国

成立以来司法实践总结和发展的具有中国特色的制度创新。①　我国《继承法》第 12 条明确规定:"丧偶儿媳对公、婆,丧偶女婿对岳父、岳母,尽了主要赡养义务的,作为第一顺序继承人。"关于丧偶儿媳或女婿是否尽了主要赡养义务的判断标准,我国《继承法意见》第 30 条明确规定:"对被继承人生活提供了主要经济来源,或在劳务等方面给予了主要扶助的,应当认定其尽了主要赡养义务或主要扶养义务。"

(三)法定继承的继承顺序

法定继承的继承顺序,是指法律直接规定的法定继承人参与遗产继承的先后顺序。该继承顺序具有法定性、强行性、排他性与限定性的特点。法定继承中并非所有法定继承人同时参加继承。法定继承人被划分为不同顺序。顺序在先的法定继承人优先于顺序在后的法定继承人参与遗产继承。存在前一顺序的法定继承人时后一顺序的法定继承人不得参与继承。只有当前一顺序的法定继承人都不存在、已经死亡或放弃继承权时,后一顺序的法定继承人才能参与遗产继承。

我国《继承法》第 10 条规定:"遗产按照下列顺序继承:第一顺序:配偶、子女、父母。第二顺序:兄弟姐妹、祖父母、外祖父母。继承开始后,由第一顺序继承人继承,第二顺序继承人不继承。没有第一顺序继承人继承的,由第二顺序继承人继承。"该法第 12 条规定:"丧偶儿媳对公、婆,丧偶女婿对岳父、岳母,尽了主要赡养义务的,作为第一顺序继承人。"

(四)同一顺序法定继承人应继承的遗产份额

根据我国《继承法》的规定,法定继承中,处于同一顺序的数个法定继承人继承被继承人的遗产时,原则上应当按照法定继承人的人数平均分配遗产,特殊情况下可以不平均分配。

1. 原则上同一顺序的法定继承人继承遗产的份额应当均等

数个同一顺序的法定继承人在继承遗产时,一般不应有所区别,应均等分配遗产。婚生子女与非婚生子女,亲生子女与养子女,亲生子女与有扶养关系的继子女之间,继承份额应当均等。继承人的继承份额原则上也不应因性别、年龄、种族而有所不同。我国《继承法》第 13 条第 1 款规定:"同一顺序继承人继承遗产的份额,一般应当均等。"

2. 特殊情况下同一顺序的法定继承人继承遗产的份额可以有所区别

均等分配遗产份额的原则具有一定的正当性,但是,在特殊的情形下,为了维护实质公平的价值理念,《继承法》对特殊的群体予以照顾,在均等分配原则之外作出若干例外的规定。我国《继承法》第 13 条第 2 款至第 5 款对同一顺序的法定继承人继承遗产份额可以有所区别的特殊情形进行了明确规定。

第一,缺乏劳动能力又无生活来源的人在生活上有一定的困难,对该类群体人员予以特殊照顾,既符合人情,又符合保护弱势群体利益的法律观念。在遗产分配方面,现代法治国家通常对缺乏劳动能力又无生活来源的人予以特殊照顾。我国《继承法》第 13 条第 2 款规定:"对生活有特殊困难的缺乏劳动能力的继承人,分配遗产时,应当予以照顾。"

第二,对被继承人尽了主要扶养义务或者与被继承人共同生活的继承人多分遗产,有助于鼓励家庭成员与被继承人共同生活,履行扶养义务。我国《继承法》第 13 条第 3 款规定:

---

①　何勤华、殷啸虎:《中华人民共和国民法史》,复旦大学出版社 1999 年版,第 313 页。

"对被继承人尽了主要扶养义务或者与被继承人共同生活的继承人,分配遗产时,可以多分。"该条款规定的是可以多分,而非必须多分。对被继承人尽了主要扶养义务或者与被继承人共同生活的继承人能否多分遗产,应当考虑具体的情况,并非在任何情况下都应当多分。

第三,我国《继承法》第13条第4款规定:"有扶养能力和有扶养条件的继承人,不尽扶养义务的,分配遗产时,应当不分或者少分。"《继承法意见》第33条规定:"继承人有扶养能力和扶养条件,愿意尽扶养义务,但被继承人因有固定收入和劳动能力,明确表示不要求其抚养的,分配遗产时,一般不应因此而影响其继承份额。"第34条规定:"有扶养能力和扶养条件的继承人虽然与被继承人共同生活,但对需要扶养的被继承人不尽扶养义务,分配遗产时,可以少分或者不分。"上述规定符合权利义务相一致原则,有利于督促有扶养能力和扶养条件的继承人履行扶养义务。

第四,继承权本质上是一种私权利,而非义务。继承权人有权让渡或放弃全部或部分权利。继承人有权通过协商的方式对遗产份额进行安排,这是民法自愿原则在遗产继承中的体现。尊重继承人协商分配的意见有利于维护家庭成员之间的和睦。我国《继承法》第13条第5款规定:"继承人协商同意的,也可以不均等。"

二、遗嘱继承的主要内容

(一)遗嘱继承的适用条件

1. 被继承人死亡且生前立有合法有效的遗嘱

遗嘱继承法律关系的产生需要同时满足两项法律事实的要求。一是被继承人死亡,二是被继承人生前立有合法有效的遗嘱。两者缺一不可。即便被继承人死亡,但其生前未立遗嘱或者所立遗嘱无效、被撤销的,不适用遗嘱继承。

2. 遗嘱中指定的继承人未丧失或放弃继承权

遗嘱中指定的继承人丧失或明确放弃继承权的,不适用遗嘱继承。相关的遗产根据法定继承的规定由法定继承人继承。

3. 没有遗赠扶养协议

遗嘱继承优先于法定继承,但遗赠扶养协议优先于遗嘱继承。被继承人与扶养人订立遗赠扶养协议处分的遗产,不适用遗嘱继承。遗赠扶养协议未约定的遗产才适用遗嘱继承。

(二)遗嘱的形式

遗嘱的形式,是指立遗嘱人意思表示的具体方式。我国《继承法》第17条对遗嘱的形式进行了明确规定,包括公证遗嘱、自书遗嘱、代书遗嘱、录音遗嘱以及口头遗嘱五种类型。设立遗嘱是严肃的行为,需要在形式上予以明确。[①] 不符合法律规定的形式要件的遗嘱原则上无效,法律另有规定的除外。《继承法意见》明确指出,《继承法》实施前订立的,形式上稍有欠缺的遗嘱,如内容合法,又有充分证据证明确为遗嘱人真实意思表示的,可以认定遗嘱

---

① 　周枏:《罗马法原论(下册)》,商务印书馆2001年版,第490～491页。

有效。

（1）公证遗嘱

公证遗嘱是指经由公证机关审查并予以公证的遗嘱。公证遗嘱起源于古罗马。最初的公证遗嘱体现为法官或地方官将遗嘱人口述的遗嘱内容记载于特定的簿册中。中世纪欧洲的寺院法要求遗嘱人在寺院执事或者 2～3 名证人见证下订立遗嘱。近现代,大陆法系国家大多承认公证遗嘱的效力。因公证遗嘱是以国家公信力为基础的,其效力通常强于其他形式的遗嘱。

根据我国《继承法》以及《遗嘱公证细则》的规定,在我国,设立公证遗嘱需要立遗嘱人亲自办理,不能由他人代理。不能亲自到公证机关办理的,可以要求公证人员到其住所或者临时处所办理。公证遗嘱应当采用书面形式。立遗嘱人亲笔书写,须有两名或两名以上的公证人员在场见证;立遗嘱人不识字或因特别原因无法亲笔书写,可以口述遗嘱内容,由公证人员代为填写。公证机关工作人员对遗嘱进行审查后,认为合法有效的,进行公证,并出具《遗嘱公证证明书》。

关于出具证明书的条件,我国《遗嘱公证细则》第 17 条规定:"对于符合下列条件的,公证处应当出具公证书:(一)遗嘱人身份属实,具有完全民事行为能力;(二)遗嘱人意思表示真实;(三)遗嘱人证明或者保证所处分的财产是其个人财产;(四)遗嘱内容不违反法律规定和社会公共利益,内容完备,文字表述准确,签名、制作日期齐全;(五)办证程序符合规定。不符合前款规定条件的,应当拒绝公证。"

（2）自书遗嘱

自书遗嘱是指由立遗嘱人亲笔书写的遗嘱。古罗马法时期,自书遗嘱无须见证人在场见证。但是,中世纪法国习惯法中,订立自书遗嘱需要见证人在场见证。根据我国《继承法》第 17 条的规定,订立自书遗嘱需要符合以下条件:第一,立遗嘱人亲笔书写遗嘱全部内容。自书遗嘱不能由他人代书,也不能采用打印或铅印的方式。由立遗嘱人亲自全部书写遗嘱的目的在于保证其真实性。我国《继承法意见》第 40 条规定:"公民在遗书中涉及死后个人财产处分的内容,确为死者真实意思的表示,有本人签名并注明了年、月、日,又无相反证据的,可按自书遗嘱对待。"第二,立遗嘱人在遗嘱上签名,并注明年、月、日。加盖印章或按手印等方式不能代替签名。遗嘱有涂改或删减,需在涂改或删减处签名并注明日期。第三,需有遗嘱人明确处分遗嘱的正式意思表示。被继承人在日记或信件中提及的有关其死后财产处分的内容,不应认定为自书遗嘱。自书遗嘱并不一定要以"遗嘱"字样命名。遗嘱人在文书中明确处理其死后的事务,对其死后财产处分进行安排,又无相反证据的,应当认定该文书为自书遗嘱。

【典型案例】

无充分证据不能否定形式上符合自书遗嘱要求的遗嘱效力[①]

被继承人薛某庚于 2011 年 7 月 27 日因病去世,生前共有六个子女,分别为长女薛某己、次女薛某乙、三女薛某甲、小女薛某丙、长子薛某丁、次子薛某戊。薛某庚的妻子闫某某于 1996 年 12 月去世。继承人薛某己于 2014 年 4 月 25 日因病在北京去世,其法定继承人为李某甲、李某乙。

---

① 江苏省徐州市中级人民法院(2015)徐民终字第 292 号民事判决书。

2002年12月18日,薛某庚取得涉案房产的房屋所有权证书。2014年5月23日,江苏鑫洋土地房地产评估有限公司徐州分公司对涉案房产进行估值,确定涉案房屋市场价值为3821436元。另查明,被继承人薛某庚留有中国某某银行泉山支行活期一本通一份。另有被继承人薛某庚的中国某某银行个人客户挂失业务申请书四份。上述银行存款均由薛某乙保管。薛某庚去世后,某公司发放离休去世丧抚费78880元,该款项已由薛某戊代领保管,医院所退押金20000元亦在薛某戊处保管。

2009年5月,被继承人薛某庚留有自书遗嘱一份,内容为:"我有六个儿女,在管道局有一套住房,为了今后子女不起争纷,到百年后这房子叫薛某乙主持着卖掉,卖房钱,先给小花30万元,薛某丁10万元,余下的给晓风、晓燕、小宝、晓华四姐妹分配、均分。给晓华多分30万,她最小。我以前的存款除去赠予人的以外,余下的给薛某戊、晓花二人均分。今后的生活费存款还有晓燕、晓华协助我管理。以后的钱给上面四姐妹中照顾我生活的人均分。照顾我生活以晓燕、晓华为主。说明:1. 兰新没有权利继承我遗产。今后谁在家里闹事,同样取消继承权。2. 我的身后事都交晓燕有所交代,晓风、晓华、小宝要协助办好。3. 给薛某丁的10万是他晚年的大病医疗费。立遗嘱人薛某庚,2009年5月。"另,在2010年1月22日,在该遗嘱上补充了部分内容:"注:以前存款,以后存款,以立遗嘱宣布日为准。薛某庚。该遗嘱是立遗嘱人真实意思表示,立遗嘱人签字、盖章、摁手印时,本人在场。于渊舟,2010年1月22日;该遗嘱是立遗嘱人真实意思表示,立遗嘱人签字、盖章、摁手印时,本人在场。赵琦,2010年1月22日。"两位在遗嘱中签字的见证人到庭作证,证实该遗嘱系薛某庚先前写好,二人在见证时薛某庚向二人表述后由二人签字见证。

薛某庚去世后,因无法就遗产分割达成一致意见,薛某乙、薛某丙诉至人民法院,要求按照遗嘱对薛某庚的财产进行分割。李某甲、李某乙和薛某甲认为遗嘱不是立遗嘱人真实的意思表示,遗嘱上更改很多,遗嘱的内容表示不清,对立遗嘱人的签名有异议,要求按照法定继承进行分割。薛某丁希望兄弟姐妹几个协商解决,实在不行按照父亲的遗嘱进行分割。薛某戊主张父亲就留下一套房子,希望父亲的房子保留下来,如果无法保留,按遗嘱和法定继承分割。希望兄弟姐妹坐下来心平气和,不抱有成见地协商解决。

庭审中,薛某乙、薛某丙、薛某甲、薛某戊、薛某丁、李某甲、李某乙确认遗嘱中提到的晓风为薛某己,晓燕为薛某乙,小宝为薛某戊,晓华(晓花、小花)为薛某丙,兰新为薛某甲。薛某甲对薛某乙、薛某丙提交的薛某庚的遗嘱真实性有异议,申请对遗嘱中的笔迹进行鉴定。经释明,薛某甲在法院给予的合理期间内未能提交薛某庚的其他笔迹作为鉴定的比对材料。

原审法院认为:继承开始后,按照法定继承办理,有遗嘱的,按照遗嘱继承或者遗赠办理。本案中,被继承人薛某庚去世后,薛某乙、薛某丙、薛某己、薛某丁、薛某甲、薛某戊作为第一顺位继承人参与继承,因薛某己在遗产分割完毕前去世,故其继承人李某甲、李某乙作为薛某己的法定继承人参与继承分配。薛某乙、薛某丙提交了薛某庚生前自书遗嘱一份,该遗嘱虽薛某甲提出异议,但未能举证证实该遗嘱非薛某庚手书。根据现有证据,结合双方当事人的陈述,本院确认对于遗嘱中涉及的财产应按照遗嘱的内容和意思进行继承分割。

薛某甲不服徐州市泉山区人民法院(2013)泉民初字第 2666 号民事判决,提起上诉称:1. 涉案遗嘱不是父亲薛某庚的自书遗嘱,更不是其真实意思。自书遗嘱必须是立遗嘱人亲自书写、署名并注明日期,而该遗嘱没有证据证明是父亲亲笔书写。遗嘱的两个见证人,一个是薛某乙丈夫的部下,另一个是薛某乙儿子的女朋友,两个证人只是证明老人签字时他们在场,并未证明该遗嘱是老人亲自书写且老人当时神志清醒。2. 在父亲去世的前几年,绝大部分是上诉人夫妇在伺候,父亲最信任的是上诉人,上诉人没有闹过事,父亲不会写这样的遗嘱。3. 上诉人在一审时申请对遗嘱进行鉴定,一审法院以调不到检材为由未启动鉴定程序,该做法违反了法律规定。

薛某乙、薛某丙答辩称:遗嘱系父亲薛某庚本人书写、是其真实意思表示,遗产应当按照遗嘱进行分割。薛某丁答辩称:薛某乙、薛某丙提供的父亲的遗嘱是伪造的,房子应该兄弟姐妹六人平分。薛某戊答辩称:父母亲在世时,曾说房子要留给孙子,遗嘱不是父亲所写。

二审时,薛某甲申请对遗嘱中薛某庚的签字进行鉴定。为了提供可供比对的字迹,法院至某某银行调取了与遗嘱书写时间较近的五份样本。因双方对鉴定所需的样本不能达成共同的认可,致鉴定无法进行。

徐州市中级人民法院认为:薛某甲对遗嘱的真实性有异议,但没有提供证据证明自己的主张。薛某戊、薛某丁在一审答辩时称:希望兄弟姐妹协商,协商不成,按遗嘱分割。二审时,二人虽然对遗嘱的真实性亦提出异议,但二人也没有提供证据支持自己的异议。综合本案其他证据,本院对薛某庚遗嘱的真实性予以采信。薛某甲的上诉理由不成立,对其上诉主张,本院不予支持。判决如下:驳回上诉,维持原判。

本案中,法定继承人对涉案遗嘱的真实性存在争议。从形式上而言,涉案遗嘱有明确的处分遗产的意思表示,有薛某庚的签名,并注明了制作遗嘱的年、月、日,符合自书遗嘱形式要件的要求。薛某甲以没有证据证明该遗嘱是父亲亲笔书写,见证人只能证明老人签字时他们在场,并未证明该遗嘱是老人亲自书写且老人当时神志清醒,以及父亲去世的前几年绝大部分时间由其夫妇照顾等为由主张自书遗嘱不真实,进而无效缺乏法律依据。首先,涉案遗嘱上有薛某庚的签字并且有见证人证明已经形成证明该遗嘱为自书遗嘱的初步证据。推翻该初步证据的举证责任在薛某甲。其次,见证人并非自书遗嘱有效的必要要件。见证人在本案中起到了证明遗嘱真实的作用,至于其是否足以证明遗嘱为薛某庚自己书写并不重要。最后,被继承人薛某庚生前与薛某甲之间的关系不构成影响自书遗嘱真实性的直接证据。其他主张自书遗嘱不真实的法定继承人也未提供充分的证据证明涉案遗嘱缺乏真实性。在没有充分证据证明涉案遗嘱缺乏真实性的情况下,继承人应当依该自书遗嘱的内容继承遗产。

(3)代书遗嘱

代书遗嘱是指立遗嘱人委托他人代笔书写的遗嘱。代书遗嘱由立遗嘱人口授内容,委托他人代笔书写。代书遗嘱通常适用于立遗嘱人无文字书写能力或有特殊原因不能亲笔书写的情形。代书遗嘱需要符合以下条件:第一,代书遗嘱须由两个以上的见证人在场见证,由其中一人代书。目的在于保证遗嘱的真实性。第二,代书人只是立遗嘱人口授遗嘱的记录者,不能对遗嘱内容提出意见,更不能对遗嘱人的意思表示进行篡改。第三,立遗嘱人、代书人和其他见证人需要在遗嘱上签名,并注明年、月、日。遗嘱见证人不能以加盖印章或按手印的方式替代亲笔签名。

【典型案例】

委托处理财产的声明书并非代书遗嘱①

孙某某、王某某夫妇系义乌市苏溪镇高岭村村民，育有一子孙某甲、一女孙某乙。孙某某在义乌市苏溪镇高岭村拥有两处房产。王某某于 2000 年去世。2004 年 12 月 15 日,孙某某曾出具声明书一份,声明将义乌市苏溪镇高岭村的财产及经济往来全权委托孙某甲处理。

2005 年,孙某某去世。孙某甲要求继承原来登记在父亲孙某某名下的坐落于义乌市苏溪镇高岭村的两处房产所有权及土地使用权。孙某乙主张依法定继承规定,其应继承其父 50% 的遗产。孙某甲与孙某乙之间发生继承纠纷,孙某甲将孙某乙诉至义乌市人民法院。义乌市人民法院认为,孙某某、王某某死亡后,登记在孙某某名下的财产应由其子女孙某甲、孙某乙按照法定继承的规定处理。根据《中华人民共和国继承法》第 10 条规定:"遗产按照下列顺序继承:第一顺序:配偶、子女、父母。"以及第 13 条规定:"同一顺序继承人继承遗产的份额,一般应当均等。"孙某甲与孙某乙都是第一顺序继承人,应当享有同等的继承权利,继承遗产的份额应当均等。孙某甲和孙某乙各自有权继承原来登记在孙某某名下两处房产所有权及土地使用权的一半份额。判决:孙某甲享有原登记在孙某某名下两处房产所有权及土地使用权的一半份额。

孙某甲不服浙江省义乌市人民法院(2012)金义苏溪民初字第 62 号民事判决,向金华市中级人民法院提起上诉称,从声明书的内容看,可以认定登记在孙某某名下两处房产应由其个人继承。因为声明书只指定了其享有财产处分权,并未提及孙某乙。因孙某乙未承担赡养义务,按农村风俗孙某某让孙某甲继承两处房产是显而易见的。孙某乙答辩称,因孙某甲在外地工作,家中年老的父母及孙某甲前妻所生的幼女的日常生活均由其照顾,父母的农田也由其一家耕种收割,供三人所需。孙某甲考虑到他顶职后无法照顾父母,除父母在诸暨购买的房屋和村里新建的四间房屋由他自己继承外,本案讼争的两处房产由孙某乙继承,父母也完全表示同意。母亲病重后,其将父母接至其家中照顾,母亲病危期间也由其一家陪护。母亲病逝后,其每隔一天去高岭村看望父亲,照顾父亲的日常生活。后父亲至义乌养老院养老,其也经常去看望。而孙某甲之妻从未照顾护理过父母之生活。后孙某甲在未告知其的情况下将父亲转入其他养老院,其多方寻找,一年后才得知父亲在上海逝世。

金华市中级人民法院二审过程中另查明:20 世纪 90 年代因苏溪镇韩界村整体搬迁,孙某乙夫妇曾在高岭村借住,其间负责了孙某乙父母责任田的耕种。母亲王某某生病期间曾在女儿孙某乙家居住过一段时间。母亲王某某去世后,从 2001 年至 2005 年,父亲孙某某由孙某甲负责送至义乌、诸暨、上海的养老院,并承担寄养费用、医疗费用等。父亲孙某某于 2005 年在上海去世,后事由孙某甲一人料理。

金华市中级人民法院认为,根据《中华人民共和国继承法》第 13 条第 3 款的规定,"对被继承人尽了主要扶养义务或者与被继承人共同生活的继承人,分配遗产时,可以多分"。本案中,在双方母亲去世后,父亲寄养于义乌、诸暨、上海等地养老院的事宜均

① 浙江省金华市中级人民法院(2012)浙金民终字第 1073 号民事判决书。

由孙某甲负责,并承担了寄养费用、医疗费用等。父亲在上海去世,后事也由孙某甲负责料理。据此,可以认定孙某甲对父亲尽了主要扶养义务,分配遗产时可以考虑适当多分,比例以孙某甲 70%,孙某乙 30% 为宜。判决如下:一、撤销浙江省义乌市人民法院(2012)金义苏溪民初字第 62 号民事判决;二、孙某甲享有原登记在孙某某名下的坐落于义乌市苏溪镇高岭村的两处房产所有权及土地使用权 70% 的份额。

本案中,孙某甲主张继承其父亲孙某某全部遗产的依据是孙某某生前出具的一份委托孙某甲全权处理其财产与经济往来的声明书。但是,该声明书仅仅具有委托孙某甲全权处理其财产与经济往来的委托书性质,并未明确遗产的处分,不符合遗嘱的形式和内容的要求,不能视为代书遗嘱。孙某甲与孙某乙作为第一顺位的继承人都享有继承权。考虑到孙某甲对其父孙某某尽了主要的扶养义务,可以考虑让其适当多分孙某某的遗产。

【典型案例】

继承人或受遗赠人不能作为代书遗嘱的见证人①

王×系张×2、张×3、张×1 之母。王×与其夫张×4 共有三个子女,即张×2、张×3、张×1。王×之夫张×4 于 2014 年 3 月 15 日去世。张×4 去世前遗有房屋一套。另查,张×4 曾在北京农商银行开立有存款账户,根据法院向该行调取明细显示,张×4 在该行存有定期存款,其中有 16 万元由韩×于张×4 去世后取出。张×4 去世后,其在中国邮政储蓄银行账户内有基本养老金 4400 元,该款已被取出。

在一审审理过程中,张×1 提供了一份由张×1 之子张×5 起草的《遗嘱》,该遗嘱写明:"本人张×4 膝下有子女三人,由于儿子、孙子、儿媳孝顺,所以我愿将我位于昌平区×厂宿舍×单元×楼×号的房产由孙子张×5 继承。"该遗嘱上有张×4 的签名及指纹并有见证人马×、袁×的签字。

王×、张×2 与张×3、张×1 就张×4 的遗产分配发生纠纷诉至法院。王×、张×2 请求法院依照法定继承依法分割该房产中属于被继承人张×4 的遗产份额。张×3 在一审中辩称:我认为应该按照法律规定平均分配。张×1 在一审中辩称:关于父亲名下的房产,由于父亲生前留有遗嘱,我认为应当按照遗嘱继承方式进行分割。

一审法院判决认定:根据法律规定代书遗嘱应当由两个以上见证人在场见证,由其中一人代书,而继承人、受遗赠人不能作为遗嘱见证人。本案中,张×1 之子张×5 作为代书人书写了遗嘱,根据遗嘱,张×5 是受遗赠人,故此张×5 既是代书人,又是受遗赠人,张×5 的代书行为不符合法律规定,该代书遗嘱不符合法律要件,故该遗嘱无效。因张×4 去世前未立有有效遗嘱,故张×4 的遗产应当按照法定继承由其法定继承人继承。张×1 不服北京市昌平区人民法院(2014)昌民初字第 7762 号民事判决,提起上诉。北京市第一中级人民法院判决:驳回上诉,维持原判。

我国《继承法》第 17 条第 3 款严格规定了代书遗嘱的形式要件,目的在于保障代书遗嘱真实反映立遗嘱人的意愿。本案中,代书人张×5 是受遗赠人,不能够作为遗嘱见证人,不符合法律对代书人的要求。因代书遗嘱缺乏必要的形式要件,其不产生法律效力,张×4 的遗产根据法定继承的规定进行继承。

---

① 北京市第一中级人民法院(2015)一中民终字第 2050 号民事判决书。

（4）录音遗嘱

录音遗嘱是指以录音磁带或录像磁带等形式将立遗嘱人口授的遗嘱内容记载下来的遗嘱。录音遗嘱的出现是科学技术进步的结果。"这种形式的遗嘱与口头遗嘱相比更可靠，而且取证较为方便，不需要他人的复述。但是录音遗嘱也存在着一定的弊端，如录音带、录像带很容易被他人伪造或者剪辑。"①我国《继承法》第17条第4款规定："以录音形式立的遗嘱，应当有两个以上见证人在场见证。"

录音遗嘱应当符合以下条件：第一，录音遗嘱需要立遗嘱人亲自口述遗嘱的内容。第二，立遗嘱人口授的遗嘱内容经录音或录像后，需由两个以上的见证人见证，并将见证证明录制在录制遗嘱的录音磁带或录像磁带上。第三，录音遗嘱制成后，应当将录音磁带或录像磁带封存，由见证人共同签名，并注明年、月、日。

【典型案例】

视频遗嘱具有录音遗嘱的效力②

原告孙某甲、被告孙某乙系兄妹关系，原、被告母亲王某某于2013年10月23日去世，父亲孙某某在此之前因病去世，二人无其他子女。孙某某名下有房产一处。被告名下亦有房产一处。两处房屋位于同一院内。两处房屋连同院落的土地产权登记在同一证下。上述院落南邻有南院一间，无产权证，也无书面承包合同。2013年9月6日，王某某在烟台市作视频遗嘱一份，声明将其财产全部留给原告孙某甲继承，并有马某某、宫某等人见证。

原、被告因就父母的遗产分配发生纠纷，诉至法院。原审法院认为，遗嘱是一种处分自己权益的民事法律行为，法律充分尊重和保护公民的这种意思自治，故遗嘱继承应优先于法定继承适用。对于2013年9月6日王某某所作视频遗嘱的效力问题，被告认为该段视频没有封存、没有见证人签名等，故不符合法律规定的遗嘱形式。而且三段视频中被继承人的状态各不相同，显然非同一时间录制，不能确定录制时间，视频内容有剪接痕迹等，因此视频不能作为证据使用。同时，视频中明显有人在用语言诱导王某某说话，不能代表立遗嘱人的真实意思表示。法院认为，《继承法》虽然没有明文规定视频遗嘱这一形式，但是可参照适用录音遗嘱的相关规定。从形式上看视频中有两名以上见证人见证，而且原审法院也对其中的两名见证人宫某、马某某做了调查笔录，可以进一步证实该遗嘱真实性。因此该遗嘱形式要件并无问题。至于被告主张的视频录制时间不能确定的问题并不影响证据的证明力，本案又无其他遗嘱与视频遗嘱冲突，确定立遗嘱时间也并无意义。被告主张视频被剪接过，但未有证据证实其主张。再从视频内容看，王某某本人思维清楚，尤其是在说起房产处分、子女养老时，意思表达非常清晰，明确表示要给女儿。被继承人在遗嘱中陈述其一直在女儿家生活，儿子多年不履行赡养义务的情况，被告在庭审中也都认可。也足见被继承人的陈述客观属实，其思维意识清楚。至于视频中存在的他人语言引导现象，考虑到立遗嘱人年纪较大，不懂法律知识，立遗嘱时不知从何说起，实属正常，不能以此否定遗嘱效力。

孙某乙对此持不同意见，在上诉中称：一审法院依据被上诉人提供的录像遗嘱判决

---

① 杨大文：《亲属法与继承法》，法律出版社2013年版，第359页。
② 山东省烟台市中级人民法院(2014)烟民四终字第1798号民事判决书。

分割遗产是完全错误的,该遗嘱不应作为定案的依据。1. 该遗嘱不符合法律规定的形式。其没有具体的时间、地点,也没有两个以上的见证人共同在场见证并表明自己的身份;录像完毕后也没有进行密封保存,没有立遗嘱人和见证人签字。庭审中,法庭提供了官某和马桂芬的调查笔录,上诉人认为上述两证据证明不了该遗嘱是有效的:第一,见证人应当由被继承人找,而该两人却是由与继承有利害关系的被上诉人孙某甲找的,并且该两人系被上诉人的朋友,与其存在利害关系;第二,该两人未具体讲明见证的具体时间、见证的是哪一次视频及在场其他见证人情况等。2. 该遗嘱不是上诉人母亲王某某的真实意思表示,通过在一审中观看视频,可以看到不是王某某本人亲自讲述,而是旁边有人不断提醒,这不是其真实的意思表示,是无效的。一审认定"考虑到立遗嘱人年纪较大,不懂法律知识,立遗嘱时不知从何说起",不符合常理,脱离实际。既然立遗嘱人想立遗嘱,只要其神志清醒就应知道该怎么讲,无须他人提醒,这与其岁数大小、懂不懂法律知识没有任何关系。因此该遗嘱不是上诉人母亲王某某的真实意思表示。3. 被上诉人孙某甲提供的几段视频存在剪辑的情况,且孙某某病入膏肓,根本无法表达出自己的真实意思。被上诉人孙某甲在一审中提供了一份代书遗嘱,遗嘱上有上诉人的名字,上诉人要求对笔迹进行鉴定,但一审法院至今未进行鉴定质证。上诉人认为假设涉案房屋系遗产,而该遗嘱又系伪造的,根据《继承法》的规定被上诉人应不分或少分遗产,同时应追究被上诉人伪造证据的责任。

烟台市中级人民法院认为,当事人对自己提出的诉讼请求所依据的事实或者反驳对方诉讼请求所依据的事实有责任提供证据加以证明。没有证据或者证据不足以证明当事人的事实主张的,由负有举证责任的当事人承担不利后果。上诉人孙某乙没有证据对被上诉人孙某甲提供的录像遗嘱予以反驳。

现代科学技术的发展使得录音遗嘱不再停留在传统的录音手段上,录像等方式日益丰富着录音遗嘱这一形式。本案中,视频遗嘱能够保证该遗嘱是遗嘱人的真实意思表示,且符合有两个以上见证人在场见证的形式要件。孙某乙未提供足够的证据证明该视频遗嘱无效,则该视频遗嘱应当具有录音遗嘱的法律效力。

(5)口头遗嘱

口头遗嘱是指立遗嘱人以口头表述的方式记载遗嘱内容的遗嘱。口头遗嘱只能在不能以其他方式设立遗嘱的危急情形下作出。危急情形通常指立遗嘱人生命垂危或者随时有生命危险,来不及或没有条件以其他形式设立遗嘱的情形。制作口头遗嘱需要有两个以上的见证人在场见证。作为危急情形的临时措施,口头遗嘱仅在短暂的期限内具有效力。一旦危急情形解除,具备了以其他形式制作遗嘱的条件,口头遗嘱就会无效,立遗嘱人需要以其他方式另行制作遗嘱。

【典型案例】

危急情形所立口头遗嘱有效[①]

2009 年 1 月 12 日,王×3 因原发性肝癌入住首都医科大学附属北京佑安医院,同年 2 月 27 日 7 时 35 分病情恶化不治在该院去世。王×3 在该院 2009 年 2 月 26 日《出

① 北京市第三中级人民法院(2015)三中民终字第 02378 号民事判决书。

院记录》显示："患者入院后精神不振,出现多次上消化道出血,肝肾功能均呈进行性衰退,目前肝肾功能均呈衰竭状态,因医保原因办理出院,尽快入院。"同日《死亡记录》显示："患者以原发性肝癌入院,呕血约 10ml 左右,第二天病情恶化,终因原发性肝癌死亡。"

一审庭审中,胡×1 提交《遗嘱》一份,内容为："今天我吐血了,现在感觉病情很重,不知哪天我会离世。今天趁你们都在,我王×3 要交待一下,胡×1 这些年跟我吃了很多苦,现在又因我的病欠下了一大笔债,我现在正式宣布,我走后,把我名下的房产以及我的一切财产全部遗留给我的妻子胡×1,由她替我偿还债务,另外,我有一个要求:希望她能替我为母亲尽孝。"该遗嘱下方有"笔录人:胡×2,见证人:刘×2、杨×。注:王×3 名下的房子地址:朝阳区××号"字样,落款时间为 2009 年 2 月 25 日中午 12:10。胡×1 陈述立遗嘱当天王×3 吐血被紧急抢救,自感病重,一只胳膊输液,一只胳膊绑着其他仪器,遂由其口述,由前往看望的胡×2 记录,刘×2、杨×见证并签字形成口头遗嘱。胡×2、刘×2、杨×亦到庭作证证实该遗嘱的上述形成过程,同时胡×2 陈述立遗嘱当天王×3 神志清醒,但精神不好,只能躺着,本人无法签字,杨×则陈述当天王×3 刚吐完血精神尚可。

被继承人王×3 死亡后,胡×1、王×1、王×2 等就涉案房屋的分配发生分歧。该涉案房屋系 1997 年 11 月广播电影电视部安装公司分配给王×3 的。2000 年 8 月 29 日,涉案房屋产权证下发,登记在王×3 名下。现涉案房屋由胡×1 居住使用。

朝阳区人民法院经审理认为:继承人有权行使继承权,要求继承被继承人的遗产。继承开始后,按照法定继承办理;有遗嘱的,按照遗嘱继承或者遗赠办理。代书遗嘱应当有两个以上见证人在场见证,由其中一人代书,注明年、月、日,并由代书人、其他见证人和遗嘱人签名。遗嘱人在危急情况下,可以立口头遗嘱。口头遗嘱应当有两个以上见证人在场见证。涉案房屋系王×3 与胡×1 婚姻关系存续期间获得,应为二人夫妻共同财产,现王×3 已经去世,房屋中属于王×3 的份额系其合法遗产。胡×1 提交的遗嘱虽无立遗嘱人王×3 本人签字,但根据庭审查明的事实及现有证据,2009 年 2 月 25 日立遗嘱当天王×3 吐血,2 月 27 日清晨即因病情加重死亡,其间处于抢救状态,应当认定立遗嘱时已经处于濒临死亡的危急情况,此时通过口述方式安排身后事符合常理。同时,胡×2、杨×、刘×2 三人对遗嘱的形成过程及内容陈述基本一致,遗嘱内容除涉及遗产处理外,还涉及债务清偿、老人赡养等方面,内容翔实且有两个以上见证人见证,符合口头遗嘱的成立要件,法院对该遗嘱的真实性予以采信,确认其为立遗嘱人王×3 的真实意思表示,胡×1 要求按照遗嘱继承涉案房屋有事实和法律依据,法院予以支持。

判决后,王×1 不服北京市朝阳区人民法院(2014)朝民初字第 36290 号民事判决,提起上诉称:1. 王×3 具备按手印的条件,但并未签字按印,代书遗嘱属于无效。2. 证人均与胡×1 具有利害关系,且陈述彼此矛盾,不应作为认定事实的依据。庭审中,只有刘×2 提出立遗嘱当时有杨×的爱人在场,另外两位证人胡×2、杨×均未说杨×的爱人在场。三位证人的证言间有矛盾。3. 证人与胡×1 具有利害关系,不能作为口头遗嘱见证人,口头遗嘱无效。4. 原审对危急情况的认定缺乏事实与法律依据,本案不属于不能采取录音形式立遗嘱的危急情况。依据法律规定,能够用录音形式立遗嘱的,所立的口头遗嘱无效。5. 本案的代书遗嘱既非见证人代书,亦无遗嘱人签名,应属无效。

北京市第三中级人民法院认为:公民可以依照《继承法》规定立遗嘱处分个人财产。遗嘱人在危急情况下,可以立口头遗嘱。口头遗嘱应当有两个以上见证人在场见证。从王×3的病情和抢救情况来看,2009年1月12日至2009年2月27日期间,王×3因原发性肝癌入院治疗,并开始出现消化道出血、呕血等情况,至2月27日清晨即因抢救无效死亡。从病情发展情况来看,以认定王×3在2009年2月25日立口头遗嘱符合情况危急这一条件为宜。审理中,胡×2、杨×、刘×2均出庭作证,三人对口头遗嘱的形成过程及内容的陈述基本一致,故胡×1所主张的口头遗嘱亦符合两个以上见证人在场见证这一形式要件。综上,本院对胡×1所主张的口头遗嘱予以确认。王×1主张口头遗嘱无效,则王×1须对"危急情况解除"且"遗嘱人能够用书面或者录音形式立遗嘱"承担举证责任。从现有证据来看,均不足以证明上述条件已同时满足,故对王×1有关口头遗嘱无效的主张,本院无法采信。判决如下:驳回上诉,维持原判。

口头遗嘱是在特定的环境下不得不选择的一种特别的遗嘱形式。以该遗嘱形式订立的遗嘱发生效力需要满足严格的形式要求和实质要求。从形式要求上而言,必须有两个以上的见证人;从实质要求上而言,必须是在危急的情况下。本案中,王×1主张口头遗嘱无效,但并未提供充分的证据予以证明。人民法院根据王×3立遗嘱当时的病情及抢救情况等综合判断,认定所立口头遗嘱符合情况危急的条件,进而认可该口头遗嘱的效力,具有合理性。

【典型案例】

具备以其他形式制作遗嘱的条件时口头遗嘱无效①

被继承人周某某(2012年6月23日病故)、吕某某(2008年3月7日病故)夫妻生育有周某甲(2010年3月6日病故)和原告周××二子。周某甲娶妻范××,生育有女儿周某、儿子周×。周某某与周某甲、范××夫妇之间长期不睦,曾因房产纠纷诉讼至法院。2012年3月1日,周某某因病住院,同年6月23日病故。周某某住院期间,曾于2012年5月22日要求其单位领导到病床前,口头交代如其有不测,其所有财产,包括不动产、动产全部归儿子周××所有。周某某、吕某某生前的生活一直由周××夫妇照顾直至去世。周某某去世后,其后事也由周××夫妇料理。周某某死亡后,周××与周某、周×就周某某的遗产问题发生继承纠纷,2012年8月14日,周某、周×等将周××诉至法院。

一审法院审理认为:关于被继承人周某某的遗产及债务如何继承的问题,虽然被继承人周某某在2012年5月22日曾向与本案没有利害关系的案外人陈某某和张某立下口头遗嘱,表示其过世后所有财产归周××所有,但从其在2012年5月22日立口头遗嘱到同年6月23日去世时止,没有证据证实周某某一直处于危急状态。根据法律规定:"遗嘱人在危急情况下,可以立口头遗嘱。口头遗嘱应当有两个以上见证人在场见证。危急情况解除后,遗嘱人能够用书面或者录音形式立遗嘱的,所立的口头遗嘱无效。"因此,本案不能按遗嘱继承处理,应当按法定继承处理。本案虽按法定继承处理,

---

① 广西壮族自治区玉林市中级人民法院(2014)玉中民一终字第321号民事判决书。

但由于周某甲夫妇没有尽到赡养周某某的义务,根据法律规定:"有扶养能力和有扶养条件的继承人,不尽扶养义务的,分配遗产时,应当不分或者少分。"周某某病重期间所立的口头遗嘱虽无效,但周某某的口头遗嘱也表明了死者的愿望,而且原告周××夫妇长期照顾周某某夫妇的生活起居,操办周某某、吕某某死后的所有后事。因此,被继承人周某某的遗产应归原告周××继承。

周某、周×、范××不服玉林市玉州区人民法院(2012)玉区法民初字第3348号民事判决,提起上诉称:一、原审认定继承人周某甲夫妇没有尽到赡养被继承人周某某的义务,并以周某某所立的无效口头遗嘱是其愿望为由,判决周某甲不应分得遗产,从而变相剥夺上诉人周某、周×的代位继承权,是没有事实和法律依据的。二、周某甲从未虐待被继承人周某某夫妇,其生前已尽了赡养父母的义务。

玉林市中级人民法院认为:对周某某的遗产应如何继承分割、债务应如何清偿的问题,被继承人周某某生前虽立有口头遗嘱,但因该口头遗嘱不符合《中华人民共和国继承法》第17条第5款的规定,应确认为无效。根据《中华人民共和国继承法》第5条、第10条、第11条的规定,周某某的遗产应由其第一顺序继承人周××及周某甲的代位继承人周某、周×继承。周××主张其长期与被继承人周某某共同生活,对周某某尽了全部的赡养、扶助义务,符合客观事实,本院予以确认。但其主张范××、周某、周×存在长期虐待、遗弃被继承人周某某的行为,三上诉人对此不予认可,周××也未能提供充足的证据予以证实,本院对此主张不予确认。因此,周××主张周某、周×已丧失对被继承人周某某遗产的继承权,没有事实与法律依据,本院不予支持。但鉴于三上诉人长期占用周某某夫妇分得的房屋,使得周某某夫妇长期在外租房居住,经周某某多次向法院起诉主张权利、法院判令三上诉人应归还涉讼房屋给周某某后,三上诉人仍拒绝搬出上述房屋,而周××夫妇长期照顾周某某夫妇的生活起居,操办周某某夫妇的后事,根据《中华人民共和国继承法》第13条第3款的规定:"对被继承人尽了主要扶养义务或者与被继承人共同生活的继承人,分配遗产时,可以多分。"据此,本院确认周某、周×可继承周某某遗产的20%,周××则继承周某某遗产的80%为宜。同理,对周某某的债务应由周××与周某、周×按8:2的比例清偿。

本案中,周某某虽然在生病期间,向其单位领导陈某某和张某口头明确表示如其有不测,其所有财产,包括不动产、动产全部归儿子周××所有。但是,此后一个多月的时间里,其并没有通过其他方式制作遗嘱,明确该处分遗产的意思表示。周某某在具备以其他形式制作遗嘱的条件时,并未制作遗嘱,口头遗嘱无效。周某某的遗产应当根据法定继承的规定,由其法定继承人继承。由于周某某之子周某甲先于周某某死亡,周某甲的子女周某、周×有权代位继承。

(三)遗嘱的内容

遗嘱的内容,是指立遗嘱人为处分遗产及其他身后事务所为的意思表示。遗嘱的内容应当明确、具体,通常包括:指定继承人或受遗赠人、继承人或受遗赠人的附加义务、遗产分配的方法或份额、指定遗嘱执行人等。

1. 指定继承人或受遗赠人

遗嘱中应当明确记载指定的继承人或受遗赠人。被继承人应当在法定继承人中指定遗嘱继承人,法定继承人以外的其他主体不能作为遗嘱继承人。在遗嘱中遗赠财产的,应当明确记载指定的受遗赠人的姓名或名称。受遗赠人既可以是自然人,也可以是法人或其他组织,还可以是国家。指定的继承人或受遗赠人既可以是一人,也可以是多人。多数继承人或受遗赠人继承遗产的,不受法定继承关于继承顺序以及应继承份额的限制。立遗嘱人可以在遗嘱中指定候补继承人或受遗赠人。遗嘱中记载的条件成就时,指定的候补继承人或受遗赠人取代继承人或受遗赠人的位置参与遗产继承。

2. 继承人或受遗赠人的附加义务

立遗嘱人可以在遗嘱中为继承人或受遗赠人附加义务。"例如指明某财产用于某特定用途,某继承人应将某财产的收益的部分扶养某人等。"[1]遗嘱中所附的义务应当合法、合理并具有可履行性。

3. 遗产清单以及遗产分配的方法或份额

遗嘱中应当列明立遗嘱人死后通过遗嘱继承方式继承的遗产。未在遗嘱中列明的财产,不适用遗嘱继承,应由法定继承人进行法定继承。立遗嘱人应当在遗嘱中明确继承人或受遗赠人分配遗产的方法或应得份额。

4. 指定遗嘱执行人

立遗嘱人可以在遗嘱中指定遗嘱执行人。遗嘱执行人根据遗嘱的内容以及法律规定执行遗嘱。遗嘱执行人只有权执行遗嘱,无权对遗产进行处分。遗嘱未指定遗嘱执行人的,不影响遗嘱继承。我国《继承法》第 16 条第 1 款规定,在遗嘱中可以指定遗嘱执行人。

(四)遗嘱有效的要件

遗嘱有效的要件包括形式要件与实质要件。首先,遗嘱行为属于要式法律行为,法律对遗嘱的形式具有明确的要求。遗嘱应当依据法律规定的形式进行制作,符合形式性的要求,否则不产生法律效力。其次,遗嘱有效还需要符合法律实质要件的要求,满足主体合格、意思表示真实、内容合法等要求。关于遗嘱有效的形式要件,在"遗嘱的形式"部分已经进行了介绍,不再赘述。遗嘱有效的实质要件包括:

1. 立遗嘱人设立遗嘱时具备完全民事行为能力

遗嘱行为是以意思表示要素为核心的法律行为,遗嘱行为有效以立遗嘱人具备相应的民事行为能力为要件,即立遗嘱人必须具备依其自由意志自由处分财产的遗嘱能力。我国《继承法》第 22 条第 1 款明确规定:"无行为能力人或者限制行为能力人所立的遗嘱无效。"根据这一规定,我国法律要求立遗嘱人须具备完全民事行为能力,无民事行为能力人或限制民事行为能力人不能通过设立遗嘱的方式处分其财产。

判断立遗嘱人是否具有遗嘱能力的时间点为立遗嘱时。立遗嘱时,立遗嘱人为完全民事行为能力人,具有遗嘱能力的,即便此后丧失民事行为能力,也不影响遗嘱的效力。反之,立遗嘱时,立遗嘱人为无民事行为能力人或限制民事行为能力人,不具有遗嘱能力的,即便此后成为完全民事行为能力人,遗嘱仍然无效。《继承法意见》第 41 条规定:"遗嘱人立遗嘱时必须有行为能力。无行为能力人所立的遗嘱,即使其本人后来有了行为能力,仍属无效遗

[1] 魏振瀛:《民法》,北京大学出版社、高等教育出版社 2010 年第 4 版,第 598 页。

嘱。遗嘱人立遗嘱时有行为能力,后来丧失了行为能力,不影响遗嘱的效力。"

2. 遗嘱是立遗嘱人的真实意思表示

遗嘱行为在性质上为表意行为,是立遗嘱人生前处分其财产死后生效的意思表示。该法律行为有效以其是立遗嘱人的真实意思表示为前提。我国《继承法》第 22 条第 2 款至第 4 款规定:"遗嘱必须表示遗嘱人的真实意思,受胁迫、欺骗所立的遗嘱无效。伪造的遗嘱无效。遗嘱被篡改的,篡改的内容无效。"

【典型案例】

无充分证据证明遗嘱系伪造的,遗产归遗嘱继承人①

著名画家齐某某的弟子许某某先生于 2011 年去世,留下包括齐某某先生的 24 幅字画在内的 72 件书画作品以及 3 把紫砂壶。上述书画作品以及紫砂壶的市场价值约 21 亿元人民币。对于如何继承许某某先生的遗产,其配偶、子女以及孙辈之间产生分歧。2012 年 7 月,许某某的三儿子许化夷以遗嘱系伪造,许某某先生的遗产应当依据法定继承处理为由将许某某先生的配偶即其母王某某女士及许某某先生的长子许化杰、二儿子许化儒诉至法院,请求人民法院根据法定继承的规则分割其父许某某先生的遗产。一场旷日持久的继承纠纷由此而始。

2013 年 3 月 5 日,北京市第二中级人民法院公开审理此案。因许某某先生的子女无人放弃继承权,北京市第二中级人民法院追加许某某先生的其他子女参与本案审理。一审期间,王某某女士向法庭提交了一份许某某先生手书的遗嘱。遗嘱上载明:"我许某某百年以后,我的一切文物、字画及所有财产归我夫人王某某所有。我许某某(许德麟)二零壹零年九月二日所立遗嘱。"许某某先生的二儿子许化儒、小儿子许化迟和四女儿许娥认可该遗嘱的真实性,但三儿子许化夷和其他几名子女都对遗嘱的真实性提出异议,请求人民法院鉴定该遗嘱的真伪。但是,因人民法院所提供的样本无法满足鉴定条件,鉴定无法进行。2014 年 10 月 13 日,北京市第二中级人民法院一审认定,许某某先生生前所写遗嘱有效,判决由许某某先生的配偶王某某女士依遗嘱继承全部遗产。许化夷等人不服一审判决,向北京市高级人民法院提起上诉。

2015 年 9 月 25 日,北京市高级人民法院经审理认为一审程序存在瑕疵,事实需进一步查清,裁定将本案发回北京市第二中级人民法院重审。2016 年 6 月 3 日,北京市第二中级人民法院重新开庭审理本案。北京市第二中级人民法院经审理查明,涉讼财产 72 件字画和 3 把紫砂壶,系许某某先生与王某某女士在夫妻关系存续期间所得,属于夫妻共同财产。应当首先分割夫妻共同财产,将该部分财产中应属于王某某女士的份额扣除,剩余部分作为许某某先生的遗产。王某某女士提交的遗嘱符合法律规定的自书遗嘱形式要件,合法有效。书法创作中用不同名字、字体、写法署名落款名章属于常见现象,许化夷等人提出遗嘱中的"许"和"麟"等字不符合许某某先生生前的书写习惯等质疑不符合一般常识。许某某先生通过遗嘱将全部遗产交由与其共同生活 70 余年的结发妻子,符合人之常情。许化夷等人主张王某某女士提交的遗嘱系伪造,但未能提供充分证据予以证明,法院不予采信。2016 年 7 月 29 日,北京市第二中级人民法院

---

① 安然:《国画大师许麟庐遗产案重审昨日宣判　法院再判遗产全归遗孀》,载《北京晚报》,https://www.takefoto.cn/viewnews-864641.html,下载日期 2016 年 9 月 1 日。

一审判决,许某某先生的自书遗嘱有效,遗产全部由遗孀王某某继承,驳回许化夷、许化杰等人要求按照法定继承原则处理许某某遗产的诉讼请求。

王某某女士向法院提交的遗嘱是否真实有效是本案争议的焦点问题之一。倘若该遗嘱真实有效,根据遗嘱继承优先于法定继承的原则,王某某女士有权依据遗嘱的内容继承许某某先生的全部遗产;反之,倘若该遗嘱系伪造,则其不产生遗嘱继承的效力,许某某先生的遗产应根据法律规定由其法定继承人继承,即作为被继承人许某某先生第一顺位法定继承人的配偶、子女以及符合代位继承条件的孙子女按份额继承遗产。

本案中王某某女士提交的遗嘱内容明确,有立遗嘱人的签名,并注明年、月、日,符合自书遗嘱的形式要件。许化夷等人认为该遗嘱系伪造,应当提供充分的证据予以证明,否则应当承担举证不能的责任。北京市第二中级人民法院根据当事人提交的证据,判定该遗嘱有效,由王某某女士继承许某某先生的全部遗产,符合法律规定以及被继承人的意愿,保护了当事人的合法利益。

3. 遗嘱的内容合法

首先,遗嘱中处分的财产应当是立遗嘱人的个人合法财产。立遗嘱在性质上属于财产处分行为,该处分行为的对象限于立遗嘱人的个人合法财产。立遗嘱人通过遗嘱处分他人财产的,超越了法律的界限,处分他人财产的部分无效。

【典型案例】

以遗嘱方式处分丧葬费、抚恤金的行为无效①

被继承人刘某某与前妻共生育子女六人。刘某某与原告任某某于 1993 年 7 月 22 日登记结婚,婚后没有生育子女。原告在与刘某某结婚前曾生育四名子女。刘某某于 2010 年 9 月 3 日死亡。

中国人民解放军广东省军区沙河离职干部休养所于 2011 年 8 月 30 日出具《证明》,内容为:"我所已故离休干部刘某某同志,由于家庭成员意见不统一,导致刘某某去世后的部分经费未结算,暂时存放所里。暂存经费包括:丧葬费余额 41728 元、一次性抚恤金 146560 元、特别抚恤金 10000 元。"

原告提交《留言》一份,内容为:"我现较健康,但毕竟是近九十岁的高龄老人了,我留话以备事后执行,免得给组织增加麻烦。如果我先逝我妻任某某,我的抚恤金、六个月的生活补助费、特别抚恤金及丧葬费余款均留给我妻明菊使用……第七个月起国家有什么和其他规定执行吧。抚恤金使用的第二项即没父亲和抚养人的归配偶,前六个月生活补助也是归配偶(生活困难使用)。丧葬费是专款专用不能抛费,购衣物、火化骨灰盒及存放,最后请为我后事操劳的同志们吃饭以表谢意了……"留言人一栏的签名为"刘某某",见证人一栏为空白,落款日期为 2007 年 7 月 9 日。

原审法院认为:丧葬费是死者所在单位给予死者近亲属的为死者办理丧葬事宜的经费,抚恤金是死者所在单位给予死者近亲属和被扶养人的生活补助费,死亡抚恤金还含有一定精神抚慰的内容。丧葬费、抚恤金发生于死者死亡后,不是给予死者的,也不是死者生前的财产,故不属于遗产的范围,不能作为遗产继承。本案中原、被告双方均

———————
① 广东省广州市中级人民法院(2013)穗中法民一终字第 2926 号民事判决书。

基于与死者的特殊身份关系而共同享有获得丧葬费余额、抚恤金的权利,故本案中在中国人民解放军广东省军区沙河离职干部休养所暂时存放的刘某某丧葬费余额 41728元、一次性抚恤金 146560 元、特别抚恤金 10000 元应按共有财产进行分割,原告与四被告每人分得涉案遗产中的五分之一,即丧葬费余额 8345.6 元、一次性抚恤金 29312 元、特别抚恤金 2000 元。

任某某不服广州市天河区人民法院(2012)穗天法民一初字第 262 号民事判决,提起上诉称:一、刘某某签字确认的《留言》真实合法,其关于丧葬费、抚恤金的遗愿应得到尊重和保护,据此刘某某的丧葬费、抚恤金应改判归任某某所有。二、被上诉人均已成年,未尽赡养义务,应少分或不分抚恤金;任某某年老多病,没有生活来源和固定收入,应优先照顾。原审将丧葬费、抚恤金平均分配给上诉人与被上诉人,缺乏法律依据。

广州市中级人民法院认为:遗产是公民死亡时遗留的个人合法财产。本案诉争标的的丧葬费及抚恤金是刘某某死亡后相关单位应支付的费用,其既不是给死者的财产,也不是死者生前的财产,故不属于遗产的范围,本案因此不属于遗产继承纠纷。至于抚恤金的分配,《军人抚恤优待条例》第 15 条规定:"一次性抚恤金发给烈士、因公牺牲军人、病故军人的父母(抚养人)、配偶、子女。"《军人抚恤优待条例》第 16 条规定:"对符合下列条件之一的烈士遗属、因公牺牲军人遗属、病故军人遗属,发给定期抚恤金:(一)父母(抚养人)、配偶无劳动能力、无生活费来源,或者收入水平低于当地居民平均生活水平的……"据此,《军人抚恤优待条例》对无劳动能力、无生活费来源,或者收入水平较低的配偶的抚恤优待,在一次性抚恤金的发放方面并无特别规定,而是通过定期抚恤金来体现。原审平均分配丧葬费、一次性抚恤金和特别抚恤金,于法并无不当。任某某以其年老体弱多病及经济困难为由主张涉案丧葬费及抚恤金应由其和其子女所有,缺乏法律依据,本院不予采纳。

被继承人有权在生前通过遗嘱的方式对其所有的个人合法财产进行处分,其死后应当根据其意愿分配遗产。但是通过遗嘱方式处分的财产必须是其个人的财产,超过这一范围,不能作为遗产进行处分。本案中,刘某某在《留言》中对其死后丧葬费及抚恤金的处理进行了安排。但是,因为丧葬费及抚恤金并非死者的财产,不属于遗产的范围,该处分行为无效。关于丧葬费以及抚恤金分配的争议不属于遗产继承纠纷。

其次,遗嘱不得违反法律关于特留份的规定。我国《继承法》第 19 条规定了特留份制度,即遗嘱应当对缺乏劳动能力又没有生活来源的继承人保留必要的遗产份额。立遗嘱人不得违反该强行性规定。倘若立遗嘱人对其个人的合法财产进行处分时,未对缺乏劳动能力又没有生活来源的继承人保留必要的遗产份额,遗嘱部分无效。应当在为缺乏劳动能力又没有生活来源的继承人保留必要的遗产份额后,将剩余的部分参照遗嘱的内容进行继承。继承人是否符合"缺乏劳动能力又没有生活来源"的要求,应当在被继承人死亡,即遗嘱生效时进行判断,而不是根据立遗嘱时继承人的状况进行判断。

许某某遗产纠纷一案中,遗嘱人许某某具备遗嘱能力,并未取消缺乏劳动能力且无生活来源的继承人的继承权,处分其个人财产的遗嘱行为合法有效。许某某先生通过遗嘱处分的财产仅限于其个人的合法财产,不涉及夫妻共同财产中其妻王某某女士应得的份额。北京市第二中级人民法院在审理过程中,将夫妻关系存续期间许某某先生取得的财产作为夫

妻共同财产进行定性,划定许某某先生的遗产范围,避免不当扩张遗嘱处分行为涉及的财产范围,有力地保护了王某某女士的合法权益。

【典型案例】

遗嘱未为缺乏劳动能力又没有生活来源的继承人保留份额部分无效[①]

王某乙与王某甲系父女关系,与被继承人黄乙分别是夫妻和母女关系。黄某、傅某是黄乙的父母。1994 年黄某、傅某将一幢坐西朝东四间三层房屋赠与黄乙。此后,黄乙先后取得了房屋国有土地使用权证和房屋所有权证。2000 年王某乙与黄乙结婚,2001 年 10 月生王某甲,2003 年 8 月黄乙跳楼身亡,生前留有一份由其签名的遗书,表明将黄某、傅某给黄乙的一切财产归还的意思。遗书系打印没有落款时间,但落款处"黄乙"的签名经该院委托司法部司法鉴定中心鉴定,系黄乙本人的签名。

2004 年 4 月 15 日,王某乙、王某甲以要求依法处置黄乙遗产遭黄某、傅某拒绝为由,诉至义乌法院,请求依法分割黄乙的遗产。黄某、傅某答辩称,讼争房屋系两人赠与黄乙,黄乙跳楼前立有将该房屋还给两人的遗嘱,王某乙、王某甲无权要求分割。

义乌法院审理认为,黄乙生前所立的遗书虽涉及其死后个人财产处分的内容,该遗书中"黄乙"的签名也经司法鉴定,系黄乙亲笔所签。但由于该遗书中没有注明遗书形成的具体时间,因此,本案遗书不能按自书遗嘱对待,应按法定继承处理。双方均是第一顺序继承人,对其遗产享有同等继承权。系争的房屋系黄乙结婚之前受赠取得,系其个人遗产。四人对此遗产各享有四分之一的继承权。判决:四间三层房屋中靠南一间由王某乙继承,其次一间房屋由王某甲继承;其余两间房屋由黄某、傅某继承。

四人均不服,分别向金华市中级人民法院提起上诉。金华市中级人民法院二审认为,本案所涉遗嘱已经我国司法部司法鉴定中心确认真实,王某乙没有充分的理由和证据证明司法部的鉴定具有应当重新鉴定的四种法定情形之一,且未提供书面的重新鉴定申请,故一审法院对鉴定结论的采信正确。王某乙没有证据证明本案遗嘱属于伪造或篡改。民事案件的处理应当合情合理合法,对法律条文的解释和运用应当考虑适用法律的社会效果。对有关民事行为效力的确定,应当审查民事行为是否违反了法律禁止性规定,只有违反了法律禁止性规定的民事行为才能确认无效。对形式要件有一定缺陷的,其效力应综合分析判断。黄乙所留遗嘱虽未注明年月日,但法律规定遗嘱一般应注明年月日的立法目的在于区别遗嘱的时间顺序和效力,而本案只有一份遗嘱,不存在哪份遗嘱在先和哪份遗嘱在后的问题,且不仅不应要求作为普通公民的黄乙所留遗嘱完全符合法律规定的实质要件和形式要件,同时还应考虑黄乙留遗嘱时的心理状态,更何况《继承法》没有规定遗嘱未注明年月日则应确认无效。据此,尚不能认定本案遗嘱形式要件违反了法律的禁止性规定。黄乙将父母赠送的房产立遗嘱赠还给父母的意思表示真实,也符合《继承法》的规定。黄某、傅某的上诉理由成立,予以支持。本案所涉房屋应当按照黄乙所留遗嘱由黄某、傅某某全部继承。判决:一、撤销(2004)义民初字第 2750 号民事判决;二、驳回王某乙、王某甲的诉讼请求;三、被继承人黄乙的遗产,即四间三层房屋由黄某、傅某继承。

[①] 浙江省高级人民法院(2011)浙民提字第 10 号民事判决书。值得注意的是本案中关于仅有签名的打印遗嘱的效力认定似乎还有探讨的空间。

王某甲、王某乙申请再审称：一、本案黄乙的遗嘱系打印形成，仅有黄乙签名，无落款日期，故该遗嘱不符合法律和司法解释规定的自书遗嘱或代书遗嘱的必备条件，不能发生法律效力。二、黄乙在遗嘱中将其全部个人财产归被申请人继承，完全没有给年幼的王某甲保留份额，故该遗嘱的内容违反了我国《继承法》和《未成年人保护法》的规定，依法应认定无效或部分无效。

浙江省高级人民法院认为，本案的争议焦点为黄乙的遗嘱是否真实有效，能否据此处分黄乙的遗产。本院认为，黄乙生前所留遗嘱业经司法部司法鉴定中心鉴定，结论为检材（遗嘱）上落款处的"黄乙"签名字迹与样本（黄乙生前书写）上"黄乙"签名字迹是同一人所写。虽然，王某甲、王某乙提出黄乙遗嘱的真实性存在多处疑点，但并未提供推翻该鉴定结论的相关证据，且其对遗嘱真实性所持异议的理由本身也不足以使常人对遗嘱产生合理怀疑，故该遗嘱的真实性可予确认。尽管黄乙所留遗嘱未注明年月日，但我国《继承法》及相关的司法解释并没有规定遗嘱存在未注明年月日的瑕疵属无效，王某甲、王某乙以遗嘱未注明年月日为由，主张遗嘱无效的再审理由，于法无据。但是，我国《继承法》第19条规定："遗嘱应当对缺乏劳动能力又没有生活来源的继承人保留必要的遗产份额。"《最高人民法院关于贯彻执行民事政策法律若干问题的意见》第44条规定：公民依法用遗嘱处分自己的财产，应予承认和保护。但所立遗嘱如违反有关法律、政策的规定，或者取消了未成年和无生活来源的法定继承人的份额的，不予保护。本案中，王某乙属有劳动能力的成年人，黄乙在遗嘱中未给其留下财产，并不违反法律相关规定，该处分行为应属有效；而王某甲作为黄乙的法定继承人，在黄乙立下遗嘱时，未满两周岁，因此，黄乙在遗嘱中将王某甲作为法定继承人本应享有的继承份额归于黄某、傅某，违反了上述法律和司法解释的相关规定，依法应认定黄乙遗嘱中有关将王某甲本应享有的法定继承份额归于黄某、傅某的内容无效，黄乙所留四间三层房屋的遗产，应由王某甲继承四分之一。

本案中，黄乙有权通过遗嘱对其死后遗产的处分进行安排。但是遗嘱处分行为不得违反法律强行性规定。根据我国《继承法》第19条的规定，遗嘱人立遗嘱时必须为缺乏劳动能力又没有生活来源的继承人保留必要的遗产份额。黄乙死亡时女儿王某甲年仅两岁，符合缺乏劳动能力又没有生活来源的条件，应当为其保留一定的遗产份额。黄乙在遗嘱中将所有的财产都处分给黄某、傅某的行为违反了法律强行性规定，应当部分无效。

最后，遗嘱不得违背社会公共利益和社会公德。遗嘱自由是相对而非绝对的。处分遗产的行为不得逾越社会公共利益和社会公德的界限。违反社会公共利益和社会公德的遗嘱内容无效。这是道德法律化对遗嘱自由的合理限制。

【典型案例】

违背公序良俗的遗嘱无效①

蒋某某与黄某某于1963年5月登记结婚，婚后双方夫妻感情较好。因蒋某某未生育，收养了一子黄勇（现年31岁）。1990年7月，蒋某某继承父母遗产取得原泸州市××中区××街67号房屋所有权。1995年，该房因城市建设被拆迁，由拆迁单位将位于泸

---

① 四川省泸州市中级人民法院（2001）泸民一终字第621号民事判决书。

州市××区××路 6-2-8-2 号的 77.2 平方米住房一套作为还房安置给了蒋某某,并以蒋某某个人名义办理了房屋产权手续。1996 年,黄某某与张某某相识后,两人开始在外租房非法同居生活。2000 年 9 月,黄某某与蒋某某将蒋某某继承所得的位于泸州市××区××路 6-2-8-2 号房产以 8 万元的价格出售给陈某,且约定该房屋交易产生的有关税费由卖方承担。2001 年春节,黄某某、蒋某某夫妇将售房款中的 3 万元赠与其子黄勇用于在外购买商品房。2001 年初,黄某某因患肝癌晚期住院治疗,住院期间一直由蒋某某及其家属护理、照顾。2001 年 4 月 18 日黄某某立下书面遗嘱,将其所得的住房补贴金、公积金、抚恤金和出卖泸州市××区××路 6-2-8-2 号住房所获房款的一半 4 万元及自己所用手机一部赠与张某某。2001 年 4 月 20 日,泸州市纳溪区公证处对该遗嘱出具了(2001)泸纳证字第 148 号公证书。2001 年 4 月 22 日,遗赠人黄某某去世,张某某要求蒋某某交付遗赠财产遭蒋某某拒绝,双方发生争执,张某某遂诉至人民法院。一审过程中,经蒋某某申请,泸州市纳溪区公证处于 2001 年 5 月 17 日作出(2001)泸纳撤证字第 02 号《关于部分撤销公证书的决定书》,撤销了(2001)泸纳证字第 148 号公证书中的抚恤金和住房补贴金、公积金中属于蒋某某的部分,维持其余部分内容。

原审人民法院判决认定:遗赠人黄某某临终前,于 2001 年 4 月 18 日立下书面遗嘱,该遗赠虽是黄某某本人的真实意思表示且形式上合法,并经公证机关公证,但该遗赠将不属于黄某某个人财产的抚恤金及属夫妻共同财产的住房补贴金、公积金列入黄某某个人财产进行遗赠,侵犯了蒋某某的合法权益,其无权处分部分应属无效。同时,黄某某在明知卖房款已不是 8 万元的情况下,仍以不存在的 8 万元的一半进行遗赠,显然违背了客观事实,是虚假行为。并且,黄某某的遗赠行为违反公共秩序和社会道德,违反《婚姻法》关于夫妻应当互相忠实,互相尊重,禁止有配偶者与他人同居的规定,是一种违法行为,应属无效民事行为。张某某要求被告蒋某某给付受遗赠财产的主张不予支持。判决:驳回原告张某某的诉讼请求。

张某某不服泸州市纳溪区人民法院(2001)纳溪民初字第 561 号民事判决,提起上诉。其上诉理由是:1. 遗赠人黄某某所立遗嘱是其真实意思表示,且符合《继承法》规定,属有效遗嘱,人民法院应依法保护。2. 遗嘱中涉及“抚恤金”和夫妻共有的“住房补贴金、公积金”,根据我国《继承法》第 27 条第 4 项规定,只能说将这一小部分确认无效,将无效部分所涉及的遗产按法定继承办理,黄某某所立遗嘱所处分的个人财产应属有效遗嘱,依法应当得到保护。3. 本案属遗嘱继承案件,当然适用《继承法》,特别法优于普通法,这是适用法律的原则,也为《中华人民共和国立法法》所确认。请求二审法院依法撤销一审判决,改判上诉人的受遗赠权受法律保护。

被上诉人蒋某某的答辩理由是:1. 原审经多次开庭审理,查明公证程序违法,公证的内容不真实、不合法,该公证遗嘱无效,原审判决驳回被答辩人基于无效遗嘱提起的诉讼请求,是完全正确的。2. 被答辩人是基于与遗赠人长期非法同居关系,即以侵犯答辩人的婚姻家庭、财产等合法权益,而获得的非法遗赠。因此,对被答辩人所谓受遗赠权,不予保护,既合法,也合乎社会公理。3. 被答辩人明知遗赠人黄某某系有妻之人,却长达数年与之非法同居,这不仅仅是感情道德问题,也不仅仅是民事上的婚姻侵权赔偿问题,而是触犯刑法涉嫌重婚罪的问题。对此,答辩人保留进一步依法追诉的权利。

泸州市中级人民法院认为,本案属遗赠纠纷,首先应当确定遗赠人黄某某临终前立下书面遗嘱将其财产赠与上诉人张某某这一遗赠行为本身是否具有合法性和有效性。遗赠是公民以遗嘱的方式将个人合法财产的一部分或全部赠给国家、集体或法定继承人以外的其他人,并于死后发生效力的法律行为。遗赠行为成立的前提是遗嘱,而遗嘱是立遗嘱人生前在法律允许的范围内,按照法律规定的方式处分自己的财产及其他财物,并于死后生效的法律行为。一个合法的遗嘱成立必须具备其构成要件。本案中遗赠人黄某某立遗嘱时虽具完全行为能力,遗嘱也系其真实意思表示,且形式上合法,但遗嘱的内容违反法律和社会公共利益。遗赠人黄某某对售房款的处理违背客观事实。泸州市××区××路6-2-8-2号住房一套,系遗赠人黄某某与被上诉人蒋某某婚姻关系存续期间蒋某某继承父母遗产所得。根据《婚姻法》第17条"夫妻在婚姻关系存续期间所得的财产,归夫妻共同所有,双方另有约定的除外。夫妻对共同所有的财产,有平等的处理权"的规定,该住房为夫妻共同财产。但该房以8万元的价格卖给陈某,黄某某生前是明知的,且该8万元售房款还缴纳了有关税费,且在2001年春节,黄某某与蒋某某又共同将该售房款中的3万元赠与其子黄勇用于购买商品房,对部分售房款已作处理,实际上并没有8万元。遗赠人黄某某在立遗嘱时,仍以不存在的8万元的一半进行遗赠,显然违背了客观事实,系虚假行为。并且,遗赠人黄某某的遗赠行为,违反法律规定,剥夺了蒋某某依法享有的合法财产继承权。黄某某与蒋某某系合法夫妻,他们的婚姻关系受法律保护。《婚姻法》第26条规定:"夫妻有相互继承遗产的权利。"夫妻间的继承权,是婚姻效力的一种具体表现,蒋某某本应享有继承黄某某遗产的权利,但因黄某某与上诉人张某某长期非法同居,黄某某在病重住院期间,违反法律规定,立遗嘱将财产赠与与其非法同居的上诉人张某某,实质上剥夺了其妻蒋某某依法享有的合法财产继承权。因此,遗赠人黄某某所立书面遗嘱,因其内容和目的违反法律和社会公共利益,不符合遗嘱成立要件,该遗嘱应属无效遗嘱。遗嘱无效,其遗赠行为自然无效。

《中华人民共和国公证暂行条例》第2条规定:"公证是国家公证机关根据当事人的申请,依法证明法律行为、有法律意义的文书和事实的真实性、合法性,以保护公共财产,保护公民身份上、财产上的权利和合法利益。"公证机关作为行使国家证明权的机关,应当按照法定程序对所要证明的法律行为、文书和事实的真实性、合法性进行认真审查。司法部《公证程序规则(试行)》第32条明确规定,法律行为公证应符合"行为的内容和形式不违反法律、法规、规章或者社会公共利益"的条件。遗嘱行为属民事法律行为,因此,法律行为公证的条件就必须与民法上规定的民事法律行为成立的要件相符合。《遗嘱公证细则》第17条也规定:遗嘱内容不得违反法律规定和社会公共利益,对不符合前款规定条件的,应当拒绝公证。《公证暂行条例》第25条、《四川省公证条例》第22条规定:公证机构对不真实、不合法的行为、事实和文书应拒绝公证。因此,遗赠人黄某某所订立的将其死后遗产赠与上诉人张某某的遗嘱虽然经过公证机关办理了公证手续,但因该遗赠行为本身违反了法律,损害了社会公共利益,应属无效民事行为。1991年《中华人民共和国民事诉讼法》第67条规定:"经过法定程序公证证明的法律行为、法律事实和文书,人民法院应当作为认定事实的根据。但有相反证据足以推翻公证证明的除外。"故泸州市纳溪区公证处所作出的(2001)泸纳证字第148号公证书依法不能产生法律效力,本院不予采信。

本案涉及的法律、法规中,《继承法》《婚姻法》为一般法律,《公证暂行条例》系国务院制定,为行政法规,《四川省公证条例》系四川省人大常委会制定,为地方性法规,《公证程序规则(试行)》《遗嘱公证细则》系司法部制定,为部门规章,皆为民事审判之依据,而《民法通则》为基本法律,依《中华人民共和国立法法》第五章之规定,上位法效力高于下位法效力。《民法通则》的效力等级在法律体系中仅次于《宪法》,高于一般法律、法规和规章;后者若与《民法通则》规定不一致,应适用《民法通则》。加之《民法通则》是对我国民事法律基本制度的规定。故在审理民事案件中,在适用各法律、法规和规章时,应结合适用《民法通则》相关规定,遗赠行为作为民事法律行为的一种,除应当具备《继承法》所规定的有关构成要件外,还必须符合《民法通则》对民事法律行为的一般规定。《民法通则》第 7 条明确规定"民事活动应当尊重社会公德,不得损害社会公共利益"。此即民法的"公序良俗"原则。作为现代民法的一项基本原则,"公序良俗"原则充分体现了国家、民族、社会的基本利益要求,反映了当代社会中居于统治地位的一般道德标准,就其本质而言,是社会道德规范的法律化,在现代市场经济条件下,起着使社会道德观念得以对民事主体之民事行为进行内容控制的重要功能,在法律适用上有高于法律具体规则之效力。"公序良俗"原则所包括的"社会公德"与"社会公共利益",又可称作"公共秩序"和"善良风俗",两者的概念基本一致,相辅相成。在确定"公序良俗"原则中"社会公德"或"社会公共利益"的法律内涵、进行具体法律适用时,必须也只能以不同历史时期法律具体规定所体现的基本社会道德观念和价值取向为依据。因此,并非一切违反伦理道德的行为都是违反社会公德或社会公共利益的行为,但违反已从道德要求上升为具体法律禁止性规定所体现的维持现行社会秩序所必需的社会基本道德观念的行为则必然属于违反社会公德或社会公共利益的行为,依法应为无效民事行为。在本案中,遗赠人黄某某与被上诉人蒋某某系结婚多年的夫妻,本应按照《中华人民共和国婚姻法》第 4 条的规定互相忠实、互相尊重,但黄某某无视夫妻感情和道德规范,与上诉人张某某长期非法同居,其行为既违背了我国现行社会道德标准,又违反了《中华人民共和国婚姻法》第 3 条"禁止有配偶者与他人同居"的法律规定,属违法行为。黄某某基于其与上诉人张某某的非法同居关系而订立遗嘱将其遗产和属于被上诉人的财产赠与上诉人张某某,以合法形式变相剥夺了被上诉人蒋某某的合法财产继承权,使上诉人实质上因其与黄某某之间的非法同居关系而谋取了不正当利益。根据《民法通则》第 58 条规定,民事行为违反法律和社会公共利益的无效,因此,遗赠人黄某某的遗赠行为,应属无效民事行为,无效的民事行为,从行为开始就没有法律约束力。

综上所述,遗赠人黄某某的遗赠行为虽系黄某某的真实意思表示,但其内容和目的违反了法律规定和公序良俗,损害了社会公德,破坏了公共秩序,应属无效民事行为。上诉人张某某要求被上诉人蒋某某给付受遗赠财产的主张,本院不予支持。被上诉人蒋某某要求确认该遗嘱无效的理由成立,本院予以支持。原审判决认定事实清楚,适用法律正确,依法应予维持。判决如下:驳回上诉,维持原判。

公民有权依其意愿自由处分其财产。本案中黄某某能够通过遗嘱的方式对其死后遗产的处理进行安排。公证遗嘱中黄某某对自己财产进行处分的部分符合遗嘱自由的要求。但是,遗嘱自由是有限制的,不得违背公序良俗。黄某某将遗产赠与与自己存在非法同居关系的张某某有违社会公德,应视为无效法律行为。公证遗嘱无效,黄某某的遗产应根据法定继承的规定进行处理。①

（五）遗嘱的变更、撤销与执行

1. 遗嘱的变更与撤销的概念

遗嘱的变更是指立遗嘱人在设立遗嘱后对遗嘱的全部或部分内容进行修改。遗嘱是立遗嘱人的单方意思表示,立遗嘱人有权在设立遗嘱后通过单方意思表示变更遗嘱的内容。

遗嘱的撤销是指立遗嘱人在设立遗嘱后撤销遗嘱的行为。立遗嘱人可以通过明确的意思表示撤销其设立的遗嘱。此外,我国《继承法意见》第 39 条规定:"遗嘱人生前的行为与遗嘱的意思表示相反,而使遗嘱处分的财产在继承开始前灭失、部分灭失或所有权转移、部分转移的,遗嘱视为被撤销或部分被撤销。"

遗嘱的变更与撤销之间存在共同之处:第一,遗嘱的变更与撤销都以遗嘱已成立为前提,发生在遗嘱成立后。遗嘱的变更与撤销指向的对象是遗嘱。倘若遗嘱尚未成立,无所谓变更或撤销遗嘱。第二,遗嘱的变更与撤销在性质上都属于单方法律行为。遗嘱的变更与撤销都仅需要立遗嘱人单方为意思表示即可,无须继承人或受遗赠人为意思表示或行为。第三,立遗嘱人变更或撤销遗嘱都无须任何理由。根据我国《继承法》第 20 条的规定,遗嘱人可以撤销、变更自己所立的遗嘱。法律并未给立遗嘱人撤销或变更遗嘱设定任何限制性条件。立遗嘱人只需要为撤销或变更的意思表示即可,无须另寻理由。

关于遗嘱的撤销与变更的区别,有学者认为:"二者的区别在于对原设立的遗嘱内容的改变程度不同:遗嘱的变更是仅改变遗嘱的部分内容,而遗嘱的撤销是改变遗嘱的全部内容。"②

遗嘱的撤销与变更之间的区别主要在于法律后果不同。遗嘱被撤销后,原遗嘱完全丧失法律效力,倘若此后被继承人未再设立新遗嘱的,应当视为被继承人未立遗嘱。遗嘱变更后,无论是全部变更还是部分变更,遗嘱仍然存在,应当以变更后的遗嘱内容确定遗嘱的效力和遗产分配。

2. 遗嘱撤销与变更的方式

（1）明示方式的遗嘱撤销与变更

明示的遗嘱撤销与变更是指立遗嘱人明确作出撤销或变更遗嘱的意思表示。遗嘱属于要式法律行为,变更或撤销遗嘱同样需要符合法律明确规定的形式要件。根据我国《继承法》的规定,公证遗嘱只能通过公证途径进行撤销或变更,"自书、代书、录音、口头遗嘱,不得撤销、变更公证遗嘱"。

---

① 本案以及类似一系列案件是否应当适用公序良俗原则,学者以及实务界人士认识不一。"泸州案"突破遗嘱自由原则,将伦理道德层面的要求经由公序良俗原则法律化并适用于遗嘱继承纠纷,存在一定的社会基础。但是,公序良俗对遗嘱自由限制的边界如何仍需考虑。笔者认为,倘若遗嘱中的遗赠行为目的在于维系非法的同居关系,有违公序良俗原则;但是倘若遗嘱中的遗赠行为完全是出于情感方面的考虑,并无维系不正当关系的愿望,则应当尊重遗嘱人的遗嘱自由。

② 魏振瀛:《民法》,北京大学出版社、高等教育出版社 2010 年第 4 版,第 600 页。

（2）推定方式的遗嘱撤销与变更

推定方式的遗嘱撤销与变更是指立遗嘱人并未作出明确的撤销或变更遗嘱的意思表示，但是根据法律能够从立遗嘱人的行为推定其具有撤销或变更遗嘱的意思。推定方式的遗嘱撤销与变更的情形包括以下类型：第一，"时间在后，效力优先"。立遗嘱人先后制作数份遗嘱，内容前后矛盾的，推定在后制作的遗嘱撤销或变更在先制作的遗嘱。我国《继承法》第 20 条第 2 款规定："立有数份遗嘱，内容相抵触的，以最后的遗嘱为准。"值得注意的是，我国《继承法》赋予了公证遗嘱优先于以其他形式制作的遗嘱的效力，倘若立遗嘱人设立的数份遗嘱中有公证遗嘱的，则无论公证遗嘱制作在后与否，都应当按照公证遗嘱的内容进行继承。这是"时间在后，效力优先"的例外。立遗嘱人先后制作数份公证遗嘱的，仍然遵循"时间在后，效力优先"的原则，视为在后制作的公证遗嘱撤销或变更在先制作的公证遗嘱。第二，立遗嘱人生前的行为与遗嘱的内容相抵触的，推定遗嘱被变更或撤销。《继承法意见》第 39 条规定："遗嘱人生前的行为与遗嘱的意思表示相反，而使遗嘱处分的财产在继承开始前灭失、部分灭失或者所有权转移、部分转移的，遗嘱视为被撤销或部分被撤销。"

3. 遗嘱的执行

遗嘱的执行是指被继承人死亡后由遗嘱执行人按照遗嘱内容分配遗产的行为。遗嘱的执行是立遗嘱人生前的意思表示得以实现的过程。

关于遗嘱执行人的资格，有学者认为："遗嘱的执行也是一种民事行为，执行人应有民事行为能力。无民事行为能力人、限制民事行为能力人不具备成为遗嘱执行人的资格。"[①]笔者认为，遗嘱的执行并不是以意思表示为要素的法律行为，而是被继承人死后实现其意愿的行为。遗嘱执行人资格关注的是遗嘱执行人能否处理好遗嘱执行事务，因而，遗嘱执行人的资格与民事行为能力之间并不存在直接的关系。只是为了保障遗嘱执行人能够实现遗嘱人的遗愿，保证继承人以及利害关系人的合法权益能够实现，才参照民事行为能力人的要求，要求遗嘱执行人需要具备完全民事行为能力。

立遗嘱人在遗嘱中指定了遗嘱执行人的，指定的遗嘱执行人执行遗嘱；立遗嘱人未在遗嘱中指定遗嘱执行人或者被指定的遗嘱执行人不具备执行遗嘱的能力的，应当由具备遗嘱执行能力的继承人执行遗嘱；没有具备遗嘱执行能力的继承人的，由立遗嘱人生前所在单位或者居民委员会、村民委员会作为遗嘱执行人执行遗嘱。

关于遗嘱执行人的性质，存在固有权说和代理权说。固有权说主张，遗嘱执行人是基于自身固有的权利执行遗嘱的。固有权说又可细分为机关说、限制物权说和任务说。机关说认为，遗嘱执行人是实现被继承人遗愿的机关。限制物权说认为，为保障继承人的合法权益，遗嘱执行人对遗产享有限制物权。任务说认为，遗嘱执行人为了完全执行遗嘱的任务而具有独立的法律地位。根据遗嘱执行人代理的对象不同，代理说又可细分为被继承人代理说、继承人代理说和遗产代理说。我国《继承法》对遗嘱执行人的法律性质并未作出明确规定。

遗嘱执行人执行遗嘱的权利受到法律保护。执行遗嘱过程中支付的费用可以从遗产中予以扣减。遗嘱执行人因过错给继承人或者受遗赠人造成损害的，应当承担赔偿责任。遗嘱执行人不能忠实履行执行遗嘱的职责，利益相关主体可以请求法院撤换遗嘱执行人。

---

① 　魏振瀛：《民法》，北京大学出版社、高等教育出版社 2010 年第 4 版，第 601 页。

三、遗赠扶养协议的对内效力与对外效力

依法成立的遗赠扶养协议自成立开始即发生法律效力。扶养人与受扶养人应当根据遗赠扶养协议的内容分阶段享有权利并履行义务。根据遗赠扶养协议约束的主体不同，可以将遗赠扶养协议的效力分为对内效力与对外效力。

（1）遗赠扶养协议的对内效力

遗赠扶养协议是扶养人与受扶养人意思表示一致的结果，该协议对订立协议的双方当事人应当产生法律拘束力。遗赠扶养协议对协议双方当事人产生的效力为对内效力，主要表现为协议双方当事人的权利与义务。因遗赠扶养协议双方当事人之间的权利与义务具有相对性，选择扶养人与受扶养人的义务进行论述。

第一，扶养人的义务。扶养人的义务由遗赠扶养协议载明，通常包括生前扶养受扶养人以及死后安葬受扶养人的义务。扶养人不依据法律规定以及合同约定的内容履行扶养人义务的，受扶养人有权请求解除遗赠扶养协议。受扶养人未解除协议的，对未尽扶养义务的扶养人，经受扶养人的亲属或者有关单位的请求，人民法院可以剥夺扶养人的受遗赠权；对不完全履行扶养义务，导致受扶养人经常处于生活缺乏照料状态的扶养人，经受扶养人的亲属或者有关单位的请求，人民法院可以酌情减少扶养人受遗赠的财产数额。

第二，受扶养人的义务。受扶养人负有将其财产遗赠给扶养人的义务。受扶养人在遗赠扶养协议中明确其死后遗赠给扶养人的财产，对该财产受扶养人可以进行占有、使用、收益，但是不能进行处分。遗赠人违反遗赠扶养协议的要求，对遗赠的财产进行擅自处分，导致扶养人无法取得遗赠的财产的，扶养人有权解除遗赠扶养协议，并有权要求受扶养人补偿其支付的供养费用。

（2）遗赠扶养协议的对外效力

遗赠扶养协议虽然是扶养人与受扶养人之间的意思表示，但是该协议作为遗产处理的依据，具有优先于法定继承和遗嘱继承的效力。也就是说，遗赠扶养协议不仅能够在扶养人与受扶养人之间产生法律效力，对涉及遗赠扶养协议中财产处理的第三人也具有法律效力。我国《继承法》第5条规定："继承开始后，按照法定继承办理；有遗嘱的，按照遗嘱继承或者遗赠办理；有遗赠扶养协议的，按照协议办理。"

四、无人继承或受遗赠的遗产处理

被继承人死亡后，可能出现遗产既无人继承也无人受遗赠的状况。此时，被继承人不能继续作为财产权的主体，而该财产又无法移转给继承人或受遗赠人，财产权归属处于不确定的状态，需要明确。

在古罗马法中，无人继承或者受遗赠的遗产被称为"绝产"，由国库继承该财产。在日耳曼法中，动产经过一年、不动产经过三年无人主张继承权的，为无人继承的遗产，死者没有法定近亲属的，遗产由氏族集团或者有裁判权的王侯、伯所有。

遗产无人继承或受遗赠的情形包括以下几种：（1）死者没有法定继承人，未立遗嘱，也未签订遗赠扶养协议；（2）继承人放弃或丧失继承权，且未签订遗赠扶养协议；（3）继承人放弃

或丧失继承权,且受遗赠人也放弃或丧失受遗赠权;(4)死者没有法定继承人,虽立有遗嘱,但遗嘱无效,且未签订遗赠扶养协议等。

我国《继承法》第 32 条规定:"无人继承又无人受遗赠的遗产,归国家所有;死者生前是集体所有制组织成员的,归所在集体所有制组织所有。"《继承法意见》第 57 条规定:"遗产因无人继承收归国家或集体组织所有时,按继承法第十四条规定可以分给遗产的人提出取得遗产的要求,人民法院应视情况适当分给遗产。"

第四节 国外或地区立法现状

一、遗嘱继承优先于法定继承

现代法治国家大多规定了遗嘱继承制度,如《德国民法典》《法国民法典》《俄罗斯联邦民法典》《日本民法典》等。但是,在法典中明确规定遗嘱继承优先于法定继承的并不多见。意定继承优先于法定继承是不言自明的。《德国民法典》第 1937 条规定:"被继承人可以通过单方死因处分(遗嘱、终意处分),指定继承人。"有学者认为,"本规范之意旨在于使法定继承与意定继承之间的关系得以清楚化。具体就是:前者被作为常态情形,后者则享有优先地位"①。也有一些民法典明确了遗嘱继承排除法定继承优先适用。如《意大利民法典》第 457 条第 1 款至第 2 款规定:"继承财产,依法律或依依附而转移。法定继承,不论其全部或一部,非在遗嘱继承欠缺时,不得实行。"

二、遗嘱自由及限制

遗嘱自由是现代法治国家继承法制度设计的基础。被继承人有权通过遗嘱将部分法定继承人排除在继承之外。《德国民法典》第 1936 条规定:"被继承人可以通过遗嘱,将血亲、配偶或者生活伙伴排除于法定继承顺序之外,而不指定继承人。"《俄罗斯联邦民法典》第 1119 条规定:"公民有权按照自己的意志通过立遗嘱将财产给予任何人,有权以任何方式确定继承人在遗产中的份额,有权剥夺一个、数个或者全部法定继承人的继承权,而无须说明剥夺的原因,以及可将本法典继承规则规定的其他支配列入遗嘱,有权废止或变更已经订立的遗嘱。"

特留份排除遗嘱继承,是对遗嘱自由进行限制的一种方式。《德国民法典》第五编"继承法编"第五章第 2303 条至第 2338 条对特留份制度进行了规定。《日本民法典》《俄罗斯联邦民法典》等也进行了类似规定。其中不少国家的民法典明确规定特留份排除遗嘱继承。如《意大利民法典》第 457 条第 3 款规定:"遗嘱处分,不得侵害法律为特留份权利人保留的权利。"《葡萄牙民法典》第 2156 条规定:"依法须留给特留份继承人,以致遗嘱人不得处分之财产部分,称为特留份。"《俄罗斯联邦民法典》第 1119 条规定:"遗嘱自由受关于必继份额规则的限制。"《日本民法典》第 964 条规定:"遗嘱人可以概括或特定的名义,处分其财产的全部或一部,但不得违反关于特留份的规定。"

《葡萄牙民法典》"继承法卷"第四编"遗嘱继承"第三章对"相对不可处分之情况"进行了

---

① 杜景林、卢谌:《德国民法典》,中国政法大学出版社 2015 年版,第 1136 页。

规定,列举了对遗嘱自由进行限制的情形。其中第 2196 条第 1 款规定:"一、惠及与已婚之遗嘱人通奸之人之处分行为无效。二、以下情况,不适用上款之规定:a)若继承开始时,婚姻已解除,或者夫妻已司法裁判分居及分产,又或者事实分居超过六年。b)若相关处分仅限于确保受益人之扶养。"

三、遗嘱的形式

遗嘱的形式具有多样化的特征。《德国民法典》第 2232 条规定了"公证遗嘱",第 2247 条规定了"自书遗嘱",第 2249 条规定了"由市长见证的紧急遗嘱",第 2250 条规定了"由三名见证人见证的紧急遗嘱",第 2251 条规定了"海上紧急遗嘱"。《意大利民法典》第 601 条至第 623 条规定了"遗嘱的方式"。普通遗嘱包括自书遗嘱、公证遗嘱、密封遗嘱等方式;特殊遗嘱包括传染病、意外事故或灾害情况下的遗嘱,乘船中的遗嘱,航空中的遗嘱,军人及军属的遗嘱。特殊遗嘱受到三个月的有效期限的限制。《俄罗斯联邦民法典》第 1118 条至第 1140 条对遗嘱继承进行了规定。第 1125 条规定了公证遗嘱,第 1126 条规定了秘密遗嘱,第 1127 条规定了与公证遗嘱相当的遗嘱,第 1128 条规定了对银行资金权利的遗嘱处分书,第 1129 条规定了非常情况下的遗嘱。《葡萄牙民法典》第 2204 条至第 2223 条对订立遗嘱的方式进行了规定。遗嘱方式分为普通方式和特别方式两大类型。《日本民法典》第 967 条至第 984 条对遗嘱的方式进行了规定。遗嘱的方式分为普通方式和特别方式。普通方式的遗嘱包括自书遗嘱、公证遗嘱和密封证书遗嘱;特别方式的遗嘱包括生命危急者的遗嘱、因传染病流行而被隔离者的遗嘱、船上人的遗嘱、船舶遇难人的遗嘱等情形。

对于紧急状况下订立的遗嘱,各国通常规定了明确的有效期。(1)一个月的有效期。《俄罗斯联邦民法典》第 1129 条第 2 款规定:"如果立遗嘱人在该种非常情况消除之后的一个月内尚未利用可能性以本法典第 1124 条至第 1128 条规定的任何形式订立遗嘱,则在本条第 1 款第 1 项所列情况下订立的遗嘱无效。"(2)二个月的有效期。《葡萄牙民法典》第 2222 条第 1 款对特别方式订立的遗嘱的生效期进行了规定,即"按照本节规定之任一特别方式而订立之遗嘱,自使遗嘱人无法通过普通方式订立遗嘱之原因终止时起计二个月后失去效力"。(3)三个月的有效期。《德国民法典》第 2252 条规定"紧急遗嘱的有效期间"为三个月,即"自遗嘱作成时起已经经过三个月,并且被继承人尚生存的,依第 2249 条、第 2250 条或者第 2251 条作成的遗嘱,视为未作成"。(4)六个月的有效期。《日本民法典》第 983 条规定:"依第 976 条至前条规定所立的遗嘱,如遗嘱人自其可依普通方式立遗嘱时起六个月间尚生存的,为无效。"根据《法国民法典》第 981 条至第 1001 条,在"有关某些遗嘱形式的特别规定"中规定的紧急情况下订立的遗嘱,其有效期也是六个月。

四、共同遗嘱制度

国外多数国家对共同遗嘱持否定或限制的态度。(1)持限制态度,如《德国民法典》第三章"遗嘱"第八节第 2265 条至第 2272 条规定了"共同遗嘱"制度。其中第 2265 条规定:"共同遗嘱仅能由夫妻双方作成。"(2)持否定态度,如《葡萄牙民法典》第 2181 条规定:"两人或多人不得在同一行为中作出互惠或惠及第三人之遗嘱行为。"《日本民法典》第 975 条规定:"二人以上者,不得以同一证书立遗嘱。"《法国民法典》第 968 条规定:"二人或数人不得用同一文书为第三人受益或者以相互处分遗产的名义订立遗嘱。"《意大利民法典》第 589 条规定:"二人或者二人以上者不得以同一文书订立遗嘱,也不得为第三人的利益或者为相互利益订立遗嘱。"

第五节　立法发展趋势

一、共同遗嘱制度的完善

1. 共同遗嘱的概念与特征

共同遗嘱,又称合立遗嘱,是指两个或两个以上的立遗嘱人共同设立一个相互关联的整体遗嘱,对多数立遗嘱人各自的财产或共有财产进行处分的行为。例如,夫妻双方共同设立遗嘱处分个人或共同财产,指定第三人为遗产继承人的行为。

共同遗嘱具有以下法律特征:第一,共同遗嘱在性质上属于共同民事行为。共同遗嘱的立遗嘱人为数人。该数人需要有共同设立遗嘱的意思表示并达成一致意见。换言之,共同遗嘱是多数立遗嘱人意思表示一致的结果。第二,共同遗嘱不是单个主体意思表示的简单叠加,共同遗嘱人处分遗产的意思表示相互制约。共同遗嘱的每一个立遗嘱人处分遗产的意思表示都与其他立遗嘱人处分遗产的意思表示相关联。多数立遗嘱人各自处分个人的合法财产,且各自的处分行为对其他立遗嘱人的处分行为不产生影响的,仅具有共同遗嘱的形式特征,不是真正的共同遗嘱。第三,共同遗嘱成立后进行变更或撤销受到限制。自然人设立遗嘱之后死亡之前有权基于自己的意愿变更或撤销遗嘱,其变更或撤销遗嘱的行为属于单方行为,无须其他主体进行相应意思表示或行为。共同遗嘱中立遗嘱人之间的意思表示与行为具有一定的关联性,因而共同遗嘱的变更或撤销需要共同遗嘱人集体行动,为变更或撤销遗嘱作出共同的意思表示。某一或部分共同遗嘱人擅自变更或撤销共同遗嘱的行为无效。

2. 共同遗嘱的有效性探讨

我国《继承法》并未对共同遗嘱进行明确规定。学理上认识不一。第一,肯定说。该说认为,我国《继承法》没有对共同遗嘱进行明确规定,这种法律沉默的态度表明法律并未否定设立共同遗嘱的合法性与有效性。私法规范遵循法无明文规定即为自由的权利推定规则。我国《继承法》未明确禁止设立共同遗嘱,根据权利推定规则,就应当得出允许私权主体通过设立共同遗嘱的方式处分数人的合法财产的结论。第二,有限肯定说。该说认为,设立共同遗嘱处分数人的合法财产应当限定在具有特定身份关系的主体之间。夫妻可以通过设立共同遗嘱处分财产,除此以外的其他主体不能设立共同遗嘱。徐国栋教授主编的《绿色民法典草案》中认可夫妻之间订立共同遗嘱的效力,对夫妻共同遗嘱的形式、失效等进行了规定,但是,否定其他主体之间设立共同遗嘱的有效性。第三,完全否定说。该说认为,应当一概否定共同遗嘱的效力。共同遗嘱是数人意思表示一致的结果,不仅在共同遗嘱成立时需要数个立遗嘱人达成合意,在此后进行变更、撤销或解除也需要各立遗嘱人共同进行。各立遗嘱人死亡的时间通常并不一致,这就可能导致部分立遗嘱人违反另一部分立遗嘱人意思的后果,滋生矛盾纠纷。王利明教授主编的《中国民法典草案建议稿及说明》一书中的草案建议稿第 597 条规定:"两人以上者不得订立同一遗嘱。"这就根本否定了不同主体间订立共同遗嘱的可能。①

实践中存在自然人设立共同遗嘱处分财产的情况。2000 年 3 月司法部通过的《遗嘱公证细则》第 15 条规定:"两个以上的遗嘱人申请办理共同遗嘱公证的,公证处应当引导他们分别设立遗嘱。遗嘱人坚持申请办理共同遗嘱公证的,共同遗嘱中应当明确遗嘱变更、撤销及生效的条件。"由此可见,法律法规并未完全否定共同遗嘱的效力,而是允许该遗嘱形式存在。但是,比较单个遗嘱与共同遗嘱,仍倾向于单个遗嘱,并试图引导主体将共同遗嘱进行拆分,将共同遗嘱拆分为数个单个遗嘱。只有在共同遗嘱人坚持的情况下,才予以办理共同遗嘱。

笔者认为,是否应当承认共同遗嘱的有效性需要综合考虑社会主体的需要、意思自治、遗嘱自由等因素。首先,现实生活中存在订立共同遗嘱的需求。无论理论上争议如何,共同遗嘱在现实生活中是客观存在的,而且发挥着社会作用,不能忽视或否认。对共同遗嘱进行原则化的规定难以满足现实生活的需要,需要进行更为精细化的制度设计。其次,遗嘱行为属于以意思自治为核心理念的私权行为,立遗嘱人通过共同遗嘱的方式处分遗产的自由意志应当得到尊重。虽然我国《继承法》并未明确规定共同遗嘱的形式,但是亦未作出禁止性规定,根据法无明文规定即为允许的权利推定规则,不应对自然人通过共同遗嘱方式处分财产过度进行限制,应当认可共同遗嘱的形式。换言之,基于对我国共同遗嘱现状以及权利推定规则的考虑,应当认可共同遗嘱的有效性,并在未来的法律法规中进行明确或完善。

但是,与此同时应当注意到,共同遗嘱在一定程度上也构成对当事人遗嘱自由的限制。共同遗嘱一经设立后,其变更与撤销需要以共同行为为之。若共同遗嘱设立后某一或部分立遗嘱人的状况发生改变,意愿也随之改变,但受到其他立遗嘱人的限制无法变更或撤销原来设立的共同遗嘱,这在一定程度上有悖于遗嘱自由原则。此外,共同遗嘱人同时死亡的概率非常低,共同遗嘱中一人或部分死亡或婚姻状况发生变化,都可能导致其他立遗嘱人思想上产生波动,造成共同遗嘱难以实现。在实践中存在一定的隐患和弊端。

我们赞同鼓励社会主体通过个人遗嘱的方式处分遗产,同时承认法律关系相对稳定、涉及的主体相对明确的夫妻之间设立共同遗嘱的效力,否定其他主体之间设立共同遗嘱的有效性。这样既满足了社会主体的需要,又将设立共同遗嘱可能限制遗嘱自由以及引发社会矛盾冲突的风险限定在一定的范围之内。实践中,共同遗嘱也大多发生在夫妻之间,其他主体之间设立共同遗嘱的情形少之又少。

3. 共同遗嘱的形式

我国《继承法》并未对共同遗嘱的形式进行明确规定。实践中,为避免被继承人死亡后因共同遗嘱的内容引发矛盾冲突,共同遗嘱人通常通过公证遗嘱的形式设立共同遗嘱。有学者认为:"夫妻共同遗嘱应采用书面形式,是否公证由遗嘱人自愿选择。"②笔者认为,在民事主体对自身处分遗产行为的效力不甚了解的情况下,为避免民事主体之间产生矛盾纠纷,采用公证遗嘱的方式订立共同遗嘱具有一定的优势。但是,遗嘱行为毕竟是一种自主的法

---

① 王利明:《中国民法典草案建议稿及说明》,中国法制出版社 2004 年版,第 86 页。

② 熊英:《婚姻家庭继承法判例与制度研究》,法律出版社 2015 年版,第 229 页。

律行为,采用书面方式即能明确记载当事人意思表示的内容,至于是否采用公证的方式应由当事人自主选择。强制公证虽有利于秩序的建构,能够防范当事人因对共同遗嘱的效力不知情而陷入困境,但是也存在增加当事人订立遗嘱的负担等弊端。

4. 共同遗嘱的生效时间

单个自然人设立的遗嘱自立遗嘱人死亡时生效。共同遗嘱中存在数个立遗嘱人,且数个立遗嘱人死亡的时间通常是不一致的。共同遗嘱何时生效有待商榷。有学者认为:"只有在合立遗嘱的遗嘱人全部死亡时,合立遗嘱才能全部生效。合立遗嘱人中某人死亡而其他人未死亡的,合立遗嘱不能全部生效。"[1]另有学者主张应当"根据共同遗嘱的关联程度,确定夫妻共同遗嘱的生效执行时间"。[2]

5. 共同遗嘱的变更与撤销

关于共同遗嘱的变更与撤销,应当依变更与撤销遗嘱时共同遗嘱人是否仍然生存而有所区别。所有共同遗嘱人在变更与撤销共同遗嘱时都处于生存的状态,全体共同遗嘱人可以通过一致意思表示变更或撤销遗嘱。部分共同遗嘱人死亡,生存的共同遗嘱人能否单方变更或撤销遗嘱存在争议。

有学者认为应当根据遗嘱涉及的财产类型的不同来区别对待,即对非共有财产共同遗嘱人中的生者有权依据其意愿进行变更或撤销,对共有财产共同遗嘱人中的一人或部分不得擅自变更或撤销,需要共同遗嘱人在生存状态下集体行动方能变更或撤销。[3] 理由是,各共同遗嘱人对非共有财产享有各自独立的完全物权。死亡的共同遗嘱人与生存的共同遗嘱人在变更或撤销共同遗嘱方面可以有所区别。生存的共同遗嘱人有权针对自己享有完全物权的财产随时变更或撤销所立的遗嘱。

区分财产类型考察共同遗嘱的变更与撤销情形具有一定的合理性。但是,以财产是否共有作为区分标准值得商榷。共同遗嘱人中的一人或数人能否变更或撤销共同遗嘱的关键点在于设立共同遗嘱当事人之间的意识联络状况,而不在于财产的性质。即便财产分属于各共同遗嘱人所有,各共同遗嘱人对各自的财产享有完全的支配或利用的权利,但是,一旦设立共同遗嘱,不同主体所有的财产之间便产生了关联性。部分共同遗嘱人死亡后,生存状态的共同遗嘱人倘若能够自行变更或撤销共同遗嘱,便实质性地切断了共同遗嘱建立的财产关联性,是对原来形成的共同意思表示的否定,难以保障死亡的共同遗嘱人的利益。

共同遗嘱形式本身表明各共同遗嘱人愿意将各自独立拥有的财产或共有财产置于一定的关联状态之下。无论共同遗嘱设立之前各共同遗嘱人对财产是否享有独立的完全物权,一旦进入共同遗嘱便在财产处分上受到共同意思表示的约束和限制。除非法律另有规定或当事人另有约定,这种财产关联性不能被解除,直至遗嘱继承实现。

① 魏振瀛:《民法》,北京大学出版社、高等教育出版社2010年第4版,第600页。
② 熊英:《婚姻家庭继承法判例与制度研究》,法律出版社2015年版,第211页。
③ 熊英:《婚姻家庭继承法判例与制度研究》,法律出版社2015年版,第214页。

【典型案例】

共同遗嘱一方死亡后另一方无权擅自变更或撤销共同遗嘱①

1988年6月24日，郭某某与王某某结婚。双方系再婚，婚后未生育子女。郭某某婚前有子女五人，即郭某戊、郭某甲、郭某丁、郭某乙、郭某丙。王某某婚前有子女五人，即王佳敏、王家林、王家元、王家秋、王某甲。婚后，郭某某与王某某取得住房一套。

2011年11月26日，郭某某与王某某共同签订了一份代书遗嘱。其中约定若一方去世，将婚后取得的房屋33％、34％分别由郭某某的亲生子女郭某甲、郭某乙继承；将该房33％由王某某的亲生女儿王某甲继承；郭某某与王某某的终身护理和安葬由郭某甲、郭某乙和王某甲负责。

多年来，王某某之女王某甲一直尽心照顾二老，直至2012年11月王某某病故，王某甲对其履行了安葬义务。2013年1月11日郭某某另立了一份公证遗嘱，将涉案房产中属于郭某某个人所有的份额（包括其应当继承王某某的份额）全部留给郭某某的五个亲生子女共同继承。

2013年10月12日，郭某某因病去世。关于涉案房产应当如何继承，王某甲与郭某甲、郭某乙、郭某丙、郭某丁、郭某戊发生了争议。王某甲主张按照2011年11月26日订立的遗嘱享有涉案房屋33％的产权，郭某甲、郭某乙、郭某丙、郭某丁、郭某戊等人主张按照2013年1月11日新订立的公证遗嘱处分涉案房产。双方当事人诉至法院。四川省都江堰市人民法院作出（2013）都江民初字第1753号民事判决，判决涉案房产由王某甲继承33％的份额。一审判决后，原审被告郭某甲、郭某乙、郭某丙、郭某丁、郭某戊不服判决，向成都市中级人民法院提起上诉称，根据我国《继承法》的规定，遗嘱人可以撤销、变更自己所立的遗嘱，立有数份遗嘱的，以最后的遗嘱为准，以不同形式订立遗嘱的，有公证遗嘱的，以最后所立的公证遗嘱为准。原审法院以郭某某无权处分为由确认其所立公证遗嘱无效是适用法律错误，属于枉法裁判。请求撤销原判，改判按照公证遗嘱确定继承份额。王某甲答辩称，继承是从被继承人死亡时开始，王某某于2012年11月16日去世后，王某甲已经开始继承其遗产。根据王某某与郭某某的遗嘱，任何单独签订的遗嘱、财产转移等行为均属无效，郭某某签订的遗嘱是在王某某死亡后形成，其内容明显对抗第一份遗嘱的内容，应属无效。

成都市中级人民法院认为，王某某、郭某某于2011年11月26日签订的《遗嘱》系双方对于夫妻共同财产的共同处分行为，对王某某、郭某某均具有约束力。根据该《遗嘱》第三条内容的约定，王某某和郭某某需变更或撤销该遗嘱的，应当双方协商一致后共同作出，任何一方单独签订遗嘱、处分财产的行为无效。此约定实际是双方共同对该遗嘱的撤销、变更等作出了限制，即王某某、郭某某撤销、变更该遗嘱的内容应当双方协商一致，而不能够单方作出。本案中，郭某某在王某某死亡后，于2013年1月11日订立了公证遗嘱，该遗嘱将涉案房屋中属于其个人的份额（包括其应当继承的份额）全部留给本案上诉人继承。虽然郭某某所立的该份遗嘱属于公证遗嘱，但其内容与郭某某和王某某生前订立的《遗嘱》中对该房屋的处分内容相抵触，违反了其与王某某生前签订的《遗嘱》的约定，不产生撤销或变更双方订立的《遗嘱》的效力。2013年10月12日，郭某某死亡后，郭某某与王某某签订的《遗嘱》生效，本案继承开始，涉案房屋的继承应按照王某某、郭某某2011年11月26日签订的《遗嘱》

① 四川省成都市中级人民法院（2014）成民终字第2166号民事判决书。

的约定进行处理。判决如下:驳回上诉,维持原判。

本案中,争议的焦点问题之一是郭某某能否在王某某死后变更或撤销共同遗嘱,王某某死后郭某某新立公证遗嘱处分涉案房产的行为是否有效。2011 年 11 月 26 日,郭某某与王某某共同签订的代书遗嘱,是双方当事人的真实意思表示,也符合法律规定的形式要件要求,属于有效遗嘱。根据该遗嘱,王某甲有权继承涉案房产 33% 的份额。郭某某在王某某去世后,另外立与共同遗嘱内容相矛盾的公证遗嘱,将涉案房产中属于郭某某个人所有的份额(包括其应当继承王某某的份额)全部留给郭某某的五个亲生子女共同继承的行为,属于单方对共同遗嘱内容进行变更或撤销,处分行为无效。王某甲要求确认其对涉案房屋享有 33% 的继承份额的主张,应当予以支持。

本案审理过程中,成都市中级人民法院认定公证遗嘱不能变更或撤销共同遗嘱的理由是郭某某与王某某就共同遗嘱的变更与撤销在共同遗嘱中有约定。郭某某另立公证遗嘱,作出与共同遗嘱相矛盾的财产处分行为违反了共同遗嘱中的限制性约定,另立公证遗嘱的行为无效。这一认定体现了对当事人意思自治的尊重,具有合理性。值得思考的是,倘若郭某某、王某某并未在共同遗嘱中设置变更或撤销共同遗嘱的限制性条件,郭某某是否有权在王某某死后单方变更或撤销共同遗嘱?笔者认为,即便共同遗嘱中没有关于变更与撤销共同遗嘱的限制性条件,考虑到共同遗嘱中财产处分行为的整体性与关联性以及共同遗嘱一方当事人死亡后无法重新进行意思表示等情况,亦应认定郭某某在王某某死后不得单方变更或撤销共同遗嘱。

关于共同遗嘱生效的时间,成都市中级人民法院认为应当是共同遗嘱人全部死亡时,而王某甲认为其母王某某死亡时其即享有继承权,开始继承遗产。人民法院的认识与王某甲的认识存在分歧,人民法院的认识更为合理、恰当。共同遗嘱人全部死亡是共同遗嘱生效的条件。虽然单个共同遗嘱人通常不能变更或撤销共同遗嘱,但是共同遗嘱人全部死亡前共同遗嘱中处分的财产并未发生移转,若这期间发生继承人继承权丧失或被剥夺的情况,遗产会转移至其他继承人或受遗赠人处。

二、股东用遗嘱处分公司财产行为的限制[①]

近年来,在民事诉讼中已发生多起因自然人股东用遗嘱处分公司财产而引发纠纷的案件。有的股东在生前设立了自书遗嘱或代书遗嘱,指定将其担任股东的公司财产的一部分或全部由其法定继承人继承,但并未指明其遗嘱处分的是该股东享有的公司股份。这类情况的发生,是实施《中华人民共和国继承法》和《中华人民共和国公司法》等民商事法律所不可避免的现象。正确认定股东用遗嘱处分公司财产的行为效力,是公正、合法处理这类纠纷案件的关键。

自然人股东作为公民,用遗嘱处分其个人财产是合法的民事行为。《继承法》第 16 条第 1 款规定:"公民可以依照本法规定立遗嘱处分个人财产,并可以指定遗嘱执行人。"但是,如果股东设立遗嘱所处分的并不是其个人财产,而是其担任股东的公司资产,则其遗嘱处分行为直接违反了《继承法》《公司法》的相关规定,不符合遗嘱有效的实质要件,属于无效的民事

---

① 　龙翼飞、杨玲:《股东用遗嘱处分公司财产的行为无效》,载《法制日报》2013 年 4 月 24 日第 2 版。

行为。理由是：

第一，从财产法律关系主体的角度而言，无论是股东出资形成的公司财产还是公司经营过程中新增的公司财产均应归属于公司，而非归属于作为公司股东的个人。股东无权将公司财产作为个人遗产，通过遗嘱方式对其进行处分。公司股东将其财产作为出资注入公司后，该财产的权利主体发生变更，公司成为该财产的权利主体，公司股东仅依其出资享有相应的股权，不能对该财产再进行直接的支配或处分。而公司新增的财产属于公司经营所得，也应当归属于公司，公司股东无权对其进行支配或处分。

第二，从财产法律关系客体的角度而言，公司财产与股东个人财产是彼此独立的，不能混淆公司财产和股东个人财产，认为公司股东有权处分公司财产。《公司法》第 3 条规定："公司是企业法人，有独立的法人财产，享有法人财产权。"根据该规定以及《公司法》的一般原则，公司与公司股东在人格和财产上是彼此独立的。股东出资的财产以及公司自身的财产均属于公司所有，是公司从事经营活动、对外承担债务和责任的物质基础，与股东不具有直接的财产关系。股东仅有权依其出资享有在公司中相应的股权。因而，股东无权对公司财产进行处分，不能在遗嘱中将公司财产指定分配给其他人。

第三，从财产法律关系内容的角度而言，公司财产不同于股东个人财产，股东享有公司股权并不意味着可以依股东身份对公司财产进行分割或处分。股东通过遗嘱处分公司财产，该行为无效。公司财产是股东利益、债权人利益、员工利益、社会利益等的集合体。它不仅是股东收益的来源，也是公司对外承担债务和责任、依法纳税、支付员工工资、履行企业社会责任的基础。因而，股东享有公司股权，并不意味着股东有权依股东身份对公司财产进行分割或处分。否则，势必影响公司正常的经营或存续，损害其他股东或利益相关主体以及国家的利益。

第四，根据《继承法》第 3 条的规定，股东设立遗嘱处分的公司财产不属于遗产，不能对其进行遗嘱继承。遗嘱中载明的财产属于遗产是进行遗嘱继承的前提条件。倘若遗嘱中载明的财产并不是遗产，就不能依遗嘱继承对该财产进行分割。

第五，根据《继承法意见》第 38 条以及《公司法》第 75 条的规定，股东利用设立的遗嘱处分公司财产的行为应当无效。《继承法意见》第 38 条规定："遗嘱人以遗嘱处分了属于国家、集体或他人所有的财产，遗嘱的这部分，应认定无效。"股东设立的遗嘱中处分了公司的财产，遗嘱的该部分应认定无效。《公司法》第 75 条规定："自然人股东死亡后，其合法继承人可以继承股东资格；但是，公司章程另有规定的除外。"该规定表明，继承人只能继承被继承人的股东资格，而不能继承公司的财产。股东的遗嘱如果指向的是公司财产，而不是股东资格，就不符合法律规定。

第六，公司的存在不单是为了实现股东利益，同时也关系到债权人、员工等相关者的利益，承载着企业社会责任，因而，股东不能利用设立的遗嘱处分公司财产，进而导致公司正常经营和存续受到影响。《公司法》第 5 条明确规定："公司从事经营活动，必须遵守法律、行政法规，遵守社会公德、商业道德，诚实守信，接受政府和社会公众的监督，承担社会责任。"由此可见，公司的存在不单是为了实现股东利益，同时也承载着企业社会责任。不能将公司理解为个别股东实现利益的工具，更不能把公司财产与个人财产相等同。公司在实现股东利益的同时，也应当兼顾债权人、员工等相关者的利益。倘若允许股东利用遗嘱对公司财产进行处分，就有可能导致公司难以存续或损害债权人、员工等相关者的利益，不符合企业承担社会责任的要求,不利于维护社会的和谐、稳定。

　　我国《继承法》已经颁布实施了三十余年,其中的许多制度需要根据社会生活的发展变化而加以适当修改和完善。笔者认为,在修改我国《继承法》的过程中,应当充分考虑《继承法》与其他相关法律规定的协调性问题。例如,对担任公司股东的自然人设立遗嘱的情形,应当增加限制性条款,规定公司股东在设立遗嘱时,仅得处分其合法享有的公司股权,且该项处分不得与公司的章程发生抵触。

第十章
评注第6条（未成年人继承权与受遗赠权的实现）

《中华人民共和国继承法》第 6 条规定："无行为能力人的继承权、受遗赠权，由他的法定代理人代为行使。限制行为能力人的继承权、受遗赠权，由他的法定代理人代为行使，或者征得法定代理人同意后行使。"

第一节　立法目的

一、未成年人及其继承权与受赠权的概念

（一）未成年人的概念

对于未成年人，目前在不同的法律规范中有不同的定义：

1.《民法通则》及其司法解释的规定

《民法通则》第 11 条规定："十八周岁以上的公民是成年人，具有完全民事行为能力，可以独立进行民事活动，是完全民事行为能力人。十六周岁以上不满十八周岁的公民，以自己的劳动收入为主要生活来源的，视为完全民事行为能力人。"第 12 条规定："十周岁以上的未成年人是限制民事行为能力人，可以进行与他的年龄、智力相适应的民事活动；其他民事活动由他的法定代理人代理，或者征得他的法定代理人的同意。不满十周岁的未成年人是无民事行为能力人，由他的法定代理人代理民事活动。"

《民通意见》第 2 条规定："十六周岁以上不满十八周岁的公民，能够以自己的劳动取得收入，并能维持当地群众一般生活水平的，可以认定为以自己的劳动收入为主要生活来源的完全民事行为能力人。"第 3 条规定："十周岁以上的未成年人进行的民事活动是否与其年龄、智力状况相适应，可以从行为与本人生活相关联的程度、本人的智力能否理解其行为，并预见相应的行为后果，以及行为标的数额等方面认定。"

2.《中华人民共和国未成年人保护法》的规定

《中华人民共和国未成年人保护法》（以下简称《未成年人保护法》）第 2 条规定："本法所称未成年人是指未满十八周岁的公民。"从上述规定来看，我国对未成年人的保护并不区分行为能力，只要年龄未满十八周岁都属于未成年人保护的范畴。这一规定是与《民法通则》的规定有所区别的。

3.《继承法》司法解释的规定

《继承法意见》第 7 条规定："不满六周岁的儿童、精神病患者，可以认定其为无行为能力

人。已满六周岁,不满十八周岁的未成年人,应当认定其为限制行为能力人。"须注意的是, 关于无行为能力人和限制行为能力人的界定,《继承法》和《民法通则》的规定不一致。由于 《继承法》相对于《民法通则》是特别法,按照"特别法优于一般法"的原则,当涉及《继承法》的 适用时,对于无行为能力人和限制行为能力人的界定应当以《继承法》的规定为准。即无行 为能力人包括不满六周岁的儿童和完全不能辨认自己行为的精神病患者。限制行为能力人 包括已满六周岁,不满十八周岁的未成年人以及不能完全辨认自己行为的精神病患者。[①]

(二)未成年人继承权与受遗赠权的概念

《继承法》第6条规定:"无行为能力人的继承权、受遗赠权,由他的法定代理人代为行 使。限制行为能力人的继承权、受遗赠权,由他的法定代理人代为行使,或者征得法定代理 人同意后行使。"由此可以确定,未成年人继承权与受遗赠是指未成年人享有的继承和接 受遗赠的基本权利,但是由于未成年人为非完全行为能力人,因而其继承权与受遗赠权的实 现要依赖于其法定代理人,因而,法定代理人管理未成年人的遗产是未成年人实现继承权与 受遗赠权的基本路径。

二、未成年人继承权与受赠权实现的目的

(一)实现未成年人保护

1. 对未成年人给予保护是社会的特殊需求[②]

未成年人是国家的未来,民族的希望,在他们身上寄托着父母的期望,更寄托着人类的 期望。"今日的儿童就是明日世界的公民,因而他们的生存、保护和发展是人类未来发展的 先决条件。"[③]但未成年人又是社会的弱势群体,而对弱势群体进行特别保护也是人权理论 发展和当今世界立法的总趋势。关于未成年人的立法是否完善,是衡量一个国家法制进步 与否的基本标尺。国际上有1959年《儿童权利宣言》和1989年《儿童权利公约》等关于儿童 的法律。我国政府历来十分重视保护未成年人权益,在《宪法》以及《未成年人保护法》中,都 对未成年人权益的保护作出了原则性的规定。但是,我国有关未成年人权利保护的理论大 多侧重于青少年刑事犯罪方面,视角较为单一。随着我国改革开放的深入发展,社会生活的 各个领域都发生了翻天覆地的变化,在婚姻家庭领域关于未成年人的立法情况也出现了许 多新问题,"更加注意尊重和保护儿童利益"已是现代婚姻家庭法的发展趋势之一。

我国是世界上未成年人口最多的国家,在我国14亿多总人口中,18岁以下未成年人有 近4亿,约占总人口的1/4。这是一个数量众多、地位特殊、情况复杂的群体。联合国《儿童 权利公约》是国际社会公认的在保护儿童方面最重要的国际公约,被誉为儿童权利的宪章。 它将儿童的权益概括为四项基本权利:生存权、受保护权、发展权和参与权。具体分项权利 则包括生存权、健康权、姓名权、国籍权、肖像权、荣誉权、智力成果权、受教育权、受抚养权、

---

① 中国法制出版社:《继承法新解读》,中国法制出版社2012年版,第69页。
② 叶晓彬:《论我国未成年人权益保护法律制度的完善》,载《行政与法》2009年第1期。
③ 见《执行九十年代儿童生存、保护和发展世界宣言行动计划》,1990年在联合国世界儿童问题首脑 会议上通过,1991年中国政府正式签署参加该文件计划。

医疗保健权、遗传继承权、发展权、娱乐权、闲暇权、达到就业年龄的劳动权、危机救援权、司法保护权等。我国 2006 年新修订的《未成年人保护法》明确规定,未成年人享有生存权、发展权、受保护权和参与权四项基本权利,这是对联合国《儿童权利公约》中儿童应享有的各种权利的高度概括,较好地体现了与国际公约接轨的立法思想。同时又强调"未成年人享有受教育权,国家、社会、学校和家庭尊重和保障未成年人的受教育权",充分体现了我国的实际国情。

未成年人权益保护,就是基于国家、社会、学校、家庭和法律等平台保障未成年人的人身、财产和其他合法权益不受侵犯,促进未成年人身心健康和全面发展。未成年人权益的法律保护即指对未成年人权利与利益的法律保护,包括两层含义:一是指在立法层面上,以法律确立对未成年人权益的强制保护,与对未成年人的一般保护相区别;二是指对未成年人保护负有义务的组织和个人,严格执行和遵守国家法律关于未成年人权益保护的各项规定,按照作为或不作为的要求,确保未成年人法律权益的实现。

2. 对未成年人财产进行管理是未成年人保护的主要内容[①]

民法中所称的管理,指为了维持物的物理功能,从而使其发挥社会的、经济的作用而对之所为的一切管理活动。一般而言,它包括物的保存、改良、利用和处分。也有学者认为,管理是为维护或增加物的使用价值或交换价值而进行管理的行为。通常认为,管理就是处理事务的行为,既可以是民事法律行为,也可以是事实行为。[②] 而未成年人的财产管理同一般民法中的管理是上下位概念的关系,即未成年人的财产管理包含在一般的民法管理之中。综上可以看出,民法中的管理有如下特征:首先,管理的目的在于维持物的物理功能,发挥物的社会、经济的作用;其次,管理的内容包括保存、改良、利用和处分行为;最后,管理行为既包括事实行为,又包括法律行为。

对于未成年人财产的保护,有称之为"未成年人财产保护制度"的,有称之为"未成年人财产监护制度"的,还有直接称之为"未成年人财产法律制度"的。[③] 因而,要更为完善地界定这一概念,应当从如下的几个角度进行分析。首先,应当明确未成年人财产保护、监护、亲权三者之间的关系,从监护制度和亲权制度的权利内容进行分析,可以得知,财产保护属于监护制度同亲权制度内容中的一个部分,由此可以看出,其属于监护制度同亲权制度的下位概念,其与后两者之间是不可等同的。其次,从未成年人财产保护的权利主体来看,也因监护同亲权制度之不同而有所区分,亲权仅限于父母对于未成年子女,而监护人则可以是父母以外的亲属以及愿意承担监护职责的自然人、法人和其他组织。因此,可将其权利主体概括为自然人、法人和其他组织。再次,从权利的对象上来看,均是以未成年人作为其对象的。最后,从权利的内容上看,虽然基于亲权和基于监护的财产保护在范围和内容上有所不同,但是均体现于对财产的管理和保护。因此基于以上各点,可将未成年人财产管理制度定义为:承担法定监护职责的自然人、法人及其他组织,为了维持未成年人财产的物理功能,从而使其发挥社会的、经济的作用而对之所为的一切处理事务行为的相关法律规定的总称。在其名称上,冠以管理制度之名义。采此名称的理由主要有以下两个方面:一是依据其规制的

---

①　刘淑芬、黄思逸:《我国未成年人财产管理制度探究》,载《中华女子学院学报》2016 年第 2 期。

②　姚辉:《民法学原理与案例教程》,中国人民大学出版社 2007 年版,第 401 页。

③　谢晓:《论未成年子女财产法律制度》,载《法律科学》2000 年第 1 期。

内容而来。因为该财产制度的内容主要体现对于未成年人财产的管理和保护,因此用此名称显得更加贴切。二是明确其属于监护制度同亲权制度的下位概念,在概念上与后两者进行区分。如若采"未成年人财产监护制度"则有混同两者地位之嫌疑,实为不够妥当,因此采"管理"之概念更为适合。由此,对其概念进行分析后,得出如下特征:

(1)未成年人财产的管理有基于管理权取得依据的不同所作的区分。对于未成年人财产管理,在大陆法系国家,因其采取亲权同监护并存的立法体例,所以在内容和程度上两者是存在区别的,就算是在采广义监护的英美法系国家,也承认父母对于未成年子女的财产管理在内容和程度上不同于其他近亲属。

(2)未成年人财产管理的主体是亲属(包括父母和其他亲属)和愿意承担监护职责的自然人、法人及其他组织。这里则体现了未成年人财产管理制度中主体的广泛性。

(3)未成年人的财产管理在内容上体现在对于未成年人财产的管理和保护。一方面在于权利人对于未成年人财产的管理,即除开狭义之管理外,尚包括对于未成年人财产权益不同程度的使用、收益和处分。另一方面在于保护,即在未成年人财产权益遭受侵害时,能够代替未成年人行使权利,以弥补未成年人民事行为能力之不足。而管理本身也因基于亲权和基于监护而在内容和程度上有所不同。

(二)体现养老育幼原则[1]

1. 养老育幼是实现家庭功能的需要

家庭作为社会的细胞,它的一项重要职能是养老育幼。老人在有劳动能力时曾为维持家庭生活和抚育子女辛勤操劳;到年老丧失劳动能力时,客观上需要得到子女的赡养、照顾,愉快地度过晚年。在其子女先死亡的情况下,为了保证老人的生活水平不致降低,一方面要规定老人有权继承子女的遗产,另一方面,在分割子女遗产时,应当依法保障老人的权益。未成年子女尚处在身心发育和成长时期,需要父母或祖父母、外祖父母以及成年又有独立生活来源和生活能力的兄姐的抚育、爱护。虽然他们尚未对家庭尽过什么义务,但他们有权获得父母或其他近亲属对自己的抚养。当父母或其他近亲属死亡时,未成年子女有权作为继承人依法取得遗产。因此,家庭赡养老人、抚育未成年子女的职能,在客观上要求我国继承制度确立养老育幼的原则。

2. 养老育幼是社会主义道德准则的要求

赡养、敬重、照顾老年人和关心、爱护、抚育未成年人,已成为我国劳动人民世代相承的优良传统,处理继承问题时应当予以尊重和发扬。在社会主义条件下,这种优良传统与社会主义道德的基本要求——尊老爱幼,是完全符合的,因而被伦理规范所吸收,成为社会主义道德的一项准则。

3. 保护老人和儿童的利益是我国法律的共同任务

从宪法到民法、婚姻法,甚至刑法等都十分重视对老人和儿童合法利益的保护。我国《宪法》第 49 条规定:"婚姻、家庭、母亲和儿童受国家的保护……父母有抚养教育未成年子女的义务,成年子女有赡养扶助父母的义务……禁止虐待老人、妇女和儿童。"我国《婚姻法》把保护妇女、儿童和老人的合法利益作为一项基本原则,并在具体制度上作了相应的规定。

---

[1]　杨大文:《亲属法与继承法》,法律出版社 2013 年版,第 302~303 页。

我国《刑法》等其他相关法律也通过调整对象和调整方法,对老人、儿童的权益提供了有效的保障。对老人和儿童的合法权益的保护,是相关法律的共同任务。《继承法》在财产继承方面贯彻养老育幼原则,必然使法律对老人和儿童的合法权益的保护更加系统、全面和切实。

(三)保护未成年人继承权①

1. 保护未成年人继承权是人类发展和社会进步的客观要求

从人类发展的过程看,人类从野蛮到文明,从落后到进步,无不伴随着自身的新陈代谢,这是不以人们意志为转移的客观规律。像其他生物一样,人类也需要用自己特有的形式保护自己的后代,以保护人类的正常延续。《继承法》根据人类发展的这一客观规律,规定对未成年人的继承权实行特别保护,以国家强制力保证人类社会能延续不断。从社会进步的过程看,历史的车轮是由一代代人来推动的,未成年人作为社会的未来建设者,是社会进步和发展不可缺少的生力军。由于未成年人正处于身心发育和成长时期,一般来讲,他们缺乏劳动能力,也没有生活来源,没有足够的能力保护自己独立于社会之中。《继承法》据此作出相应的规定,使未成年人不但有权在父母或其他有抚养能力的家庭成员生前获得他们对自己的抚养,而且当他们死亡时,未成年人有权作为继承人并优先取得遗产,以在经济上支持未成年人健康成长,成为社会的建设者。

2. 保护未成年人继承权是社会主义道德规范的必然要求

长期以来,我国劳动人民在日常生活中形成了关心、爱护和抚育未成年人的优良传统,人民群众在自行协商的基础上处理继承问题时,一贯坚持照顾未成年人的做法,这些传统的美德为社会主义道德规范所吸收并成为其中的重要内容。尽管道德与法律是不同的社会规范,但二者又是内在一致的,社会主义道德要求社会主义法律对其重要内容作出法律确认,《继承法》关于保护未成年人继承权的有关规定正是这种要求的典型反映。

3. 保护未成年人继承权是《宪法》关于保护未成年人合法权益的规定的具体体现

宪法是一个国家的根本大法,在一个国家所有的法律中,具有最大的权威性和最高的法律效力,是其他一切法律制定的依据。我国《宪法》关于保护未成年人合法权益有许多规定。如《宪法》第 46 条第 2 款规定:"国家培养青年、少年、儿童在品德、智力、体质等方面全面发展。"《宪法》第 49 条规定:"婚姻、家庭、母亲和儿童受国家的保护。""父母有抚养教育未成年子女的义务。""禁止虐待老人、妇女和儿童。"与《宪法》规定相呼应,我国许多部门法规定了保护未成年人合法权益的内容。如《刑法》第 261 条规定:"对于年老、年幼、患病或者其他没有独立生活能力的人,负有扶养义务而拒绝扶养,情节恶劣的,处五年以下有期徒刑、拘役或者管制。"《继承法》为了贯彻《宪法》的有关规定,在财产继承方面对未成年人实行特别保护,具有充分的宪法依据。

(四)规范法定代理人的财产义务

继承权是一种十分重要而又复杂的民事权利,无论是继承选择权的行使,还是遗产管理权、遗产分割请求权的行使,都需要有较高的分析判断和选择能力,因此各国均要求继承权的行使须有完全民事行为能力。无民事行为能力人的继承权由其法定代理人行使;限制民

---

① 王静、任秀娟:《未成年继承权的法律保护》,载《中国妇女管理干部学院学报》1993 年第 4 期。

事行为能力人的继承权须征得法定代理人的同意后行使或由法定代理人行使;关于胎儿利益的保护,以其母为代理人。我国《继承法》第 6 条规定:"无行为能力人的继承权、受遗赠权,由他的法定代理人代为行使。限制行为能力人的继承权、受遗赠权,由他的法定代理人代为行使,或者征得法定代理人同意后行使。"在一般情况下,法定代理人,如父或母,会从被代理人的利益出发行使代理权,维护被代理人的利益。但是,不可否认,有时候代理人和被代理人在继承问题上利害相左。如配偶一方死亡后,父或母作为未成年子女的法定代理人,其本身的利益即和被代理人的利益相冲突。在这种情况下应如何保护无民事行为能力人和限制民事行为能力人的继承权,已成为各国继承立法必须解决的重要问题。我国法律对此有两处规定。《民法通则》第 18 条规定:"监护人应当履行监护职责,保护被监护人的人身、财产及其他合法权益,除为被监护人的利益外,不得处理被监护人的财产……监护人不履行监护职责或者侵害被监护人的合法权益的,应当承担责任;给被监护人造成财产损失的,应当赔偿损失。"《继承法意见》第 8 条规定:"法定代理人代理被代理人行使继承权、受遗赠权,不得损害被代理人的利益。法定代理人一般不能代理被代理人放弃继承权、受遗赠权。明显损害被代理人利益的,应认定其代理行为无效。"根据上述规定和《民法通则》关于监护的其他规定,法定代理人行使代理权损害被代理人利益的,被监护人于成年后,得请求法院宣告该行为无效。被监护人的其他亲属或被监护人住所地的村民委员会、居民委员会也可以请求法院宣告该行为无效。① 因此,从立法上看,未成年人继承权与受遗赠权的实现由法定代理人完成,这一立法的目的之一在于确定法定代理人的财产性义务,即未成年人的法定代理人应当尽职尽责地保护、管理未成年人继受的遗产,换言之,法定代理人保护、管理未成年人继受的遗产是监护人财产义务的法定渊源之一。

第二节 相关法律概念

一、继承权的取得②

继承权的取得根据有二:一是法律的直接规定;二是合法有效遗嘱的指定。因法律直接规定而取得的继承权,是法定继承权;因合法有效遗嘱的指定而取得的继承权,是遗嘱继承权。

法定继承权的取得是基于法律的直接规定。法定继承权的取得根据,主要是血缘关系和婚姻关系。首先,将血缘关系作为取得法定继承权的依据,并依血缘关系的远近来确定法定继承人的范围和顺序,这是古今中外各国立法的通例。究其原因,实与家庭的自身功能关系密切。家庭是社会有机体的最基本单位,要保证社会整体系统的正常运转必须首先保证家庭各项功能的正常发挥,家庭的消费职能即为其一。所谓"消费职能"是指家庭成员共同生活、共同消费。具体而言,家庭中有劳动能力的成员应将其从事各类工作所获收益在家庭内部进行再次分配以保证家庭成员的共同生活,而对死者遗留财产利益直接加以规制的法定继承制度,是对被继承人对家庭所尽最后义务的一种法律引导。依血缘关系的远近对法

---

① 张玉敏:《继承法律制度研究》,华中科技大学出版社 2016 年第 2 版,第 36 页。
② 陈苇、宋豫:《中国大陆与港、澳、台继承法比较研究》,群众出版社 2007 年版,第 134~137 页。

定继承人范围和顺序加以规定的做法可以从制度上保证死者财产在其最应尽扶养义务人范围内的分配,从而确保家庭消费职能的继续发挥。古今中外各国立法概莫能外。其次,婚姻是家庭的基础,婚姻关系是家庭关系中最重要的一种关系。一份合法婚姻的缔结不仅仅在当事人及其亲属间确定亲属身份,还衍生出了身份意义上的权利义务关系。从婚姻在夫妻间产生的财产关系来看,夫妻之间的财产继承权是其中颇为重要的一项内容。在现实生活中,作为夫妻的当事人双方往往在情感上相互依赖、在生活中彼此扶持,共同维持家庭生活的正常秩序,因此,当配偶一方死亡后,在法律上肯定生存配偶的继承资格、赋予其法定继承权,完全符合人类社会共同的伦理性认知,也有利于保护生存配偶的合法权益。

遗嘱继承权的取得是基于遗嘱的指定,这是对被继承人处分其个人所有财产意愿的尊重,是私法自治原则的体现,但基于家庭成员利益及社会公共利益,对其设有特留份等制度限制。

二、接受与放弃继承权[①]

接受继承是指继承开始后,继承人按法定方式表示愿意做继承人,接受继承的法律后果的单方法律行为。拒绝继承是继承人表示不做继承人,拒绝继承的法律后果的单方法律行为,我国《继承法》称之为放弃继承。笔者认为,拒绝继承这一表述更为科学,因为放弃的标的是已享有之权利或利益,拒绝的对象则是尚未确定的权利或利益,而继承开始后继承人所处的正是这样一种不确定的地位。

继承人接受和拒绝的标的,是继承权而不是遗产。换言之,继承人接受继承,是对其因继承开始取得之继承权的承认和接受,继承人拒绝继承,是对其因继承开始取得之继承权的拒绝。在理论上,没有人会反对这一点。但是,当涉及某些具体问题时,人们往往在放弃遗产这一意义上使用放弃继承的概念,而在接受遗产的意义上使用接受继承的概念,以致造成理论和实务中的混乱。例如,我国《继承法》没有为放弃继承规定一个明确的期间,而规定只要在遗产分割之前,都可以放弃继承。《继承法意见》中也规定,在遗产处理前或诉讼中,继承人都可以表示放弃继承。这显然是将放弃继承理解为放弃遗产——因为是放弃一种财产权利,不会损害他人的利益,因此不需要严格的形式,也不需要规定严格的期限,直到遗产分割之前都可以放弃。正是基于这样的认识,我国《继承法》对接受和放弃继承这一继承法上的重要问题,仅有一条原则性的规定。这是我国《继承法》的一大重要缺陷,需要从理论上正本清源,从制度上加以改造。

接受和放弃继承制度在继承法上有十分重要的意义。我国系采直接继承制度的国家。依直接继承制度,继承从被继承人死亡时开始,被继承人的财产法律地位从继承开始时起由继承人承受。但是,现代继承法贯彻自愿继承原则,任何人不得被强制继承,继承开始以后,法律给予继承人一定的期间,让其考虑是否接受继承。因此,继承开始后的一定时间内,继承人所处的法律地位实际上是不确定的。一方面,继承人已取得继承权,另一方面,他可以选择接受继承,也可以选择拒绝继承。继承人一旦行使了选择权,其法律地位即确定下来——或者溯及继承开始为继承人,或者溯及继承开始不为继承人。因此,接受继承是使继承人的继承法律地位得以确定的重要的法律行为,而放弃继承则是使继承人的继承法律地

---

① 张玉敏:《继承法律制度研究》,华中科技大学出版社 2016 年第 2 版,第 64～65 页。

位溯及继承开始消灭的法律行为。

接受继承又可分为限定承认继承(限定接受)和单纯承认(概括承认、包括承认)继承。限定承认继承须在法律规定的期限内履行法律规定的手续,如编制忠实准确的遗产清册,向主管机关明确表示限定承认的意思等。单纯承认又可分为自愿的单纯承认和法律强制的单纯承认,前者是继承人自愿选择的单纯承认,后者是因为继承人没有在规定的期限内选择拒绝继承或限定承认继承,或者继承人有欺诈债权人的不正当行为,如隐匿遗产等,而依法产生的强制单纯承认的法律后果。实际上,目前实行直接继承制度的国家,多以单纯承认为原则,以限定承认为例外。因为限定承认是保护继承人利益不因继承而遭受损害的一种制度,继承人要享有这种利益,就必须遵守法律规定的条件,履行严格的手续,否则,继承人就不能享受这种利益,而必须无条件地接受继承(单纯承认继承)。

三、受遗赠权与遗赠[①]

受遗赠权是指受遗赠人接受遗赠的权利,受遗赠权产生于遗赠,因而受遗赠权与遗赠是一个制度的两个方面,在我国《继承法》中对遗赠制度也作了规定。

(一)遗赠概说

1. 遗赠的概念与特征

遗赠制度由来已久,在中外各国的古代法中早已有之。在近现代,为了充分保障遗嘱人对其财产的自由处分权,尊重遗嘱人的真实意思表示,各国民法典对遗赠制度均有规定。我国《继承法》第 16 条第 3 款指出:"公民可以立遗嘱将个人财产赠给国家、集体或者法定继承人以外的人。"遗赠是指公民在遗嘱中指定受遗赠人并于其死亡后发生法律效力的一种单方民事法律行为。在遗赠法律关系中,立遗嘱人为遗赠人,接受赠与财产的人为受遗赠人,遗赠财产为遗赠物。

遗赠具有下列法律特征:

(1)遗赠是一种要式的民事法律行为。遗赠是自然人生前通过立遗嘱的方式设定的,它与遗嘱继承一起构成了遗嘱的实际内容。因此设定遗赠必须符合法律关于遗嘱的相关规定,如果遗嘱无效,则遗赠当然无效。

(2)遗赠是一种单方的民事法律行为。只需遗赠人的意思表示即可成立,不以相对人的同意为前提。遗嘱生效后受遗赠人有权决定是否接受遗赠财产,这种决定也是一种单方的民事法律行为。

(3)遗赠是一种无偿的民事法律行为。遗赠是遗嘱人通过遗嘱给予受遗赠人财产利益的行为,是无偿的;可以是遗嘱人将自己的财产让与受遗赠人,也可以是遗嘱人对受遗赠人的财产义务的免除。虽然遗赠人可以设定负担,但这不妨碍遗赠的无偿性。遗赠必须是给予他人以财产利益,不能通过遗赠为他人设定债务。

(4)受遗赠人必须是国家、集体或法定继承人以外的人,而不能是法定继承人范围以内的人。如果遗嘱中指定将财产赠与法定继承人中的人,则不是遗赠,而是遗嘱继承。

(5)遗赠是于遗赠人死亡后发生法律效力的。如果遗赠人尚未死亡,即使遗赠人已设定

---

①　杨大文:《亲属法与继承法》,法律出版社 2013 年版,第 377～380 页。

遗赠,受遗赠人也无权请求执行遗赠。在遗赠人生前遗赠并不具有法律效力,遗赠人在生前可以无条件地变更、撤销自己的遗赠。

(6)遗赠是由受遗赠人亲自接受的行为,以特定的受遗赠人为受益主体。受遗赠人接受遗赠时应为生存之人,受遗赠人先于遗赠人死亡,或者在继承开始后作出接受遗赠的意思表示之前死亡的,该遗赠不发生法律效力。受遗赠人是国家、集体的,受遗赠权由其负责人行使。

2. 遗赠的分类

(1)概括遗赠与特定遗赠

根据遗赠的标的不同,可以将遗赠分为概括遗赠和特定遗赠。所谓概括遗赠是指遗赠人通过立遗嘱的方式使得受遗赠人取得自己的全部财产权利和义务。而特定遗赠是指受遗赠人只取得遗赠人的某一特定财产,而遗赠人却不能将自己的财产义务一并赠与受遗赠人。

在我国,《继承法》对此并没有作出明确的规定,实际生活中也有一些概括继承的情形。因此有学者主张"从我国继承法的立法精神来看,是承认概括继承的"[①]。为了维护遗赠的无偿性,我们主张遗赠不应包括概括遗赠。

(2)单纯的遗赠和附条件的遗赠

根据遗赠是否负义务可以将遗赠分为单纯的遗赠和附条件的遗赠。所谓单纯的遗赠是指遗赠人将自己的财产权益不附加任何条件地赠与受遗赠人。而附条件的遗赠是指遗赠人将自己的财产赠与受遗赠人时附加了一定的条件或者义务,如果受遗赠人不履行此种义务或者不接受该种条件,则不能接受遗赠。

实际生活中,无论是单纯的遗赠还是附条件的遗赠在我国都是存在的。

(二)遗赠与相关制度的区别

1. 遗赠与遗嘱继承的区别

遗赠与遗嘱继承都是遗产移转的法定方式,但并非完全相同。关于如何区别遗赠与遗嘱继承,各国均有着不同的标准,如《德国民法典》第2087条规定:"如果被继承人将其财产或将其财产的一部分赠与应得馈赠者,则此种处分视为指定继承人,即使应得馈赠者并未被被继承人称作继承人亦如此。如果应得馈赠者只是被赠与个别物品,倘有疑义,不推定其为继承人,即使该人被称作继承人亦如此。"在我国,遗赠与遗嘱继承主要有如下区别:

(1)受遗赠人与遗嘱继承人的主体范围不同。根据我国《继承法》的规定,受遗赠人可以是法定继承人以外的人,也可以是国家、集体。法定继承人以内的人不得成为受遗赠人。在遗嘱继承中,遗嘱人不得指定法定继承人以外的人继承遗产,继承人只能是法定继承人以内的人,可以是第一顺序的继承人,也可以是第二顺序的继承人。

(2)受遗赠人与遗嘱继承人所承担的义务不同。在遗赠中,受遗赠人不需承担遗产中的债务,但是只有在清偿被继承人应缴纳的税款和债务之后,方可主张遗赠。在遗嘱继承中,遗嘱继承人不仅享有继承遗产的权利,同时,也负有清偿被继承人债务的义务。但以遗产的实际价值为限,超过的部分,可不予清偿。

(3)受遗赠人与遗嘱继承人接受遗产的方式不同。受遗赠人接受遗产原则上应该以明

① 刘文编:《继承法比较研究》,中国人民公安大学出版社2004年版,第268页。

示的方式作出。遗嘱继承则不然,继承人可以采用明示的方式,也可以采用默示的方式。[①]

2. 遗赠与赠与的区别

(1)遗赠是一种单方的民事法律行为,赠与则是一种双方的民事法律行为,赠与合同在赠与人作出赠与的意思表示之后并不当然成立,还需要受赠人作出接受赠与的意思表示,双方意思表示一致,合同才能成立。

(2)遗赠是一种要式的民事法律行为,必须以遗嘱的方式进行,受《继承法》的调整;赠与则是一种不要式的民事法律行为,受《合同法》的调整。

(三)遗赠的效力

遗赠的效力以遗赠人的死亡为其发生前提。在附条件的遗赠中,自条件成就时起遗赠发生法律效力。

在近现代的立法中,各个国家和地区对此均有规定,归结起来主要有下述两种立法例:一种立法例规定遗赠的效力是债权的。德国、瑞士采取此立法例。另一种立法例规定遗赠的效力是物权的,其可以产生物权变动的效力。日本、法国等采取此立法例。对此,我国《继承法》并未作出明确的规定。因此,学者们的主张各异。笔者认为,受遗赠人在遗赠发生法律效力之前,对遗赠财产不享有所有权,其享有的仅仅是请求遗嘱执行人交付遗赠财产的权利。由此看来受遗赠权不是物权,仅发生债权的效力,但是不能将受遗赠权简单地等同为一般债权。遗赠虽然是一种遗产移转的方式,其性质却是不同于继承的,应该具有自己的独立的法律效力。受遗赠人享有请求遗嘱执行人或继承人给付遗赠标的物的权利,但是不享有直接支配遗赠标的物的权利,遗嘱执行人对受遗赠人有交付的义务。根据我国《继承法》的规定:在遗赠人应该缴纳的税款和债务清偿之前,不能执行遗赠,如果被继承人的遗产在清偿之后没有剩余的,也不能执行遗赠。

受遗赠人表示接受遗赠,其效力溯及继承开始之时,遗赠财产的所有权于被继承人死亡之时转由受遗赠人所享有。当遗赠的标的物为债务免除时,在对遗赠人应缴纳的税款和债务进行清偿之后,才能发生债务免除的法律效力。这里需要注意的是,此处的债务免除不同于遗赠人的生前债务免除。因为,遗赠人的生前债务的免除在其死亡之前就已经发生法律效力,债务人不再负有清偿的义务。

(四)遗赠的执行

所谓遗赠的执行,是指在受遗赠人接受遗赠后遗嘱执行人按照遗赠人的请求将遗赠物交付于受遗赠人的行为。遗嘱执行人应当在遗产分割时依法交付。

受遗赠人的受遗赠权不同于以遗赠人为义务人的债权,当遗赠人的债权人的债权与受遗赠人的受遗赠权同时存在时,受遗赠人不能与遗赠人的债权人平等地分配遗产。只有当被继承人生前所欠的税款和债务清偿之后,遗嘱执行人才可以就遗产剩余的部分执行遗赠。如果没有剩余遗产的,遗赠不能执行,受遗赠权也随之消灭,遗嘱执行人不再负有执行遗赠的义务。如果遗赠物为特定物,该特定物不在时,遗赠便失去了法律效力,遗嘱执行人不再

[①] 《最高人民法院司法解释小文库》编选组编:《婚姻家庭继承司法解释》,人民法院出版社 2006 年版,第 150 页。

负有执行遗赠的义务。

第三节　主要内容①

谈及未成年人继承权与受遗赠权的实现,就必须要提到监护制度,因为监护是未成年人继承权与受遗赠权实现的基本路径。

监护制度是一项重要的民事法律制度。它关系到未成年人和处于特殊情况的成年人合法权益保障的问题。作为社会成员的人,均是生活在一定家庭之中的。在婚姻家庭法领域,监护制度是一个必不可少的研究对象。

一、未成年人继承权与受遗赠权实现的途径——监护制度

未成年人继承权与受遗赠权实现的途径主要是未成年人监护制度,而未成年人监护制度包含了以下内容:

(一)监护的概念

所谓监护是指依照法律规定,对特定自然人的人身权益和财产权益进行监督和保护的法律制度。根据监护范围的宽窄,对监护可作广义和狭义两种不同的解释。

广义上的监护制度是指对一切未成年人和限制民事行为能力人及无民事行为能力的成年人(或曰禁治产人)的人身和财产权益进行监督和保护的法律规范之总和。其中规定父母为未成年子女的法定监护人。英美法系的很多国家采用了这一体例。我国《民法通则》第16条也作了类似的规定。狭义上的监护制度是指对不在亲权下的未成年人,以及其他限制民事行为能力人或无民事行为能力人即禁治产人的人身和财产权益进行监督和保护的法律规范的总和。父母对未成年子女的人身和财产上的监督和保护不称监护,对此种权利义务另设亲权制度加以规定。大陆法系各国大多作了这样的规定。不少国家还设立了保护制度或保佐制度。保护一般是指对禁治产人或需要特殊保护的成年自然人的人身和财产权益的监督和保护,或者是指对亲权人一方或双方不能行使亲权的未成年人的监督和保护。如苏联和日本就设有保护制度。保佐实际上有两种情况。一种与保护大致相同,只是用词和范围的区别;另一种是在特殊情况下,在实行监护受到阻碍时采取的一种补救,或是对特定的人或特定的财产实行的监督和保护。

(二)监护的目的和性质

1. 监护的目的

监护以保护未成年人或其他限制民事行为能力、无民事行为能力的成年人的合法权益为目的。

2. 监护的性质

关于监护的性质有两种看法。一种看法认为监护是一种权利。此观点认为只有视监护为一种权利,才能使监护人正确、主动地行使权利,履行保护被监护人的义务,达到监护的目

---

① 杨大文:《亲属法与继承法》,法律出版社 2013 年版,第 216～233 页。

的。另一种看法认为监护是一种职责,是权利义务的统一,监护人既享有权利又负有义务。

就监护制度的宗旨而言,监护人承担着监督和保护被监护人的重任,因此应该承认为完成监护的职责,监护人是享有一定权利的。但是,此权利的行使正是履行监护职责的重要内容。就其性质而言,监护是权利与义务紧密联系、不可分离、以义务为主要内容的一种社会职责。

监护制度有其自身发展的历史过程。当今之世,监护并不是单纯的以权利为本位的,而是以义务为本位或以社会为本位的。从世界各国法律关于监护人报酬问题的规定上也可以看出其性质。《德国民法典》第 1836 条及第 1836a 条至第 1836e 条专门规定:(1)执行监护为无偿的。(2)监护法院得批准给予监护人或出于特殊原因给予监护监督人适当的报酬。(3)仅在受监护人的财产以及监护事务的范围和意义证明给予报酬为合理时,始得作出上述批准。(4)对将来的报酬得随时变更或取消之。同条还规定,不得批准给予青少年事务局或社团以报酬。日本、法国民法典虽规定给予监护人一定报酬或财产管理费用,但都作了极为严格的限制规定。监护不是为获取报酬或什么特权的一种职业,而是为保护被监护人利益的一种具有社会公益性的行为,即使有报酬,也是为了补偿监护过程中支出的必要费用。

(三)监护制度的比较

综观世界各国立法,由于对监护含义的不同认定,各国监护法律制度亦有所区别。可以德、法、日、英、美等国为例,考察其监护制度的不同特点:

1. 英美法系国家取广义监护的含义,监护与亲权不分,统称为监护

英美法国家由一系列单行法律、法规调整监护关系。根据英国 1973 年的《未成年人监护法》,父亲和母亲具有照管和监护他们未成年子女的平等权利。如果父母一方死亡,其义务便转移给生存者。当父母发生争执时,或发生离婚诉讼时,可以向法院提出诉请。根据英国 1970 年的《法律执行法》,监护管辖权由大法官分院移交给家事分院,后者审查各种细节和决定监护事项。在美国,1968 年制定有《统一未成年子女监护管辖法》,并有若干单行法规和一系列有关案例调整监护关系。双亲离婚或依法分居时,未成年子女的监护将交与双亲之一,双方有平等的权利。选择的标准是"孩子的最大利益"。发生争议的主要问题之一,是法院改变监护裁决的管辖权问题。由于各州规定不一,有的当事人就利用这一空隙申请改变监护裁决。因而《统一未成年子女监护管辖法》中特别规定对监护判决应实行州际登记、对在不同州平行提出的修改申请加以废除或限制,以及进行司法合作,以促进州法律的统一化。

2. 大陆法系国家一般取狭义监护的含义,分设亲权和监护两种制度

(1)亲权与监护的区别

按狭义监护概念进行法律操作的国家明确区分了亲权和监护。从法理上讲,监护可以说是"亲权的延长"。但是必须看到,被监护人不仅包括未成年人,还包括受禁治产宣告的成年人。因此,实际上监护和亲权并不是一回事。从范围来讲,监护的对象远大于亲权。就未成年人来讲,监护和亲权的行使也有很多区别。例如:第一,法律关系不同,亲权的行使以亲子关系为基础,而监护人与被监护人之间没有这种特定的身份关系;第二,法律关于亲权人对于子女的财产进行处分的限制较宽,且亲权人多享有对该财产的用益权,监护人则受到严格限制,并不享有对被监护人财产的用益权;第三,监护人因其监护活动可以得到为法律所

允许的报酬,亲权人行使亲权则是无偿的;第四,亲权人因亲子关系而自然取得对其未成年子女的亲权,只有在特殊情况下,才会受到限制,而非亲权人的监护权必须经法定程序才能够取得;第五,行使亲权一般不需要设专门的监督机构,而监护人行使监护权须受一定监督机构的监督;第六,监护人在监护开始时须对被监护人的财产开出清单,并受监督机构的监督,而亲权人则不需要。由此可知亲权和监护权是不相同的,或者说两者是有同有异的。[①]

(2)德国的监护和保佐

德国的监护制度,包括监护和保佐两方面的内容。监护又分为对不在亲权之下的未成年人的监护和对被宣告禁治产的成年人的监护。20世纪六七十年代,德国民法修改了以往的规定,非婚生子女的生母依法享有亲权(《德国民法典》第1705条)。这是具有进步意义的。但是,同时又规定若干法定情形下仍应为非婚生子女设置保佐人(第1706条),生母仅有关于保佐关系不得开始、撤销保佐或限制保佐人作用范围的申请权。这一切做法的前提是,不违反子女利益。从1997年年底到1998年6月底,德国民法亲属篇作了重大修正,颁布了《子女身份改革法》《非婚生子女在继承法上的平等法》《未成年子女生活费统一法》等一系列法律,对有关非婚生子女地位的法律规定作了重大修改。在监护权方面也彻底消除了非婚生子女与婚生子女的差别。德国民法中,不再出现"非婚生"一词,原民法第1705条至第1711条全部废除。德国民法规定,在没有适合于担任监护人的人选时,可任命青少年事务局作为官方监护人。任命须由监护法院以书面命令为之(第1791条)。德国很重视未成年子女权益的保护,修改后的监护法加强了公权力对监护的干预。德国监护制度于监护人之外,还设置监护监督人辅助监护法院对监护人进行监督。德国所设的保佐制度实为一种限定范围的监护,其目的是将其作为亲权、监护权的一种补充,或为扩张监护的范围,如对胎儿的保护、对残疾人的保护等。

(3)法国的亲权与监护并存的监护制度

法国的监护机关有监护人、监护监督人、亲属会议和民事裁判所(法院)等。监护人代理被监护人参加民事活动,管理被监护人的财产。可以依法确定法定监护人,可以依父或母的遗嘱指定监护人,也可以由亲属会议选定监护人。监护监督人除对监护人进行监督外,还起着协助监护事务的作用。亲属会议主要由被监护人的亲属构成,其主要职能是进行监护人、监护监督人的选任和辞退,就与被监护人有重大利害关系的问题作出决定等。法院应当处理因亲属会议的构成,亲属会议所作决定,监护人选任、辞退是否得当等问题发生的争议,并对亲属会议作出的有关重要决议进行认可。

法国监护制度最显著的特点为亲权与监护并存。未成年人的父母双方均生存的,对该未成年子女财产的管理,在法律上也视为一种监护,其管理行为亦相应地受到一定限制。如父母任何一方死亡,均得对未成年子女的财产管理设置监护人。其身上的照顾仍由亲权人担任。监护人财产管理权的行使须受监护监督人和亲属会议的监督。在法国,亲权与监护的区别主要在于亲权人对子女的身上照顾权利不同于一般监护人,在财产的管理上,亲权人和一般监护人几乎完全相同。

[①]　刘素萍、陈明侠:《监护与扶养》,载巫昌祯、杨大文:《走向21世纪的中国婚姻家庭》,吉林人民出版社1995年版,第172～173页。

（4）强调公权介入的日本监护制度①

日本监护制度包括了对无亲权下的未成年人的人身权和财产权的监护和对禁治产人以疗养看护及财产管理为主要内容的监护。日本民法重视公权力在监护关系调整中的作用。除父母以遗嘱指定的未成年子女监护人和禁治产人监护人外,监护人都须由家庭裁判所选任。二战后,日本民法废除了亲属会议,以家庭裁判所和监护监督人作为监督机构。此外,还有依照儿童福利法实施的公法监督。

日本有对禁治产人的监护,还有对准禁治产人的保护(保佐)制度。所谓对准禁治产人的保护是指保护人不享有对受保护人财产管理的法定代理权,只是受保护人在从事一些民事行为时,应得保护人同意。保护人与受保护人有利害冲突时,家庭裁判所应就该事项为受保护人设临时保护人。

监护制度的公权介入,反映了现代法律对社会关系的调整已日益广泛深入,国家公权已介入社会各个领域。监护涉及的对象,无论是未成年人,还是无民事行为能力人、限制民事行为能力人,都是更应受到社会保护、国家保护的群体。公权介入监护领域已日益成为世界各国立法者的共识。这对完善我国监护法律制度也是很有借鉴意义的。

（四）我国现行的监护制度及其特点

我国《民法通则》第二章第二节第 16 条至第 19 条,以四条的篇幅作了关于监护的原则性规定。其他如《婚姻法》《收养法》《未成年人保护法》《妇女权益保障法》等法律,以及 1984 年《最高人民法院关于贯彻执行民事政策法律若干问题的意见》,1988 年《最高人民法院关于贯彻执行〈中华人民共和国民法通则〉若干问题的意见(试行)》,1993 年《最高人民法院关于人民法院审理离婚案件处理子女抚养问题的若干具体意见》等司法解释,也作出了若干与监护相关的较具体的规定。但是,《民法通则》是将监护作为民事主体制度的一部分加以规定的,具有总则性质,而不是将其作为家庭法制的一部分加以规定的,而且尚未形成完整的制度体系。其主要内容如下:

1. 实行单一的监护制

《民法通则》第 16 条第 1 款规定:"未成年人的父母是未成年人的监护人。"父母以监护人的资格对未成年子女行使监督保护职责,在法律上其权利义务与一般监护人相同,即将监护混同于亲权,将特殊监护混同于一般监护。

2. 监护人的确定

未成年人的监护人和被宣告无民事行为能力或限制民事行为能力的精神病人的监护人,依照法律规定包括父母、祖父母、外祖父母、兄姐、配偶、成年子女、关系密切的其他亲朋,或由有关单位或被监护人住所地居民委员会、村民委员会或者民政部门担当监护人(《民法通则》第 16 条第 2 款、第 3 款、第 4 款,第 17 条);没有规定遗嘱监护人。

3. 监护人的顺序问题

关于确定监护人顺序问题,对传统民法规定有所突破。首先按照一定顺位,在近亲属中依法律规定产生监护人。若其中没有符合条件的监护人,则依选任而产生监护人,选任过程中又强调被选任者的自愿。所以,若无此类监护人,可依法律规定由有关单位、民政部门作

---

① 渠涛主编:《中日民商法研究》(第一卷),法律出版社 2003 年版,第 383～384 页。

为监护人。采用选任监护人优先于法定监护人中某一顺位监护人的形式是比较灵活的。[1]

4. 有关政府部门可以作为监护人

大多数国家规定，除特殊情况外，法人不得为监护人。德国民法规定青少年事务局可担任监护人、保佐人，但青少年事务局是德国负责青少年保障事务的专门性机构。根据我国《民法通则》第16条第4款、第17条第3款的规定，民政部门可以作为监护人。我国的民政部门是各级政府的一个工作部门，负责所在政府的一切有关民政方面的工作。民政部门直接担当监护人的职责是否妥当，是值得研究的。

5. 明确规定的监护机关仅为监护人

我国《民法通则》中明确规定的监护机关只有监护人。没有监护监督人的称谓，没有明确规定监护监督官署，也没有明确规定法院除裁决外的监督作用。

6. 关于监护人的职责和撤销的原则规定

《民法通则》第18条对监护人的职责以及监护人资格的撤销问题作了原则性的规定："监护人应当履行监护职责，保护被监护人的人身、财产及其他合法权益，除为被监护人的利益外，不得处理被监护人的财产。监护人依法履行监护的权利，受法律保护。监护人不履行监护职责或者侵害被监护人的合法利益的，应当承担责任；给被监护人造成财产损失的，应当赔偿损失。人民法院可以根据有关人员或者有关单位的申请，撤销监护人的资格。"

二、未成年人继承权与受赠权实现的内涵——监护的内容

未成年人继承权与受赠权实现的内涵主要是指监护的内容，监护的内容即监护事务和责任。监护事务是指对得不到亲权照顾的未成年人及需要被监护的成年人的人身和财产上的权利和义务，包括这些权利的行使和义务的履行。监护责任是指监护人因其故意或过失致被监护人以损害时，应承担的法律后果。

(一)财产监护

财产监护主要指对未成年人财产的管理和财产法律行为的代理。德国、法国、日本、瑞士等国均有相应的规定。不少国家都规定得比较详细，除规定了财产管理的权限外，还规定了对财产监护行为进行限制的条款。归纳起来，监护人对被监护人的财产监护主要有如下几方面的权利和义务：

1. 对被监护人的财产开具清单。监护人对被监护人的财产首先应进行清点，登记造册，制作财产目录。在设有监护监督人的国家还规定，在清点财产时，监护监督人应在场。有的国家还规定了制作目录的时限。

2. 管理财产。管理的范围及于被监护人享有的一切财产权利。

3. 使用和处分财产。监护人的财产管理权不包括收益权，仅得在为被监护人的利益时，才可使用被监护人的财产，出于必要处分被监护人的财产时，应经监护监督人或监护官署的同意。

4. 在某些特定情形下禁止受让财产。监护人不得代理被监护人为赠与，不得为监护人

---

[1]　刘素萍、陈明侠：《监护与扶养》，载巫昌祯、杨大文主编：《走向21世纪的中国婚姻家庭》，吉林人民出版社1995年版，第172～173页。

自己或监护监督人使用被监护人的财产,不得代理被监护人与自己为民事行为等。

5. 提供财产状况报告,包括监护终止时的财产清算报告等。

(二)监护责任

关于监护责任的立法有人身方面的和财产方面的两种。各国立法方式不同,有概括式的;有分为财产、人身两个方面的;有的国家还规定了连带责任的承担及监护监督人的责任问题。例如,《法国民法典》第 450 条第 2 款规定,监护人应谨慎稳妥地管理未成年人的财产,应尽善良管理人的注意,并对其管理失当所生的损害负赔偿的责任。《日本民法典》第 873 条第 2 款规定,监护人为自己消费了被监护人的金钱时,自消费时起,应附加利息。如尚有损害,则负赔偿责任。又在第 860 条规定,监护人有与被监护人利益相反的行为,按照《日本民法典》第 826 条处理,即禁治产人重新选任其监护人或特别代理人。关于承担责任的方式,根据情况的不同分为民事责任和刑事责任。如《瑞士民法典》就规定了关于对监护人提起刑事诉讼的条款。

(三)我国现行法律关于监护内容的规定

我国《民法通则》第 18 条第 1 款、第 3 款对监护事务、监护责任作了概括式的规定:"监护人应当履行监护职责,保护被监护人的人身、财产及其他合法权益,除为被监护人的利益外,不得处理被监护人的财产。""监护人不履行监护职责或者侵害被监护人的合法利益的,应承担责任;给被监护人造成财产损失的,应当赔偿损失。人民法院可以根据有关人员或者有关单位的申请,撤销监护人的资格。"上述规定符合法理,有利于被监护人的权益的保护,但过于抽象,缺少可操作性。《民法通则》第 18 条第 1 款的概括性规定应当保留,并应分别规定监护人在被监护人的人身监护和财产监护上的职责,规定监护人在侵害被监护人利益时应承担的法律责任。对此,似可具体规定如下几个方面的内容:

1. 财产上的监护事务

(1)开具被监护人财产清单。清点被监护人财产,并登记造册,制作财产目录。

(2)管理、使用并在必要时处分被监护人的财产,代理被监护人参与民事活动。

(3)监护人不得代理被监护人为赠与行为,不得为监护人或监护监督人使用被监护人的财产,不得代理被监护人与自己为民事行为。

(4)提交财产报告,负责监护终止时的财产清算及返还等。

2. 监护责任

完善监护法制时应明确规定:监护人侵害被监护人人身、财产权益时,应承担法律责任。在《民法通则》第 18 条第 3 款规定的基础上,可再作出以下几项具体规定,使概括性原则与列举式条款相结合,以利于执行:

(1)监护人、监护监督人违反义务对被监护人造成人身伤害的,依据有关法律承担法律责任。

(2)监护人、监护监督人给被监护人造成财产损失的,应当依法赔偿。

(3)监护人为自己消费并损害被监护人的财产的,应负赔偿责任。

(4)监护人给被监护人造成人身、财产损害,构成犯罪的,依法承担刑事责任。

(5)监护人与被监护人利益相反时,人民法院可以根据被监护人的近亲属或监护监督人的申请,撤销监护人的资格,选任其他人担任监护人或特别代理人。

三、未成年人继承权与受遗赠权的具体实现——监护的实施

未成年人继承权与受遗赠权的具体实现主要是通过监护制度的实施来实现的,具体包含了以下内容:

(一)监护人的确认

未成年人的监护人可分为指定监护人、法定监护人、选定监护人和委托监护人四种。除委托监护人外,一般以指定监护人为第一顺位,法定监护人为第二顺位,选定(选任)监护人为第三顺位。德国、法国、日本等国家均作了如上规定。

1. 指定监护人

指定监护人又称遗嘱监护人。监护人可依父母指定。一般是指后死亡的父或母以遗嘱的形式指定的监护人。德国民法、法国民法、日本民法均作出了父母可以遗嘱指定监护人的规定。但也有国家不承认父母有指定监护人的权利,而规定原则上由监护官署选任,但在选任时应尊重被监护人及其父母的意愿(《瑞士民法典》第379条、第385条)。

遗嘱指定监护人必须具备以下条件:第一,遗嘱须依法定方式为之;第二,有权指定者须为有亲权的父或母,如若亲权已停止或本人不能行使亲权的,不能以遗嘱指定监护人;第三,须由后死亡的父或母以遗嘱方式指定。

我国《民法通则》关于监护人种类的规定中没有提及父母有权以遗嘱形式指定监护人。《民法通则》只在第16条第3款规定,对担任监护人有争议的,由未成年人的父或母的所在单位或者未成年人住所地的居民委员会、村民委员会在近亲属中"指定"。"对指定不服提起诉讼的,由人民法院裁决。"从文字看似乎有指定监护人之说,其实,这里的"指定""裁决"实际是一种确认的性质,是法院和单位对其本来应具有的法定监护人资格的一种确认,或者可以认为是由上述单位在被监护人的近亲属及其好友中选任监护人。

父母与子女之间具有最亲密的血缘关系,允许父母选择自己最信任的、对其子女成长最有利的人担任监护人,并通过遗嘱进行指定,这样指定的监护人对未成年人的监督保护,应该是最合适的,具有法定监护人和选任监护人不易具备的特殊优势。

因此,我国监护制度中似应以遗嘱指定的监护人为第一顺位监护人。

2. 法定监护人

法定监护人的监护权是由法律规定的。对此,法国、奥地利等国民法均作了有关规定。我国台湾地区"民法"也作了关于法定监护人的规定,确定了法定监护人的范围和担任监护人的顺序。我国《民法通则》规定,未成年人的监护人是未成年人的父母。未成年人的父母已经死亡或者没有监护能力的,由下列人员中有监护能力的人担任监护人:(1)祖父母、外祖父母;(2)兄、姐;(3)关系密切的其他亲属、朋友愿意承担监护责任,经未成年人的父、母的所在单位或者未成年人住所地的居民委员会、村民委员会同意的(《民法通则》第16条第2款)。

3. 选任监护人

由监护监督机关选定的监护人为选任监护人。《德国民法典》在1969年修改后的第1779条规定了由监护法院选择监护人的条款:(1)如监护应委托给非遗嘱监护人的被委派

者,监护法院应在听取青少年事务局的意见后选择监护人;(2)监护法院应选择按照本人情况、财产状况以及其他情况适合于执行监护事务的人,在选择时应考虑受监护人的宗教信仰,应首先考虑受监护人的血亲和姻亲。《法国民法典》第 404 条、第 405 条等规定亲属会议有权选定监护人,并规定了亲属会议的组成及未成年人住所地治安审判员有召集亲属会议、选任监护人的权利。《日本民法典》在第 841 条则规定,无指定监护人时,家庭裁判所应被监护人的亲属或其他利害关系人的请求,选任监护人。我国《民法通则》第 16 条第 3 款规定:"对担任监护人有争议的,由未成年人的父、母的所在单位或者未成年人住所地的居民委员会、村民委员会在近亲属中指定。对指定不服提起诉讼的,由人民法院裁决。"这里所说的指定实际上就是对监护人的选任,今后在完善监护制度时,应明确规定有选任监护人。

4. 关于社团等组织担任监护人问题

有的国家规定,在没有适合的人选作监护人的情况下,有关社团或组织可作为监护人,或者由青少年保护单位作为公职监护人,监护监督人也可暂为监护人。例如德国民法中有社团监护和青少年事务局的公职监护。我国《民法通则》第 16 条第 4 款也规定:"没有第一款、第二款规定的监护人的,由未成年人的父、母的所在单位或未成年人住所地的居民委员会、村民委员会或者民政部门担任监护人。"我国和德国虽都作了关于公职性监护的规定,但有很大区别。德国民法中担任监护的是负责保障青少年利益的专门机构——青少年事务局。规定社团作为监护人时,条件十分严格,而我国则规定未成年人父母的所在单位以及群众性自治组织——居民委员会、村民委员会均可作为监护人。这些组织很难有专人从事未成年人监督保护的具体工作,这对未成年人是不利的。

《民法通则》规定"民政部门"也可以"担任监护人",这种规定也是欠妥的。民政部门是监督监护事务的行政机关,监督者和被监督者不能一身而二任。今后在修改监护制度时似可规定:儿童福利院(或与其具有相同性质、宗旨的机构)等也可作为选任监护人。此外我国也可以设立青少年保护的专门机构,作为公职监护人在法加以规定。关于被监护人父、母所在单位,被监护人住所地居民委员会、村民委员会能否作为监护人的问题,还是从严掌握比较妥当。似可规定,只有在没有自然人担任监护人的情况下,作为临时措施,前述单位、组织才可作为监护人。

5. 关于监护人的资格

监护人的资格是确定监护人能否胜任监护工作的重要问题。它关系到被监护的未成年人权益能否得到切实保障。因此各国法律均对此作出了规定,还特别规定了监护的消极资格即"监护之缺格"。对于监护人资格,有的国家取概括性的规定,如关于选择监护人的一般条件,包括品德、能力、与被监护人的关系等。有的国家则取列举式的方法,对"监护之缺格"情况作出明确规定。有下列情形的人不可为监护人:(1)未成年人;(2)无民事行为能力或限制民事行为能力人;(3)被法院(家庭法院、监护法院等)免职的法定代理人或保护人,有危害被监护人利益的人等;(4)破产人即无支付能力的人;(5)对被监护人提起诉讼或曾经提起过诉讼的人及其配偶和直系血亲;(6)去向不明的人。

我国《民法通则》对这一问题没有作出规定,这是一个很大的欠缺。监护制度中应予以补充,增设下列规定:(1)无民事行为能力或限制民事行为能力人,不得为监护人;(2)因为身体上或经济上的原因没有监护能力者不得为监护人;(3)受刑事处罚被拘禁者,或其他被免职的法定代理人不得为监护人;(4)具有明显不利于被监护人的可能者不得为监护人。

6. 监护的拒绝或辞退

关于监护人拒绝或辞退监护的问题,在外国的立法中,有两种不同的原则。一种是任意原则,即被确定的监护人可以自愿决定是否承担监护责任。另一种是限制原则,即被确定的监护人无正当理由不得拒绝担任监护人,并列举了拒绝的理由。但在监护人执行监护期间,如有正当理由辞退监护,各国法律均不绝对禁止。我国现行法中没有相应规定。似以规定监护人被确定后,无正当理由不得拒绝或辞退为宜,同时可列举一些具体理由,并作出概括性的规定。在某些立法例中辞退申请应征得法院或其他监护监督官署的同意,在得到同意前应继续履行监护职责。[①]

7. 监护人的报酬

关于监护人的报酬问题,世界各国主要有三种立法例。第一种是无偿原则,即把监护作为一种社会义务,不得索取报酬;对有特别贡献、工作出色的监护人可给予一定奖励。德国的社团、青少年事务局等公职监护人绝对不可收取报酬。第二种是有偿原则,即把监护作为一种有代价的民事法律行为,给予适当的报酬,如日本、秘鲁、英国等,报酬数额由法院根据被监护人的财产状况规定。第三种是补偿原则,即原则上不给予报酬,但监护当局可应监护人要求,给予一定数量的补偿,如德国、法国等。对此,我国法律似可考虑借鉴德国的经验,对于公职监护人不予报酬,而对于自然人监护人,可适当给予补贴,经费从被监护人的财产中支付。

(二)监护监督制度

1. 监护监督人

监护监督人是指对监护人的监护行为负有监督责任的人。可以是自然人,也可以是法人。关于监护监督人的设立,各国立法例不尽相同。但大部分大陆法系国家均明文规定设立监护监督人,如德国、法国、日本等国。《德国民法典》第 1792 条规定,在监护人之外得设立监护监督人。并规定,青少年事务局为监护人时,不得被选任为监护监督人,但可以为其他监护人的监护监督人。还规定如财产管理与担任监护相关,应选任监护监督人,但管理为不重要者或由数名监护人共同执行监护者不在此列,而如监护并非应由数名监护人共同执行者,则选任该监护人中的一人为其他监护人的监护监督人。同时,还明确规定关于设立监护人的规定适用于对监护监督人的委派和选任。《日本民法典》将监护监督人分为指定监护监督人和选定监护监督人两种。第 848 条至第 852 条规定了监护监督人的产生、监护监督人的职务,以及在特殊情况下,监护监督人可履行监护人义务等内容。《日本民法典》第 848 条规定,以遗嘱指定监护人者,亦可以遗嘱指定监护监督人。第 849 条规定,无依前条规定指定的监护监督人,于认定需要时,家庭法院应被监护人的亲属或监护人的请求,可以选任监护监督人。监护监督人欠缺时亦同。第 850 条规定,监护人配偶、直系血亲及兄弟姐妹不得担任监护监督人。

在我国现实生活中,有些监护人往往不认真履行监护职责,甚至有侵害被监护人利益的情况,这与我国没有明确规定设立监护监督人不无关系。监护监督人是一个重要的监护机

---

① 刘素萍、陈明侠:《监护与扶养》,载巫昌祯、杨大文主编:《走向 21 世纪的中国婚姻家庭》,吉林人民出版社 1995 年版,第 183~184 页。

关,我国监护制度中应予以明确规定。

关于设立监护监督人,主要应规定如下内容:(1)产生。明确规定监护监督人可由最后行使亲权的人的遗嘱指定;如没有遗嘱监护监督人,可以由法院或监护官署依一定条件选任。关于不得担任监护监督人的限制条件可参考日本民法的有关规定,即一般不得为监护人的配偶、直系血亲、其他近亲属或有损害被监护人利益行为的人。(2)职责。规定监护监督人应负责监督监护人履行监护行为,监护人欠缺时,请求法院或监护官署指定监护人;代表被监护人对抗监护人所为的与被监护人利益相反的行为等。据此分析,我国《民法通则》所列的被监护人父、母或本人所在单位,住所地的居民委员会、村民委员会似应是监护监督机构,只能在特殊情况下,临时担负监护的职责。

2. 亲属会议

亲属会议是负责任免、更换监护人并行使一定监护监督权的亲属组织。许多早期资本主义国家民法典中都设有亲属会议,如日本明治民法第 944 条至第 953 条、1900 年实施的德国民法第 1858 条至第 1881 条等。亲属会议是具有浓重的封建色彩的家族组织,故为现代许多国家所不取,尚存此制的国家寥寥,如法国、秘鲁等。据我国的实际情况,在法律上设置亲属会议,是弊多利少的。不设此种制度是我国亲属法学家们的共识。

我国经历了长期的封建社会,宗法思想尚未完全肃清,而且地域辽阔,情况复杂,特别是在广大农村,设立亲属会议不利于新风尚、新思想、新道德的发展,而在城市和比较发达的农村地区设立亲属会议,也会由于生活方式的变化而流于形式。因此,我国完全不必要建立亲属会议制度。

3. 监护官署及监护法院

监护官署(即监护行政机关)及监护法院(即监护司法机关)是代表国家处理监护事宜并对监护实施监督的权力机构。在不同国家中对此有不同设置。德国、法国、日本等国的监护权力机构为司法机关。德国专设了监护法院,法国设置了监护法官,日本则由家庭裁判所承担此项事务。

我国《民法通则》对此未作出规定。虽然确认法院有裁决权,但必须是对指定监护人不服,提起诉讼时才能加以处理。在监护问题上对法院的主动作用并未加以明确规定。对于此类机构应设在何处有两种意见:(1)在法院中设立管理家事、收养、监护、继承事宜的专门机构。如能设立家事庭则更好,在时机不成熟时,可在民庭内设立专门机构,对监护成立的登记管理,监护的行使,对监护人、监护监督人的选任,撤销监护权等工作进行统一管理,并代表国家处理各种监护事宜,行使监护监督权力。(2)在民政部门内设立专门机构从事上述工作。

四、未成年人继承权与受遗赠权实现的后果——监护的终止

未成年人继承权与受遗赠权最终实现的后果就是监护的终止,所谓监护的终止,是指监护关系因其法定要件的消灭而不复存在。

监护可因一定原因而产生,因此,也可因一定原因而终止。这种终止有绝对终止和相对终止之别。实际上,相对终止并非终止监护,而只是现有监护人因出现特定原因不能继续履行监护职责时,发生的权利义务转移。

关于监护的终止,各国立法均作了明确的规定。德国民法规定了监护终止的条件、绝对

终止和相对终止的要件(包括青少年事务局、社团监护的解职和公职监护人的解职)、监护终止时和以后的法律义务(包括清算财产、提出账目等工作)、监护监督人职务的终止等内容,很全面,很系统。日本、法国民法规定了监护人被解任、监护人的辞任,并着重规定了监护人于监护委任终止后的妥善处理义务,规定了监护人应进行的财产清算等事务、清算时监护监督人应参加等内容。在此不一一列举。

我国法律除规定如监护人给被监护人造成侵害,有关人员或有关单位可申请撤销其监护人的资格外,没有任何其他的规定。制定完整的监护制度,有关监护终止的规定是一项不可缺少的内容。今后应加以补充和完善。在监护章中可增设监护终止的专节,列举终止的原因和终止后监护人的义务。专节中应包括如下内容:

(一)监护关系绝对终止的原因

(1)被监护人已经成年且具有完全民事行为能力;(2)被监护人死亡或受死亡宣告(如被宣告死亡的被监护人事实上未死亡而重新出现,在此期间又没有终止监护的其他原因,监护人应继续履行监护职责);(3)被监护人被他人收养;(4)被监护人的父、母不能行使亲权的状况消失,亲权恢复;(5)丧失民事行为能力或限制民事行为能力的宣告因被监护人恢复了完全的民事行为能力而撤销;(6)成年被监护人由配偶担任监护人的,因离婚而终止监护。

(二)监护关系相对终止的原因

(1)监护人死亡或被宣告死亡;(2)监护人丧失监护能力;(3)监护人因正当理由辞退了监护职务;(4)监护人被法院撤销监护职务。在监护相对终止后,监护发生转移,应另设监护人,继续履行监护职责。

(三)终止监护后监护人的义务

法律应明确规定,终止监护后,监护人(已死亡的由其继承人负责)应在一定期间内对被监护人的财产进行管理、计算、清点,清理代被监护人所为的一切重要事务,有监护监督人的应协助进行。这些都是监护人应当履行的妥善处理的义务。

第四节　国外或地区立法现状

一、国外立法例

关于监护人的责任问题,从国外情况看,各国立法规定的责任范围存在差异。随着公民个人财产数量的增多和家庭的变化,亲属间财产关系的调整显得越来越重要,保护未成年子女财产利益的问题已经提上议事日程,而这个问题首先从继承问题上表现出来。我们要密切注意社会生活中出现的新变化,认真研究继承实际中提出的新问题,同时注意学习和借鉴外国的有关经验,为解决继承中的实际问题提供理论指导,并为将来继承法的修改提供参考意见。

（一）法国的规定

《法国民法典》第 389 条规定,如法定管理人的利益和未成年人的利益发生抵触,应由监护法官指定一名有资格的管理人(按《法国民法典》的规定,在父母双方共同行使亲权时,父为法定管理人。在其他情况下,法定管理权属于父母中行使亲权的一方)。① 第 450 条规定:"监护人应照顾未成年人的身体,并代理其一切民事行为。管理财产应尽善良管理人的注意,并对于管理失当所生的损害负赔偿的责任。监护人不得买入未成年人的财产,除监护监督人依亲属会议的授权,将未成年人的财产租赁于监护人外,不得租赁未成年人的财产,亦不得从被监护人处接受权利或债权的让与。"第 461 条规定:"监护人如未经亲属会议事先的同意,不得承认或拒绝归属于未成年人的遗产继承。承认遗产继承,仅得在限定继承的条件下为之。"第 462 条规定:"曾经以未成年人名义拒绝的遗产继承并无他人承认时,监护人基于亲属会议新决议所为的同意,或未成年人于到达成年后,得回复继承。但应依回复当时的现状进行回复,且不得取消无人继承时期所为的合法出售或其他行为。"第 463 条规定:"他人对未成年人所为的赠与,监护人非得亲属会议的同意,不得予以承认。对于未成年人所为的赠与,发生与对于成年人所为的赠与同等的效果。"第 464 条规定:"任何监护人未得亲属会议的同意,不得提起有关未成年人不动产物权的诉讼,亦不得对于他人就此种权利所为的请求迳予认诺。"第 465 条规定:"监护人主张分割财产,同样须得上述的同意;但虽无上述同意,亦得承认第三人对于未成年人所为分割财产的请求。"

（二）日本的规定

《日本民法典》第 873 条(利息的附加)规定:"(一)监护人应向被监护人返还的金额及被监护人应向监护人返还的金额,自监护计算完结之时起,应附加利息。(二)监护人为自己消费了被监护人的金钱时,自消费时起,应附加利息。如尚有损害,则负赔偿责任。"第 860 条又规定:"监护人有与被监护人利益相反的行为,按照日本民法第 826 条处理,即为禁治产人重新选任其他监护人或特别代理人。"第 826 条规定:"行使亲权的父或母实施与其子女利益相反的行为,应请求家庭法院为子女选任特别代理人。行使亲权人对数名子女行使亲权时,对于某一子女与其他子女利害相反的行为,为了其中一方的利益,准用上述规定。"

（三）德国的规定

根据《德国民法典》第 1643 条和第 1822 条的规定,父母作为未成年子女的法定代理人,在代理未成年子女处分其应继份、拒绝继承或遗赠,以及放弃其特留份时,应经监护法院批准。如果未成年人无父母或父母丧失亲权而设置监护人,则法律对监护人的法定代理权有更多的限制。并且在《德国民法典》第 1833 条中规定:"监护人有归责于自己的过失者,监护人就其违反义务而产生的损害,对受监护人负其责任。"

（四）瑞士的规定

《瑞士民法典》规定,年满 18 周岁者为成年人,除不能理智判断自己行为的法定情形的

---

① 　张玉敏:《继承法律制度研究》,华中科技大学出版社 2016 年第 2 版,第 36 页。

成年人外,18周岁以上者可以依法独立地行使继承权,即在继承开始后,可完全根据自己的意志独立地表示接受或放弃继承、参加遗产管理、请求分割遗产等,不受他人的干涉。未满18周岁时由父母代理。该法第306条对父母代理与子女利益发生矛盾时的处理方案规定:"父母在某事务中的利益与子女的利益矛盾时,适用有关代理权辅佐的规定。"第455条规定了关于对监护人提起刑事诉讼的条款,规定:"(一)如决算有错误或责任原因在普通时效期间后始被发现,则责任之诉的时效在发现决算错误或责任原因后的一年后消灭。无论任何情形,应在普通时效开始后的十年内提出,否则,时效消灭。(二)因追究犯罪行为而提出的责任之诉,即使在上述时效届满后,而未过刑事诉讼时效的,仍得提出。"

(五)俄罗斯的规定

《俄罗斯联邦民法典》第1167条(在遗产分割时保护未成年人、无民事行为能力人和限制行为能力人)规定:"当继承人中有未成年人、无民事行为能力和限制行为能力的公民时,遗产的分割应遵守本法第37条的规则。为了保护上述继承人的合法利益,在缔结遗产分割协议(第1165条)和法院审理有关遗产分割诉讼时,应通知其监护和保护机构。"第1165条(根据继承人之间的协议分割遗产)规定:"1. 两个或几个继承人按份共有的财产可以根据继承人间的协议分割。本法关于契约的形式和合同的形式适用于遗产分割协议。2. 继承人们出具了继承权证明之后,继承人就可以缔结由不动产构成的遗产分割协议,其中包括有关一个或几个继承人分割遗产份额的协议。继承人对不动产的国家登记权利,在不动产缔结遗产分割协议方面,实现的基础是遗产分割协议和原先发给的继承权证明,当继承人对不动产的国家登记权的实现是在继承人缔结遗产分割协议前,则以遗产分割协议为基础。3. 在继承人缔结的协议中,继承人们实现的遗产分割和继承权证明文件中指出的继承人应得份额不一致时,不会导致他们从遗产分割中取得的不动产的权利在国家登记制度中遭到拒绝。"

(六)英美法系国家的规定

美国同英国一样,也实行间接继承制度,通过遗产管理制度和信托制度的综合运用来保障继承顺利进行。对于未成年人也需要设立监护人,该类监护人可通过遗嘱指定和法院指定两种方式来确认,未成年人的父母可以通过遗嘱来为未婚的未成年人确定监护人,假如在被指定的监护人表示接受前,未成年人的父母均死亡或一方死亡另一方被认定丧失行为能力的,还必须要求被指定的监护人在进行遗嘱检验的法院中表示接受,如果未成年人的父母均死亡,则后死亡一方所作出的有效指定在效力上具有优先性。此外,除非受到法院的限制,未成年人的监护人对该未成年人享有与该未成年人父母基本相同的权利,也承担基本相同的义务,但未成年人监护人无须以自己财产抚养该子女,也无须为该子女侵害他人的行为承担赔偿责任。监护人的权利义务主要包括:第一,监护人负责照管被监护人之财产,并可在必要时为保护被监护人其他财产利益而提起保护性诉讼(protective proceedings)。依据美国《统一遗嘱检验法典》第5条至第101条的规定,保护性诉讼之目的是为由于其缺乏相应能力,或者由于其存在其他困难,或者由于其尚未成年,而不能有效地管理或应用其继承财产的被监护人确定一个管理人,从而确保其继承财产可通过管理人或其他恰当的救济性措施而得到管理。第二,监护人有权获得为抚养被监护人而应支付的金钱,包括被监护人父母、其他法定监护人以法定收益、保险机制、私下协议、遗赠、信托等形式支付的金钱。第三,监护人有权取得依照本法第 5 条至第 194 条而支付的金钱或其他财产,但所取得的任何财产必须用于满足被监护人当前生活、教育及医疗所需,监护人还应该适当管理支付被监护人生活、教育及医疗等费用后的剩余财产,如果已经对被监护人的财产设立了管理人,则监护人至少每年应将剩余财产交给管理人。所收取的费用不得作为监护人的报酬,除非法院判决中予以允许或监护人之外的其他适当的管理人允许。监护人还有权提起诉讼以迫使有义务抚养被监护人者履行其义务或为被监护人的利益进行一次性支付。第四,经与该未成年人利益相关的任何人提出申请或依照法院规则,法院可要求监护人报告被监护人的情况以及处于监护人占有、控制下的被监护人的继承财产之情况。由上可见,在美国的继承制度中,除遗产管理制度与信托制度外,为行为能力欠缺者设立的专门制度也同样对继承权主体的权利行使发挥着重要的保障作用。[①]

二、我国港、澳、台地区的立法例[②]

我国港、澳、台地区对监护人对未成年人的遗产监护也都作了规定,并且对监护人和监护监督人等就因故意或过失给被监护人的财产造成的损失承担责任也作了规定。

(一)香港特区的立法例

我国香港特区的法律制度受英美法系影响颇深,故未如大陆法系传统民法一样设立民事行为能力制度,对未成年人利益的保护主要通过监护制度和信托制度来进行。根据香港特区的监护制度,父母是未成年子女的法定监护人,如父母一方去世生存方可单独监护或与死亡方委托的监护人共同监护,父母还可以订立契约或遗嘱方式委任监护人,但未成年人的父母不得与他人达成协议以放弃对子女监护权的全部或部分。根据香港特区《未成年人监护条例》第 18 条规定,监护人有权充任有关未成年人的人身监护人,更有监护该未成年人产业的一切权利、权力及职责,尤其有权以其个人名义为该未成年人的利益而接收及追讨该未成年人有权接收或追讨的财产,不论该等财产属何性质或位于何处。据此规定可知,在香港特区未成年人财产的管理以及财产权的行使一般应通过其监护人来进行。同时,香港特区《遗嘱认证及遗产管理条例》第 69 条规定,在遗产管理中,当受益人为未成年人时,遗产管理人可委任 2~4 人作信托人或一信托法团来代该未成年受益人接受和掌管其应得财产,而这些信托人一旦接管,遗产管理人即不再承担代该未成年受益人维护权益的责任。当然,依照香港特区继承制度,无论是遗嘱继承还是无遗嘱继承都必须向香港高等法院遗产管理处申请办理遗产承办,要经过遗产的清点、完税、法院验证、执行遗嘱和承办管理、汇集和摊分等一系列过程,而其中遗产代理人的作用十分重要。所谓“遗产代理人”根据香港特区《遗嘱认证及遗产管理条例》第 2 条的规定,就是指当其时的死者遗嘱执行人,不论是原本指定的或是取得承办的,或指当其时的死者遗产管理人。“遗嘱执行人”是就遗嘱继承而言的,指借着立遗嘱人的委任而获托付执行立遗嘱人最后一份遗嘱的人;而“遗产管理人”则指获授予遗产管理的人。必须注意的是,遗产管理人行使其权利的行为不属于继承权的行使,而只是继

---

①　陈苇:《外国继承法比较与中国民法典继承编制定研究》,北京大学出版社 2011 年版,第 164~166 页。

②　陈苇、宋豫:《中国大陆与港、澳、台继承法比较研究》,群众出版社 2007 年版,第 143~144 页。

承人行使其合法权益的一个桥梁。

（二）澳门特区的立法例

根据《澳门民法典》的相关规定,在民事行为能力上有欠缺者有三类,一是未成年人,二是因精神失常、聋哑或失明而显示无能力处理本人人身及财产事务而被宣告为禁治产人之人,三是因长期精神失常、聋哑或失明但尚未严重至须宣告为禁治产人或因惯性挥霍、滥用酒精饮料或麻醉品而显示无能力适当处理其财产而被宣告为准禁治产人之人,澳门特区民法对于这几类自然人主体在权利行使的方式方面都有专门规定。

根据《澳门民法典》第117条、第120条的规定,未成年人的无民事行为能力状态因其成年或因结婚而解除亲权终止。对于因结婚而致亲权解除的情况需说明两点:首先,由于澳门特区婚姻制度中允许十六岁以上的未成年人经其亲权人或监护人许可或法院批准而结婚,故从主体上我们应明确年满十六岁的未成年人可因结婚而获得完全民事行为能力。其次,《澳门民法典》第121条规定:"解除亲权赋予未成年人完全行为能力,从而有资格如成人般处理其人身事务及自由处分其财产,但属于第1521条所规定者除外。"由此可知,年满十六岁的未成年人固然可因亲权解除而取得完全民事行为能力,但在其权利行使上依然是有所限制的,而该法第1521条第1款规定"未经父母或监护人之许可,或未获得法院之批准以取代上述之人之许可而结婚之未成年人,在管理其带给夫妻双方之财产上或在管理其于结婚后至成年前以无偿方式获得之财产上继续视为未成年人",据此可知,未成年人因继承而无偿所得之财产即使其已婚也不得自行管理处分,那么其继承权的行使行为一般亦应由其父母或其他监护人乃至法院确认后方可生效。

未成年人行为能力欠缺而不能自行行使继承权,澳门民法通过亲权制度和监护制度来进行专门调整。父母是未成年人的亲权人,《澳门民法典》第1736条规定:"代理权之范围包括代子女行使一切权利及履行一切义务,但纯属人身性质之行为、未成年人本人有权自由作出之行为及涉及非由父母管理之财产之行为者除外。"据此,未成年人继承权的行使应由其父母代理之,但根据该法第1744条的规定,作为子女代理人的父母如果继续经营子女因继承或受赠而取得的商业企业或者抛弃遗产或遗赠以及接受附负担之遗产、赠与或遗赠都须经法院许可方为有效。该法第1745条还对父母代未成年子女接受或拒绝遗产、遗赠等慷慨行为的情况进行了专门规定,根据此规定,父母如依法可接受此类慷慨行为应予接受,如需法院许可后方可接受的应在三十日内向法院申请,父母不在期间内为意思表示的一般视为接受,除非法院认为拒绝接受对未成年人更为合适。另外,如果未成年人未经父母许可而以法律行为方式行使继承权的,按该法第114条的规定,该行为可得撤销,亲权人、该未成年人本人成年或亲权解除后都可申请撤销,前者申请必须在获悉未成年人之行为时起一年内提起,而后者申请则必须在其成年或解除亲权后一年内提出。

未成年人监护制度在澳门特区是作为弥补亲权之方法来加以确认的,根据《澳门民法典》第1778条之规定:"未成年人父母在死亡、在管理子女人身事宜上被禁止行使亲权、亲权行使在事实上受阻逾六个月以及身份不明的四种情况下才为该未成年人设立监护,而对于第三种情况检察院还可为保护未成年人之需要而不受时间上的限制指定某人以未成年人名义为紧急或对该未成年人有明显利益的法律行为。"

关于监护人的法律责任,《澳门民法典》第1801条（监护人之责任）规定:"一、监护人须就因故意或过失而对受监护人造成之损害负责。二、如报告显示受监护人尚有结余金额可收回,则自报告被核准时起,即须就有关款额计算法定利息,只要在核准前并无基于其他原因而须计算法定利息。"第 1802 条(监护人收取赔偿之权利)规定:"一、就监护人合法作出之开支须予以补偿,即使在监护人无过错下,有关开支未为未成年人带来利益者亦然。二、监护人应收回之款项,应以未成年人最先获得之收益支付;然而,因须作出紧急开支而导致监护人不能收回全部款项,且无其他能有助及时支付之方法者,须就尚未支付之款项计算利息。"第 1891 条(限定接受)规定:"一、对给予未成年人、禁治产人、准禁治产人或行政公益法人之遗产,其接受仅得为限定接受。二、遗产之限定接受,系透过按诉讼法之规定声请进行司法上之财产清册程序而为之,又或透过参与正在进行之财产清册程序而为之。"

(三)台湾地区的规定

根据我国台湾地区"民法典"对自然人民事行为能力的相关规定,年满二十周岁的智力正常的自然人以及不满二十周岁但已按婚姻法之要求而结婚的自然人为完全民事行为能力人,七周岁以上的未成年人为限制民事行为能力人,七周岁以下的未成年人以及因心神丧失或精神耗弱致不能处理自己事务而经法院依法宣告为禁治产人者为无民事行为能力人。民事行为能力受限制的未成年人和不具备民事行为能力的未成年人以及禁治产人在其各自的继承权行使方面都需要法律进行专门调整。

1. 无民事行为能力人继承权的行使

我国台湾地区"民法典"第 75 条第 1 款规定"无行为能力人之意思表示,无效",第 76 条规定"无行为能力人由法定代理人代为意思表示,并代受意思表示"。据此可见,无民事行为能力人继承权的行使中如属于需以意思表示为要素的法律行为,如继承的接受与放弃、继承权回复请求的提出等,则完全由其法定代理人代为完成。当然,如果由于法定代理人自身过失而致无行为能力人财产利益受损害的,应由法定代理人承担赔偿责任。根据台湾地区"民法典"第 1103-1 条规定:"监护人因执行财产上之监护职务有过失所生之损害,对于受监护人应负赔偿之责。"

另外,如前所述,在台湾地区无民事行为能力人包括七周岁以下的未成年人以及因心神丧失或精神耗弱致不能处理自己事务而经法院依法宣告为禁治产人者两种,对于后者的法律保护主要是通过监护制度来完成的。我国台湾地区"民法典"第 1110 条明确规定"受监护宣告之人应置监护人"。

2. 限制民事行为能力人继承权的行使

依据我国台湾地区"民法典"第 13 条规定,限制民事行为能力人仅包括七周岁以上未成年人一种,台湾"民法"对未成年人通过设立亲权制度和未成年人监护制度来对其合法权益加以保护。根据台湾"民法"的相关规定,未成年人的父母是其当然的法定代理人,而只有当未婚的未成年人无父母或父母均不能行使、负担对于其未成年子女之权利、义务时,才为其设置监护人。台湾地区"民法典"第 1098 条则进一步明确,监护人为受监护人之法定代理人。同时,该法第 77 条规定:"限制行为能力人为意思表示及受意思表示,应得法定代理人之允许。但纯获法律上之利益,或依其年龄及身份、日常生活所必需者,不在此限。"根据上述条文可以看出,民事行为能力受限制的未成年人如需通过以意思表示为要素的法律行来行使继承权,必须得到其法定代理人的允许。另外,根据该法第78条、第79条的规定,当民事行为能力受限制的未成年人行使继承权的行为是以意思表示为要素的单独行为时,如未得法定代理人之允许则行为无效,而如果该未成年人是以契约方式来行使其继承权的,该契约须经其法定代理人之承认才产生效力。

第五节　立法发展趋势

一、我国未成年人继承权与受赠权的立法现状

（一）《继承法》中未成年人遗产的处理

《继承法》第6条规定:"无行为能力人的继承权、受遗赠权,由他的法定代理人代为行使。限制行为能力人的继承权、受遗赠权,由他的法定代理人代为行使,或者征得法定代理人同意后行使。"

《继承法意见》第8条规定:"法定代理人代理被代理人行使继承权、受遗赠权,不得损害被代理人的利益。法定代理人一般不能代理被代理人放弃继承权、受遗赠权。明显损害被代理人利益的,应认定其代理行为无效。"

在《继承法》中,无行为能力人指的是不满六周岁的未成年人和完全不能辨认自己行为的精神病人。依照《民法通则》的基本规定,无行为能力人由他的法定代理人代理民事活动。由于继承权、受遗赠权的行使属于民事活动,故应由其法定代理人代为行使。限制行为能力人指的是六周岁以上、未满十八周岁的未成年人和不能完全辨认自己行为的精神病人。限制行为能力人的民事行为能力受到一定限制,其继承权、受遗赠权的行使应当由其法定代理人代理,或者征得法定代理人的同意。法定代理人代理被代理人行使继承权、受遗赠权,不得损害被代理人的利益。法定代理人一般不能代理被代理人放弃继承权、受遗赠权。明显损害被代理人利益的,应认定其代理行为无效。

例如:王某与姜某于2010年经合法登记结婚。2012年年初,王某在家中将姜某杀害。案发后,公安机关进行立案侦查,经司法鉴定,王某被确认为精神病患者,公安机关以此为由撤案并将王某释放。姜某死亡后,姜某的遗产全部由其父母接管。王某的父母代理女儿王某要求继承。姜某父母称,王某杀了人,继承权应该被剥夺,不能分得遗产。王某的父母遂向法院提起民事诉讼,要求对姜某的财产进行继承。本案中,王某虽然杀死丈夫,但是剥夺其属于民事权利的继承权是没有法律依据的。民事权利是法律赋予民事主体的,没有法律依据不能随意剥夺。王某作为姜某的配偶,属法定继承中第一顺序的继承人,其虽然杀害丈夫,但并非出于主观故意,而是由于精神病理障碍使其完全丧失理智,并不属于《继承法》第7条规定的"故意杀害"的情形,因此,王某对其丈夫的遗产享有继承权。根据《民法通则》第12条和第13条的规定,十周岁以上的未成年人和不能完全辨认自己行为的精神病人等限制行为能力人的继承权、受遗赠权的行使应当由其法定代理人代理,或者征得法定代理人的同意;《继承法》第6条规定"无行为能力人的继承权、受遗赠权,由他的法定代理人代为行

使"。因此,本案中,王某的继承权应由其法定代理人即其父母代为行使。[①]

(二)《未成年人保护法》中未成年人遗产保护问题

《未成年人保护法》第 52 条规定:"人民法院审理继承案件,应当依法保护未成年人的继承权和受遗赠权。人民法院审理离婚案件,涉及未成年子女抚养问题的,应当听取有表达意愿能力的未成年子女的意见,根据保障子女权益的原则和双方具体情况依法处理。"第 53 条规定:"父母或者其他监护人不履行监护职责或者侵害被监护的未成年人的合法权益,经教育不改的,人民法院可以根据有关人员或者有关单位的申请,撤销其监护人的资格,依法另行指定监护人。被撤销监护资格的父母应当依法继续负担抚养费用。"

(三)《民法通则》及其司法解释的规定

《民法通则》第 14 条规定:"无民事行为能力人、限制民事行为能力人的监护人是他的法定代理人。"第 16 条规定:"未成年人的父母是未成年人的监护人。未成年人的父母已经死亡或者没有监护能力的,由下列人员中有监护能力的人担任监护人:(一)祖父母、外祖父母;(二)兄、姐;(三)关系密切的其他亲属、朋友愿意承担监护责任,经未成年人的父、母的所在单位或者未成年人住所地的居民委员会、村民委员会同意的。对担任监护人有争议的,由未成年人的父、母的所在单位或者未成年人住所地的居民委员会、村民委员会在近亲属中指定。对指定不服提起诉讼的,由人民法院裁决。没有第一款、第二款规定的监护人的,由未成年人的父、母的所在单位或者未成年人住所地的居民委员会、村民委员会或者民政部门担任监护人。"第 17 条规定:"无民事行为能力或者限制民事行为能力的精神病人,由下列人员担任监护人:(一)配偶;(二)父母;(三)成年子女;(四)其他近亲属;(五)关系密切的其他亲属、朋友愿意承担监护责任,经精神病人的所在单位或者住所地的居民委员会、村民委员会同意的。对担任监护人有争议的,由精神病人的所在单位或者住所地的居民委员会、村民委员会在近亲属中指定。对指定不服提起诉讼的,由人民法院裁决。没有第一款规定的监护人的,由精神病人的所在单位或者住所地的居民委员会、村民委员会或者民政部门担任监护人。"第 18 条规定:"监护人应当履行监护职责,保护被监护人的人身、财产及其他合法权益,除为被监护人的利益外,不得处理被监护人的财产。监护人依法履行监护的权利,受法律保护。监护人不履行监护职责或者侵害被监护人的合法权益的,应当承担责任;给被监护人造成财产损失的,应当赔偿损失。人民法院可以根据有关人员或者有关单位的申请,撤销监护人的资格。"

《民通意见》第 20 条规定:"监护人不履行监护职责,或者侵害了被监护人的合法权益,民法通则第十六条、第十七条规定的其他有监护资格的人或者单位向人民法院起诉要求监护人承担民事责任的,按照普通程序审理,要求变更监护关系的,按照特别程序审理;既要求承担民事责任,又要求变更监护关系的,分别审理。"

[①]　中国法制出版社编:《继承法新解读》,中国法制出版社 2012 年版,第 14～15 页。

二、未成年人财产的法律保护①

(一)父母在未成年子女财产上的亲权

为了保护未成年子女的财产权益,世界上许多国家明文规定了父母基于亲权而享有对未成年子女的财产进行管理、使用收益及处分的权利。

1. 管理权

通常情况下,大多数国家都规定父母对未成年子女的财产享有管理权。例如《法国民法典》第 383 条规定,在父与母共同行使亲权的情况下,由父与母共同对子女的财产进行法定管理;其他情况下,在法官监督下或由父管理,或由母管理。日本、瑞士及我国台湾地区等均有类似的规定。我国对此也有相近的规定,《民法通则》第 18 条规定,监护人应当履行监护职责,保护被监护人的人身、财产及其他合法权益。《民通意见》规定,监护人应当管理和保护被监护人的财产,代理被监护人进行民事活动。

2. 使用收益权

使用收益权是指在不毁损、变更物或权利的性质的前提下,有支配利用财物和获取天然孳息或法定孳息的权利。大多数国家都规定父母对子女财产享有使用收益权,一般情况下父母使用收益子女的财产应用于满足子女的生活、教育、安全及健康的需要。如《法国民法典》第 385 条规定,用益权负担子女的衣食、生活费用与教育费用,以及由子女受领的遗产而负有的债务。《德国民法典》第 1649 条规定,父母管理子女财产的收入应用于子女的抚养等等。我国《民法通则》《婚姻法》《未成年人保护法》等相关法律中均无关于父母对未成年子女财产进行使用收益的规定,这是我们所欠缺的。

3. 处分权

处分权是变更财产所有权的行为。各国为了保护未成年人的利益对处分权的规定均较为严格。原则上亲权人不享有对未成年子女财产的处分权,但为了子女的利益和需要,经法院或监护机关批准,父母始得转让处分子女的财产。如《德国民法典》第 1641 条规定:"禁止父母代子女为赠与行为,但对合乎规定的代赠与不在此限。"《瑞士民法典》第 320 条规定:"为支付子女的抚养、教育或职业训练费用时,监护官厅得许可父母动用子女财产中的一定款项。"。我国《民法通则》第 18 条规定,监护人除为被监护人的利益外,不得处理被监护人的财产。监护人侵害被监护人的合法权益的,应当承担责任;给被监护人造成财产损失的,应当赔偿损失。另外,我国《未成年人保护法》中也有类似的规定。

(二)父母在未成年子女财产上亲权的限制及义务

为了保护未成年子女的财产利益,世界上许多国家均对父母财产上的亲权进行了一定的限制。例如,《德国民法典》第 1638 条规定,被继承人以遗嘱指定或给与人在给与时指定父母不应管理财产的,财产亲权不应扩及子女因死因处分而取得的或生前向其无偿给与的财产。第 1641 条规定,父母不得代表子女进行赠与。《瑞士民法典》规定,子女对自己的劳

---

① 阎晓磊:《完善未成年人财产制度之我见》,载《山西高等学校社会科学学报》2006 年第 9 期。

动所得及父母从子女财产中交与子女经营事业的财产享有管理与收益的权利,对此父母无管理权。《法国民法典》还规定了父母行使使用收益权终止的情形及亲权人的注意义务等等。我国《未成年人保护法》中规定,父母侵害未成年人合法权益对其造成财产损失或其他损失、损害的,应当依法赔偿或者承担其他民事责任。

(三)我国未成年子女财产制度的缺失

世界上多数国家均对未成年人财产进行了全面保护,规定了父母财产亲权的行使及相关限制,既保护了子女的财产权益,又防止了父母滥用亲权。相比较而言,我国现行法律中虽然突出了父母对未成年子女的抚养、教育、管教、保护的权利义务,但对未成年人财产的保护缺乏系统规定,对于条款中提到的内容也规定得太零散,而且概括性强,给实际操作带来诸多不便。我国法律体系在未成年人财产制度方面的立法缺陷主要有以下三点:[①]

1. 在我国现行的法律制度中,对亲权制度和监护制度不加以区分

亲权制度与监护制度中有关未成年人财产的规定是不同的,亲权人对子女的财产享有无条件的用益权,而监护人非为被监护人的利益,不得使用其财产。[②] 建立在监护制度基础上的我国未成年人财产制度必然与父母子女关系的现实需求不符合,有损立法的科学性。所以,应当建立有别于监护制度的未成年人财产制度,确定未成年人财产的范围以及父母于未成年人财产上的管理权利。

2. 在我国现行的法律制度中,对未成年人财产范围和内容没有界定

我国《婚姻法》第 2 条、《未成年人保护法》第 5 条、《民通意见》第 10 条都在原则上规定了保护未成年人合法权益;《民法通则》第 133 条亦规定:"有财产的无民事行为能力人、限制民事行为能力人造成他人损害的,从本人财产中支付赔偿费用。不足部分,由监护人适当赔偿,但单位担作监护人的除外"。然而,这些规定没有对未成年人财产范围予以界定,没有明确其受法律保护的范围以及未成年人承担民事责任时的财产内容。这样,现行的法规就有"无的放矢"之嫌,且导致了司法上将未成年人财产与家庭共同财产混淆或忽略不计,忽视了对未成年人财产权益的有效保护。

3. 在我国现行的法律制度中,对父母代管理未成年人财产的权限没有具体规定

父母的财产管理权限在本质上是法定代理权,法定代理权限内容、行使管理权时的注意义务、清算义务、行使用益权时的效果及收益归属等都应当由法律明确规定。立法的缺失造成父母为未成年人利益处分其财产时的效力状况、保护未成年人财产利益如何与保护第三人交易安全利益协调等问题的处理缺乏法律依据,使父母代管理未成年人财产的权利仅有法定代理权之名,而无法定代理权之实。

我国相关法律的缺失,在未成年人财产问题日益突出的今天是有损未成年子女利益的。因此要加强未成年人的家庭保护,规范父母对子女财产上的权利义务,急需相关法律的完善。

(四)我国立法缺乏有效的监护人失职监督机制

我国现行法律规范缺乏对监护的有效监督,没有监护监督人和健全的监护监督机构。

[①] 陈斌、李夏:《论未成年人财产制度的完善》,载《广西政法管理干部学院学报》2002 年第 1 期。
[②] 彭万林:《民法学》,中国政法大学出版社 2002 年版,第 78 页。

因此,对监护人履行监护职责的情况做不到全面及时地掌握和采取有效措施保护被监护人的人身和财产权益,例如未成年人在失去亲权的情况下监护人即应开始履行监护职责,监护过程中监护人是否履行、如何履行该职责均缺乏有效的监督,因而缺乏监督的监护往往成了写在纸上的"法律条文",有监护之名,无监护之实,致使被监护人的人身、财产等合法权益得不到保障。被监护人的权利侵害不仅仅来自其他主体,还有一个更加隐蔽的侵害源就是监护人。大多数的监护人侵害被监护人的权益的行为没有受到法律追究,除非该侵权性质极度恶劣或被其他人举报。监护人侵害被监护人权益的案件能够隐藏而不被发现主要有两方面的原因。一方面是由于我国的《民法通则》在对监护人的监督方面缺少规定,他人哪怕心有猜疑但由于无相应法律依据故无权要求监护人提供其行使监护职责的有关情况和被监护人财产使用情况。另一方面是因为传统习俗的影响。人们认为既然法律肯定了被监护人由监护人监护,监护人就有权利对被监护人的人身进行约束,任意地使用被监护人的财产,哪怕有的人看到、听到监护人滥用监护职责也是事不关己高高挂起,更何况监护还带有无偿性,有监护能力的人怕承担监护职责往往会装聋作哑。有许多监护人要么对被监护人的财产"管理"得特别严格,就算被监护人有病也不予花一分钱,要么完全对被监护人的财产任意处置,这些现象都大大损害了被监护人的财产权益。[1]

三、对未成年人财产监护职责的完善[2]

从法律规定来看,未成年人的继承权和受遗赠权是依靠法定继承实现的,这也就等于从法律层面授予了法定代理人和监护人管理未成年人所得遗产的基本权利,当然,这不仅仅是权利,同时也是义务。未成年人可以拥有独立的财产,但因未成年人是不具有相应管理自己财产能力的限制民事行为能力人或无民事行为能力人,必须由监护人代为行使财产管理权。因此,保护和实现未成年人的财产权利,必须借监护人依法管理未成年人财产来实现。而监护人对未成年人财产的管理权在本质上属于法定代理权,所以,对于法定代理权的具体内容,即财产管理权限、行使代理权所应享有的权利和应承担的义务,以及行使代理权所产生的法律后果等都应由法律作出明确规定。监护人对于未成年人的财产监护职责体现在以下几个方面:

(一)对未成年人的财产进行管理

财产管理是以财产价值保存或增加为目的之行为。[3] 财产管理,对外关系而言,可称之为管理权利,即父母独立行使对子女财产的管理权,享有对抗第三人任意干涉的权利;而对内关系而言,应称为管理义务,因未成年子女无管理能力,为保护子女之利益,对其财产进行管理,该行为对父母毫无利益可言。父母对未成年子女财产的管理义务属于强行性规定,是法律强制父母应履行的义务。父母管理未成年子女的财产既属义务,则自然应负某种程度的注意义务。父母管理子女财产,应尽到何种程度之注意,各国或者地区的法律规定虽存有差异,

---

① 张国元:《完善未成年人监护制度的法律思考》,载《西南民族学院学报(哲学社会科学版)》2002 年第 9 期。

② 李建洲:《论未成年人财产监护职责的完善》,载《天津法学》2011 年第 1 期。

③ 史尚宽:《继承法论》,中国政法大学出版社 2000 年版,第 671 页。

但应尽与处理自己事务为同一注意义务以及不尽注意义务要承担责任的实质内容是一致的。

(二)对未成年人的财产进行适当使用

父母在履行监护职责时,对未成年人因继承、赠与或劳动、营业等方式取得的归未成年人自己所有的财产享有使用权。这里的使用权实际上是管理权的内容之一,只是父母行使管理权的目的完全是为了未成年子女的利益,而对财产使用的目的不完全为未成年子女的利益。由于未成年人与父母共同生活,所以一般情况下,未成年子女的财产使用权与财产管理权并存。世界各国或者地区对父母享有对未成年子女财产的使用权均无异议,但对于因使用财产而产生的收益的归属规定不一。有的国家或地区承认父母的收益权,有的国家或地区则不承认父母的收益权,只允许将未成年子女的财产收益用于子女的养育和管理费用。然而由于民法日趋维护未成年人的独立人格和利益,故对父母的收益权近时立法多采否认的态度,认为未成年子女的财产收益除支付养育和财产管理费用等必要费用外,剩余应归子女所有。[①] 我们国家在子女财产使用及收益归属的问题上,是以最大限度保护未成年人合法权益为原则的。父母对子女的财产,在不损害财产的价值、效用和不改变财产归属的前提下,享有合理利用的权利;对于未成年子女独立财产产生的收益,归未成年子女所有,父母不享有收益权;对于使用子女财产所获收益,除充抵财产管理费用外,非为未成年子女本身的利益,不得用其财产收益支付抚养教育费用,且父母在未成年子女成年时,负有清算义务。

(三)对未成年人的财产予以适当处分

此处所称处分为财产管理上必要处分行为以外的处分。处分是处置财产并决定其命运的行为,关系未成年人利益的根本,故各国或者地区的亲权法都对父母的处分权予以限制。从德国、日本和我国台湾地区的规定不难看出,父母处分权的行使,是以子女利益为唯一条件的,即父母只有为维护子女利益的需要,才得为适当处分的行为。我国《民法通则》第 18 条对监护人的财产处分权也作了限制性规定,即监护人除为被监护人的利益外,不得处理被监护人的财产。但是,上述规定比较原则,也缺乏相应的监督机制,且与我国台湾地区的规定一样没有对父母非为子女利益处分子女财产的效力作出规定,这既不利于未成年人财产权益的有效保护,也不利于相对人利益的保护和交易安全。在日后的立法中此点是需要进一步明确的。

(四)代理未成年人为财产行为或者同意未成年人为财产行为

父母作为未成年子女的法定监护人,除对未成年子女的财产承担管理、用益以及处分等方面的监护职责,还应对其财产法上的行为履行代理或同意的职责,在亲权制度中称为财产行为的代理权和同意权。世界各国或者地区的民法均就父母对未成年子女的财产行为代理权及同意权作出了规定。我国《民法通则》第 16 条、第 11 条、第 12 条、第 14 条也分别规定了父母对无民事行为能力和限制民事行为能力的未成年子女财产行为的代理权和同意权,即:未成年人的父母是未成年人的监护人;无民事行为能力人、限制民事行为能力人的监护人是他的法定代理人;无民事行为能力的未成年人进行民事活

---

① 《法国民法典》,罗结珍译,中国法制出版社 1999 年版,第 382 页。

动,应由其法定代理人代理;限制民事行为能力的未成年人可以进行纯获法律上利益或与其年龄、智力相适应的民事活动,其他民事活动应由其法定代理人代理,或征得法定代理人同意。但是,我国民法对于未成年人设立遗嘱、放弃继承、签订劳务合同等具有人身性质的财产行为是否可以由父母代理未作明确规定。依《民法通则》第 63 条第 3 款"依照法律规定或者按照双方当事人的约定,应当由本人实施的民事法律行为,不得代理"之规定精神,借鉴外国法律规定,在我国法律中应当明确规定:父母不得代理未成年子女设立遗嘱;父母不得代理子女为放弃继承的意思表示;需要由未成年子女本人履行的劳务合同,必须经过未成年人本人同意,才能由父母代为签订。

(五)代替未成年人承担侵权的民事责任

对于父母要代替未成年子女承担侵权的民事责任,德国、法国、日本和我国台湾地区作出了几项较为一致的规定:(1)父母应对其照管的子女给他人造成的损害负损害赔偿责任;(2)对子女给他人造成的损害,由父母与子女承担连带责任;(3)父母尽了监督职责也不能避免损害发生的,父母免于承担民事责任;(4)受委托代为行使监护职责的人责任同父母。我国《民法通则》《侵权责任法》对于监护人代被监护人承担民事责任的规定,相对于监护制度的其他内容较为完善,与世界各国相比较,除未明确规定父母与未成年子女承担连带责任,以及未明确规定父母尽了监护职责可免除责任之外,其他规定无异。

四、对未成年人财产监护职责监督机制的完善

完善我国的监护制度还应当建立对监护人的监督制度,从而促使监护人有效履行监护职责,更好地起到保护未成年人人身、财产以及其他合法权益的作用。国外一些民法典设立了监护的监督体制并对监护监督人的义务作了明确的规定,可以作为我国完善监护人监督制度的参考。如《德国民法典》采取有监护能力的监督人和青少年事务局双重监督机制。该法第 1799 条规定:监护的监督人应将监护人违背义务的情形以及一切应提请监护法院干预的情形,不迟延地通知法院,特别是通知监护人的死亡,或发生其他使监护人的职务终止或使监护人的免职成为必要的情况。另外监护人依请求应向监护监督人告知监护的执行情况。《越南民法典》对监护采取政府机关监督与亲属监督双重监督机制也有一定的积极意义。完善监护制度,设立的监护监督人可以由有监护能力而未承担监护职责的人来担任,也可由当地的民政部门担任,但是不宜让街道办事处或居委会来担任。同时应完善监护监督人的义务,要求担任监护监督人的公民或组织履行法律规定的监督职责,定期或不定期地对监护人进行检查;还应要求监护监督人在监护人不履行监护义务时及时通知民政部门;如果监护监督人不履行义务则由民政部门基于监督失职的严重程度给予一定的处罚、训诫或撤销其监护监督人资格。为了更好地监督监护人履行职责,保护未成年人的合法利益,还可以在民政部门成立监护机构,负责选任监护人,对亲权状态下未成年人的父母行使亲权行为进行监督,和对监护人、监护监督人的行为进行监督,从而使政府监督与亲属监督相互补充,共同完成选任监护人、了解被监护人状况、掌握监护事务、监督监护人等任务。①

---

① 　张国元:《完善未成年人监护制度的法律思考》,载《西南民族学院学报(哲学社会科学版)》2002 年第 9 期。

第十一章
评注第7条(继承权的丧失)

《中华人民共和国继承法》第7条规定:"继承人有下列行为之一的,丧失继承权:(一)故意杀害被继承人的;(二)为争夺遗产而杀害其他继承人的;(三)遗弃被继承人的,或者虐待被继承人情节严重的;(四)伪造、篡改或者销毁遗嘱,情节严重的。"

第一节 立法目的

一、继承权丧失的概念

(一)继承权丧失的学术概念

有学者认为,继承权的丧失,有狭义和广义之分。狭义的继承权丧失,也称剥夺继承权,是指继承人因对被继承人或其他继承人犯有某种严重的不法行为或违法行为,经法院判决依法剥夺其继承权或者依照法律规定失去继承权。广义的继承权丧失,除继承权被剥夺外,还包括继承人因被继承人的遗嘱规定而被取消继承和不分遗产。外国继承法中继承权的丧失包括继承人的缺格和继承人的废除。继承人的缺格,也称继承缺格,也有的称之为继承人欠格、无资格继承、遗产剥夺。继承人废除制度,在许多国家的民法典中已经消失,但《日本民法典》规定,除因法定事由当然发生继承缺格外,还有继承人废除的制度。《日本民法典》第892条规定,有特留份的推定继承人虐待被继承人或对被继承人加以重大侮辱或有其他显著劣迹时,被继承人可以请求家庭法院废除该推定人。《日本民法典》规定的继承人废除,有生前废除和遗嘱废除两种,以生前废除为其特色。[①]

也有学者认为,继承权的丧失是指具有继承资格的人,因犯有某些罪行或因不道德行为,依法丧失继承人资格或由被继承人剥夺其继承资格。立法上有的称之为丧失继承权,如我国、德国、俄罗斯等国的法律规定;有的称之为继承人欠格、无继承资格或不配做继承人,如日本、瑞士、匈牙利民法典的规定。继承权的丧失包括法定丧失和因被继承人的剥夺而丧失,后者又叫剥夺特留份、剥夺继承权、废除继承人。[②]

上述学者对继承权丧失概念的理解都包含了由于某些过程行为而使得继承权被剥夺的情况。

[①] 刘文:《继承法律制度研究》,中国政法大学出版社2016年版,第53~54页。

[②] 张玉敏:《继承法律制度研究》,华中科技大学出版社2016年第2版,第36页。

（二）继承权丧失的法定概念

我国《继承法》第 7 条规定："继承人有下列行为之一的,丧失继承权:(一)故意杀害被继承人的;(二)为争夺遗产而杀害其他继承人的;(三)遗弃被继承人的,或者虐待被继承人情节严重的;(四)伪造、篡改或者销毁遗嘱,情节严重的。"法律条文以列举的形式对继承权丧失给予描述,凡是符合上述类型的行为,都会丧失继承权,由此也说明了,继承人只要出现了法律列举的行为,就会丧失继承权。

（三）本书对继承权丧失的定义

继承权的丧失,是指继承人因对被继承人或者其他继承人犯有某种罪行或者其他违法行为,而被依法取消其继承被继承人遗产的资格。继承权的丧失在法学上又称为继承权的剥夺。从古代传统的继承立法到近现代各国的继承法规范都有类似的规定。我国《继承法》之所以设立继承权丧失制度,原因在于:继承人对被继承人或其他继承人进行违法犯罪行为,直接侵害了被继承人和其他继承人的人身权利与财产权利,从根本上违背了我国继承法律制度的本质要求。[①] 与此同时,也与我国传统的道德观和价值观相违背。

二、继承权丧失的立法目的

（一）继承权丧失的立法渊源[②]

继承权的丧失,最早可追溯至古巴比伦的《汉穆拉比法典》,该法典第 168 条规定:"倘自由民欲逐其子,而告法官云'我将逐吾子',则法官应调查其事,如子未犯足以剥夺其继承权之重大罪过,则父不得剥夺其继承权。"第 169 条规定:"倘子对父犯足以剥夺其继承权大罪过,则法官应宽恕子之初犯;倘子再犯重大罪过,则父得剥夺其继承权。"其后罗马法、日耳曼法也规定有此制度。罗马法中的继承权丧失分为继承人废除和继承人缺格或继承缺格(indignitas,亦称 ereptorium,即遗产剥夺)。首先,依《十二铜表法》被继承人得随时以遗嘱废除继承人,而另指定他人为继承人,任何法定继承人,得因家父的默示而排除之,例如有遗嘱继承时,法定继承人未经指定者,即当然丧失继承权。现代法制均规定继承权丧失的原因,依罗马古法,排除继承人虽不必有法定原因,但是法定继承人对于遗嘱人,如果无使其厌恶之行为,如现代法例所引为丧失继承权之原因者,则遗嘱人未必排除其参加继承,但罗马法允许遗嘱人排除法定继承人,与现代法例之规定继承权丧失之原因,其精神并无二致。《十二铜表法》以后,家父排除家子为其继承人时,必须具备四个条件:其一,须明白表示废除其"正统继承人"参加继承,或指定其就一部而为继承;其二,须于遗嘱明定废除正统继承人参加继承;其三,排除正统继承人,须用一定之术语;其四,排除处于父权之下之子参加继承时,应逐个点名指定剥夺之,至于其他家子,如女儿孙辈等,则以概括指定为已足。共和末期以后,为保护近亲,被继承人如无正当理由,无视其近亲而以遗嘱废除继承人时,继承人得提起"非人伦遗嘱"撤销之诉。但如果继承人有不法或不道德行为,则不得提起"非人伦遗嘱"撤

[①]　杨大文:《亲属法与继承法》,法律出版社 2013 年版,第 328 页。

[②]　张平华、刘耀东:《继承法原理》,中国法制出版社 2009 年版,第 35～38 页。

销之诉。至查士丁尼时期,继承人排除理论为之一变,《查士丁尼新律》规定了排除继承的法定原因。各种法定继承人,非有特定原因,被继承人不得以遗嘱排除其参加继承。其次,被继承人虽未另为意思表示,继承人或受遗赠人对被继承人或遗赠人为不法行为或不道德行为(例如杀害被继承人或遗赠人,依诈欺、胁迫妨害遗赠人遗嘱之作成、变更或提出无理由的非人伦遗嘱之诉),被认为不配为继承人时,法律上虽仍为继承人,但可剥夺其所取得之遗产,归属国库,此时继承人仍有继承能力及遗产取得能力,唯没收此缺格人所取得的继承财产。没收含有刑事上制裁的意义,性质上是民事与刑事责任尚未明确分化时的制裁,后世各国继承罗马法,但继承缺格不再有没收的效力,而成为仅使继承人丧失继承权的民事制裁,此即系继承缺格。可见,罗马法中的继承缺格,是在法律上仍然承认其为继承人,但认为其不配为继承人,没有资格继承遗产,因而剥夺其继承遗产的权利。而继承人废除,则是从根本上否定其为继承人,取消其为继承人的资格。实际上继承缺格为罗马法中的"不配者"制度(indegno),是法律对有错误者的一种谴责,作为法律结果,不配者将丧失继承权或受遗赠权,其所涉及的遗产将归于国家。不配者的出现与被继承人的死亡,或者与继承人的不适当的加害行为,或者与继承人的挑衅行为有关联。其旨在对侵犯死者的生命、名誉或实施诈欺、胁迫等行为的人施以制裁。后世各国对罗马法中的"不配者"制度加以承继,例如:在《意大利民法典》中该制度表述为"无继承资格",《法国民法典》将其称为"不适宜继承之人",《德国民法典》将其规定为"继承权的丧失"。在日耳曼法中,法谚有云:"染血之手不能为继承人。"(Die blutige Hand nimmt kein Erbe)因此,杀害被继承人者无权为继承人,以暴力夺取或销毁被继承人之财物者,也丧失就该财物的继承权。[1]

(二)我国继承权丧失的立法目的

1. 维护道德人伦关系
(1)中国古代的道德人伦关系的形成

中国传统文化中,对人伦关系的描述是非常丰富的,尤其是以儒家为代表的文化体系中,对亲属、家庭、父子等人伦关系都有详细的描述,并形成了以孝敬父母、尊重尊长为核心的人伦文化,就连封建社会早期推举官员的一种常态化制度——察举制中,都有非常明确的一项标准:举孝廉,意思是孝顺父母、廉洁自律的人可以被推举为官员。而关于家庭伦理文化中的很多著述都成为后世经典,例如《二十四孝》《孝经》等。

(2)家庭伦理孝道

在对孝顺父母的问题描述上,儒家认为对父母尽孝有多方面道德上的要求,但最重要的是要有"尊亲"的思想和感情,这是一切孝行的基础,换言之,一切孝行都是在此"尊亲"思想萌动下而发生的。正是因为如此,所以儒家称"尊亲"为"大孝"。曾子是此首倡者。《大戴礼记·曾子大孝》记载说:"孝有三,大孝尊亲,其次不辱,其下能养。"曾子把尊亲道德分三个层次:"尊亲"是孝亲道德最高层次上的要求,故称"大孝"。其次"不辱",这是"尊亲"的延伸。"尊亲"意味着不做任何伤害父母和使其受屈之事,是为"不辱",这是孝亲道德次一层的要求,故为"次孝"。"其下能养",就是说对父母要尽赡养的责任与义务,这是孝亲道德上的最起码的要求。在儒家看来,"羊有跪乳之恩,鸦有反哺之义",禽兽尚且如此,何况具有道德属

---

[1]　陈棋炎、黄宗乐、郭振恭:《民法继承新论》,三民书局2004年版,第79页。

性的人呢？因此对年老父母尽供养的义务，乃为"其下"，即为"下孝"。从以上曾子"孝有三"可以看出，"大孝尊亲"乃是孝亲道德最基本和最重要的要求，是一切孝行的出发点，也是一切孝行的归结点，有此"尊亲"的思想感情，才有"尊亲"的行为，而孝行归根到底都是为了达到"尊亲"的目的。①

（3）古代立法对家庭伦理的维护

在古代立法中，对父母"不孝"被认为是一种重罪，例如：《唐律疏议》作为唐朝的律法，尊崇德礼，对孝道伦理进行倡导，对不孝行为进行严惩，充分体现了当时的孝治思想。《唐律疏议》将"不孝"作为"十恶"之首，认为不给父母提供衣食住行、控告父母、诈称父母死等都是不孝，都可以定为"不孝罪"，对于不孝的行为《唐律疏议》也规定了很重的刑罚，以示严惩。同时，《唐律疏议》规定官员父母去世的应当回家守孝，除国家需要，否则不能继续为官。我们可以看到，唐朝关于孝道的法律规范更加严格，并且除了对不孝之罪的刑事处罚规定外，还对孝道的宣传进行了法律制度的规范，《唐律疏议》继承了历代法律制度对孝道的推崇，对明清时期法律制度规范孝道产生了深刻的影响。

（4）当代继承权丧失的立法对道德人伦关系的维护

在当代，我国很好地传承了古代家庭道德人伦关系的优良内核。故意杀害被继承人自古以来都会被认为是大逆不道的行为，属于"十恶"重罪之首，因而将故意杀害被继承人作为继承权丧失的行为之一，体现了立法对家庭道德人伦关系的尊重。这一点在国外的立法中也可以找到相应的规范。日耳曼法谚云："染血之手，不能为继承人。"关于继承权丧失的原因，各国法律的规定多注重继承人对于被继承人有无悖德或不正当行为。继承人如为法定继承人，固与被继承人关系最为密切，如为指定继承人亦必为被继承人平日所期望之人。无论何者竟对被继承人有悖德或不正当行为，或对其生命身体自由等加以危害，或妨害其他继承人之权利。非但为人类道德所不许，法律亦必予以相当的制裁，始足以维护社会的伦理道德与家庭秩序。除刑事上之制裁规定于刑法外，民事上即以丧失继承权为其制裁之方法。②

2. 维护传统家庭秩序

（1）家族宗法下的家庭秩序

家庭秩序在古代是以家族宗法形式维护的。宗法是封建社会赖以保持等级制度的重要思想支柱，它有两层含义：其一，指封建社会规定嫡庶系统的法则。其二，指家法家规。在我国古代，人们往往把宗法制度的原则推及对社会关系或社会秩序的规范上，人际关系几乎全部都可以在家庭关系中找出其模式。《礼记·礼运》中的"十义"——"父慈子孝、兄良弟悌、夫义妇听、长惠幼顺、君仁臣忠"，可以看作我国古代人际关系准则的全部，其中的君臣关系常常被等同于父子关系。先秦儒家关于人际关系的理想模式则是："父子有亲、君臣有义、夫妇有别、长幼有序、朋友有信。"但是，私有制社会的人际关系不是建立在平等的基础之上的，而是有严格的亲疏尊卑等级制度，所谓"少事长，贱事贵，不肖事贤，是天下之通义也"。兄弟关系被古人称为"手足之情"，兄弟之间应遵循"长幼有序"的原则，其道德规范是兄友弟恭，

---

① 陈谷嘉、吴增礼：《论〈二十四孝〉的人伦道德价值》，载《伦理学研究》2008 年第 4 期。
② 翟云岭、刘耀东：《论继承权丧失制度——以我国〈继承法〉第 7 条的修改为中心》，载《北方法学》2012 年第 5 期。

不以小利而害义。所谓"兄须爱其弟,弟必恭其兄。勿以纤毫利,伤此骨肉情。"①

（2）传统家庭伦理的现代化

在当代传统家庭美德被继承并被赋予新的意义。传统家庭伦理中的父慈子孝、夫义妇顺、兄良弟悌等,已经抛弃了具有传统社会局限性与时代性的内容,作为家庭美德在现代家庭道德里被传承开来并赋予了新的意义。如现代"孝道",父母与子女之间是平等的亲情关系,更是平等的伙伴关系,是彼此具有独立社会人格的个体相处。另外它摒弃了传统孝道确立的代际相处的单向化关系,即子辈对父辈不容置疑的绝对伦理义务,子女唯命是从,无和谐民主相处可言的状况,它强调代际关系和谐,民主相处,通过亲情之爱,天伦之乐,在父母和子女之间建立良性的互动关系,令每个人都可以从中得到自己所需要的精神安慰和幸福快乐。又如"和谐",人们历来强调"家和万事兴",传统家庭伦理中贯穿着"以和为贵"的思想。现代家庭道德则弘扬了这一美德,它强调家庭成员彼此的诚信、相互的理解和关怀,有助于调节现代工业社会带来的人与人之间无形的"樊篱"以及个人的焦虑、孤独、空虚、厌烦等情绪状态,适合于现代人的生活需要。因此,祥和、幸福成为现代家庭的首要伦理价值。传统家庭美德是现代家庭道德内容的重要组成部分,并在现代家庭道德生活中发挥着不可或缺的作用。②

（3）家庭礼法的核心作用

家庭礼法作为传统日常生活的伦理准则,在中国古代家庭生活中发挥着重要作用。众所周知,自先秦以降,包括礼教在内的儒家伦理思想经过历代统治者的宣扬、教化,逐渐脱下神秘的外衣而潜移默化于民间,不但起到维护宗法等级制度的作用,而且也规范了中国人的一般家庭伦理观念,影响和维持着传统社会的日常生活秩序。实际上,我国古人早就意识到,人之为"人",不仅在于理性和语言,还在于其以某种非自然的法则来规范自身的行为。在传统中国人的家庭伦理观念中,这种非自然的法则就是"礼",其本身具有一定的差别性,亦即不同身份的人有不同的"礼",因此遵从礼义就是做人之道、为人之本。传统家庭礼仪规范即是儒家伦理的核心内容之一,似乎人们的一切行为规范都要以此为基准而展开。如果人们都按照礼仪规范来行事,则日常人际交往便会有秩序地正常进行,也会因此而形成和谐人际关系的良好氛围,这就是儒家提倡"礼让"所期望达到的理想生活状态。换言之,儒家所倡导的谦恭礼让的处世之道,是其伦理精神和道德原则的最终落脚点。③ 因而,在家庭生活之中应当遵循"和为贵""礼让"的基本精神。对待父母要以"礼"待之,不能有失礼之举。

（4）当代继承权丧失的立法对传统家庭秩序的维护

在中国传统政治伦理中,"家国一体"是重要的内容,家庭伦理所反映的家庭关系,不仅规范家庭的内部秩序,也关系到国家的政治稳定。明代何瑭就曾言:"天下国家,然天下之本在国,国之本在家,家不齐而能治国平天下者,未之有也。"邱浚曰:"家必正而后国定,其本乱而末治者否矣。"明代夏良胜认为传统的"礼乐秩序"对于稳定家庭、社会与国家有着重要的作用:"礼乐一道也。言礼必及乐,言乐必及礼。礼以其序也,非和则乖;乐以其和也,非序则乱。"由于传统家庭观念,特别是涉及家庭同国家之间关系的正统伦理观念的影响,同居共财

① 孙宝禄:《我国古代家庭伦理思想和道德观念发展简论》,载《徐州教育学院学报》2012 年第 3 期。
② 严平:《我国当代家庭伦理关系存在的问题及对策》,载《河南广播电视大学学报》2012 年第 2 期。
③ 杨威:《论中国传统家庭伦理的礼法秩序》,载《兰州学刊》2013 年第 11 期。

的家庭生活模式依然为国家所倡导并对明代的家产继承、家产纠纷的解决原则产生了重要影响。主要包括:重视家庭共财所包含的父慈子孝、兄友弟恭等伦理观念,将"共财"作为一种家庭模式加以宣扬,并对现实生活中处分家产的行为产生一定的约束力。由此可见,在农业文明中,家庭的共财模式对于维护家业的完整性、维持尊长在家庭的权威地位有着重要的意义。而赡老育幼的家庭职能与维护孝道的家庭伦理也在这一模式下得到很好的发挥。通过这种家庭模式以实现社会的稳定、弘扬儒家所倡导的伦理政治与等级秩序,应当是古代持续推行同居共财的主要动因。①

我国的家庭伦理秩序自古就是以赡老育幼为核心的,具体而言,首先是要养亲,就是奉养父母,保证父母物质需要的供奉,这是传统孝道的基本内容之一,也是传统孝道最基本的含义。既然养亲是孝的最基本的含义,养亲为孝,不养亲即为不孝。因此,孝顺父母必须要先养亲。对于赡养父母来说,仅有养是远远不够的,因为即便是野兽,有时也会有养亲的举止,而人在赡养父母的过程中如果不体现出敬,则与禽兽无别,等于把人伦倒退到动物的水平。因而,养亲与敬亲,是相辅相成的两个方面,二者缺一不可。传统孝道所注重的养亲敬亲思想,实际上就是将物质奉养与精神奉养作为"孝"的基础性含义,倡导物质奉养与精神奉养相结合,这种思想在当代社会仍然有着不可忽视的现实价值。② 所以,当代立法提出遗弃被继承人或者虐待被继承人情节严重的丧失继承权,就是从养亲与敬亲的双重角度出发加以规范的,其微观目的是对不孝敬父母、违背家庭伦理关系的行为的一种惩处,宏观目的则是对传统家庭伦理秩序的维护。

3. 维护遗产继承秩序

（1）遗产继承在古代已经形成秩序

在我国古代的继承制度中,一直都有长幼有序、男女有别之说。身份继承通常情况下是嫡长子的权利,特殊情况下庶子中的长子才有继承权,与其他儿子及女儿毫无关系。在财产继承上一般是诸子均分,女儿在财产继承上地位极低,其继承权受到种种限制。女儿的继承权要依其婚姻状况分为在室女、归宗女（已出嫁因某种原因回到父母家居住者）、已嫁女。在室女和诸子一样有继承权,但继承份额相当低,只能分得一份嫁妆。如南宋就依《唐律疏议》规定:"在法,父母已亡,儿女分产,女合得男之半。"对于归宗女的继承权,只有南宋不加区别,一律与未婚在室女一样对待。出嫁女一般不得在父亲死后分得家产,在户绝情况下,虽有继承权,但受到种种限制。如《宋刑统》规定,出嫁女只有在既无诸子诸孙,又无在室女及归宗女情况下才有继承权。③ 财产继承一般是诸子均分。唐《户令》规定:"诸应分田宅者,及财物,兄弟均分。妻家所得之财。不在分限。兄弟亡者,子承父分。兄弟俱亡,则诸子均分。"宋令亦同,明清《户律》都有类似规定,一般情况下,"嫡庶子男……不问妻妾婢生,只以子数均分"。由此可见,包括嫡子、庶子、婢生子、别宅子（即私生子）、嗣子在内的诸子是第一顺序继承人,但有时孙子也可成为第一顺序继承人:一是被继承人的某个儿子死于被继承人之前,由死者的儿子（被继承人的孙子）代父继承,即"兄弟亡者,子承父分"。二是被继承人的诸子全部都死于被继承人之前,则由被继承人的诸孙继承,即"兄弟俱亡,则诸子均分"。

---

① 张凡:《明代家产继承与争讼》,法律出版社 2015 年版,第 192~195 页。
② 张运华:《传统孝道与现代家庭伦理建设》,载《广东青年干部学院学报》2002 年第 2 期。
③ 肖洪飞:《中国古代继承制度及对当今继承立法的启示》,载《社科纵横》2008 年第 8 期。

总之,直系卑幼男子的继承权是中国古代财产继承的核心内容。[①]

虽然我国古代继承法律体系中对于继承权的规范有诸多的糟粕,例如歧视女性的继承权等,但是其中的积极意义还是值得肯定的,就是通过法律制度对继承权的规范,使得继承在开始之时就呈现出一种秩序化的状态,这种秩序化的状态对于维护社会安定、避免亲属间为了财产而大伤和气是具有非常积极的作用。继承法律制度具有保护遗产继承秩序的作用,即便是在当代的法治社会,也都是立法者所十分看重的。

(2)通过继承权的丧失维护遗产继承秩序

我国自古以来都对遗产继承秩序比较重视,因为如果遗产继承秩序被打破,很有可能会导致社会的混乱。而在当今的社会里,用遗产继承权的丧失来约束和规范继承行为,在亲属间反目成仇、大打出手的情况下剥夺有关继承人的继承权,是对遗产继承秩序的一种维护。从实践来看,当被继承人有数目较大的遗产,且继承人为多数人时,继承人之间发生矛盾纠纷的案例比比皆是,其中也不乏为了继承遗产而杀害其他继承人的情况。继承人为争夺遗产而杀害其他继承人,容易造成遗产继承秩序的混乱。继承人因自己的不法行为而增加其继承份额,不但为法律所禁止,且有违遗产分割的公平与公正。因此,剥夺此种继承人的继承权有利于维持公正合理的遗产继承秩序。[②] 由此也可以看出,立法者将为争夺遗产而杀害其他继承人的行为界定为继承权丧失的行为是对遗产继承秩序的一种维护。

4. 维护遗嘱自由

(1)遗嘱继承是一种传统

从传统来看,我国古代就有遗嘱继承,从现有资料来看,中国的遗嘱继承最早记载于《国语·周语上》《左传·哀公三年》等史籍中。作为一种继承方式,当时的遗嘱称作遗命、遗训、遗言或遗令等。秦汉时期就已经有为免离世后家族出现纷争,而于生前对财产作出预先处分的事例。作为法律概念的遗嘱继承始见于《宋刑统·户婚律》所引唐朝《丧葬令》,其规定:"若亡人在日,自有遗嘱处分,证验分明者,不用此令。"此后,宋仁宗天圣四年(公元 1026 年)颁布的《户绝条贯》中、天圣五年(公元 1027 年)的诏令中,都有"若亡人遗嘱证验分明,依遗嘱施行"的规定。南宋的书判中,依遗嘱继承财产的事例更是屡见不鲜。就当时情况而言,遗嘱的内容不外乎以下三种情形:一是如果被继承人没有法定继承人,则把遗产留给一定范围内的亲属。二是如果有法定继承人,可以不受法定继承的限制,将一部分财产通过遗嘱的方式留给其他亲属。三是可以调整法定继承人内各自的继承份额。[③] 由此看来,在古代就有遗嘱继承的传统,它体现了被继承人个人的自由意志,用法律的方法对这种自由意志加以保护,实际上是对遗嘱自由的彰显。

(2)遗嘱自由

所谓遗嘱自由,是指遗嘱人得以遗嘱这种方式处分自己身后财产的自由。遗嘱自由是公民对自己财产的处分自由在继承法中的表现,如果公民不能对自己的身后财产进行处分,其财产所有权就是不完全的。但是,和一切民事权利一样,公民的遗嘱自由是相对的,而不

---

① 吴秋红:《论中国古代继承法的特点》,载《高等函授学报(哲学社会科学版)》2001 年第 6 期。

② 翟云岭、刘耀东:《论继承权丧失制度——以我国〈继承法〉第 7 条的修改为中心》,载《北方法学》2012 年第 5 期。

③ 陈铮:《中国古代遗嘱继承浅论》,载《公民与法》2016 年第 1 期。

是绝对的。尽管多数关于继承法的著述在论及遗嘱自由时,都将各国法律对遗嘱自由的态度区分为绝对的遗嘱自由主义和相对的遗嘱自由主义,但是,实际上从来就没有过绝对的遗嘱自由。毕竟继承法是建立在家庭制度之上的法律制度,法律在承认所有人处分自己财产自由的同时,必须考虑家庭制度的稳定和家庭职能的正常发挥,考虑被继承人对家庭中其他成员的责任,所以,从古到今,遗嘱自由都要受到家庭制度和伦理道德的限制。① 但是从任何一个国家的立法来看,遗嘱自由都是继承法的一般性规定,而对遗嘱自由的限制则属于例外性规定。

(3)通过继承权的丧失维护遗嘱自由

私法自治是民法的基本原则与最高宗旨。在继承法领域,最能体现私法自治者,乃遗嘱自由原则。依据遗嘱自由原则,被继承人可于其生存时为死后财产的处分订立遗嘱。倘若继承人采取欺诈、胁迫手段迫使或妨害被继承人订立、变更或撤销遗嘱而仍可继承遗产,则遗嘱自由原则未免流于形式。因此,继承权的丧失制度还有利于维护被继承人之遗嘱自由。② 《继承法》规定,伪造、篡改或者销毁遗嘱的将会丧失继承权。对于被继承人而言,其立下的遗嘱是其自由意志的体现,如果继承人篡改遗嘱,实际上违背了被继承人所立遗嘱的本意,等于侵害了被继承人的遗嘱自由,因而对此篡改遗嘱的行为,立法上给予否定的评价,如此一来,被继承人的遗嘱自由便得到了维护。

第二节 相关法律概念

一、剥夺继承权(剥夺特留份)③

(一)剥夺继承权的概念

继承权的剥夺是指继承权因被继承人的意思而丧失。有些国家规定,继承人有法律规定的某些不法或不道德行为时,被继承人得以生前行为或遗嘱剥夺其继承资格。这种制度一般存在于有特留份制度的国家。在这些国家中,被继承人一定范围内的近亲属依法享有特留份,被继承人在以遗嘱处分其身后财产时,必须为他们保留特留份。如果被继承人没有为他们保留特留份或保留不足,他们有权提起扣减之诉,要求被继承人补足特留份。可见,特留份是一定范围的法定继承人不可剥夺的权利,留足特留份则是被继承人的义务。但是,当特留份权利人有为法律和人伦道德所不容的行为时,法律允许被继承人剥夺其继承人资格,取消其特留份。因此,剥夺继承权通常叫作剥夺特留份(日本则称剥夺继承权为废除继承人)。

---

① 张玉敏:《继承法律制度研究》,华中科技大学出版社 2016 年第 2 版,第 156 页。
② 翟云岭、刘耀东:《论继承权丧失制度——以我国〈继承法〉第 7 条的修改为中心》,载《北方法学》2012 年第 5 期。
③ 张玉敏:《继承法律制度研究》,华中科技大学出版社 2016 年第 2 版,第 39~40 页。

(二) 剥夺继承权的理由

剥夺继承权带有明显的民事制裁性质,因此必须要有正当理由。这些理由一般是指继承人对被继承人或其近亲属有重大不道德行为或犯罪行为。但该行为一般较法定丧失继承权的行为为轻。如《瑞士民法典》规定,被继承人得剥夺特留份的理由有二,一是继承人对被继承人或其亲友犯有重罪,二是继承人对被继承人或其家属中一人严重违反亲属法规定的义务。《日本民法典》规定,废除继承人的理由是,继承人对被继承人加以虐待或重大侮辱,或有其他显著劣迹。《匈牙利民法典》规定的理由是,继承人的严重犯罪行为给被继承人带来损害,曾谋害过被继承人的直系亲属或配偶的生命,或实施了严重犯罪行为并给他们带来损害,粗暴践踏了对被继承人的义务,过着不道德的生活,被生效判决判处五年以上徒刑,粗暴践踏夫妻义务等。《德国民法典》则分别对剥夺配偶、直系卑血亲、父母的特留份的理由作出规定。剥夺配偶特留份的理由是,故意致被继承人或其直系卑血亲死亡,故意在肉体上虐待被继承人,对被继承人犯罪或有重大的故意违法行为,违反其对被继承人的法定扶养义务;剥夺直系卑血亲特留份的理由是,故意致被继承人或其配偶或直系卑血亲死亡,在肉体上虐待被继承人或其配偶,对被继承人或其配偶犯罪或有重大的违法行为,恶意违反对被继承人的赡养义务,违反被继承人的意思而生活作风腐化或不道德。①

(三) 剥夺继承权的方式和程序

剥夺继承权的方式,一般规定须以遗嘱为之,并须说明理由。但《日本民法典》规定,既可通过生前行为废除继承人,又可以用遗嘱废除继承人。若以生前行为废除,废除行为可以撤回。②

剥夺继承权的程序,按德国和瑞士民法典的规定,被继承人只要在遗嘱中说明了理由,剥夺即自动生效,不须经何种机关批准。但如果被剥夺者主张剥夺原因有误或不实而发生纠纷时,继承人或因剥夺而受益之人必须证明剥夺原因正当。《日本民法典》则规定,废除继承人,无论是生前行为废除还是遗嘱废除,都须经家庭法院审查认可始生效力。

二、继承权丧失的确认

(一) 出现丧失继承权的法定事由

丧失继承权的法定事由一旦出现,特定的继承人即当然丧失继承权。我国《继承法》第 7 条明确规定了丧失继承权的四项法定事由,这些事由在前文中已有阐述。

(二) 因丧失继承权问题发生诉讼由人民法院依法确认是否丧失继承权

在继承开始之后,若干继承人之间可能会因为其中的一人或数人曾经对被继承人或者其他继承人犯有某种刑事罪或实施过可能导致继承权丧失的违法行为,以致发生丧失继承

---

① 《瑞士民法典》第 477 条,《日本民法典》第 892 条,《匈牙利民法典》第 662 条、第 666 条、第 664 条,《德国民法典》第 2333 条、第 2334 条、第 2335 条,以及我国台湾地区"民法"第 1145 条。

② 《日本民法典》第 892 条、第 893 条、第 894 条。

权的纠纷,甚至诉讼到人民法院。由于此类纠纷涉及公民对特定被继承人遗产的继承资格的存在与否问题,直接影响到其经济利益,因而在这种情况下就只能由人民法院根据客观事实和《继承法》的有关规定,判决确认某一继承人或某几个继承人是否丧失继承权。除人民法院外,其他社会组织或个人均无权确认公民继承权的丧失。人民法院在确认公民丧失继承权时需要注意如下几个问题:

1. 在发生遗产继承权纠纷时,无论被继承人或者其他继承人是否已实际遭受物质损失,只要某一继承人或某几个继承人实施了《继承法》指明的丧失继承权的行为,就可以对他们提出确认丧失继承权的民事诉讼。属于公诉案件的,应当提请人民检察院起诉,若属于自诉案件,则应告知当事人自行起诉,作为刑事案件处理。待刑事案件审结后,再恢复应当进行的继承权纠纷诉讼。

2. 人民法院确认犯罪人丧失继承权,只能针对故意杀害、遗弃、严重虐待被继承人或者为争夺遗产而杀害其他继承人的特定继承人。继承人因犯有其他罪行而被判处有期徒刑、无期徒刑、死刑并附加剥夺政治权利或被单独处以剥夺政治权利的,不得确认其丧失继承权。因为继承权属于民事权利,一般情况下不因公民的人身自由权利或政治权利被剥夺而丧失。

三、继承权丧失的效力[1]

关于继承权丧失的效力,各国继承立法规定有所不同。首先,丧失继承权的原因可能发生在继承开始之前,也可能发生于继承开始之后。对前者而言,丧失继承权的效力不发生问题;对后者而言,如果继承开始后效力不溯及继承开始之时,则继承权丧失制度的目的不能实现。因为按照当然继承原则,继承一开始,则遗产权益概括转移给继承人,同时又会出现继承权丧失的局面。如果将继承权分为客观继承权与主观继承权,其中客观继承权指继承开始前法定继承人的继承资格,主观继承权指继承开始后,继承人现实享有的对遗产的权利。此之所谓继承权的丧失实指客观意义上继承权的丧失。其次,继承权丧失的效力具有对世性,即对于第三人亦生继承权丧失之效力。丧失继承权之人对于第三人以继承人之资格而为的行为无效,得由真正的继承人请求返还。但如果第三人为善意,即不知其为丧失继承权者,自当即时取得财产权利。继承权的丧失并不影响被继承人生前赠与的效力,因为继承和赠与是两种不同的法律制度。最后,继承人继承权的丧失,仅对于其所实施不法或不道德行为所针对的被继承人而发生,而对于其他被继承人仍不妨碍继承,例如杀害其父者对于父亲虽为继承缺格,然对于母亲或兄弟之遗产,其并非继承缺格。如《澳门民法典》第1877条规定:"属依法继承者,失格之人之无继承能力不影响其直系血亲卑亲属之代位继承权。"[2]

(一)继承权丧失的时间效力

继承权丧失的时间效力是指继承权丧失后在时间上的追溯力,即从何时开始丧失继承权。我国《继承法》虽然对继承权丧失的时间效力没有明确的规定,但从基本法律准则和司

---

[1]　杨大文:《亲属法与继承法》,法律出版社2013年版,第331～333页。
[2]　张平华、刘耀东:《继承法原理》,中国法制出版社2009年版,第51～52页。

法审判实践来看,继承权丧失的时间效力应当一直追溯到被继承人死亡、继承开始之时。这是因为,继承权丧失的性质在于依法从根本上取消继承人对特定被继承人遗产的继承资格。而继承资格正是从被继承人死亡,继承开始之时才能实际取得的。被依法确认丧失了继承权的继承人于继承开始之后曾经实际占有的被继承人的部分或全部遗产及遗产所产生的收益,都必须无条件地返还给有权取得被继承人遗产的继承人或受遗赠人以及其他人。[1] 外国继承立法的有关规定与我国对该问题的基本法律准则和司法审判实践的做法是大致相同的。《法国民法典》第729条规定:继承人因无资格而不得继承时,应负责返还自继承开始时起所收益的果实与收入。《德国民法典》第2344条规定:继承人受丧失继承资格的宣告者,应认为继承财产从未归属于丧失继承资格之人。撤销继承后,继承财产归属于继承开始时假定丧失继承资格之人业已死亡的情形应享继承权的人,并认为在继承开始时即已归属于此人。

(二)继承权丧失对人的效力[2]

继承权丧失对人的效力包括三个方面的内容:

1. 特定的继承权丧失后继承人是否还享有对其他被继承人遗产的继承权

依照《继承法》的基本准则,某一继承人因对特定被继承人或其他继承人犯有某种罪行或有其他违法行为而丧失继承权,并不意味着该继承人从此失去了对一切被继承人遗产的继承权,而仅仅是丧失了对特定被继承人遗产的继承权。因为任何一个公民所享有的继承权都不只是针对某一特定被继承人的遗产,而可能是同时或者相继针对若干被继承人的遗产。同样,在遗嘱继承的情况下,一个公民也可以按照数份合法有效遗嘱的指定同时或者相继地取得继承若干被继承人遗产的遗嘱继承权利。法律上所要取消的,只是在某继承人对特定的被继承人或者其他继承人有犯罪行为或者违法行为时,他原先所享有的对该特定被继承人遗产的继承权。至于该继承人对其他被继承人的遗产所享有的继承权并不因此而全部丧失。例如,某公民为独吞其父亲的遗产而故意篡改了其父亲所立的指定由他兄弟二人共同继承遗产的遗嘱,并造成严重后果,被人民法院确认丧失了取得其父亲遗产的继承权。但他还有妻子、儿女,当他们在意外事件中丧生时,由于他对妻子、儿女并无任何违法或犯罪行为,对妻子、儿女的其他继承人也无违法犯罪行为,因而他仍然享有继承其妻子、儿女遗产的权利。

2. 丧失了继承权的继承人的晚辈直系血亲能否代位继承

对于这个问题,各国继承立法的规定也是不尽相同的。我国《继承法》是不承认丧失了继承权的继承人的晚辈直系血亲享有代位继承权的。《继承法》中规定的取得代位继承权的唯一法定条件,是享有继承权的被继承人的子女先于被继承人死亡,符合该条件的,始得由被继承人子女的晚辈直系血亲代位继承。按照有关司法解释的规定,继承人丧失继承权的,其晚辈直系血亲不得代位继承。如该晚辈直系血亲缺乏劳动能力又没有生活来源,或对被继承人尽赡养义务较多,可适当分给遗产。外国有些国家的继承立法则承认丧失继承权的继承人的晚辈直系血亲可以代位继承,即代位继承人的权利不因被代位人的继承权被剥夺

---

[1] 龙翼飞、陈群峰:《民法案例教程》,法律出版社2013年版,第330~331页。

[2] 龙翼飞、陈群峰:《民法案例教程》,法律出版社2013年版,第331~332页。

而受到影响。例如,《瑞士民法典》第478条规定:被剥夺继承权人的直系卑亲属对被剥夺继承权人的特留份享有与被剥夺继承权人先于他们死亡时同样的权利。第541条又规定:无资格继承仅对犯罪者个人产生影响。其直系卑亲属继承,按犯罪者先于死者死亡为之。

3. 继承权的丧失对取得遗产的善意第三人利益的影响

在继承开始后,某一继承人可能已将其占有的部分或全部遗产有偿或无偿地转移给善意第三人。但当该继承人曾对被继承人或者其他继承人进行违法或犯罪行为的事实被发觉,直至被取消了继承资格,丧失了继承权之后,就会发生这样的问题,即是否会因该继承人的继承权被取消而使通过该继承人取得部分或全部遗产的善意第三人的利益归于无效。对于这一问题的解决不应当绝对地肯定或绝对地否定,而要根据具体情况,分别对待。依据我国民法的基本原理和审判实践经验,第一,如果善意第三人是无偿地通过某一继承人取得遗产的,在该继承人被确认丧失继承权时,善意第三人就必须无条件地将所取得的遗产返还给其他享有继承权的合法继承人。第二,若善意第三人是有偿地通过某一继承人取得遗产的,则当该继承人被确认丧失继承权时,善意第三人并无义务必须将取得的遗产返还给其他合法继承人,其他合法继承人因此而受到的损失应由转移遗产并被确认丧失继承权的继承人负责赔偿。这样做,不仅有利于保护合法继承人的权益,也使善意第三人的正当利益得到了应有的维护。

四、继承权丧失的后果

继承权丧失自继承开始之日起发生法律效力。如果继承权的丧失是于继承开始后由人民法院确认的,则人民法院对继承人丧失继承权的确认有溯及力,溯及继承开始时发生法律效力。继承人丧失继承权,并非其继承能力的丧失,仅是对于特定被继承人的遗产来说无继承资格,这并不影响其对其他被继承人的继承权。继承人丧失继承权的,其晚辈直系血亲不得代位继承。如该代位继承人缺乏劳动能力又没有生活来源,或对被继承人尽赡养义务较多,可适当分给遗产。例如:刘某与张某系夫妇,有一生女刘甲和一养子刘乙。刘甲嫁去了外省,刘乙娶妻后与养父母一起生活。刘某于2008年病逝,其遗产没有分割,张某因受刺激也开始卧床不起,就告诉刘乙家中某处藏有积蓄,让他拿出来与刘甲平分,并要求他写信叫刘甲回来看看她。刘乙想独吞这笔财产,但是又担心养母把财产的事情告诉刘甲,于是趁张某熟睡时打开煤气阀使其中毒而死。后来事情败露,刘乙被判处无期徒刑。刘某和张某的财产全部被其女刘甲拿走,并多次要求刘乙之妻交出三间房产。但是,继承人杀害了某一被继承人并不能导致其所有的继承权都被剥夺,而只应剥夺其对被杀害的被继承人财产的继承权。本案中,刘乙只丧失对养母张某的遗产的继承权,而对于养父的遗产仍有权进行继承。[①]

但是,继承权绝对丧失并不妨碍被继承人生前对继承人的赠与,因为生前赠与和继承是两回事。至于丧失继承权的人能否享有受遗赠权,我国《继承法》对此虽无明文规定,但按法理推论,丧失继承权的人,不得享有受遗赠权。其理由之一是,犯有丧失继承权的法定事由往往也应是丧失受遗赠权的法定事由;其理由之二是,在我国享有受遗赠权的人不可能是法定继承人,而是法定继承人以外的人。这就是说,对某被继承人有继承权的人,不可能同时

---

① 中国法制出版社编:《继承法新解读》,中国法制出版社2012年版,第17~18页。

又有受遗赠权。因此,法定继承人丧失继承权,不可能享有受遗赠权。[1]

我国《继承法》对继承权丧失的效力虽无明文规定,但审判实践认为,继承人犯有《继承法》第 7 条第 1 项、第 2 项所规定的丧失继承权的法定事由的,继承权的丧失为终局丧失;继承人犯有《继承法》第 7 条第 3 项所规定的丧失继承权的法定事由的(即继承人虐待被继承人情节严重的,或者遗弃被继承人的),如以后确有悔改表现,而且被继承人生前又表示宽恕的,可恢复其继承权。我国澳门特区民法规定,失格之人(丧失继承权人)其继承权视为不存在;但如被继承人在遗嘱或公证书内,明示恢复失格之人的权利,或者仍指定其继承遗产,则失格之人重新取得继承能力(《澳门民法典》第 1877 条、第 1878 条)。[2]

五、继承权的放弃

(一)继承权放弃的概念

继承权的放弃,也被称为继承权的拒绝、继承权的抛弃,是指继承人在继承开始后,遗产分割前,以明示的方式作出的拒绝接受被继承人遗产的意思表示。放弃继承的意思表示属单方民事行为,只要放弃继承的继承人有放弃继承的意思表示即可,无须经他人同意。但是,继承人因放弃继承权,致使其不能履行法定义务的,放弃继承权的行为无效。[3]

(二)继承权放弃的性质

继承人放弃继承权是其自由表达意志、行使继承权的一种表现。法律赋予继承人继承死者遗产的权利,同时也赋予继承人放弃继承权的自由。继承权人在继承开始后到遗产处理前,享有作出放弃自己的继承地位和应继份额的意思表示的权利。继承人放弃继承权是一种单方法律行为,无须征求任何人的同意或认可。继承立法是否允许继承人有自由选择继承的权利,存在一个发展过程。在古罗马共和国初期,家庭内的继承人为绝对的、当然的继承人,不允许其放弃继承。但后来,罗马执政官承认继承人有拒绝继承的权利,成为后世继承人放弃继承权的渊源。近代以后,各国的继承,基本上都是财产的继承,而不是身份、爵位、家长权的继承,因此对于任何继承人处分继承权均不再加以强制。在旧中国,基于礼教的宗祧继承制度,不允许继承人放弃祭祀祖先的权利和义务。日本旧民法的家督继承也不允许放弃。但自中华民国时期颁布的民法典实施起,法律即允许继承人有自由放弃继承的权利。1930 年的民法典第 1174 条规定:"继承人得抛弃其继承权。前项抛弃,应于知悉其得继承时起,二个月内,以书面向法院亲属会议或其他继承人为之。"司法实践中也认可继承人有自由选择继承的权利。如民国五年大理院判例上字第 956 号称:"承继是否合法,惟有承继权者得以主张之,若并无承继之权,或虽有而不欲实行其权利,如有明示或默示抛弃者,无论其相对人之承认合法与否,即无计其告争之余地。"1932 年司法院院字第 744 号解释称:"遗产继承权者为有应继资格之人,享有可以承受遗产的权利……故抛弃其应继之份

① 刘文:《继承法律制度研究》,中国政法大学出版社 2016 年版,第 64~65 页。
② 刘文:《继承法律制度研究》,中国政法大学出版社 2016 年版,第 65 页。
③ 李俊:《婚姻家庭继承法》,中国政法大学出版社 2010 年版,第 192~193 页。

为个人之自由,不问继承编施行前或施行后,均得为之。"①新中国继承法中也规定,继承开始后,继承人放弃继承的,应当在遗产处理前,作出放弃继承的意思表示。日本也在第二次世界大战后修订民法典,取消了家督继承制度。总之,当今各国的法律都允许继承人享有自由放弃继承的权利。②

(三)继承权放弃的期间

许多国家的法律为了促使继承人尽快作出承认或抛弃继承的决定,从而稳定继承关系,常对继承人放弃继承权规定有具体的期限。例如,《德国民法典》第 1944 条规定,继承人放弃继承权应当在继承开始后的六个星期内作出;被继承人最后住所在国外,或者继承人在继承开始时居住在国外的,放弃继承权的期限为六个月。《瑞士民法典》第 567 条规定,一般情况下,继承人放弃继承权的期限是三个月。法定继承人知悉被继承人死亡时作为此期限开始计算的时间,但如其能证明以后知悉的,不在此限。对于指定继承人,自接到主管官厅关于被继承人处分的通知时起算。《越南民法典》第 642 条规定,抛弃继承权的期限为六个月,自继承开始之日起计算。超过六个月而没有人抛弃继承权的,则视为接受继承。我国台湾地区"民法典"第 1174 条规定:"继承人抛弃继承权应于知悉其得继承之时起三个月内以书面形式向法院为之。抛弃继承权后,应以书面通知因其抛弃而应为继承之人。但不能通知者,不在此限。"有的国家还允许在一定条件下延长此期限。如《日本民法典》第 915 条第 1 款规定:"继承人自知悉为自己有继承开始时起三个月以内,应作出单纯承认、限定承认或放弃继承的表示。但是,家庭法院因利害关系人或检察官的请求,可以延长此期限。"③

综上所述,在我们所知的一些国家,继承人可以拒绝继承的期限最短的是六个星期,最长的是六个月。期限的起算有两种不同的规定,一种从继承开始起算,另一种从继承人知悉自己有继承权时起算。我国《继承法》第 25 条规定,继承开始以后,继承人放弃继承的,应当在遗产处理前,作出放弃继承的表示。没有表示的,视为接受继承。按此条规定,继承人可以放弃继承的期限是继承开始以后,遗产处理以前。很明显,这条规定是基于这样的考虑,即放弃继承是放弃一种财产权利,对其他继承人和遗产债权人有利无害,因此不需要规定严格的期限限制。但是,继承人所放弃的,不但有财产权利,而且有财产义务,且一般而言,放弃继承是继承人在被继承人财产状况不佳的情况下的选择,因此,放弃继承对其他继承人和遗产债权人的利益有重要影响。特别是开征遗产税以后,有多少继承人接受继承直接决定着遗产税的计算和征收。因此,为了使继承关系尽快确定下来,保护其他继承人和遗产债权人的合法权利,并为征收遗产税提供前提条件,必须为放弃继承规定一个明确的期限。这个期限,以两至三个月为宜。④

(四)继承权放弃的方式

放弃继承虽与继承承认一样,为单方法律行为,但放弃继承关系继承人及他人利益,故

---

① 程维荣:《中国继承制度史》,中国出版集团东方出版中心 2006 年版,第 431~432 页。
② 刘文:《继承法律制度研究》,中国政法大学出版社 2016 年版,第 73~74 页。
③ 张平华、刘耀东:《继承法原理》,中国法制出版社 2009 年版,第 146~147 页。
④ 张玉敏:《继承法律制度研究》,华中科技大学出版社 2016 年第 2 版,第 75 页。

各国大多规定其为要式行为,放弃继承的意思表示需向特定人明示为之,故其为有相对人的单方意思表示。放弃继承的意思表示究竟应当向何人为之,各国立法规定不一。法国、德国、日本等国家以及我国台湾地区均要求放弃继承的意思表示要以书面形式向法院或主管官厅、亲属会议或其他继承人为之(《法国民法典》第 784 条、《德国民法典》第 1945 条、《日本民法典》第 938 条、《瑞士民法典》第 570 条、《魁北克民法典》第 646 条、我国台湾地区"民法典"第 1174 条)。我国现行继承法也规定放弃继承权必须采用明示的方式,《继承法》第 25 条规定:"继承开始后,继承人放弃继承的,应当在遗产处理前,作出放弃继承的表示,没有表示的,视为接受继承。"但与其他国家和地区不同的是,我国《继承法》对继承人放弃继承权的行为,并没有具体的程序要求,既没有规定制作遗产清册或必须以书面形式表示放弃,也没有规定继承人必须向法定主管机构为放弃继承的意思表示。但依司法解释,继承人放弃继承的,既可以用书面形式向其他继承人表示,也可以在诉讼过程中,用口头方式向法院作出。法院应当对继承人的口头表示内容制作笔录,并由放弃继承的人签名,方为有效。继承人以口头方式向其他继承人表示放弃继承的,本人承认,或有其他充分证据证明的,也应当认定其为有效。笔者认为,继承的放弃与全部继承人有着较大的利害关系,故为了慎重起见,也为了举证上的便利,对规定放弃继承的行为是要式行为,即放弃继承需要采用书面形式。与放弃继承相对,接受继承为常态,且按照我国大陆继承法传统,继承以有限继承为原则,即继承人只需要以所继承的遗产为限对外承担责任,故在规定的期限内,继承人没有作出放弃继承的表示的则推定为接受继承,而放弃继承只能为要式行为即书面形式,且不得因继承人的行为而推定。所以,继承人放弃继承的,须以书面形式向遗产管理人、遗嘱执行人、人民法院或其他继承人作出放弃继承的表示。到期没有表示的,视为接受继承。[1]

(五)继承权放弃的效力

放弃继承的效力涉及两方面的问题:一是被放弃的遗产份额的归属。对此,要分别就法定继承和遗嘱继承进行讨论。在法定继承中,一些国家规定共同继承人中有人放弃继承时,其放弃的应继份归属于其他共同继承人,另一些国家规定按放弃继承的人在继承开始前(或者继承开始时)死亡的情形处理。两种规定的区别在于,前者应继份归属于其他共同继承人,后者则首先由放弃继承者的晚辈直系血亲代位,只有在没有代位继承人的情况下,放弃的份额才归属于其他共同继承人。在遗嘱继承中,如果被继承人指定了替补继承人,则由替补继承人继承,如果被继承人没有指定替补继承人,有的国家规定放弃的遗产份额归属于放弃继承之人的法定继承人,有的国家规定归属于死者的法定继承人。二是遗产的管理。如果继承人在放弃继承之前已经对遗产实施了临时管理,那么,在其放弃继承以后,必须继续履行管理义务,直到有其他继承人接受继承,或者由法院指定遗产管理人为止。[2]

关于继承权放弃的效力,各国的法律也有各自的规定:

《法国民法典》第 785 条规定:"放弃继承遗产的继承人,视其此前从未是继承人。"第786 条规定:"放弃继承的人的遗产部分,归于该人的共同继承人;如无共同继承人,此遗产部分归于后继亲等。"

---

① 张平华、刘耀东:《继承法原理》,中国法制出版社 2009 年版,第 145~146 页。

② 张玉敏:《中国继承法立法建议稿及立法理由》,人民出版社 2006 年版,第 54~55 页。

《德国民法典》第 1953 条规定:"(1)如果遗产被拒绝,则拒绝人的遗产归属视为未发生;(2)遗产归属于若拒绝人在继承开始时不在世而有资格继承之人,此归属视为自继承开始即发生。"

《日本民法典》第 939 条规定:"放弃继承者,关于继承,视为自始不为继承人。"第 940 条第 1 款规定:"放弃继承者,在因其放弃而成为继承人者开始管理继承财产之前,应以对自己财产一样的注意,继续管理继承财产。"

《瑞士民法典》第 572 条规定:"(1)被继承人未有任何遗嘱,且继承人中一人抛弃继承权的,其应继份按继承人在继承开始前死亡的情形处理;(2)被继承人留有遗嘱,指定继承人抛弃继承的应继份,归属于其亲等最近的法定继承人。但被继承人在遗嘱中有相反意思的,不在此限。"

《意大利民法典》第 521 条规定:"放弃继承的人视为自始不曾参加继承。然而,放弃继承的人可以在可处分遗产份额范围内享有赠与物或者请求属于他的遗赠,本法第 551 条和第 552 条的规定不在此限。"第 522 条规定:"在法定继承中,被放弃的遗产份额增添到其他共同继承人的份额之上,代位权以及本法第 571 条最后一款规定的情况除外。在没有其他共同继承人的情况下,遗产属于放弃继承之人死亡的情况下有权继承遗产之人。"第 523 条规定:"在遗嘱继承中,在遗嘱人未指定替补人并且也不发生代位继承的情况下,被放弃的遗产份额增添到本法第 674 条规定的其他共同继承人之份额上或者分配给本法第 677 条规定的法定继承人。"

第三节　主要内容

一、继承权丧失制度的沿革[1]

继承权的丧失是指在继承人对被继承人或其他继承人有重大违法或不道德行为,或就有关继承的遗嘱有不正当行为时,依法剥夺其继承的资格,使其丧失继承人地位的制度。广义的继承权丧失包括继承人缺格和继承人废除。继承人缺格又称继承缺格,是指当有一定事由发生时继承人当然丧失作为继承人的资格;继承人废除是指当有一定事由发生时,根据被继承人的意思剥夺继承人的继承权。因为继承人虽有继承能力,可位居继承顺序,但如其与被继承人之共同生活关系业已破坏,倘仍许其继承被继承人的遗产,即不能维持道义,有违承认继承制度之本旨。因此,民法规定丧失继承权制度,其性质上,带有私法罚的色彩。[2]因继承人的重大不道德行为而剥夺其继承资格的思想,于古日耳曼法和罗马法即已有之。日耳曼法谚称:"染血之手,不能为继承人。"因此,杀害被继承人者无权为继承人,以暴力夺取或毁损被继承人之财物者,也丧失就该财物的继承权。[3] 罗马法上的继承权丧失分为继承人缺格和继承人废除。关于继承人废除,《十二铜表法》规定:被继承人得随时以遗嘱废除继承人,而另指定他人为继承人。至共和末期以后,为保护近亲,被继承人如无正当理由,无

---

① 郭明瑞、房绍坤、关涛:《继承法研究》,中国人民大学出版社 2003 年版,第 21～22 页。
② 陈棋炎、黄宗乐、郭振恭:《民法继承新论》,三民书局 2004 年修订 2 版,第 79 页。
③ 陈棋炎、黄宗乐、郭振恭:《民法继承新论》,三民书局 2004 年修订 2 版,第 79 页。

视其近亲而以遗嘱废除继承人时,继承人得提起"非人伦遗嘱"撤销之诉。但如果继承人有不法或不道德行为,则不得提起"非人伦遗嘱"撤销之诉。即使没有被继承人废除继承人的意思表示,如果继承人或受遗赠人对被继承人或遗赠人为不道德的行为,如杀害被继承人或遗赠人,以欺诈、胁迫手段妨害遗赠人遗嘱的作成、变更或提出无理由的"非人伦遗嘱诉之",该继承人原应继承之财产,依法予以没收,将其收归国库,此即继承人缺格。如此继承人仍有继承能力及遗产取得能力,只是没收该缺格人取得的继承财产。没收含有刑事上制裁的意义,性质上是民事责任与刑事责任尚未明白分化时的制裁。后世各国继承罗马法,但继承缺格不再有没收的效力,而成为仅使继承人丧失继承权的民事制裁。①

二、继承权丧失制度的立法例②

近代各国民法上均有继承权丧失制度,但具体制度的设计各具特色,主要有继承人缺格、继承人废除、特留份剥夺几种不同的立法例。

一是继承人缺格。继承缺格又称继承缺格,是指于一定的事由发生时,继承人基于法律的规定丧失作为继承人的资格。这一立法例又有两种不同的主义:其一是继承人有缺格的事由时,当然发生继承权丧失的效果,法国、瑞士、日本民法采取这种主义;其二是由于某继承人丧失继承权,而得继承法上利益之人,以丧失继承权的人为被告,提起继承财产取得撤销之诉,经判决后,始发生继承权丧失的效果,德国民法采取这种主义。

二是继承人废除。这是日本民法上特设的制度,即除继承人缺格外,另特设继承人废除制度。在日本民法上,继承人的缺格与废除,其目的均在于对继承人加以制裁,从而发生丧失继承权的效果。但两制度有如下不同之处:第一,废除的事由,比缺格为轻;第二,废除必须由被继承人向家庭裁判所声请,以判决宣告继承人失格,而缺格则是当然失格;第三,废除是对有特留份的继承人所为,而缺格则对各种继承人均可发生;第四,废除者嗣后得撤销之,而缺格则否。

三是特留份剥夺。德国民法除继承人缺格外,另设特留份剥夺制度,其与日本民法上的继承人废除,机能大致相同。在德国民法上,特留份权仅是遗产债权,特留份权利人纵然因被继承人的死后处分被排除于继承之外,仍得主张特留份。特留份剥夺,乃特别为剥夺此特留份权利而设的制度。该制度的要点如下:(1)被继承人以遗嘱对有特留份权利的继承人,剥夺其特留份;(2)剥夺特留份权利的事由,就直系卑亲属、父母、配偶,法律分别作不同的规定;(3)特留份剥夺的效果,仅剥夺其特留份权利,非消灭继承人的资格;(4)因遗嘱发生效力,即发生剥夺特留份权利的效果;(5)特留份的剥夺,因饶恕而消灭。③

我国现行继承法规定的继承权丧失,仅是指继承人缺格,而不包括继承人废除和特留份剥夺。我们主张仍采取这种立法例。在我国,继承权的丧失有以下几方面的含义:第一,继承权的丧失是继承人对被继承人遗产的继承资格的丧失。第二,继承权的丧失是依照法律规定取消继承人的继承资格,是继承权的依法剥夺,不以继承人主观意志而发生。第三,继承权的丧失是在发生法定事由时,取消继承人继承被继承人遗产的资格。非有法定事由,非

---

① 史尚宽:《继承法论》,中国政法大学出版社 2000 年版,第 94 页。

② 郭明瑞、房绍坤、关涛:《继承法研究》,中国人民大学出版社 2003 年版,第 22～23 页。

③ 戴东雄、戴炎辉:《中国继承法》,三民书局 1998 年版,第 72～73 页。

经法定程序,继承权不得被剥夺。在发生法律规定的丧失继承权的事由时,继承人当然地丧失继承权,既不需向法院申请宣告,也无须被继承人的意思表示。只有在当事人就是否丧失继承权发生争议时,才由法院确认继承人是否丧失继承权。

三、继承权丧失事由的沿革①

继承权丧失的事由,也就是得依法取消继承人继承权的原因或者理由。继承权丧失是对继承人继承权的剥夺,对继承人而言是一种严厉的制裁。因此,继承权丧失的法定事由的确定意义重大,法律对丧失继承权事由的规定必须力求严谨,对于在哪些情形下才能剥夺继承人的继承权,必须详加斟酌,既不能纵容继承中的不法行为和不道德行为,也不能对继承人要求过苛,同时还应充分尊重被继承人的意思。

关于继承权丧失的事由,古今中外的法律规定不一。在古罗马法上,尊亲属废除卑亲属继承权的法定事由有 14 种,包括:(1)虐待尊亲属者;(2)对尊亲属有重大侮辱行为者;(3)对尊亲属提起刑事诉讼者,但因叛逆罪和不效忠皇室罪起诉的,不在此限;(4)危害尊亲属生命者;(5)与盗贼经常往来者;(6)子与其继母或父之妾通奸者;(7)诽谤尊亲属者;(8)直系尊亲属下狱时,有资力保释而不为保释者;(9)妨害尊亲属遗嘱自由者;(10)违背尊亲属的意旨,从事与猛兽格斗或优伶职业者;(11)女子行为浪漫,虽父母为之许配并答应给嫁妆仍不愿结婚者,但父母于其成年之际,不加关心者,不在此限;(12)尊亲属患精神病,卑亲属不尽保护责任者;(13)有资力的卑亲属,坐视尊亲属为俘虏而不出赎身金者;(14)信奉异教者。卑亲属废除尊亲属继承权的法定事由有 8 种:(1)告发卑亲属有应处死刑之罪者;(2)危害卑亲属生命者;(3)父为聚麀行为者;(4)妨害直系卑亲属遗嘱自由者;(5)谋杀卑亲属配偶者;(6)遗弃患精神病的卑亲属者;(7)有资力的尊亲属,坐视卑亲属为俘虏而不出赎身金者;(8)尊亲属信奉异教者。②

四、我国继承权丧失的法定情形

我国《继承法》第 7 条规定了继承权丧失的四种情况,具体如下:

(一)故意杀害被继承人的

继承人故意杀害被继承人,直接危害到被继承人的人身安全,本身就是一种最严重的犯罪行为。因而,无论继承人出于何种动机而故意杀害被继承人,也无论是既遂还是未遂,都将丧失继承权。但如果遇有某继承人由于过失而致使被继承人死亡的,则不应确认该继承人丧失继承权。因为在这种情况下,继承人主观上并没有致被继承人死亡的恶意,而是由于疏忽大意或轻信不会发生死亡后果而实施了某种行为。还需要指出的是,继承人故意杀害被继承人,无论是否已给予刑事处罚,都应确认其已丧失继承权。③

应当指出的是,继承人故意杀害被继承人,其行为必须是以剥夺被继承人之生命为目的,若继承人对被继承人所实施的不法行为虽为危害人身安全之行为,但不以剥夺其生命为

---

① 郭明瑞、房绍坤、关涛:《继承法研究》,中国人民大学出版社 2003 年版,第 23～24 页。

② 郭明瑞、房绍坤:《继承法》,法律出版社 1996 年版,第 67～68 页。

③ 杨大文:《亲属法与继承法》,法律出版社 2013 年版,第 328 页。

目的,则尚不能构成杀害行为。反之,只要继承人以故意剥夺被继承人之生命为目的而实施加害行为,无论其出于何种动机,也无论是既遂还是未遂,亦无论是否被追究刑事责任,都应确认其丧失继承权。至其为正犯、从犯或教唆犯则均非所问。当然如果继承人杀害被继承人乃因其过失或实施正当防卫所致,则不应使其丧失继承权,但如果继承人因防卫过当,超过必要的限度而杀害被继承人,则属于"故意杀害",应当剥夺其继承权;如果继承人误杀或故意伤害被继承人但无杀人之故意,纵令致死也不应因此而剥夺其继承权。不过伤害若为重大之虐待或重大之侮辱,亦得丧失继承权。然继承人若虽实施故意杀害被继承人之行为,但尚未致其死亡,则只有在继承人因此被判决有罪时方可使其丧失继承权。如为无罪之判决,或因追诉时效之完成、大赦或再审被判无罪等,均不丧失继承权。[①]

(二)为争夺遗产而杀害其他继承人的

按照我国现行继承法的规定,继承人中的一人或数人出于争夺遗产的动机而杀害居于同一继承顺序的其他继承人,或者杀害先于自己继承顺序的继承人,包括杀害被继承人在遗嘱中所指定的继承人,应当剥夺其继承权。不过,这里需要指出的是,如果继承人无知,以为后一继承顺序中的继承人会妨碍他继承全部遗产而杀害了后一顺序的继承人,也应当适用剥夺其继承权。世界上几乎所有的国家都规定,继承人故意杀害其他继承人的,应当剥夺其继承权。需要注意的是,我国现行继承法对杀害其他继承人是否应剥夺其继承权的问题,还要看这种杀害是否出于夺取遗产的动机。如果这种杀害是为了夺取遗产,那么,毫无疑问应当剥夺其继承权,但是如果这种杀害不是为了夺取遗产,而是出于其他原因,则除依照我国《刑法》处罚外,不应当剥夺其继承权。[②]

(三)遗弃被继承人或者虐待被继承人情节严重的

遗弃被继承人,是指继承人对没有劳动能力和独立生活来源及独立生活能力的被继承人负有法定的抚养、扶养和赡养义务,但该继承人拒绝履行其义务的行为。遗弃被继承人构成犯罪的,不但应取消其继承资格,而且还应给予刑罚制裁。至于继承人对有独立生活能力的被继承人未尽扶养、抚养和赡养义务,或者继承人本人也没有独立生活能力,无法履行应承担的义务,则不能认为是遗弃。此外,还要将因被继承人的过错而引起的继承人与之分居、来往不密切等行为同遗弃行为加以区别。

虐待被继承人,是指继承人在被继承人生前对其经常实施肉体摧残或精神折磨等行为,在司法实践中,只有虐待被继承人情节严重的才能确认其丧失继承权。认定继承人虐待被继承人情节是否严重,应着重从继承人所实施虐待行为的时间、手段、后果以及社会影响等方面考虑。在认定时还应注意将继承人对被继承人不够尊敬、照顾不周或相互间偶有口角的行为同虐待行为相区别。前者显然不能认定其丧失继承权。还须明确的是虐待被继承人情节严重的,无论是否追究其刑事责任,都不影响对其丧失继承权的确认。[③] 例如,按照约定,哥哥李甲与妹妹李乙应轮流赡养父母,可哥哥李甲对父母非常不孝顺,不闻不问,还经常

① 张平华、刘耀东:《继承法原理》,中国法制出版社2009年版,第41页。
② 刘文:《继承法律制度研究》,中国政法大学出版社2016年版,第57～58页。
③ 杨大文:《亲属法与继承法》,法律出版社2013年版,第328～329页。

拳打脚踢,最终父母一直由妹妹李乙赡养。妹妹李乙曾在 2008 年来到 A 区法律援助中心为父母主张权益。根据援助记录,2008 年哥哥李甲曾对父母不闻不问,甚至还多次拳脚相加,致使父母住院治疗。在父母过世的前两年,在法援中心的介入调解下,哥哥李甲突然开始孝敬父母,父母也表示原谅了他。可妹妹李乙始终对李甲过去的行为难以释怀。2009 年 3 月,父母过世。由于父母未留遗嘱,遗产应由兄妹二人均分,可一想起李甲的所作所为,妹妹李乙依然很生气,不同意遗产分给哥哥李甲。因此,以哥哥李甲曾经遗弃、虐待父母为由,起诉至法院,要求法院剥夺哥哥李甲的继承权。本案中,哥哥李甲对父母不闻不问,经常恶语谩骂,甚至还多次拳脚相加,这是典型的虐待被继承人的行为,即在父母生前对他们经常实施肉体摧残(多次拳脚相加)或精神折磨(对父母不闻不问,经常恶语谩骂)等行为,程度达到了致使父母住院治疗,可见情节严重,因此属于存在继承权丧失的法定事由,其对父母遗产的继承权因此丧失。①

由于遗弃和虐待行为均发生在有一定亲属关系的人之间,为了维护家庭团结,鼓励有虐待遗弃行为的继承人改过自新,各国和地区立法上有两种处理办法:一种将其作为剥夺继承权的原因,继承人是否丧失继承权取决于被继承人是否剥夺其继承权,如日本、匈牙利、瑞士等国以及我国台湾地区;另一种将其作为丧失继承权的法定事由,但被继承人可通过宥恕而使其不丧失继承权,我国《继承法》属于这种类型。《继承法意见》第 13 条规定:"继承人虐待被继承人情节严重的,或者遗弃被继承人的,如以后确有悔改表现,而且被虐待人、被遗弃人生前又表示宽恕,可不确认其丧失继承权。"按照这一规定,可确认不丧失继承权的条件有二:第一,继承人确有悔改表现;第二,被继承人生前表示宽恕。笔者认为,这样严格的限制条件似有不妥。继承权作为一种私权,而且是近亲属间的一种权利,国家不应过多干涉,只要被继承人表示宥恕,即应尊重被继承人的意愿,准许继承人继承遗产。因此,对最高人民法院的这一规定,应作扩大解释,即被继承人生前表示宽恕,应包括通过生前行为表示宽恕和以遗嘱表示宽恕,前者包括以口头、文字等明示表示,也包括以默示的方式表示,如双方关系改善、接受扶养、共同生活等。②

(四)伪造、篡改或者销毁遗嘱,情节严重的

继承法中的遗嘱,是遗嘱人生前处分其个人财产,并在其死亡时发生效力的单方意思表示。立遗嘱的人称为遗嘱人。人们日常生活中所说的遗嘱,包括的内容很广泛,有发表政见的遗嘱,有训诫子女的遗嘱,也有表示忏悔的遗嘱。这些遗嘱与继承无关,在法律上没有约束力。继承法所保护的遗嘱,是指处分财产的遗嘱。遗嘱体现处分个人财产的意志,具有法律效力。③ 因此,遗嘱是立遗嘱人生前按照法律规定的方式处分自己的财产及有关事务,并于死后发生法律效力的单方法律行为。我国《继承法》第 16 条规定:"公民可以依照本法规定立遗嘱处分个人财产,并可以指定遗嘱执行人。公民可以立遗嘱将个人财产指定由法定继承人的一人或数人继承。公民可以立遗嘱将个人财产赠给国家、集体或者法定继承人以

---

① 龙翼飞、陈群峰:《民法案例教程》,法律出版社 2013 年版,第 327～329 页。
② 张玉敏:《继承法律制度研究》,华中科技大学出版社 2016 年第 2 版,第 43 页。
③ 河山:《河山解读继承法》,中国社会出版社 2011 年版,第 124 页。

外的人。"①这体现了对立遗嘱人自由意志的尊重,同时也是私法自治的基本原则的体现。

继承人伪造、篡改或者销毁遗嘱,这三种非法行为都根本违背了被继承人的真实意愿,侵害了其他继承人和受遗赠人的合法权益。如果情节严重的,应当确认其丧失继承权。这里所说的"情节严重",根据《继承法意见》第 14 条,主要是指继承人"伪造、篡改或者销毁遗嘱,侵害了缺乏劳动能力又无生活来源的继承人的利益,并造成其生活困难"的情况。

五、继承权丧失的可恢复情形②

从继承权被依法确认丧失后能否再行恢复的角度来看,继承权的丧失可分为两种类型:

1. 继承权的相对丧失

继承权的相对丧失,又称为继承权非终局丧失,它是指当可能引起继承权丧失的法律事实发生之后,依照法律规定虽然应确认某继承人丧失继承权,但如果被继承人对其行为明确表示给予宽恕,则可不确认其丧失继承权或者恢复其继承权。

我国《继承法》中,虽然没有明确规定继承权的丧失是否为相对丧失,但《继承法意见》第 13 条已经指出:"继承人虐待被继承人情节严重的,或者遗弃被继承人的,如以后确有悔改表现,而且被虐待人、被遗弃人生前又表示宽恕,可不确认其丧失继承权。"这样规定不但有利于帮助和教育犯有罪错的继承人深刻认识和彻底纠正其违法行为,促进家庭团结和睦,而且也体现了法律对被继承人意志的尊重。例如,上述案例中哥哥李甲继承权的丧失属于相对丧失,在其有悔过表现,且父母也原谅他的情况下,其继承权可以再行恢复,所以其继承权可以不被剥夺。在此情况下,妹妹李乙的诉求不会得到法院的支持。③

许多国家的继承立法都有类似的规定。例如,《德国民法典》第 2343 条规定:"如果被继承人已宽恕丧失继承权者,撤销权即被排除。"意即,继承人虽有丧失继承资格的行为,但经被继承人的宥恕,不得撤销该继承人的继承资格。

2. 继承权的绝对丧失

继承权的绝对丧失又称为继承权的终局丧失。它是指当可能引起某一继承人的继承权丧失的法律事实发生之后,该继承人便永远不再享有对特定被继承人遗产的继承权。

我国《继承法》中并没有明确规定何种情况下继承人的继承权绝对丧失,但根据《继承法意见》的精神,如果继承人故意杀害被继承人,或为争夺遗产而杀害其他继承人,均属于继承权的绝对丧失,无论被继承人宽恕与否,都应确认其丧失继承权。

许多国家的继承立法都采用继承权绝对丧失的原则。例如,《法国民法典》《日本民法典》均无关于继承人已丧失继承权后再行恢复的规定。

---

① 王琳:《亲属与继承法》,法律出版社 2014 年版,第 202 页。
② 杨大文:《亲属法与继承法》,法律出版社 2013 年版,第 329～330 页。
③ 龙翼飞、陈群峰:《民法案例教程》,法律出版社 2013 年版,第 327～329 页。

第四节　国外或地区立法现状

一、大陆法系国家或地区的规定

继承权丧失制度是"当事人不能因违法行为而获得利益原则"的体现。继承权的丧失对继承人而言是一种严厉的制裁，因此既不能纵容继承中的不法行为和不道德行为，也不能对继承人过于苛刻，同时还应充分尊重被继承人的意思。关于继承权丧失的法定事由，各国继承立法均设有规定。[①]

（一）法国的规定

《法国民法典》第 727 条规定："下列人无资格继承，因此，此类人不得继承：(1)因杀害被继承人既遂或未遂而被判刑者；(2)控告被继承人应受死刑，而该控告纯系诬陷者；(3)成年的继承人知悉被继承人被谋杀而不向司法机关告发者。"

《法国民法典》第 728 条规定："对谋杀者的直系尊血亲与直系卑血亲，以及同亲等的姻亲，其夫或妻，兄弟姐妹、叔伯、姑婶姨、舅侄甥，不得以其未进行告发而对抗其继承权。"

（二）德国的规定

《德国民法典》第 2339 条（丧失继承权的事由）规定："1. 有下列情事之一者，丧失其继承权：(1)故意和违法地致被继承人死亡，或使被继承人直至死亡时为止处于无能力为死因处分或撤销死因处分的状况者。(2)故意或违法地妨碍被继承人为死因处分或撤销死因处分者；(3)以恶意欺诈或违法地以胁迫促使被继承人为死因处分或撤销死因处分者；(4)在被继承人的死因处分方面为《刑法典》的第 267 条、第 271 条至第 274 条规定的犯罪行为者。2. 如在继承开始前被继承人被劝诱作出的处分或诱发犯罪行为的处分已失其效力，或者被继承人被劝诱撤销的处分已失其效力，在第 1 款第 3 项和第 4 项的情形，继承权不丧失。"

《德国民法典》第 2343 条（宽恕）规定："如果被继承人已宽恕丧失继承权者，撤销权即被排除。"

《德国民法典》第 2333 条（剥夺晚辈直系血亲的特留份额）规定："在下列情形，被继承人可以剥夺晚辈直系血亲的特留份额：(1)该晚辈直系血亲谋害被继承人或谋害被继承人的配偶或被继承人的其他晚辈直系血亲；(2)该晚辈直系血亲故意对被继承人或其配偶进行肉体上的虐待，但在虐待被继承人配偶的情形，只以该晚辈直系卑血亲出自该配偶为限；(3)该晚辈直系血亲对被继承人或对其配偶犯有罪行或严重的故意违法行为；(4)该晚辈直系血亲恶意违背其对被继承人依法应尽的生活费义务；(5)该晚辈直系血亲违背被继承人的意愿以不名誉或不道德的生活方式生活。"

《德国民法典》第 2334 条（剥夺父母的特留份额）规定："被继承人在其父亲犯有第 2333 条第 1 项、第 3 项、第 4 项中所称的违法行为的情形，可以剥夺其特留份额。在其母亲犯有上述违法行为的情形，被继承人对其母亲也具有同样的权利。"

[①]　张玉敏：《继承法律制度研究》，华中科技大学出版社 2016 年第 2 版，第 38 页。

《德国民法典》第2335条(剥夺配偶的特留份额)规定:"在下列情形,被继承人可以剥夺配偶的特留份额:(1)配偶谋害被继承人或被继承人的晚辈直系血亲;(2)配偶故意对被继承人进行肉体上的虐待;(3)配偶对被继承人犯有罪行或严重的故意违法行为;(4)配偶恶意违背其法定的对被继承人的生活费义务。"

(三)日本的规定

《日本民法典》第891条(继承人的欠格事由)规定:"下列之人,不得为继承人:(一)因故意致被继承人或位于继承在先顺位或同顺位的人于死亡,或欲致之于死亡,而被处刑者。(二)知被继承人被杀害而不告发或告诉者;但在其人不能辨别是非时,或杀害者为自己的配偶或直系血亲时,不在此限。(三)以诈欺或胁迫,妨碍被继承人订立、撤销或变更关于继承的遗嘱者。(四)以诈欺或胁迫,使被继承人订立、撤销或变更关于继承的遗嘱者。(五)伪造、变造、破毁或隐匿被继承人关于继承的遗嘱者。"

《日本民法典》第892条(推定继承人的废除)规定:"有特留份的推定继承人,对被继承人加以虐待或重大侮辱时,或有其他显著劣迹时,被继承人可以请求家庭法院废除该推定继承人。"

《日本民法典》第893条规定:"被继承人以遗嘱表示了废除推定继承人的意思时,遗嘱执行人于遗嘱生效后,应从速向家庭法院提出废除请求。于此情形,废除溯及被继承人死亡时发生效力。"

《日本民法典》第894条(废除的撤销)规定:"(1)被继承人可以随时请求家庭法院撤销对推断继承人的废除;(2)前条规定,准用于废除的撤销。"

(四)瑞士的规定

《瑞士民法典》第540条规定:"1.下列人无资格为继承人或依遗嘱取得任何物:(1)故意并违法致被继承人死亡,或有此企图之虞的;(2)故意并违法使被继承人陷入无遗嘱处分能力状态的;(3)采用欺诈、暴力等手段,促使或阻止被继承人订立或撤销遗嘱的;(4)在被继承人无法重新订立遗嘱的情况下,故意并违法销毁遗嘱或使遗嘱无效的。2.继承资格的丧失,经被继承人的宽恕而终止。"

《瑞士民法典》第477条规定:"下列情况,被继承人生前有权以遗嘱剥夺继承人的特留份:1.继承人对被继承人或其亲友犯有重罪的;2.继承人对被继承人或其家属中一人,严重违反亲属法规定的义务的。"

《瑞士民法典》第480条规定:"1.对被继承人的直系卑血亲存在清偿不足证书时,被继承人可剥夺该直系卑血亲的特留份的1/2,并将之归属其现有的及以后出生的子女;2.但是,在继承开始时,清偿不足证书已不存在或清偿不足证书的总额不足特留份的1/4的,应被剥夺继承之人的请求,前款的剥夺失效。"

(五)俄罗斯的规定

《俄罗斯联邦民法典》第1117条(不配做继承人的人)规定:"1.继承人中的任何一个故意实施了违背被继承人或者与被继承人在遗嘱中表达的最后意志相违背的违法行为,促使或企图促使自己或其他人参加继承,或者促使、企图促使扩大他们或其他人应得遗产份额,如果这些情形在诉讼程序中予以确认,则无论是根据法律或遗嘱该公民均不得继承。但是,那些丧失继承权后又由被继承人用遗嘱把财产给其的公民仍有权继承这些财产。父母在法定程序中丧失了亲权而该权直至继承开始前仍未恢复的,在子女死亡后父母不能依法继承。2. 故意逃避对被继承人依法应履行赡养义务的人,法院根据利害关系人的申请依法剥夺其继承权。3. 不享有继承权或因本条规定被剥夺了继承权的人(不配做继承人的人),有义务根据本法第60章的规定返还其无合理依据而获得的那部分遗产。4. 本条扩大适用于有权获得遗产中特留份的继承人。5. 本条相应适用于遗赠(第1137条)。当遗赠的内容对于不合格的遗赠获得者是完成一定的工作或者一定的服务时,继承人最后的义务是弥补不合格遗赠获得者因履行遗赠而进行的工作或服务相等值的损失。”

(六)意大利的规定

《意大利民法典》第463条(无继承资格)规定:“下列无继承资格之人不得参加继承:(1)即使由于某种原因根据刑法的规定被免于处罚,但是,故意杀害或者试图杀害被继承人或者被继承人的配偶、卑亲属或者尊亲属的人。(2)伤害前款规定的人员、根据刑法的规定应按谋杀罪论处的人。(3)如果控诉人在刑事诉讼中被判犯有诬陷罪,则指控本条第1款人员犯有应处以死刑、无期徒刑或者不低于三年以下的有期徒刑的人;如果证人在刑事诉讼中被判作伪证,则作证证明上述人员犯有所指控罪行的人。(4)欺骗或者胁迫被继承人撤销或修改遗嘱的人,或者阻止被继承人撤销或修改遗嘱的人。(5)销毁、隐匿、伪造遗嘱的人。(6)制作假遗嘱的人,或者明知是假遗嘱,但是,仍然加以使用的人。”

《意大利民法典》第466条(无资格人权利的恢复)规定:“如果被继承人在遗嘱中或者在公证书中明确表示恢复无资格人的继承权,则允许受到无资格处分的人参加继承。在受到无资格处分的人没有被明确恢复权利的情况下,如果遗嘱人知晓无资格的原因,但是,在遗嘱中仍然作出了与他有关的遗嘱处分,则允许无资格人在遗嘱规定的范围内参加继承。”

(七)加拿大的规定

《魁北克民法典》第620条规定:“下列人当然不配继承:1. 被确认为试图杀害被继承人者;2. 被剥夺对子女的亲权且其子女免除向他支付扶养费的义务的人对子女的遗产。”

(八)匈牙利的规定

《匈牙利民法典》第602条规定:“下列人不配继承:谋害被继承人的人;蓄意阻扰被继承人自由表达临终嘱咐,阻扰遗嘱的实现或企图实施上述行为之一的人;为了夺取遗产,在被继承人死后对根据法律或遗嘱召来的继承人施行谋害的人。如果被继承人或上述被谋害人对谋害人表示宽恕,则剥夺其继承权的问题可以不予考虑。”

(九)阿根廷的规定

《阿根廷民法典》第3291条至第3296条规定,下列人均丧失继承权:因对被继承人、其配偶或其直系卑血亲的谋害或谋害未遂,或作为该行为之直接实施人的同谋,从而在诉讼中被处刑之人;某人自愿控告或检举被继承人有犯罪行为,以致被继承人可能被处监禁之刑或五年以上劳役时;因与被继承人之妻通奸而在诉讼中被定罪之人;在被继承人处于疯癫状态

而被遗弃时,如果其亲属未尽收留之注意,或者使他栖身于公共机关者;以胁迫或欺诈的方式妨碍被继承人订立或撤销遗嘱者,或者偷窃遗嘱或强迫被继承人订立遗嘱者。

（十）越南的规定

《越南民法典》第 643 条(丧失继承权的人)规定:"1. 以下个人丧失继承权:(1)被判决认定故意侵害被继承人的生命或健康,严重虐待被继承人,或严重侵害被继承人的名誉、人格;(2)严重违反扶养被继承人之义务;(3)被判决认定为了获得部分或全部遗产而故意侵害其他继承人的生命;(4)欺骗、胁迫或阻止被继承人立遗嘱,或为了取得部分或全部遗产而伪造、篡改或销毁遗嘱。2. 若被继承人知道继承人有本条前款规定之行为,但仍立遗嘱让其继承遗产,则该继承人仍享有继承权。"

（十一）我国台湾地区的规定

我国台湾地区"民法典"第 1145 条(继承权丧失之事由)规定:"有下列各款情事之一者,丧失其继承权:1. 故意致被继承人或应继承人于死或虽未致死因而受刑之宣告者;2. 以欺诈或胁迫使被继承人为关于继承之遗嘱,或使其撤回或变更之者;3. 以欺诈或胁迫妨害被继承人为关于继承之遗嘱,或妨害其撤回或变更之者;4. 伪造、变造、隐匿或湮灭被继承人关于继承之遗嘱者;5. 对于被继承人有重大之虐待或侮辱情事,经被继承人表示其不得继承者。前项第 2 款至第 4 款之规定,如经被继承人宥恕者,其继承权不丧失。"

（十二）我国澳门的规定

《澳门民法典》第 1874 条(因失格而无继承能力)规定:"下列之人因失格而无继承能力:1. 故意杀害被继承人、其配偶或与其有事实婚姻关系之人、直系血亲卑亲属或直系血亲尊亲属,且以正犯或从犯身份被判罪之人,即使犯罪未遂亦然;2. 诬告上述之人或针对该等人作虚假证言而被判罪之人,不论有关犯罪之性质,只要该犯罪可处二年以上徒刑;3. 以欺诈或胁迫手段,促使或阻止被继承人订立、废止或变更遗嘱之人;4. 在被继承人死亡前或后,故意取去、隐藏或伪造遗嘱,或故意使之失去效用或消失之人,又或从上述其中一事实得利之人;5. 在第 1656 条所指之情况下确立母亲或父亲身份之人。(第 1656 条:同时符合下列情况时,母亲身份之声明、认领及在调查母亲或父亲身份之诉中亲子关系之确立,均不产生在财产上有利于声明人或诉讼提起人之效力,尤其在继承及扶养方面之效力:a)在知悉可确定存有亲子关系之事实后,逾十五年方作出有关声明或提起有关诉讼;b)具体情况显示,当事人作出声明或提起诉讼之主要动机为取得财产利益。)"

《澳门民法典》第 1878 条(失格之人恢复权利)规定:"1. 如被继承人在遗嘱或公证书内明示恢复失格之人之权利,则失格之人重新取得继承能力,即使其失格系经法院宣告者亦然;2. 如未明示恢复权利,但遗嘱人在明知失格原因之情况下仍向失格之人作出遗嘱处分,则失格之人得在有关遗嘱处分之限度内继承财产。"

《澳门民法典》第 2003 条(特留份之剥夺)规定:"1. 在下列任一情况下,被继承人得透过在遗嘱内明确指出理由而剥夺特留份继承人之特留份:(1)可继承遗产之人曾因故意侵犯被继承人、其配偶、与其有事实婚姻关系之人、任一直系血亲卑亲属或直系血亲尊亲属之人身、财产或名誉而被判罪,且该犯罪可处以六个月以上之徒刑者;(2)可继承遗产之人曾因诬告上述之人或针对该等人作虚假证言而被判罪;(3)可继承遗产之人曾在无正当理由下拒绝履行其应对被继承人或其配偶承担之扶养义务;(4)可继承遗产之人曾故意或在无合理理由下对被继承人之财产或人身造成严重损害,又或曾在其他状况下严重违反其对被继承人所负有之义务。2.为着一切法律效力,被剥夺特留份之人等同失格者。”

《澳门民法典》第2004条(对特留份之剥夺提起之争议)规定:“以被继承人所主张之理由不存在为依据而就特留份之剥夺提起争议之诉之权利,自遗嘱启封时起计两年后失效。”

二、英美法系国家的规定[①]

(一)英国的继承权丧失制度

1. 继承权丧失的法定事由

在英国,继承权丧失制度是很早就形成的一项普通法制度,也称为权利丧失规则。1982年英国《丧失权利法》第1条第1款规定:“本法所称的‘权利丧失规则’是指在某种情况下违法杀害他人不得因其杀害行为而获得利益的一项公共政策。”

2. 继承权丧失的减轻令

1982年英国《丧失权利法》第2条第1款规定:“就法院根据权利丧失规则作出的杀人者不得获得本条第4款规定的财产的裁决,法院可以根据本条作出命令修正该规则的效果。”该条第2款规定:“法院作出该命令时应当考虑犯法者和死者的行为以及其他具体情况,必须是为了案件的公正才能对这一规则进行修正。”

3. 继承权丧失的效力

根据英国《丧失权利法》第2条第4款的规定,失权人应返还所得的下列财产:(a)犯法者获得的任何下列财产利益:(i)根据死者的遗嘱或者无遗嘱继承的财产利益;(ii)死者对犯法者的提名;(iii)死者的临终遗赠;(iv)其他死者预先设定的财产利益。(b)犯法者因死者死亡而获得的任何财产利益。

(二)美国的继承权丧失制度

美国有关继承的立法权限属于州而不是联邦,美国各州关于继承权丧失制度的规定并不完全一致。美国大多数州对故意杀害被继承人的行为均有规定,但对其他行为很少有规定。不过,仍有少数州对虐待、遗弃被继承人的行为有规定。另外,根据衡平法,任何人都不得因他自己的欺诈行为而获利或因自己的过错行为或罪行而获利,从而可以认定其他某些过错行为也会导致继承权的丧失。关于继承权丧失的法定事由,美国大部分州均规定有杀害被继承人的行为,不过,仍有少部分州未作任何规定。关于杀害被继承人的行为,大部分州明确规定为“重罪地并故意地杀害死者”。反之,如果继承人是属于过失杀害被继承人的,并不丧失继承权;同样,如果是实施正当防卫或紧急避险行为的,也不会丧失继承权。不具有刑事责任能力的未成年人实施故意杀害行为的,也不应当丧失继承权。也即,因故意实施杀害行为并构成犯罪时才丧失继承权。但是,值得注意的是,在某些时候,即使法庭由于证

---

① 皮锡军:《外国继承权丧失制度比较研究》,载《西部法学评论》2008年第6期。

据不充分而作出了无罪判决,或者因此人自杀而未进行刑事审判,此人也可能会丧失继承权。在美国,也有法庭判决杀人者并不因其杀害行为而丧失其继承权,如此判决的原因在于,死者财产的转移完全由继承法来调整。因杀人者所犯罪行而否定其继承权,杀人者则受到法律未作规定的、额外的惩罚,这违反了宪法的规定,也违反了罪刑法定原则。另外,也有法庭判决无论故意还是过失杀害被继承人的,都应当丧失继承权。

三、继承权丧失的方式比较

外国继承立法中关于继承权丧失的方式有两种规定:

(一)因继承人的行为违反法律的特别规定而自然丧失

因继承人的行为违反法律的特别规定而自然丧失是指继承人一旦从事了为继承法所规定的可能丧失继承权的违法行为或犯罪行为,便自动丧失了对被继承人遗产的继承权。法国、德国、日本、瑞士等国的继承法都有明确规定。例如:

《瑞士民法典》规定,故意并违法致被继承人死亡或有此企图者,无资格为继承人或受遗赠人。《日本民法典》规定,故意致被继承人死亡或欲致其死亡而被判刑者,不得继承。《意大利民法典》规定,故意杀害或试图杀害被继承人的人,即使由于某种原因根据刑法的规定被免于处罚,仍为无继承资格之人,不得参加继承。《法国民法典》规定诬告被继承人犯死罪者丧失继承权。《意大利民法典》规定诬告被继承人犯应处以死刑、无期徒刑、不低于三年以下有期徒刑的罪行者,或在刑事诉讼中作伪证证明被继承人犯上述罪行者,丧失继承权。《意大利民法典》规定,故意杀害或企图杀害被继承人的配偶、直系卑亲属或尊亲属者丧失继承权。《日本民法典》和《法国民法典》都规定,知悉被继承人被谋杀而不告发者丧失继承权,但谋杀者系自己的近亲属者除外。《俄罗斯联邦民法典》规定,被剥夺了亲权的父母,如果在继承开始时仍未恢复亲权,不能继承子女的遗产。父母和子女之间拒绝履行法定的扶养义务的,依法不能相互继承遗产。

(二)因被继承人的明确意思表示而丧失

因被继承人的明确意思表示而丧失是指被继承人有权通过设立遗嘱或者提起诉讼的方式为剥夺特定继承人之继承权的意思表示。这种意思表示一经作出,便使该继承人原来享有的继承权归于丧失。由于这种继承权的丧失取决于被继承人的意志,因而它也可因被继承人的明确宽恕意思表示而无效。

《蒙古人民共和国民法典》第305条和第306条规定:立遗嘱的人,可以在自己的遗嘱处分书中剥夺其法定继承人或遗嘱指定的继承人中的一个人、数个人或者一切人的继承权。但立遗嘱人不能剥夺他死亡时未满18岁或者一直到被继承人死亡前全靠他生活的无劳动能力而又无财产的人的法定继承权,也不能减少上述继承人在依法继承时所应当取得的遗产部分。

四、继承权丧失的效力比较[①]

从继承权丧失的法律效力看,继承权丧失的效力可以分为下列两种类型:

（一）继承权的终局丧失

有些国家的民法规定的继承权的丧失,是继承权的终局丧失、绝对丧失,继承人只要对某被继承人犯有应剥夺继承权的法定事由之一,即永远丧失对该被继承人的继承权。例如,美国《统一继承法典》第 2-803 条规定:"故意并且有目地杀害被继承人的生存配偶、遗嘱继承人或遗赠受领人,无权享有本法本章所规定的任何权益,被继承人的遗产依上列加害人先于被继承人死亡的情况转移。"从上述规定的内容中可以看出,美国多数州所采用的继承人的继承权的丧失,是继承权当然的绝对的丧失。又如,《法国民法典》第 727 条规定,下列几种人没有资格继承:因杀害被继承人既遂或未遂而被判刑者;控告被继承人应受死刑,而该控告纯系诬陷者;成年的继承人知悉被继承人被谋杀而不向司法机关告发者。由于《法国民法典》对法定继承人继承权的丧失没有因被继承人表示宽恕而恢复的规定,因此,法定继承人凡具有上列情形之一者,当然绝对丧失继承权。再如,《日本民法典》第 891 条关于剥夺继承权的规定,不因被继承人的主观宽恕而失效。故此种继承权的丧失为当然的、终局的丧失。

（二）继承权的非终局丧失

继承权的非终局丧失,也可叫继承权的相对丧失,是指继承人由于某种被剥夺继承权的事由,虽经法律规定当然丧失继承权,但若被继承人表示宽恕,则其继承权可以恢复。世界上许多国家的民法都规定丧失继承权的继承人在法定条件下可以恢复继承权。如德国、意大利、瑞士、匈牙利、保加利亚等国民法典都有此种规定。《德国民法典》第 2343 条规定:"如果被继承人已宽恕丧失继承权者,撤销权即被排除。"因此,在德国,继承权的丧失为非终局的丧失,是相对的丧失。按照《意大利民法典》第 466 条(无资格人权利的恢复)的规定,丧失继承权的人,经公证书或者被继承人的遗嘱明示使其复权的,继承权可以恢复。《瑞士民法典》第 540 条规定,继承人因下列原因而丧失继承资格:(1)故意并违法致被继承人死亡,或有此企图之虞的;(2)故意并违法使被继承人陷入无遗嘱处分能力状态的;(3)采用欺诈、暴力等手段,促使或阻止被继承人订立或撤销遗嘱的;(4)在被继承人无法重新订立遗嘱的情况下,故意并违法销毁遗嘱或使遗嘱无效的。以上继承资格之丧失,经被继承人宽恕而终止。而且,无继承资格的人还可能根据被继承人订立的遗嘱而取得遗产物。由此可见,此种继承权的丧失,也是非终局的、相对的丧失。

[①]　刘文:《继承法律制度研究》,中国政法大学出版社 2016 年版,第 64～65 页。

第五节　立法发展趋势

一、杀害被继承人表述的完善

继承人故意杀害被继承人,无论是否出于争夺或者谋取遗产的目的,均构成刑事犯罪,依法应当追究犯罪嫌疑人的刑事责任。而在法律上,故意杀害被继承人行为的构成要件有两个,二者缺一不可:一是继承人主观上须具有杀害被继承人的故意。过失杀害和意外事件不在此列。二是继承人客观上须实施了杀害被继承人的行为。无论该行为最终结果是既遂还是未遂,犯罪嫌疑人是亲自实施杀害行为还是教唆或者辅助他人实施杀害行为,是直接杀害还是间接杀害,均在所不问,都要确认其丧失继承权。这里的杀害是指非法剥夺他人生命,不能解释为既包括杀人,又包括伤害人。①

我国当时立法强调的主要是行为的客观危害性,却忽视了行为的主观性。即忽视了继承人杀害被继承人有可能是因缺乏主观恶性而不构成犯罪的行为,如法令行为和自救行为,同样也是“故意杀害被继承人”,这显然不会导致继承的丧失。对于法令行为在此不述。对于自救行为所导致的故意杀害,还应该结合自救行为的性质、所造成的影响等。自救行为如果构成合法的正当防卫,当然不构成继承权的丧失,否则就不符合社会正义法理的基本要求。世界各国和地区的立法除将故意杀害被继承人作为丧失继承权的首要法定事由外,还将故意的主观要件进一步细化,将“被判处刑罚”作为该项事由的成立条件。刑法理论认为,缺乏认知能力、不具备刑事责任能力的未成年人或精神病人杀害被继承人,其主体不符合被判处刑罚的要件,不能对其行为定性并追究法律责任。所以,笔者认为,《继承法》中也应当补增相类似的除外条款规定,对缺乏认知能力、不具备刑事责任能力的未成年人(精神病人从心理学上来讲,可能无“故意”与“过失”之分)即便是其“故意”杀害了被继承人,也不能轻易或完全地剥夺其继承权,否则将影响其生存。②

因而,有学者提出,对“故意杀害被继承人”应当作出限定,这样才符合实质正义。并且以是否被判刑为标准排除了刑法中的违法阻却事由,扩大了不丧失继承权的适用范围。而对于故意杀害被继承人是否要求既遂,《继承法意见》第 11 条作出了回答,“继承人故意杀害被继承人的,不论是既遂还是未遂,均应确认其丧失继承权”。故意杀害行为社会危害性大,即便未遂也能说明其主观恶性较大,所以不宜对既遂和未遂加以区分。③ 对于这样的看法,本书是赞同的,对“故意杀害被继承人”作出限定表现了立法的一种趋势,也是完善继承权丧失立法的必经之路。

---

① 吴国平、吴锟:《论我国继承权丧失制度的立法完善》,载《福建江夏学院学报》2014 年第 1 期。
② 刘正全、汪福强、彭桐亮:《继承权丧失制度解析及立法修改建议》,载《南方论刊》2013 年第 3 期。
③ 李健:《论我国继承权丧失制度的完善》,载《安徽警官职业学院学报》2010 年第 6 期。

二、继承权丧失制度的立法完善

(一)我国现行继承法中的宽宥制度

1. 宽宥的概念

宽宥也可以称为宽恕,在继承法律制度中,宽宥以法定继承权的丧失为前提,宽宥特指被继承人在情感上对继承人的故意或过失行为的谅解和宽恕,表达被继承人对继承人继承身份或资格的再次认可、肯定与承认,以恢复其已丧失的继承权。宽宥作为一方对他方过错行为的原谅与饶恕,实施的主体是被继承人,其应该具有民事主体资格。有学者认为,"宥恕系指已为某行为后,于某行为之责任付于不问之感情表示"①。故"为宥恕无须有行为能力,以有认识宥恕意义之能力为已足"②。而且,宽宥无论以何种方式作出,其必须基于行为人的内心真意。宽宥的意思表示不应拘泥于具体形式,只要被继承人通过适当的方式表明其已谅解继承人,法律便应认可其效力,不应需要继承人对被继承人的宽宥作出何种表示。即若继承人有丧失继承权的行为,被继承人知其情形后,仍以遗嘱对其为应继份之指定,或为遗产分割方法之指定,即可认为已经宥恕该继承人。③ 所以说,宽宥"无须对于他方为表示,亦不受方式之拘束"④。但作为产生法律效果的行为,其方式应具有客观性且可以判定。在继承人丧失继承权后,只要被继承人对继承人表示宽宥,就能恢复继承人已丧失的继承权或被剥夺的特留份。宽宥作为被继承人的单方意思表示,不需要相对方即继承人作出任何意思表示便产生法律效力。⑤

2. 对宽宥的不同理解

对于宽宥制度,不同学者有着不同的看法:

《继承法意见》第 13 条规定:"继承人虐待被继承人情节严重的,或者遗弃被继承人的,如以后确有悔改表现,而且被虐待人、被遗弃人生前又表示宽恕,可不确认其丧失继承权。"从范围上看,宽恕的范围仅限于虐待或者遗弃被继承人的情形,而对于杀害被继承人或者是为了争夺遗产而杀害其他继承人的情形,即使受害人宽恕,也不适用于该意见第 13 条的规定,而是依然按照丧失继承权来处理。有学者认为,德国、瑞士、意大利和我国澳门特区的民法典均明确规定,继承人虽然有法律规定的丧失继承权的事由,但只要被继承人在遗嘱中或者公证书中明确表示宽恕,该继承人仍然可以继承遗产,而且,遗嘱人在知道丧失继承权的事由的情况下,仍然在遗嘱中针对其作遗产处分,也视为宽恕。而我国台湾地区"民法典"则将故意致被继承人或应继承人死亡(包括未遂)排除在宽恕的范围之外。因而,杀害被继承人或者为争夺遗产而杀害其他继承人的情况和原因是复杂的,如果被继承人知道而仍然表示宽恕(这种情况只能发生在杀害被继承人未遂的情况下),自有其理由,因为世上没有无缘无故的爱,也没有无缘无故的恨,法律没有理由违背被继承人的意志而剥夺其继承权,毕竟

---

① 林秀雄:《继承法讲义》,元照出版公司 2006 年版,第 43 页。
② 史尚宽:《继承法论》,中国政法大学出版社 2000 年版,第 109 页。
③ 陈棋炎、黄宗乐、郭振恭:《民法继承新论》,三民书局 2004 年修订 2 版,第 71 页。
④ 史尚宽:《继承法论》,中国政法大学出版社 2000 年版,第 109 页。
⑤ 杨立新:《继承法修订入典之重点问题》,中国法制出版社 2016 年版,第 176~177 页。

继承是亲属之间的法律关系,被继承人的意志在这里起着决定性的作用。我国《宪法》第13条规定:"国家依照法律规定保护公民的私有财产权和继承权。"遗嘱是所有权人处分自己身后财产的民事行为,只要这种行为不损害社会公共利益,法律就应当承认其效力。被继承人对针对自己犯有罪行的继承人表示宽恕,准许其继承遗产,不能说其损害了社会公共利益,因此,法律应当尊重其意愿,承认其处分自己财产权利行为的效力。①

也有学者认为,当继承人实施故意杀害被继承人的犯罪行为及其他严重违反伦理道德的行为时,国家以公权力的方式来对私权进行保护有其正当性,但公权力作用的程度应该以通过惩罚犯罪足以保护被继承人私权为原则,而不应该因为公权力的过度干预而限制被继承人在私权领域的自由,否则就意味着公权力对私权领域的过度侵入。如果公权力在惩罚犯罪的同时已严重限制被继承人在私权领域的意志自由,其正当性与合理性就值得怀疑。此时,公权力的过度干预不仅没有充分尊重被继承人的意思自治,更会剥夺被继承人自由处分财产的权利。作为私权的继承权,是具有特定人身关系的亲属间的权利,国家公权力对此类权利不应该过分干涉,更不应对被继承人的意思自由附加一种不合理的限制与束缚,而是应该在排除违法犯罪行为的基础上充分尊重被继承人的意愿,实现继承制度的真正价值。②

还有学者认为,我国现行继承法关于继承权相对丧失之规定有如下不合理之处:首先,继承的恢复,似乎没有必要强调继承人必须有悔改表现,虽然被继承人宽恕往往源自继承人的悔改表现,但悔改表现不应与宽恕作为同等要件。从某种意义上说,要求必须具有悔改表现也是对被继承人意思自由的一种不合理的束缚。其次,被继承人必须生前表示宽恕的要求排除了被继承人通过遗嘱宽恕继承人的可能。因而,"宽恕"或"宥恕"乃被继承人对于继承人之不法或不道德行为,不予咎责的感情表示,无须一定的方式,如果被继承人明知继承人有导致相对丧失继承权的事由,仍通过遗嘱对其指定应继份或指定遗产分割方法,自可视为已经宽恕。通过遗嘱形式表示宽恕虽为被继承人生前作出,却于被继承人死后生效,故其并非一种生前宽恕形式。③

从上述学者的观点来看,学界普遍认为应当支持通过被继承人的宽恕可以使继承人恢复继承权,而由于财产继承属于私权领域的法律行为,公权应当尽量少介入,因而,对于被继承人的宽恕行为,法律应当予以认可。

3. 我国立法中对宽宥制度的缺陷

我国《继承法》第7条对继承权的丧失规定了四种法定情形:"继承人有下列行为之一的,丧失继承权:(一)故意杀害被继承人的;(二)为争夺遗产而杀害其他继承人的;(三)遗弃被继承人的,或者虐待被继承人情节严重的;(四)伪造、篡改或者销毁遗嘱,情节严重的。"从排序上我们可以看出,这四种情况的社会危害性是由高到低的,即所产生的危害后果也是由大到小的,很显然,杀害被继承人的危害后果最为严重,兄弟姐妹骨肉相残的危害后果次之,遗弃、虐待被继承人的危害后果再次,伪造、篡改或者销毁遗嘱的社会危害性较轻。相比之下,我们也可以看出,虐待、遗弃被继承人显然要比伪造、篡改或者销毁遗嘱的行为更加恶劣,而《继承法意见》第13条却规定:"继承人虐待被继承人情节严重的,或者遗弃被继承人

① 张玉敏:《中国继承法立法建议稿及立法理由》,人民出版社2006年版,第36~37页。
② 杨立新:《继承法修订入典之重点问题》,中国法制出版社2016年版,第178~179页。
③ 刘耀东:《继承法修改中的疑难问题研究》,法律出版社2014年版,第70页。

的,如以后确有悔改表现,而且被虐待人、被遗弃人生前又表示宽恕,可不确认其丧失继承权。"从规定来看,继承人实施较为恶劣的虐待、遗弃被继承人的行为却可以通过被继承人的宽恕而重新获得继承权,而实施恶劣性质相对较轻的伪造、篡改或者销毁遗嘱行为却无法通过被继承人的宽恕而重新获得继承权,这样的规定显然是不合理的,也是我国目前宽宥制度的一个缺陷。

(二)宽宥制度的立法例

对于宽宥的理解,各国的立法不尽相同,但总体上看有两大类:一类是不承认,一类是承认。相应地,也就使得继承人的继承权呈现两种不同的状态。

1. 不承认宽宥

目前,在国外的立法中,有很多国家是不承认宽恕的,即使被继承人宽恕继承人的不法行为,法律也不承认这种宽恕的效力,继承人依然会丧失继承资格,最为典型的就是日本的规定。《日本民法典》第891条(继承人的欠格事由)规定:"下列之人,不得为继承人:(一)因故意致被继承人或位于继承在先顺位或同顺位的人于死亡,或欲致之于死亡,而被处刑者。(二)知被继承人被杀害而不告发或告诉者;但在其人不能辨别是非时,或杀害者为自己的配偶或直系血亲时,不在此限。(三)以诈欺或胁迫,妨碍被继承人订立、撤销或变更关于继承的遗嘱者。(四)以诈欺或胁迫,使被继承人订立、撤销或变更关于继承的遗嘱者。(五)伪造、变造、破毁或隐匿被继承人关于继承的遗嘱者。"从规定来看,日本的立法并没有给继承人丧失继承权留有任何的挽回余地,只要继承人出现法律中所列举的行为之一,即便是被继承人宽恕了继承人的行为,继承人也无法改变丧失继承权的事实。

2. 承认宽宥

当然除了少数国家在立法上不承认宽宥制度外,世界范围之内,大多数国家还是承认宽宥制度的,并且都在本国的立法中对被继承人宽恕的法律后果给予了规范,例如:

《德国民法典》第2343条规定:"如果被继承人已宽恕丧失继承权者,撤销权即被排除。"

《瑞士民法典》第540条规定:"1. 下列人无资格为继承人或依遗嘱取得任何物:(1)故意并违法致被继承人死亡,或有此企图之虞的;(2)故意并违法使被继承人陷入无遗嘱处分能力状态的;(3)采用欺诈、暴力等手段,促使或阻止被继承人订立或撤销遗嘱的;(4)在被继承人无法重新订立遗嘱的情况下,故意并违法销毁遗嘱或使遗嘱无效的。2. 继承资格的丧失,经被继承人的宽恕而终止。"

《意大利民法典》第466条规定:"如果被继承人在遗嘱中或者在公证书中明确表示恢复无资格人的继承权,则允许受到无资格处分的人参加继承。在受到无资格处分的人没有被明确恢复权利的情况下,如果遗嘱人知晓无资格的原因,但是,在遗嘱中仍然作出了与他有关的遗嘱处分,则允许无资格人在遗嘱规定的范围内参加继承。"

我国台湾地区"民法典"第1145条规定:"有下列各款情事之一者,丧失其继承权:1. 故意致被继承人或应继承人于死或虽未致死因而受刑之宣告者;2. 以欺诈或胁迫使被继承人为关于继承之遗嘱,或使其撤回或变更者;3. 以欺诈或胁迫妨害被继承人为关于继承之遗嘱,或妨害其撤回或变更者;4. 伪造、变造、隐匿或湮灭被继承人关于继承之遗嘱者;5. 对于被继承人有重大之虐待或侮辱情事,经被继承人表示其不得继承者。前项第2款至第4款之规定,如经被继承人宥恕者,其继承权不丧失。"

《澳门民法典》第 1878 条规定:"1. 如被继承人在遗嘱或公证书内明示恢复失格之人之权利,则失格之人重新取得继承能力,即使其失格系经法院宣告者亦然;2. 如未明示恢复权利,但遗嘱人在明知失格原因之情况下仍向失格之人作出遗嘱处分,则失格之人得在有关遗嘱处分之限度内继承财产。"

从上述的这些规定来看,立法对宽宥制度给予承认是一种常态,普遍认为只要被继承人宽恕了继承人的不法行为,继承人就可以恢复继承的权利。

(三)宽宥制度的立法完善

由于财产继承发生于私法领域,该领域之内以意思自治为最高准则,公权力不宜过多干预私权的自由处分,纵然继承人有违反道德人伦、违反法律规定之处,自然可以通过其他途径给予处罚,而对于被继承人是否对继承人的行为给予宽恕从而恢复继承人的继承权,这纯属被继承人的"家事",对于这种具有私法性质的"家事",公法应当尊重当事人自由意志的选择,被继承人愿意宽恕继承人的行为,愿意恢复其基础的权利,那么法律则不应当继续干涉,因此,尊重被继承人的个人自由意志的选择是我国《继承法》修改时对继承权丧失部分作出完善的一项重点内容。

第十二章
评注第8条(继承权保护的诉讼时效)

《中华人民共和国继承法》第8条规定:"继承权纠纷提起诉讼的期限为二年,自继承人知道或者应当知道其权利被侵犯之日起计算。但是,自继承开始之日起超过二十年的,不得再提起诉讼。"

第一节 立法目的

一、继承权保护的时效制度①

(一)《继承法》的施行

我国《继承法》第37条规定:"本法自1985年10月1日起施行。"该法是自施行之日起生效的,施行后,继承关系、其他因自然人的死亡而发生的财产移转关系,均受该法调整。至于该法是否具有溯及力的问题,法中未作规定。但是,《关于〈中华人民共和国继承法〉(草案)的说明》中明确指出:"为了保持家庭、财产的稳定,避免发生不必要的动荡,本法生效以前,遗产已经做了处理的,不再重新处理。本法生效以前尚未处理的,以及本法生效以后发生的继承关系,适用本法。"

由此可见,我国的《继承法》并无溯及既往的效力,例外的情形是,施行前已经发生而尚未处理的继承关系,应适用《继承法》的规定。《继承法意见》指出:"继承法施行前,人民法院已经审结的继承案件,继承法施行后,按审判监督程序提起再审的,适用审结时的有关政策、法律。人民法院对继承法生效前已经受理、生效时尚未审结的继承案件,适用继承法。但不得再以超过诉讼时效为由驳回起诉。"

(二)继承权纠纷的诉讼时效

我国《继承法》第8条规定:"继承权纠纷提起诉讼的期限为二年,自继承人知道或者应当知道其权利被侵犯之日起计算。但是,自继承开始之日起超过二十年的,不得再提起诉讼。"

对此,《继承法意见》中还有下列各项规定:

(1)在诉讼时效期间内,因不可抗拒的事由致继承人无法主张继承权利的,人民法院可

---

① 杨大文:《亲属法与继承法》,法律出版社2013年版,第400～401页。

按中止诉讼时效处理。

（2）继承人在知道自己的权利受到侵犯之日起的二年之内,其遗产继承权纠纷确在人民调解委员会进行调解期间,可按中止诉讼时效处理。

（3）继承人因遗产继承纠纷向人民法院提起诉讼,诉讼时效即为中断。

（4）自继承开始之日起的第十八年后至第二十年期间内,继承人才知道自己的权利被侵犯的,其提起诉讼的权利,应当在继承开始之日起的二十年之内行使,超过二十年的,不得再行提起诉讼。

笔者认为,为了保护当事人的权益,适应审判实践的需要,有关继承权纠纷诉讼时效的法律规定和司法解释,也可适用于因遗赠、遗赠扶养协议而发生的纠纷。

二、继承权保护时效制度的立法目的

（一）保护继承人的合法权益

时效是指一定的事实状态经过一定时期之后,即发生一定法律效果的法律制度。时效的种类很多,如刑法的追诉时效,民法的取得时效、消灭时效。诉讼时效是权利人请求人民法院保护其合法权益而提起诉讼的法定期间。权利人在诉讼时效期间内不向人民法院请求保护其民事权利,他的胜诉权即行消灭。诉讼时效期间届满,消灭的是实体意义上的诉权,即胜诉权,而不是程序意义上的诉权,即起诉权,当事人虽然可以向人民法院提起诉讼,但不能达到胜诉的目的。诉讼时效期间届满,如果义务人自愿履行义务,依然可以履行。《继承法》规定了继承权的诉讼时效,其意义在于有利于人民法院审理案件,及时解决继承纠纷,保护继承人的合法权益。继承纠纷若不及时处理,拖久了,遗产容易散失,证据不易收集,案件不好处理。[1]

（二）确认继承权的保护期限

继承人知道自己的权利受到侵害,受人民法院保护的诉讼时效期间,为自知道权利被侵害时起的二年之内。自继承开始之日起经过二十年,继承权的诉讼时效同样消灭。继承权二十年的诉讼时效包括两种情况:一是继承开始后二十年间,继承人的权利被侵害而本人不知道,二十年后知道了,但诉讼时效届满,请求人民法院强制侵害人履行义务的权利已丧失。二是继承开始经过二十年之后,继承人的继承权被侵害,由于侵权时诉讼时效已消灭,继承人不能得到人民法院的保护。

继承人不知道权利被侵害,继承权的诉讼时效从何时起算,何时届满,理论和实务界存在不同主张。第一种算法是从权利被侵害时起算,诉讼时效为十年。由于权利被侵害的时间不是一个确定的时间,因此这种算法可能使遗产很长时间处于不确定状态。例如,继承权自继承开始后五十年才被侵害,那么诉讼时效是五十年后的十年计六十年,这种算法会使继承纠纷延续过久。第二种算法是从遗产分割时起算,诉讼时效为十年。这种算法不甚妥当。遗产分割的时间并不一定是权利被侵害的时间,有些侵权行为与遗产分割没有关系。第三

---

① 河山:《河山解读继承法》,中国社会出版社 2011 年版,第 49～50 页。

种算法是从继承开始之日起计算,诉讼时效为二十年。这种算法比较适宜。继承开始是一个确定的时间,从这时起算,比较方便、准确,也不致使继承纠纷的诉讼时效长期延续下去,利于息讼宁人,使遗产早日确定。《继承法》采取第三种算法,诉讼时效为自继承开始时起的二十年。时效期间定为二十年,一方面是考虑到我国有父母一方死亡子女不立即继承的习惯,诉讼时效期间要长些,短了会促使人们闹分家。另一方面是为着保护胎儿和未成年人的继承权。胎儿、未成年人的继承权如果被他的法定代理人侵害,胎儿、未成年人要到其成年、年满十八周岁后,才较有识别能力,以提起诉讼,保护自己的权利。因此也需要规定二十年的时间。[①]

例如:王某的父亲老王于 2008 年逝世,老王生前与老伴(即王某的继母)李某有一套两居室住房。王某想搬到父亲生前的房子里居住,但李某表示房产证上只有自己的名字,老王并没有房子的产权,王某无权继承并入住。王某三年后得知,此房系老王和李某在婚姻关系存续期间取得,但有一部分房款是在老王死后由李某个人交付的,产权证在老王死后才办好且被李某秘密变更到了自己的名下。于是王某便将李某告上了法庭并出示了其父的遗嘱,老王表示死后该套住房的 1/2 归女儿王某所有。李某认为,老王于 2008 年去世,现在已经是 2012 年,所以本案已经超过了法定诉讼时效。事实上,继承诉讼时效的起始时间,是从继承人知道或者应当知道继承权被侵害之日起计算,而不是从被继承人死亡的时候开始。据此,在王某不知道或者不可能知道其父的房产已经被登记为李某单独所有之前,不能计算诉讼时效。所以,王某提出诉讼请求并没有超过诉讼时效期间。[②]

(三)确认继承权诉讼时效的计算方式[③]

计算诉讼时效,涉及期间的计算方法。民法中的时间分期日和期间,它们可以引起民事法律关系确立、变更或者终止。期间分为按日历连续计算和按实际时间计算。期间的起点一般从开始的次日起算,始日不计入。期间的终点一般是期间末日终止的当日。末日是法定休假日的时候,以休假日的下一日为期间的终点。

知道继承权被侵害的诉讼时效的法定时间为二年。继承人的继承权受到侵害时,自继承人知道侵害事实和致害人之日起,二年之内都可以请求人民法院保护自己的权利。超过二年,则丧失胜诉权。继承权的诉讼时效期间按公历连续计算。例如,继承人于 1985 年 10 月 1 日知道继承权受到侵害,诉讼时效期间从 1985 年 10 月 2 日开始计算,1987 年 10 月 1 日届满。在这期间,继承人随时可以向人民法院提起诉讼,1987 年 10 月 2 日以后,继承人就丧失了请求人民法院强制侵害人履行义务的权利。二十年的诉讼时效期间也按公历连续计算,例如,被继承人于 1980 年 1 月 1 日死亡,至 2000 年 1 月 1 日,诉讼时效期间届满,此后继承人的继承权不再受法律保护。

继承人于继承开始十八年后至不满二十年这段时间知道了权利被侵害,诉讼时效期间是从二年还是从二十年,须有统一标准。若从二年,继承人请求保护的期间尚有二年时间;若从二十年,则不足二年。一种观点认为,应当从二年,继承人在知道权利被侵害的二年内

---

①　河山:《河山解读继承法》,中国社会出版社 2011 年版,第 50～52 页。

②　中国法制出版社:《继承法新解读》,中国法制出版社 2012 年版,第 19 页。

③　河山:《河山解读继承法》,中国社会出版社 2011 年版,第 52～54 页。

均可向人民法院提起诉讼请求保护。例如,被继承人于 1985 年 4 月 12 日死亡,继承人的继承权于同年 12 月 4 日被侵害,继承开始后的第十九年,2004 年 4 月 12 日继承人知道了自己的权利曾被侵害,请求保护的诉讼时效期间为二年,即在 2006 年 4 月 12 日前均可请求人民法院予以保护。在这种情况下,继承开始后的二十一年内,继承人的继承权都可得到法律保护。另一种观点认为,应当从二十年,因为《继承法》规定:"自继承开始之日起超过二十年的,不得再提起诉讼。"

第二节　相关法律概念

一、诉讼时效制度

（一）诉讼时效的概念

诉讼时效制度,亦称消灭时效制度,是指权利人持续不行使民事权利而于法定期限届满时丧失请求人民法院保护其民事权利的权利的制度。诉讼时效本属实体法上的制度,《民法通则》之"诉讼时效"一章仅规定了 7 个条文,在其他实体法,如《继承法》《婚姻法》中,也有关于时效的规定,且在程序法上还有诸多规定对当事人为一定程序行为设定期限,当中有关时效的,亦属广义上的诉讼时效制度,故诉讼时效制度在立法方面欠缺完整的体系和统一的范畴。[1]

（二）诉讼时效的客体[2]

从比较法的角度看,各国立法例中对诉讼时效的客体没有统一规定。从诉讼时效在诉讼法上引发的后果来看,诉讼时效的客体可分为两大类:第一类是以德国为代表的将实体权利作为诉讼时效的客体,其中又可将实体权利划分为两种,一种以德国为代表,《德国民法典》第 194 条规定:(1)要求他人作为或不作为的权利(请求权),因时效而消灭。(2)基于亲属法关系而产生的请求权,其设定如以将来恢复亲属关系的状态为目的者,不因时效而消灭。采用的国家和地区包括德国、俄罗斯,以及我国台湾地区。另一种以日本为代表,《日本民法典》第 167 条规定:(1)债权,因十年间不行使而消灭。(2)债权或所有权以外的财产权,因二十年间不行使而消灭。第二类是以法国为代表的直接将诉权作为诉讼时效的客体,《法国民法典》第 2262 条规定:"债权的诉权,经过三十年的时效而消灭。"英美法国家因其实体法与程序法尚未充分分化,故其将诉讼时效制度作为原告"起诉权"之条件,被告得以时效期间经过为由申请撤销诉讼。[3] 我国《民法通则》中涉及诉讼时效客体的称谓极不统一,有第135 条中的"民事权利"、第 137 条中的"权利"、第 139 条中的"请求权"。称谓上的不统一是

---

① 陈英:《诉讼时效的客体与效力——兼谈民法典诉讼时效制度的设定》,载《法学》2005 年第 4 期,第 79 页。

② 陈英:《诉讼时效的客体与效力——兼谈民法典诉讼时效制度的设定》,载《法学》2005 年第 4 期,第 79～80 页。

③ 徐小峰:《诉讼时效的客体与适用范围》,载《法学家》2003 年第 5 期。

立法技术的缺陷,也给法学研究带来困扰。通说认为,并不是所有的民事权利都受诉讼时效的限制,只有实体意义上的请求权才是诉讼时效的客体。① 因而,直接以请求权作为诉讼时效的客体,容易造成诉讼时效客体的不当扩张。

请求权这一概念由德国法学家温德沙伊德(又译为温德夏特,即 Windscheid)首创,是近代民法理论发展的产物。罗马法中没有请求权的概念,《法国民法典》中也没有请求权的概念。温德沙伊德在实体法与诉讼法已经有了一定分离,民事实体法尚未彻底走向抽象具体化②的历史背景下,从罗马法上的"诉"(Actio)发展出请求权的概念。这是对法学的一大贡献,《德国民法典》首次采纳了请求权的概念,且德国学者的通说认为"请求权和债权之间不存在实质上的区别"③。我国民法学者也大多采纳此说。这从学者对请求权和债权所下的定义就不难看出。例如有学者认为:"请求权为法律关系的一方请求他方为一定行为或不行为的权利。""债权是一方享有请求他方为一定行为或不为一定行为的权利。"④但笔者以为,请求权和债权是有区别的,表现在:(1)债权先于请求权而存在,请求权是由原权利派生出来的权利。在债权成立之后,履行期限到来之前,债权已经成立,但债权人并不能行使请求权。(2)在即时清结的合同中,债权的成立、履行、终止几乎在同一时间完成,债权人无须行使请求权。(3)在大多数国家,诉讼时效届满后的法律后果是请求权的消灭,但债权本身不消灭。(4)在同一个债权中可能同时存在几个请求权。(5)请求权除债权上的请求权之外,还包括物权关系上的请求权、人格权上的请求权、身份关系上的请求权。

(三)诉讼时效法定性的相关规定⑤

诉讼时效的最基本特征是其具有严格的法律强制性,也就是说,当事人不得以其意思自治排除诉讼时效制度规定的适用,当事人不得协议变更法定诉讼时效的内容,不得约定事先放弃时效之利益。"时效制度,基于维持社会秩序之公益上之理由而设,故关于时效之规定为强行法",此即所谓诉讼时效的法定性,包括以下两个方面的内容:第一,当事人不得约定延长或缩短诉讼时效;第二,当事人不得预先放弃诉讼时效利益。

1. 不得约定延长或缩短诉讼时效的规定类型

综合各国或地区规定,我们发现,关于诉讼时效的规定主要有三种类型。其一,当事人既不得延长也不得缩短。如《瑞士债法典》规定诉讼期间不得由当事人协议变更;《意大利民法典》(第五章"消灭时效和失权")规定任何旨在改变消灭时效法律规定的约定都是无效的;我国台湾地区"民法"规定"时效期间,不得以法律行为加长或减短之"。我国对于诉讼时效延长和缩短的法定性规定也属于此类,根据《最高人民法院关于审理民事案件适用诉讼时效制度若干问题的规定》,当事人违反法律规定,约定延长或者缩短诉讼时效期间、预先放弃诉讼时效利益的,人民法院不予认可。综观上述国家或地区关于诉讼时效法定性的规定,可推知其共同点即当事人不得自行约定将诉讼时效延长或缩短。其二,当事人不得延长但可以

---

① 梁慧星:《民法总论》,法律出版社 1996 年版,第 242~243 页。
② 徐小峰:《诉讼时效的客体与适用范围》,载《法学家》2003 年第 5 期,第 90 页。
③ [德]迪特尔·梅迪库斯:《德国民法总论》,邵建东译,法律出版社 2000 年版,第 69 页。
④ 彭万林:《民法学》,中国政法大学出版社 2002 年版,第 59 页、第 448 页。
⑤ 刘晓农、钟辉成、宗丽佳:《诉讼时效中的意思自治》,载《江西社会科学》2015 年第 12 期。

缩短。修订前的《德国民法典》即采取这种做法,规定"消灭时效不得以法律行为排除或加重",日本学说也对此种规定表示赞同,认为诉讼时效的延长会使权利人更加怠于行使权利,无异于"助纣为虐";而允许当事人约定诉讼时效的缩短,无异于进一步督促权利人行使权利、促进经济活动发展,从而有利于社会效益的提高。其三,当事人可以约定延长或缩短。修订后的《德国民法典》第 202 条规定:"在因故意而发生的责任的情况下,不得预先以法律行为减轻消灭时效。"换而言之,在非故意的情况下,当事人之间可以预先以法律行为减轻消灭时效,即可以预先协议约定缩短诉讼时效。此间的"法律行为"则意味着当事人可按一般的合同自由以意思自治的方式对诉讼时效进行协议变更。

2. 不得预先放弃诉讼时效利益的规定类型

学界对于不得预先放弃诉讼时效利益的法定性规定存在以下看法:第一种观点认为,当事人可以预先放弃诉讼时效利益。持该观点者认为诉讼时效属于私法领域,应遵循当事人意思自治原则,只要在法定范围内,当事人即可以自由处分自己的私权利。故预先放弃诉讼时效利益是当事人对于自己私人权利的处分,并不违反法律的规定。第二种观点认为,当事人不得预先放弃诉讼时效利益。持该观点者认为诉讼时效的规定属于民法上的强行性规定,当事人不得预先抛弃,否则将导致的恶劣后果是:权利人有可能利用自己的优势条件,胁迫处于劣势的一方当事人预先放弃时效利益,从而损害义务人的合法权益。大陆法系国家大多持第一种观点,如《法国民法典》第 2220 条规定:"时效不得预先抛弃;但在时效完成后,得抛弃之。"《瑞士债法典》第 141 条规定:"一方当事人不能事先放弃适用诉讼时效的规定。"《意大利民法典》第 2937 条规定:"不能有效处分权利的人不得放弃消灭时效。仅在时效届满的情况下,得放弃消灭时效。"

(四)诉讼时效期间约定延长的合理性分析①

当事人约定延长诉讼时效期间的行为是否有效,涉及这种约定是否与诉讼时效制度的立法目的相冲突,以及简单地禁止这种约定是否能够达到立法目的等具体问题。

1. 适当约定延长诉讼时效期间并不违背诉讼时效制度的立法目的

无论大陆法系还是英美法系,就诉讼时效制度的立法目的而言,观点基本相同。即通常认为诉讼时效制度存在的目的是保护被告的利益和社会公共利益。就被告利益而言,如《德国民法典》的《立法理由书》指出,请求权消灭时效之原因与宗旨,乃使人勿去纠缠于陈年旧账之请求权。有些事实可能已年代久远,一方亦已长期缄口不提;而今一方却以此事实为据,向对方主张权利,这是民事交往难以容受的。就公共利益而言,时间过久,书面证据丢失,证人记忆削弱,法院将无法作出公正的裁判,公共开支不应该花费在无法作出公平审理的案件上。公共利益也要求促进法律关系的确定性,因为第三人需要确信与之交易的相对人不受到很久之前请求的影响,例如金融机构对借款人授信时需要确定借款人没有负担,即第三人与债务人交易是建立在信赖债务人没有陈旧的义务负担基础上的。实际上,当事人之间适当约定延长诉讼时效期间并不违背这两个立法目的。

首先,约定延长诉讼时效期间不会侵害义务人的利益。约定延长诉讼时效期间,使得义

① 赵德勇、李永锋:《诉讼时效期间可约定性问题研究——兼评最高院〈诉讼时效解释〉第 2 条》,载《西南民族大学学报(人文社科版)》2015 年第 6 期。

务人取得时效抗辩权的时间比法定时间要晚,可能对义务人带来不利影响。但是,这种不利如果获得了义务人的同意,则并不违反时效制度保护义务人的目的。延长时效期间之后,义务人有更多的时间去准备义务的履行,权利人不需要迫于时效的压力仓促提起诉讼,可以有更充足的时间与义务人达成和解,避免提起不必要的诉讼。推迟时效起算点,增加时效的中止事由和中断事由,与加长时效期间道理相同。当然,在格式合同场合,延长时效期间的条款会受到严格的规制。

其次,诉讼时效制度在公共利益方面的一个重要考虑是,面对经过了多年的陈旧证据,法院难以作出公正的审理和判决。但是,允许义务人在时效完成后不行使或者放弃时效抗辩权,说明诉讼时效制度在公共利益方面的要求是具有弹性的(义务人在时效完成后不行使或者放弃时效抗辩权,法院仍然必须依据陈旧的证据审理案件并作出判决)。有学者就指出,时效制度的主要目的是保护债务人,如果债务人主动放弃了这一保护,私法自治的考虑应当优于公共利益,公共利益并不要求时效制度为强制性规范,意思自治更值得考虑,当事人约定时效期间不是法定的三年,而是七年的,不能认为公共利益受到侵犯。

2. 禁止约定延长诉讼时效期间的规则可以轻易被规避

即使禁止约定延长诉讼时效期间,双方当事人通过约定将请求权的到期日向后推迟,或者约定给予义务人一定的履行宽限期,就可以达到推迟时效起算时间,进而推迟时效完成时间的目的。在时效期间进行中,义务人更可以单方面通过债务承认的方式使时效期间中断,从而达到推迟时效完成时间的目的。因此禁止约定延长诉讼时效期间,并不能阻止当事人通过其他方式延长诉讼时效期间。

通过以上分析可知,如果当事人约定延长诉讼时效期间确实是其真实意思表示,且约定的延长期限也较为适当,法律不宜否定其效力。为了从适用角度具体衡量当事人约定延长期限的时间跨度,未来立法应该允许对普通时效期间通过约定进行延长,但不允许约定延长长期时效期间,延长后的普通时效期间仍要受到长期时效期间的限制。

二、除斥期间制度

(一)除斥期间的概念

除斥期间制度最早见于 1896 年《德国民法典》。除斥期间为期间的一种,根据《辞海》的解释,"除斥期间"的"除"意为去除,"斥"意为排斥、驱逐。期间,指从某一期日起至某一期日止的一定时间阶段,在民法上具有重要的意义,是民事法律关系发生、变更和终止的时间。而要真正了解除斥期间,首先必须认清除斥期间的性质。①

因为时间的经过而发生法律效果的制度包括"时效"与"期间"。时效则因权利的不行使或继续占有而发生一定效果。② 除斥期间为期间的一种,它指的是法律预定某种权利于存续期间届满当然消灭的期间,也称"预定期间"。③ 除了自然法上的那些天赋人权,时间性是几乎所有权利的共性。权利行使之应受时间上的限制,主要情形有三:"一为消灭时效;二为

---

① 杜超:《解析除斥期间》,载《当代经理人》2006 年第 17 期。

② 施启扬:《民法总则》,三民书局 1996 年版,第 340 页。

③ 江平、王家福:《民商法律大辞书》,南京大学出版社 1998 年版,第 88 页、第 549 页。

除斥期间;三为权利失效。"①民法规定权利行使或存续的期间,主要是为了稳定民事法律关系。然而,仅有消灭时效的规定,尚不足以达到此项目的,因为消灭时效并不适用一切民事法律关系,它可以中止、中断,在某些场合,民事法律关系还处于无限的不确定状态之中,所以各国立法都有关于除斥期间的规定。② 除斥期间可以分为法定除斥期间和约定除斥期间。前者由法律直接规定,后者根据法律允许由当事人约定。法律通常没有一般除斥期间的规定,而是采取具体规定的办法,针对个别的形成权就其除斥期间给予具体规定。同时,并非所有的形成权都设有除斥期间限制。有的形成权如共有物分割请求权、优先购买权等就没有除斥期间的限制。③

(二)除斥期间的性质④

关于除斥期间的性质,民法学界一直存在两种不同的观点,一是认为除斥期间"乃权利预定存续之期间",我国台湾学者和大陆学者多持这种观点,二是认为除斥期间是一种适用形成权,对形成权的行使进行时间限制的期间,期间一届满,形成权就告消灭,期间届满以后再行使形成权,其行使行为当然不发生效力,不需要再提出抗辩。民法中对民事权利进行限制的期间无非两种,即权利存续期间和权利行使期间,前者指民事权利自产生之日起依法律规定或约定能够存在的期限,它是固定期限,无论权利人是否行使权利,都不影响它的长短,后者是指在权利的存续期间内,如果权利人不行使其权利达到一定的期间,其权力便会受到限制或是不得主动行使,或是就此彻底消灭。确定存续期间的目的是最大限度地保护权利人利益和义务人利益,出发点是假设权利人行使权利。权利存续期间只是给权利人行使权利提供可能性的时间,谓理论上权利内在的最长行使期间。与此不同,权利行使期限间是在权利人不行使其权利的情况下作出的一种干涉,目的是督促权利人尽快行使权利,否则超过特定的期间将承受不利后果,权利行使期间是对权利行使进行外在的限制,不是权利本来内容,出发点是假设权利人不行使权利。除此之外,二者发生作用的条件也不同。权利存续期间届满,无论权利人行使权利的状态如何,都将导致权利的消灭,在这里时间的经过是法律效果发生的唯一要素,而权利行使期限的本质是督促权利人尽快行使权利,其作用的前提是权利人不行使权利,单纯的"期间届满"并不能产生权利受到限制的后果,其只是配合权利人不行使权利这一前提条件发生作用,只要权利人行使权利,权利行使期间就不发生作用,此时只能由权利存续期间对权利的行使进行时间上的限制。

除斥期间是区别于权利存续期间的行使期间,否则人们没有必要在已经存在"存续期间"概念的情况下,再创立"除斥期间"这一概念。将除斥期间定性为权利的存续期间难以实现其立法意旨,除斥期间是对形成权的期间限制,形成权者,一方享有绝对的主动地位,若按照私法自治之精神,他可以随时行使权利来引起法律关系的产生、变更或消灭,这使得相对方处于绝对被动的处境,面对随时而来的变故处于不安中,于是为了平衡双方之利益,法律

---

① 王泽鉴:《民法总论》,中国政法大学出版社 2001 年版,第 515 页。

② 史浩明:《略论诉讼时效的几个问题》,载《政治与法律》1992 年第 3 期。

③ 吴烈俊:《除斥期间设计的民法原理——以〈合同法〉为例》,载《黑龙江省政法管理干部学院学报》2003 年第 2 期。

④ 杜超:《解析除斥期间》,载《当代经理人》2006 年第 17 期。

有必要对形成权人行使权利的期间进行外在的干涉,故规定除斥期间。一方面不能过分剥夺权利人行使权利的机会,另一方面要满足相对人的合理期限,即尽快结束法律关系不稳定状态的要求。那么,要同时满足这两方面的要求,只能是规定形成权的行使期间,而非权利存续期间,若采权利存续期间,则权利人若因遇到不可克服的客观障碍而不能在期限届满前行使权利,便将彻底失去行使权利的机会,这与形成权产生的本意即保护权利人的合理利益相冲突。所以,除斥期间应该是权利的行使期间,而非权利的存续期间。

（三）除斥期间与失权期间的关系

所谓失权期间即权利失效期间,是指法律规定或当事人约定权利主体行使民事权利的期间,在该期间内若权利人不行使权利,为保护相对方权利,避免权利人滥用权利,而由法院宣告其权利消灭或给予相对人抗辩权。传统的民法理论界认为,权利行使之应受时间上的限制,其主要情形有三,权利失效制度就是其中之一。该制度源于德国判例的发展,主要依据的是诚实信用原则和公平原则,旨在维护交易的安全和秩序。除斥期间和失权期间是两个截然不同的时间概念,前者是形成权确定时就已经预定的期间,而后者则是诚实信用原则和公平原则的实际运用,主要依法官的自由裁量。只有在除斥期间制度不能有效限制权利人对权利的滥用和对相对人的不公平时,法官才能运用诚实信用原则来实现外在干涉的公平。这在实践中是相当困难的,根据法理可知,只有穷尽法律规则才能援引法律原则。该失权制度虽然是由大陆法系国家在判例中创设的,但在我国仍未规定,或许是从法官控权的角度考虑才久久不创设。因而,失权制度完全可以作为除斥期间制度的一种有力补充,如果权利人滥用其形成权,非因为客观原因不适时行使此形成权达到一定的期间,而且不行使该形成权的状态已经使得相对方有理由相信权利人不再行使形成权,那么相对人可以向法院主张宣告该形成权的消灭。通过除斥期间与时效期间和失权期间之间的比较和分析可以看出,除斥期间在我国民法权利的限制理论中占有极其重要的地位,其在立法实践中越来越重要,且有望早日以立法的形式确立。①

（四）除斥期间的中止和中断②

我国民事立法对诉讼时效期间的中止、中断、延长作出了统一规定。对我国除斥期间不中止、不中断,只延长的权威理论,③学界也是没有异议的。有这样一个案例:两个孤儿在其父母生前一直与其父母在租用的私房中生活,在其父母生病期间和去世后生活非常困难,无力支付房租。一家住房困难的好心人将两孤儿接去予以照顾,房屋出租人以“累计六个月不交房租”的法定理由,诉请解除租赁合同。法官从内心感觉到解除合同与社会道德及公平正义标准不符,而又苦于无合适的法条可援,只好判准诉讼请求。

上述案例中,法律与道德、公平正义发生了矛盾,法官想主持分配正义的无奈正是苦于缺乏除斥期间中止的立法,否则法律会更趋向于公平正义。除斥期间中止是指在除斥期间

---

①　梁维维:《论除斥期间与诉讼时效和失权期间的关系》,载《法制与社会》2008 年第 12 期。

②　刘向东、薛春丽:《加强除斥期间立法　完善民事时效制度》,载《天津纺织工学院学报》1999 年第 6 期。

③　[美]E. 博登海默:《法理学——法哲学及其方法》,邓正来、姬敬武译,华夏出版社 1987 年版,第 217 页。

届满之前,义务人因不可抗力或者其他法定障碍不能履行法定义务,除斥期间停止计算,自中止原因消除之日起,除斥期间继续计算。如受遗赠人在应当明示接受遗赠的除斥期间内丧失行为能力的,除斥期间应当中止,待其恢复行为能力或确定监护人后再继续计算。

除斥期间的中断是指在除斥期间届满前,由于发现某种事由使除斥期间不再继续计算而从头开始计算的情况。如夫妻因感情不和分居不到三年,同居后又分居的,同居的事实状态就中断了除斥期间。除同居中断了分居期间的计算外,还有使用中断了停止使用期间的计算、补交房租中断了不交房租期间的计算等。

除斥期间中断不适用第一种丧失实体权利的除斥期间,这是由实体权利的丧失和取得的同时性及由此而产生的不反复、不循环性所决定的。如法定继承人在继承开始后两个月内明确表示放弃继承,就意味着丧失了分得遗产的继承权,其他法定继承人就由此取得了这部分遗产的继承权。当遗产分配结束后,即使放弃继承的继承人反悔,也不能重新取得已放弃的遗产的继承权。

除斥期间的中断对于第二种消灭胜诉权的除斥期间还是普遍适用的,将中断事由中断除斥期间规定在有关民事时效的民事规范中,必然取得填补立法空白的积极效果。

综上所述,事实状态的延续在民法中的意义很大,可使民事主体丧失民事权利(消灭时效),也可使民事主体取得民事权利(取得时效);消灭时效与取得时效是对应的,民事立法中规定了消灭时效也就意味着有了取得时效。目前我国有必要加强除斥期间的立法,将除斥期间的概念、种类、特点、中止、中断等一般性问题,统一规定在民事时效制度中,从而使我国民事时效立法日臻完善。

(五)除斥期间与诉讼时效的比较①

除斥期间和诉讼时效都是规定一定的事实状态在经过一定期间后即发生秩序和一定法律后果的法律制度。其目的都在于督促权利人及时行使权利以维护社会秩序和经济秩序的稳定。但两者又存在诸多不同,只有认识两者的区别,才能更好地认识除斥期间的性质。两者的主要区别在于:

1. 立法精神不同

除斥期间制度的目的,是维持已经存在的法律关系。而诉讼时效制度的目的,却是维护与原法律关系相对立的新的社会关系。例如,甲出卖财产给乙,甲在诉讼时效期间未行使其主张价款的权利,因时效期间届满乙得拒绝给付,以继续维持甲未行使其权利而形成的新秩序。

2. 适用客体不同

除斥期间的客体一般为形成权。但并非所有的形成权都在民法中设有除斥期间。有的形成权根本无行使期间的限制,如共有物分割权,通说认为其系形成权,共有人任何时候提出分割共有财产的要求,均受法律的保护。诉讼时效的客体为请求权,但也不是一切请求权均应适用诉讼时效。通常认为,债权请求权和物上请求权中的财产返还请求权、恢复原状请求权应适用诉讼时效。而基于身份关系的请求权和物上请求权中的排除妨害请求权、消除

---

① 史浩明:《论除斥期间》,载《法学杂志》2004 年第 4 期。

危险请求权、所有权确认请求权等则不应适用诉讼时效。[1]

3. 期间性质不同

除斥期间规定的是权利存续的固定时间,属不变期间,除法律有特殊规定者外,不能中止、中断和延长,且期间较短,以早日确定当事人间的关系为目的。诉讼时效为可变期间,可以适用中止、中断和延长的规定,且期间较长。

4. 期间计算不同

因为诉讼时效适用于请求权,而请求权的范围十分广泛且具有共同特征,因此,各国民法均在法律上作出了总括性的规定。而除斥期间是在不同的场合对不同的形成权设置的时间限制,因此缺乏共通的基础,立法只能针对具体情况分别规定除斥期间的起算点,这种起算时间往往存在差异。在法律未规定或当事人未约定除斥期间的起算点的情况下,学理认为,应自权利发生之日起算。

5. 法律效力不同

除斥期间届满,实体权利本身当然消灭。而诉讼时效的效力,尽管各国民事立法的规定有所不同,但大多数国家采诉权消灭主义或抗辩权发生主义。我国《民法通则》采用诉权消灭主义,这些不同立法例的共同点是,诉讼时效届满后,实体权利本身并不因此而消灭,对于已经完成的时效利益,可以抛弃。如《民法通则》第138条规定:"超过诉讼时效期间,当事人自愿履行的,不受诉讼时效限制。"抛弃时效利益的行为,可视为权利人权利的实现,而不是创设了新的权利。而除斥期间届满,权利人不仅丧失了实体权利,还意味着可以创设某种新的权利。

6. 条文表述不同

关于诉讼时效的立法,各国一般都在条文中表述有"诉讼时效"的字样,如《中华人民共和国产品质量法》第45条规定:"因产品存在缺陷造成损害要求赔偿的诉讼时效期间为两年。"而有关除斥期间的规定,虽然相关法律条文中无明确表述"除斥期间"的字样,但这些条文常常使用"逾期撤销权消灭""作为自愿放弃权益""视为放弃"等字样,可以理解为法律仅规定权利存续的期间,即除斥期间。

由于除斥期间与诉讼时效的上述差异,在立法和司法实践中,严格区别两者的界限就显得十分重要。然而,由于我国以往民事法律在立法时的疏忽和不严谨,有些条文中的期间规定究竟为诉讼时效还是除斥期间,人们的认识很不一致,这必然会影响到对法律的理解和适用。以《合同法》第75条关于债权人撤销权的规定为例。该条规定:"撤销权自债权人知道或者应当知道撤销事由之日起一年内行使。自债务人的行为发生之日起五年内没有行使撤销权的,该撤销权消灭。"关于上述债权人撤销权的行使期间的规定,理论界主要有三种观点。第一种观点认为,债权人撤销权的行使期间是诉讼时效,时效届满,当事人请求权的胜诉权消灭。第二种观点认为,《合同法》第75条规定的是债权人撤销权的除斥期间,即该条规定了债权人撤销权除斥期间的两种计算方法。第三种观点认为,该条实际上规定了两类期限:一是关于一年的规定,属于诉讼时效的规定,可以适用时效的中止、中断、延长;二是关于五年的规定,属于除斥期间的规定,不适用时效的中止、中断、延长。为什么会产生以上认识上的分歧?这主要是因为,债权人撤销权就其性质而言,属于形成权,这是我国大多数学

---

[1] 梁慧星:《民法总论》,法律出版社1996年版,第242～243页。

者持有的观点。从此点上看,撤销权行使的期限,应属于除斥期间的范畴。然而,《合同法》第 75 条规定的一年的期限的起算点又为"知道或者应当知道撤销事由之日",这与诉讼时效的起算点完全相同,从这个角度考虑,称其为诉讼时效似乎亦无不妥。而《合同法》第 75 条规定的五年的期间,应为除斥期间。理由是,债权人的撤销权为形成权,或者说其主要性质为形成权,而不是请求权。立法完全可以在具体条文中对不同情况的除斥期间起算点作出不同的规定。《合同法》第 75 条在规定债权人对侵害行为的撤销权时,在"自债务人的行为发生之日五年内没有行使撤销权的,该撤销权消灭"中明确了五年期间届满的后果,即实体权利消灭,则该五年的期间当然为除斥期间无疑。但是该条在规定"撤销权自债权人知道或者应当知道撤销事由之日起一年内行使"的情况下,没有明确债权人未在一年内行使撤销权,该撤销权是否消灭,如不消灭,则一年的期间又与诉讼时效相似,这种不明确的文字表述是引起人们争议的主要原因所在。因此,为了更好地识别诉讼时效与除斥期间,在以后的立法中,尤其在制定民法典时,有必要对有关期间属于诉讼时效还是除斥期间在文字上作出明确的界定,以避免不必要的争议。如对诉讼时效,一律以"请求权因……不行使而减弱其效力",或者"……的诉讼时效为……年"来表述,而对除斥期间则一律以"……权经过……年而消灭",或者"……权,应于……(若干时间内)行使,否则……权消灭"来表述。这样便可以彻底解决诉讼时效与除斥期间相混淆的难题。[①]

三、继承回复请求权制度[②]

(一)继承回复请求权的概念

继承权的法律保护有积极意义与消极意义两方面的含义。从积极意义上说,法律确认自然人的私有财产继承权,即继承权保护。从消极意义上说,在继承权受到侵害时,法律予以救济。通常谈到继承权的保护,一般是从消极意义上说,是指在继承权受到侵害时,法律赋予权利人得请求法院予以救济的手段。继承人在其继承权受到侵害时得请求法院予以保护的权利,就是继承回复请求权。

继承回复请求权又可称为继承恢复请求权,是继承权的一项内在的权利(能),是在继承权受到侵害时继承权人所享有的权利。继承回复请求权是继承权应有的内容,与继承权是密不可分的。如前所述,继承权一词含义广泛,台湾学者陈棋炎先生认为以时间为序可分为继承开始前之继承权、继承开始至继承人承认时为止之继承权、继承人承认继承以后之继承权。[③] 大陆学者通说认为,继承权包括客观意义上的继承权与主观意义上的继承权两种,其含义分别与继承期待权、继承既得权相对应。继承期待权仅仅是继承开始前能够成为继承人的一种资格。在采法定继承为原则,并将遗嘱继承人限定在法定继承人范围之内的前提下,法定继承人除因为一定的原因丧失继承资格外,应推定继承人在继承开始后,法律上当

---

①　在《德国民法典》中,也没有将除斥期间与诉讼时效的区分贯彻到底,出现了一定混淆。参见[德]迪特尔·梅迪库斯:《德国民法总论》,邵建东译,法律出版社 2000 年版,第 90 页。

②　郭明瑞、房绍坤、关涛:《继承法研究》,中国人民大学出版社 2003 年版,第 47～59 页。

③　陈棋炎:《亲属、继承法基本问题》,三民书局 1980 年版,第 314 页。

然取得继承之地位,尤其有特留份之继承人保留有不可侵的应继份。[①]　继承权是继承人的权利,可为继承人自由处分。然而,在继承开始前,法律尊重被继承人自由处分自己财产的权利,相应地,期待权人承认、放弃或转让自己期待权(包括特留份)的行为都属于无效的行为,因此也不会发生期待权被侵害的问题。继承开始后继承权为既得权,共同继承人当然取得遗产的共同共有权,即使继承人有权选择放弃或承认继承权并使其溯及地发生效力。需要澄清的是,继承的放弃或承认也是继承既得权行使的方式,放弃与承认的确具备形成权的性质,但不能因此认为继承开始至继承人承认时为止之继承权仅具有形成权性质,[②]从而进一步认为不会发生形成权受侵害的问题。[③]　因此,当第三人对继承既得权(主观意义上的继承权)加以侵害时,继承人一概得提起继承回复之请求。[④]　也正是因此,笔者认为,与所有权本身必然包括积极意义上的占有、使用、受益、处分权能以及消极意义上的物权请求权相类似,继承权除了包括取得遗产的权利、放弃和承认继承权的权能外,还包括继承回复请求权。有继承权者方有继承回复请求权,无继承权者当然也无继承回复请求权。

继承回复请求权是一项包括性的权利。继承回复请求权确认和保护的是继承人的继承权,即主观意义上的继承权,而不是继承资格,即客观意义上的继承权。主观意义上的继承权是既得权,这种权利为继承人对于遗产的物权、债权等主体地位的集合。之所以用继承权的名称概括此类权利集合,原因在于继承为"包括的继承"或"概括继承",所以也用包括的名称加以概括而已。[⑤]　继承回复请求权作为从消极意义上继承权的体现,自然也是一项包括性的权利。继承回复请求之诉,是请求恢复继承人对遗产的权利,即着眼于整个继承权利的恢复,将物权、债权、知识产权等权利的救济方式一并加以采用,从而大大便利了诉讼,简化了诉讼标的。不仅如此,继承回复请求权无须证明对于遗产个别之物有何种权利,得就被继承人死亡时所占有一切之物,为包括的回复之请求,从而大大降低了继承回复之诉中继承人的证明责任,使诉的发动容易得多。

(二)继承回复请求权的功能

继承回复请求权具有以下特别功能:

1. 继承回复请求权是使继承权从观念的权利转变为现实权利的需要

继承人对遗产的权利(主观意义上的继承权)是一种包括性的、既得的绝对权,享有这一权利的继承人理应排除其他人的非法侵害并可请求获得损害赔偿等救济。

依当然继承主义,继承人因继承开始当然取得对遗产的权利。但是,一方面,继承人虽因继承而在法律上业已承继一切继承财产,但仅为观念上取得遗产,而在实际上继承人是否现实地占有继承财产尚有发生纠纷的余地;另一方面,因不问继承人是否知悉继承已经开始或自己为继承人,从法律上继承人在继承开始后便当然开始继承,故而会发生因故意、过失或非主观上的过失导致继承人被排除在继承关系外的现象。况且,因继承为当然继承,不需

---

①　史尚宽:《继承法论》,中国政法大学出版社 2000 年版,第 92 页。

②　陈棋炎:《亲属、继承法基本问题》,三民书局 1980 年版,第 314 页。

③　王泽鉴:《民法总论》,中国政法大学出版社 2001 年版,第 97 页。

④　史尚宽:《继承法论》,中国政法大学出版社 2000 年版,第 93 页。

⑤　陈棋炎:《亲属、继承法基本问题》,三民书局 1980 年版,第 315 页。

要任何手续即可取得各种财产权利,从而无法与已有的权利(主要是物权)的变动相衔接,在缺乏足够的公示程序的前提下,继承权轻易地由继承资格转化为既得的财产权利。因此,为使继承权从观念的权利转变为现实的权利,继承人在其继承权受到侵害即发生纠纷时享有提起继承权回复请求的权利,实有必要。

2. 继承回复请求权不能为其他请求权所取代

继承回复请求权为一项包括性请求权,当然也就包括其他请求权,但其他请求权不能取代继承回复请求权。这可从继承回复请求权与其他请求权的关系上说明。

(1)继承回复请求权与侵权之债请求权

继承权能否成为侵权行为的客体?对此,有肯定与否定两说。肯定说认为,继承权兼具身份权与财产权的双重性质,认为继承权的侵害因非继承人的第三人僭称为继承人而发生。① 史尚宽先生在《继承法论》中指出,德国、瑞士、法国、日本立法或学说上认为非继承人故意或过失占有遗产时,构成侵权行为,但并未言明此时是侵害继承权还是侵害遗产。② 不过,史先生在《债法总论》中明确指出,侵害继承权不仅要求非继承人之第三人僭称为继承人,其还须实际行使继承人之权利,达到自己为继承人之状态才行,并明确将继承权列为侵权行为法保护的客体。③ 否定说认为,侵害继承权总是表现为对遗产的侵害,而对遗产侵害的救济采用的是行使继承回复请求权。继承回复请求权之诉为确认之诉与给付之诉的结合,这些非为侵权之诉所能包括。因此,继承权不可能成为侵权行为的客体,不法行为人所侵害的不是继承人的继承权而是财产所有权。④

关于继承回复请求权与侵害继承权的救济权二者之间的关系,也有统一说与区分说两种学说。统一说认为,继承权是一种受法律保护的权利,继承人在其继承权受到侵害时,有权请求法院通过诉讼程序回复其继承权,继承人的这一权利称为继承回复请求权。⑤ 这一观点显然将继承回复请求权与继承权受侵害的救济手段相等价。我国台湾地区学者刘得宽先生认为,与继承回复请求权具备不当得利请求权的秉性但不会发生与不当得利请求权的竞合一样,继承回复请求权中含有损害赔偿的内在要求,但不会当然要求发生侵权之债的请求权。⑥ 区分说认为,继承回复请求权是对遗产回复享有的包括性的权利,是各种权利救济方式的集合。而侵害继承权则仅指故意或过失侵害合法继承人对遗产的权利,并造成损害的行为。前者具有包括性,后者具有单一性;前者构成要件简单,后者构成要件严格。两种权利不同,因此在处理上,有的立法例如罗马法允许二者竞合,台湾地区通说也认为继承回复请求权可以与不当得利请求权、侵权损害赔偿请求权为竞三合,⑦继承人可选择行使其中之一,但相应的侵害人有不同的抗辩理由。而有的立法例主张当二者竞合时,要求适用继承回复请求权(遗产请求权)。

笔者认为,继承权可以为侵权行为的客体,在继承权受侵害时,也可以采取各种不同的

① 王泽鉴:《侵权行为法》(第一册),中国政法大学出版社 2001 年版,第 147 页。
② 史尚宽:《继承法论》,中国政法大学出版社 2000 年版,第 127~128 页。
③ 史尚宽:《继承法论》,中国政法大学出版社 2000 年版,第 159 页。
④ 马俊驹、余延满:《民法原论(下)》,法律出版社 1998 年版,第 990 页。
⑤ 马俊驹、余延满:《民法原论(下)》,法律出版社 1998 年版,第 889~990 页。
⑥ 戴东雄、刘得宽:《民法亲属与继承》,五南图书出版公司 1985 年版,第 285 页。
⑦ 戴东雄、刘得宽:《民法亲属与继承》,五南图书出版公司 1985 年版,第 285 页。

救济手段,也就可能发生不当得利请求权、侵权损害赔偿请求权与继承回复请求权的竞合。但继承回复请求权是继承法上特有的救济制度,继承回复请求权作为包括性的权利,能够起到回复继承人事实上被侵害的继承人地位,保护其应得到的全部遗产份额的作用。因而,继承回复请求权可起到侵权损害赔偿请求权的作用,而侵权损害赔偿请求权却不能代替继承回复请求权发挥作用。

(2)继承回复请求权与物上请求权

从回复继承权的本意看,继承回复请求权类似于物上请求权,二者存在诸多一致之处。例如,均不须证明占有人善意与恶意、故意与过失,只要原为权利人占有,后为他人无权占有(由占有人提出抗辩、举证)即可行使权利且都可追及第三人等。但二者的区别也至为明显:首先,物上请求权是对于单个特定物行使的权利,不能简单地适用于包括有体物、无体物在内的遗产的情况。此时这两种权利应分别在两种情况下加以适用:如果被告对原告的继承权不予争论,原则上则只能行使从被继承人处继承来的物上请求权。① 反之,如果对继承人资格有争论则优先适用继承回复请求权。② 其次,消灭时效存在不一致。在德国法中,继承回复请求权(遗产请求权)的消灭时效与一般的请求权消灭时效一致,因此时效届至,继承法上的遗产请求权以及物上请求权都消灭。其他国家如意大利、瑞士等规定继承回复请求权的消灭时效一般要短于物上请求权的消灭时效。而且确认之诉无时效限制,而对物请求返还则受时效的限制。如果继承回复请求权(对财产之诉)因时效而不得主张,此时能否主张物上请求权呢? 我国台湾地区学者认为,一旦真正继承人罹于继承回复请求权之时效,则其不得基于个别所有权行使返还请求权。③ 故以继承为理由而请求返还继承财产时,不问该诉讼为包括的请求或个别的请求,亦不问被告为僭称继承人、不法占有人或第三受让人且不问诉之名称如何,均应解释为继承回复请求权之诉。是以在同一诉讼标的财产上,绝无另一物权的请求权之竞合存在。④ 如继承人行使请求权,表见继承人就其占有之继承标的物得主张时效消灭之抗辩。这样,事实上物上请求权与继承回复请求权仅存在法条竞合的情况下,在具体司法实践中,只能依法主张继承回复请求权。当然,此时也就没有物上请求权的长期消灭时效的适用。最后,自命为继承人而行使遗产上的权利之人,必须于继承开始时即已有此事实存在,方得谓之继承权被侵害。若于继承开始后发生此事实则其所侵害者为继承人已取得之权利而非继承权,此时,自然无法适用继承回复请求权(1964 年台上字第 592 号判例),⑤而只能适用物上请求权、侵权损害赔偿请求权等救济方式。

在继承回复请求权消灭时效结束后产生的法律效果上,台湾地区实务见解认为,若自命继承人对于真正继承人之主张继承回复请求权依时效为抗辩,则真正继承人因继承所应取得或负担之一切权利义务均包括地消灭。亦即继承人丧失其继承权而自命继承人取得继承权,并取得遗产所有权(1951 年台上字第 730 号判例)。然而继承人的资格系继承人因与被继承人之血缘关系而生之一身专属权,不因罹于时效而"消灭"。其因而受影响者,不过为基

---

① 史尚宽:《继承法论》,中国政法大学出版社 2000 年版,第 122 页。

② 史尚宽:《继承法论》,中国政法大学出版社 2000 年版,第 124 页。

③ 史尚宽:《继承法论》,中国政法大学出版社 2000 年版,第 124 页。

④ 陈棋炎:《亲属、继承法基本问题》,三民书局 1980 年版,第 315 页。

⑤ 杨与龄:《民法概要》,中国政法大学出版社 2002 年版,第 371 页。

于继承权而得以取得之财产返还请求权而已。因此，自命继承人如以罹于时效为抗辩，仅使真正继承人之请求权受阻而已。自命继承人亦不因此而当然取得遗产之所有权，其取得所有权须另有其他权源。[①] 因此，继承人虽罹于继承回复请求权之时效，但自命继承人不抗辩真正继承人之请求，而返还其所占有之继承标的物者，不得以不当得利之规定请求真正继承人返还，因为真正继承人之继承权并未消灭。

（三）继承回复请求权的效力

就请求权的相对人来说，其首先应当返还原物及孳息，如果原物不存在而有其他代位物，则请求权的范围及于代位物；如果相对人不能返还，则按照不当得利原则或占有的规定区分善意、恶意对待。如相对人已将非法占有的财产转让给第三人，则除第三人依法可取得该财产的部分外，相对人仍应返还。如果债务人不知表见债权人不为继承人，则其清偿有效，真正继承人可以按照不当得利的规定要求表见继承人返还不当得利。

至于继承回复之诉既判力的客观范围是否包括继承权有无的判断，理论上有不同的观点。有学者认为，既判力所指向的财产范围仅以起诉书中明确列举的财产为限。笔者不完全赞成这种观点，继承回复之诉判决的既判力的客观范围虽然指向相对人非法占有的遗产范围，该范围局限于当事人诉讼请求中所列举的财产标的范围，但一旦事后有足够的证据表明有些财产仍然在被告的控制之下，则应当利用既判力扩张理论，经原告申请使判决既判力扩张适用该财产。

第三节　主要内容

一、继承权保护的普通时效与最长诉讼时效

（一）继承权保护的普通时效

我国《民法通则》第 135 条规定："向人民法院请求保护民事权利的诉讼时效期间为二年，法律另有规定的除外。"我国《继承法》第 8 条规定："继承权纠纷提起诉讼的期限为二年，自继承人知道或者应当知道其权利被侵犯之日起计算。"《继承法》的这一规定与《民法通则》第 135 条和第 137 条的规定吻合。上述规定表明，继承权普通诉讼时效的期限为二年，继承权普通诉讼时效自继承人知道或者应当知道其权利被侵犯之日起计算。从上述规定来看，《继承法》与《民法通则》的规定是相互映衬的。

（二）继承权保护的最长时效

我国《民法通则》第 137 条规定："诉讼时效期间从知道或者应当知道权利被侵害时起计算。但是，从权利被侵害之日起超过二十年的，人民法院不予保护。"从该条规定可以看出，继承权最长诉讼时效期间为二十年；无论权利人知道或者不知道权利被侵害，继承权最长诉

[①]　戴东雄、刘得宽：《民法亲属与继承》，五南图书出版公司 1985 年版，第 104 页。

讼时效都从继承开始之日起计算(权利被侵害之日起计算)。"继承开始之日"指继承从被继承人死亡时开始,如某人今天亡故,继承就从今日开始。这时,继承权权利人只有一种民事权利——起诉权;至于能否打赢官司(即胜诉权)则处于不稳定状态。

二、继承权诉讼时效的中止与中断[①]

(一)继承权诉讼时效的中止

继承权诉讼时效的中止,是指继承权权利人在诉讼时效期间的最后六个月内,因不可抗力或者其他障碍不能行使请求权的,诉讼时效中止,从中止时效的原因消除之日起,诉讼时效期间继续计算的一种法律制度。继承权诉讼时效的中止的概念,有三层含义:

1. 因不可抗拒事由的终止

我国《继承法》第2条规定:"继承从被继承人死亡时开始。"这就是说,人死了,继承就开始了。在继承开始后的二年诉讼时效期间的最后六个月内,因不可抗力或者其他障碍,致使继承人无法主张继承权的,人民法院可按中止诉讼时效处理,例如,出现地震、水灾、战争、军事行动等不可抗力以及权利被侵害的无民事行为能力人、限制民事行为能力人没有法定代理人,或者法定代理人死亡、丧失代理权,或者法定代理人本人丧失行为能力等其他障碍事由,可按中止继承权诉讼时效处理,从中止诉讼时效的原因消除之日起,继承权诉讼时效期间继续计算。

2. 调解期间的中止

继承人在知道自己的权利受到侵犯之日起的二年内,其遗产继承权纠纷确实在人民调解委员会进行调解期间,可按中止继承权诉讼时效处理。

3. 应注意的问题

在继承权诉讼时效的二十年期间内,不适用继承权诉讼时效中止的规定。

(二)继承权诉讼时效的中断

继承权诉讼时效的中断,也称为继承权诉讼时效的终断(暂时停止、相对终止),是指诉讼时效因提起诉讼、当事人一方提出要求或者同意履行义务而中断;从中断时起,继承权诉讼时效期间重新计算。继承权诉讼时效的中断,有三层含义:

(1)继承权诉讼时效因起诉而中断。继承人因继承遗产纠纷向人民法院提起诉讼,继承权诉讼时效即为中断;从中断时起,至法院判决生效之时,继承权诉讼时效期间重新计算为二年。

(2)继承权诉讼时效因当事人一方提出要求(如要求延长半年交付分得的遗产)或者同意履行义务(如同意依法立即分给权利人遗产)而中断;从中断时起,继承权诉讼时效期间重新计算为二年。

(3)在继承权诉讼时效的二十年期间内,不适用诉讼时效中断的规定,目的在于:继承权二十年诉讼时效期间已经够长,如果再适用诉讼时效中断的规定,时间会拖得过长,以致时

---

① 　钟尉华:《论继承权诉讼时效》,载《贵州大学学报(社会科学版)》2004年第1期。

过境迁,严重影响案件的正确审结,严重影响继承权权利人权利的实现。

继承权诉讼时效中断的构成要件,同时也是继承权诉讼时效中断的法律性质,它们是:

(1)继承权诉讼时效的中断必须在诉讼时效期间进行之中。例如,继承权诉讼时效期间为二年,继承权诉讼时效中断必须在这二年之内,二年之前或者二年之后都没有继承权诉讼时效中断可言。

(2)继承权诉讼时效的中断,必须有引起该继承权诉讼时效中断的法定事由发生。引起继承权诉讼时效中断的法定事由,如继承权权利人向人民法院提起继承权诉讼等。

(3)继承权诉讼时效的中断属于继承权诉讼时效期间的变更,这种变更不属于约定变更,而是属于法定变更。

(三)继承权诉讼时效中断与中止的异同

继承权诉讼时效中断与继承权诉讼时效中止有许多相同点和不同点,加以比较研究,有助于对继承权诉讼时效中断、中止有一个全面深刻的了解。

继承权诉讼时效中断与继承权诉讼时效中止的相同点在于:

1. 它们都是在继承权诉讼时效期间进行之中,都是在继承权诉讼时效期间之内。

2. 它们都是继承权诉讼时效期间完成的障碍。

3. 它们都是直接根据民事法规的明文规定来处理的。

4. 它们都具有正当理由。

5. 它们都是对继承权诉讼时效出现正当理由时采取的维护继承权权利人正当权益的补救措施。

继承权诉讼时效中断与继承权诉讼时效中止的区别在于:

1. 障碍程度不同。继承权诉讼时效中断是出于根本性的障碍;继承权诉讼时效中止是出于暂时性的障碍。

2. 含义不同。继承权诉讼时效中断是绝对停止诉讼时效期间的进行;继承权诉讼时效中止是暂时停止诉讼时效期间的进行。

3. 法定事由不同。继承权诉讼时效中断是由继承权权利人、义务人的主观原因引起的,例如,因继承权权利人提起诉讼、继承权义务人同意履行义务等而中断;继承权诉讼时效中止不是由继承权权利人、义务人的主观原因引起的,而是由于不可抗力或者其他障碍致使继承权权利人不能行使继承权权利而引起的。

4. 诉讼时效的计算方法不同。继承权诉讼时效的中断,是将原来已经进行的继承权诉讼时效期间不算,重新计算继承权诉讼时效期间;继承权诉讼时效的中止,是将进行中的继承权诉讼时效期间掐断(截断、斩断),待中止的法定事由(战争、地震等)消失后,将继承权诉讼时效中止前的时效期间与继承权诉讼时效中止后的时效期间加起来计算。

5. 构成要件不同。继承权诉讼时效中断,只要求在继承权诉讼时效期间之内且在继承权诉讼时效进行之中;继承权诉讼时效中止,严格要求在继承权诉讼时效期间的最后六个月之内。

三、继承权诉讼时效的开始

《民法通则》第 137 条规定:"诉讼时效期间从知道或者应当知道权利被侵害时起计算。"

根据这一原则规定,继承权诉讼时效开始计算的基本条件是,权利人知道或应当知道自己的权利受到侵害,即具备了可以提起诉讼请求法院保护的基本条件。具体来说,继承权诉讼时效的开始须具备以下条件:一是继承人知道继承开始的事实。二是继承人知道自己是应召继承人。但实际生活中,继承人并非都能马上知道自己是应召继承人,如:有的人出生几天即父母双亡,他不知父母是谁,更不知自己可以去继承遗产;有的人是第二顺序继承人,继承开始时有第一顺序的继承人存在,只有在他知道第一顺序的继承人都被确认丧失继承权,或都放弃继承,或都被剥夺继承权时,他才能知道自己是应召继承人;有的非婚生子女不知道生父是谁,在生父死亡后当然也不知道自己是继承人;有的人被遗嘱指定为继承人,但继承开始后遗嘱未及时宣布,甚至被人隐匿等。不知道自己是应召继承人,当然无法主张权利,诉讼时效不能开始计算。三是应召继承人知道或应当知道其继承权受到侵害。有下列情况之一时,可以认为继承人知道或应当知道自己的继承权受到侵害;知道或应当知道无继承权人开始继承遗产;知道或应当知道其他共同继承人分配、处分遗产或消费遗产;知道或应当知道某一个继承人或几个继承人将遗产登记为自己所有;要求参与管理、清算、分配遗产遭到拒绝;要求遗产占有人返还遗产被拒绝等。对于无民事行为能力人和限制民事行为能力人,是否知道或应当知道其继承权受到侵害,应依其法定代理人的情况进行判断。[①]

四、继承权诉讼时效届满后的效力

(一)继承权诉讼时效届满的立法评述[②]

继承权诉讼时效期间届满也叫继承权诉讼时效完成,而且没有应当延长的理由。诉讼时效完成以后产生何种法律效力,是诉讼时效最重要的问题。继承权诉讼时效完成的效力,首先是继承人的继承诉权消灭,即继承人丧失了依诉讼程序强制遗产占有人返还遗产的权利。至于继承人的继承权是否也因而消灭,遗产占有人是否得因而取得继承权或所占有遗产的所有权,各国的规定不同。

依德国民法,继承诉权因时效消灭后,继承人仍保持其继承权,遗产占有人取得拒绝返还所占有遗产的抗辩权,而不取得继承人地位,因而不负遗产债务。占有人对所占有之遗产,只能依取得时效取得所有权。而继承人的继承回复请求权虽然因时效完成而消灭,但其仍保有继承权,因此,仍应对遗产债务负责,而且,对于其他继承回复请求权时效尚未完成之遗产占有人,仍得提起继承之诉。瑞士民法的解释与德国相同。法国民法规定,继承选择权经过不动产最长时效期间(三十年)消灭,判例则视为继承人抛弃继承权,因而丧失继承资格。日本民法解释认为,继承回复请求权因时效消灭时,继承人就遗产上所有之支配地位,即继承人之地位消灭,丧失自被继承人所继承的一切之各个权利,表见继承人则溯及继承开始取得继承权。继承回复请求权消灭时,以后既存之法律关系绝对确定,表见继承人取得继承财产上之正当权源。[③] 我国台湾地区"民法"的规定,依史尚宽先生的见解,应依德国民法解释,继承回复请求权时效完成后,唯回复请求权消灭,继承权并未消灭,故应解释为继承回

---

①　张玉敏:《继承法律制度研究》,华中科技大学出版社 2016 年第 2 版,第 51 页。

②　张玉敏:《继承法律制度研究》,华中科技大学出版社 2016 年第 2 版,第 51～52 页。

③　史尚宽:《继承法论》,中国政法大学出版社 2000 年版,第 131～132 页。

复请求权仅对于该遗产物占有人为丧失,对于自己占有之遗产,仍保有其权利,对于其他继承回复请求权时效尚未完成之遗产占有人,仍不妨为请求,遗产占有人亦不因继承人的继承回复请求权之消灭而成为继承人。遗产占有人因继承回复请求权消灭,仅取得拒绝给付之抗辩权,并不因而取得占有遗产物之权利。占有人唯得依自己取得时效完成而主张动产所有权,不动产善意占有人亦得因十年取得时效期间之完成而请求登记为所有人,已登记者则其登记效力确定,不得撤销。[①]

根据我国《民法通则》关于诉讼时效的立法,以及我国目前尚无取得时效制度的规定的情况,笔者认为,继承权诉讼时效完成后,其法律效力应当是,遗产占有人取得拒绝返还所占有财产的抗辩权,继承人的继承诉权相对消灭,但其继承人资格并不消灭。所谓相对消灭,是指对于某个遗产占有人的继承诉权消灭,而不是对所有非法占有遗产人的继承诉权都一概消灭。例如,继承人对甲的继承诉权消灭,对乙的继承诉权可能不消灭,因为他较晚知道乙占有遗产的情况。由于继承人的继承资格并不消灭,所以他仍是继承人,可享有继承人的权利,相应地承担继承人的义务。而且继承人不能以诉讼时效完成,全部或部分遗产不能收回为理由,拒绝承担为被继承人清偿债务的义务,因为遗产不能收回是由于继承人的过错造成的。从遗产占有人方面来看,诉讼时效完成后,如果占有人行使抗辩权,则可不向继承人返还所占有之遗产,但不能取得所占有财产之所有权,因为我国《民法通则》规定,诉讼时效完成后,权利人只消灭实体诉权,并不消灭权利本身。如果占有人不行使抗辩权,而自愿返还所占有之财产,那么继承人仍有权接受,而且占有人不得以不知时效完成为理由要求返还。我国《民法通则》未规定取得时效制度无疑是我国民事立法的一个漏洞,应当在完善民事立法时加以解决。

(二)对继承人和遗产占有人的效力[②]

继承权诉讼时效届满,遗产占有人仅取得拒绝返还所占有财产的抗辩权,继承人的继承权不消灭,遗产占有人也不能当然取得所占有财产的所有权。对继承人而言,继承人的资格并不消灭,继承人的地位也不能被遗产占有人所代替。因而其继续保有其身为继承人的权利与义务。如继承人被不同之遗产占有人于不同时间侵害其继承权,对其中之一占有人因知悉其继承权被侵害已逾二年而罹于消灭时效,其仍可对其他尚未罹于消灭时效之遗产占有人行使继承诉权。如遗产有债务,继承人仍需承担清偿被继承人债务的义务,因为遗产不能收回是继承人怠于行使自己的权利所造成的,其本人有一定的过错。对遗产占有人而言,如遗产占有人行使抗辩权,则可不向继承人返还所占有之遗产。如遗产占有人不行使抗辩权,因继承人仍为所有权人,该遗产占有人不能以不知时效抗辩为由,主张继承人不当得利,请求返还其占有之标的物。对于占有财产之所有权人与占有权人不同属于一人的困境,建议通过设立取得时效制度予以完善。但因取得时效和消灭时效的起算点和期间并不相同,可能出现消灭时效已届满但取得时效未完成或者取得时效已届满但消灭时效未完成的情况,对此,建议参考《德国民法典》,继承权诉讼时效未届满时,排斥取得时效的适用。

---

① 史尚宽:《继承法论》,中国政法大学出版社 2000 年版,第 133 页。
② 杜志红:《中国继承权诉讼时效适用的五个疑难问题探析》,载《社科纵横》2016 年第 8 期。

（三）继承之诉与所有权返还之诉①

关于继承权诉讼时效届满后,继承人还能否提起所有权返还之诉,学界有不同见解:一是法条竞合说。继承权诉讼时效届满后,继承人不得再对现占有人提起基于所有权之回复请求之诉。二是时效相互影响说。继承诉权属特别请求权,尤其当原被告争执继承人之资格时,应以继承诉权优先适用。即原告虽可提出个别物上返还请求,请求遗产标的物之返还,但被告仍得主张继承诉权之时效以抗辩。三是自由竞合说。当事人间就继承资格有争议时,继承诉权与物上返还请求权并存或竞合,两者属于真正继承人分别独立而并存之权利,真正继承人可择一行使,继承权诉讼时效届满后,真正继承人仍可提起物上返还请求权之诉。② 因而,继承诉权为确认继承人资格以及回复继承遗产的包括性的请求权,具有确认之诉和给付之诉的双重性质,其设立的目的在于便利继承人在其继承权受侵害时请求保护其利益。而现有继承诉权短期消灭时效之限制赋予了自命继承人以时效抗辩权,因此,如消灭时效经过,真正继承人则丧失须自命继承人返还遗产之权利。且因遗产不仅包括积极遗产还包括消极遗产,真正继承人虽丧失请求返还遗产之权利,但因真正继承人身份未变,其仍须承担清偿遗产债务的责任。继承人不享有权利而仅承担义务,这样的结果未免对真正继承人太不公平,也有违继承回复请求权之初衷。因而为保护真正继承人之利益,应允许继承人于继承权诉讼时效届满后,仍得提起所有权返还之诉。

第四节　国外或地区立法现状

一、继承权保护时效的立法③

继承回复请求权的保护期限,是法律保护继承权的法定期限,也是继承回复请求权的诉讼时效期限。继承回复请求权作为一项民事权利,是有诉讼时效限制的。继承人的继承权受到不法侵害,继承人应当在法律规定的继承回复请求权的保护期限内,主张自己的权利。法定的保护期限届满后,继承人的回复请求权就得不到法律的保护。

各国法律都有关于继承回复请求权时效的规定。有些国家对继承回复请求权规定短期时效和长期时效两种时效。继承人自知道或应当知道其继承权受侵害之日起,主张继承回复请求权的诉讼时效,被称为短期时效。继承人一直不知权利被侵害,自继承开始之日起,主张继承回复请求权的诉讼时效,被称为长期时效。如《日本民法典》第884条规定:"继承恢复请求权,自继承人或其法定代理人知悉侵害继承权事实起,五年间不行使,因时效而消灭。自继承开始时起,经过二十年,亦同。"

我国台湾地区对继承回复请求权也规定了短期时效和长期时效。短期时效为二年,长期时效为十年。我国台湾地区"民法典"第1146条第2项规定:"前项回复请求权,自知悉被侵害之时起,二年间不行使而消灭;自继承开始时起逾十年者亦同。"该项规定传达出的信息

---

① 杜志红:《中国继承权诉讼时效适用的五个疑难问题探析》,载《社科纵横》2016年第8期。

② 林秀雄:《继承法讲义》,元照出版公司2012年版,第58～59页。

③ 刘文:《继承法比较研究》,中国人民公安大学出版社2004年版,第78～80页。

有:第一,继承回复请求权时效的起算点。二年时效的起算点应为继承人或其法定代理人知悉其继承权被侵害之时。未结婚的未成年人继承权被侵害的,以其法定代理人之知悉为时效的起算点。十年的时效起算点应为继承开始之时。第二,继承回复请求权时效的性质。二年期间应为消灭时效期间,可适用有关时效中断的规定。同时,台湾地区"最高法院"的判例认为,十年期间也应为消灭时效。第三,继承回复请求权时效完成后的法律后果。时效完成后,消灭的不仅是继承回复请求权,同时也包括其原有继承权。[①]

瑞士民法不仅规定短期时效和长期时效,还根据财产占有人是善意还是恶意的,规定了两项不同的期限。《瑞士民法典》第 600 条规定:"(1)对于善意的被告,遗产恢复之诉,自原告知悉被告占有或知悉自己的优先权时算起,经一年,因时效而消灭。无论何种情形,自被继承人死亡或其遗嘱开启之时算起,经十年,因时效而消灭。(2)对于恶意的被告,前款的时效,为三十年。"

《德国民法典》第 2340 条(通过请求撤销予以主张)规定:(1)丧失继承权通过撤销对遗产的取得而予以主张。(2)只在遗产归属之后方允许提出请求撤销。一旦遗产归属于先位继承人,即可主张对后位继承人提出请求撤销。(3)请求撤销只能在本法第 2082 条规定的期限(从知悉撤销事由起一年)内为之。《德国民法典》第 2341 条(请求撤销权)规定:凡因丧失继承权者的继承资格消失——即使只是因他人的继承资格消失——而受利益者,有请求撤销权。

《德国民法典》第 407 条(丧失继承资格的主张)规定:(1)丧失继承资格的主张,应于得知丧失继承资格的行为后六个月内向法院提出,但不得在继承发生之前提出;(2)继承的发生已过四年的,不得再向法院提起确认丧失继承资格的诉讼;(3)任何有法定利害关系的人都可以向法院提起确认丧失继承资格的诉讼。

韩国民法对继承回复请求权的诉讼时效,还区分户主继承之诉和财产继承之诉。户主继承权被僭称受到侵害时,户主继承回复请求权,自知道侵害之日起经过三年,自继承开始之日起经过十年而消灭。此两项时效期限,适用于财产继承(《韩国民法典》第 982 条、第 999 条)。

从上述规定来看,有些国家的民法对继承回复请求权只规定长期时效。如法国和德国,规定继承人对于僭称继承人、表见继承人的继承回复请求权的诉讼时效为三十年。

我国对继承回复请求权规定了短期时效和长期时效。关于短期诉讼时效,我国《继承法》第 8 条规定:"继承权纠纷提起诉讼的期限为二年,自继承人知道或者应当知道其权利被侵犯之日起计算。"这与我国《民法通则》第 135 条关于短期时效的规定一致。但是,我国《继承法》关于长期时效的规定,虽然期限与《民法通则》中规定相同,都是 20 年,但性质上有所不同。我国《继承法》第 8 条规定:"自继承开始之日起超过二十年的,不得再提起诉讼。"而我国《民法通则》第 137 条中仅规定的是:"从权利被侵害之日起超过二十年的,人民法院不予保护。"按照《继承法》的规定,自继承开始之日起超过二十年的,继承人就丧失了起诉权,而按照《民法通则》的规定,继承人丧失的是胜诉权。究竟应当适用哪项法律规定? 在此应当适用《民法通则》的规定。理由有三:首先,《民法通则》颁布于 1986 年 4 月 12 日,于 1987 年 1 月 1 日实施,《继承法》颁布于 1985 年 4 月 10 日,于 1985 年 10 月 1 日实施。新法优于

---

① 陈苇、宋豫:《中国大陆与港、澳、台继承法比较研究》,群众出版社 2007 年版,第 182~183 页。

旧法,应当按照新法的规定执行。其次,《民法通则》的规定更符合法理。继承人的继承权是否应当予以保护,是否超过诉讼时效,有无诉讼中止、中断的情况,这些均应当在人民法院立案审理后确定。某些继承回复请求权的提出,即使超过诉讼时效,人民法院还可以根据情况予以延长。因此,自继承开始之日起超过二十年的不得起诉的规定,是不符合诉讼时效制度的。最后,继承权是自然人享有的一项基本民事权利,它虽属财产权,也与亲属、身份密切相关,超过诉讼时效期限可以不运用国家的强制力予以保护,但不应当用除斥期间来消灭它。有人认为,我国《继承法》第 8 条规定的二十年期限是继承权的除斥期间。[①] 这种观点是有失偏颇的,因为除斥期间应仅适用于某些法律有特别规定的财产权,如对重大误解和显失公平的民事行为的撤销权、优先权,对标的物的瑕疵的请求权等,而不应当适用于继承权。

当然也有不规定诉讼时效的情况,例如《澳门民法典》第 1913 条第 2 款规定:"上述诉讼得随时提起,但不影响有关取得时效之规则对每一占有物之适用及第 1897 条规定之适用。"可见,继承回复请求权得随时提起,但不得影响取得时效之规则对每一占有物的适用,也不得影响接受遗产权利之期间(第 1897 条)的适用。换言之,《澳门民法典》并未单独规定继承回复请求权的时效。[②]

二、继承权保护时效的归纳总结

通过上述分析可以看出,关于继承诉权的时效,有三种不同的立法例。其一,适用普通消灭时效的规定,如德国和法国。依其民法典规定,继承诉权经三十年不行使而消灭,时效期间从请求权产生之日起计算。其二,将继承诉权的时效作为特别时效,规定统一的、较短的时效期间。如《日本民法典》规定,继承回复请求权自继承人或其法定代理人知悉侵害继承权的事实之时起,五年间不行使而消灭,自继承开始起经过二十年者亦同。我国台湾地区规定,继承回复请求权自知悉继承权被侵害时起,经二年间不行使而消灭,自继承开始起逾十年者亦同。其三,根据遗产占有人为善意或恶意作出不同规定。如《瑞士民法典》规定,对于善意占有人,遗产回复请求权自原告知悉被告占有遗产及自己有更优之权利时起,经一年时效而消灭,自被继承人死亡或遗嘱开启之时起经十年者亦同。对于恶意占有人,消灭时效期间为三十年。从上述情况来看,除德国和法国外,继承诉权的消灭时效期间一般较普通消灭时效期间短。之所以如此,主要是为了从速确定财产继承关系,以利于维护交易安全。[③]

---

①　李双元、温世扬:《比较民法学》,武汉大学出版社 1998 年版,第 992～993 页。

②　陈苇、宋豫:《中国大陆与港、澳、台继承法比较研究》,群众出版社 2007 年版,第 179 页。

③　张玉敏:《继承法律制度研究)》,华中科技大学出版社 2016 年第 2 版,第 48～49 页。

第五节　立法发展趋势①

一、《继承法》第 8 条存在问题的解析

《继承法》第 8 条在具体应用过程中主要存在如下问题:

(一)"自继承人知道或者应当知道其权利被侵犯之日起计算"中"被侵犯之日"应当如何确定存在争议

继承权不仅是一种财产权,同时也是一种身份权,身份权不具有转让性,故"权利被侵犯之日"只能发生在确定是否有资格继承遗产的人身上。而在现实中"权利被侵犯之日"不具有确定性,导致出现比较大的争议与不同的解读。《继承法意见》第 32 条规定:"依继承法第十四条规定可以分给适当遗产的人,在其依法取得被继承人遗产的权利受到侵犯时,本人有权以独立的诉讼主体的资格向人民法院提起诉讼。但在遗产分割时,明知而未提出请求的,一般不予受理;不知而未提出请求,在二年以内起诉的,应予受理。"很明显,最高人民法院的意见是"权利被侵犯之日"以遗产分割时"是否明知"进行确定,但"是否明知"主观性太强,法官自由裁量权也较大,容易产生权力寻租。

(二)"自继承开始之日起超过二十年的,不得再提起诉讼"的适用存在诸多问题

1."自继承开始之日起超过二十年的,不得再提起诉讼"的规定没有实际意义

被继承人死亡时间与遗产分割时间往往不一样,甚至会间隔几年、几十年,如父母一方去世后,依据民间习惯或公序良俗,子女一般要等到另一方去世时才会进行遗产继承,这中间可能会跨越二三十年。抑或父母双方均去世后,留下的遗产子女均保留居住现状不进行析产继承,等到若干年后祖遗房产被拆迁时,子女才要求继承分割遗产,此时才发现房产或土地的权利凭证已在多年前被变更至某一继承人名下,而变更时间甚至可能已超过二十年。在以上情形下,如果适用《继承法》第 8 条,原告的诉讼时效则存在问题,很可能原告的诉讼会被人民法院以时效超过二十年为由驳回,从而无法保障合法权利人的利益,而让非法占有者因时效的保护而获得利益。基于以上分析,为了能在诉讼时效内保障自身权利,继承人有可能在父母一方去世后二年内就不顾父母另一方的感受而提起继承权要求或诉讼,这显然不利于家庭和谐与公序良俗,因此,"自继承开始之日起超过二十年的,不得再提起诉讼"的规定没有实际意义。

2."自继承开始之日起超过二十年的,不得再提起诉讼"的规定与《民法通则》相关规定存在矛盾

虽然从法理角度分析,《继承法》是特别法,而《民法通则》是普通法,通常情况下,特别法优先于普通法。但是《民法通则》第 137 条关于超过二十年,具有合理诉讼理由可以延长起诉时间的规定是科学的,因为公权力机构不能剥夺具有基本人权之称的公民"诉权",人民法

---

① 丁兆增:《继承权诉讼时效理解与适用——从〈继承法〉第八条与第二十五条谈起》,载杨立新、刘德权、杨震:《继承法的现代化》,人民法院出版社 2013 年版。

院有权审查当事人的起诉理由是否符合事实与法律,但必须要给公民起诉的基本权利。"没有调查,没有发言权,受害人起诉后,法院通过调查研究,证实起诉有理由,可以延长诉讼时效期间;证实起诉没有理由,则驳回起诉。"①

3.《继承法》第 25 条规定与《继承法》第 8 条"自继承开始之日起超过二十年的,不得再提起诉讼"的规定存在矛盾

依《继承法》第 25 条的理解,继承人在被继承人死亡后,没有表示过放弃继承遗产的,即视为其已接受继承。故就不存在继承权被侵犯的诉讼时效问题,继承人之间若有纠纷,不是涉及继承权有无的问题,而是析产之争。对此,最高人民法院(1987)民他字第 12 号《关于继承开始时继承人未表示放弃继承遗产又未分割的可按析产案件处理的批复》中有明确的解释:"双方当事人诉争房屋,原为费宝珍和费冀臣的夫妻共有财产,1958 年私房改造所留自住房,仍属原产权人共有……根据《继承法》第 25 条第 1 款的规定,应视为均已接受继承,诉争房屋应属各个继承人共同共有,他们之间发生纠纷可按析产案件处理,并参照财产来源、管理使用及实际需要等情况,进行具体分割。"而《民通意见》第 177 条和最高人民法院于 1990 年给贵州省高级人民法院的复函[1990 年 11 月 15 日(1990)民他字第 45 号]均延续了以上观点。正因为有了以上的相关规定,在司法实践中部分法院将继承开始后遗产未分割的继承纠纷当作析产纠纷处理,而《继承法》第 8 条规定的超过二十年不得再提起诉讼已为司法实践所突破。

二、《继承法》第 25 条存在问题的解析

1. 关于《继承法》第 25 条的理解必然会导致继承时效制度形同虚设

继承开始后,继承人未明确表示放弃继承的视为接受继承,遗产未分割的视为共同共有。此时继承人对遗产的继承权转化为了财产的所有权与各继承人的共有权,只是继承人未析产而已,各继承人相安无事地按现状居住,若干年后继承人因遗产权属发生纠纷,则以析产或侵犯所有权而提起诉讼,而不是继承权纠纷。但是析产或所有权、共有权纠纷因属于物权且侵权处于持续状态而没有诉讼时效问题,这导致了继承权诉讼时效制度成为空中楼阁。事实上,如果依据以上分析,继承权财产制度实际处于不稳定状态,不利于社会关系的和谐与安定。

2. 从《继承法》第 25 条字面来理解,该条内容存在无法自圆其说的情形

《继承法》第 25 条规定:"继承开始后,继承人放弃继承的,应当在遗产处理前,作出放弃继承的表示。"此外,《继承法意见》第 49 条规定:"继承人放弃继承的意思表示,应当在继承开始后、遗产分割前作出。遗产分割后表示放弃的不再是继承权,而是所有权。"依据最高人民法院(1987)民他字第 12 号及《民通意见》第 177 条对《继承法》第 25 条进一步的解释,继承开始后继承人未明确表示放弃的视为接受,遗产未分割的视为共同共有,在遗产分割之后表示放弃的,应当是放弃遗产的共有权、所有权。因为遗产分割之后,继承权就转化为所有权或共有权,此时作出放弃的表示,放弃的也只能是所有权或共有权,而不是继承权。这就与《继承法》第 25 条立法本意及《继承法意见》第 49 条的规定相冲突,并且存在自相矛盾的现象。

---

① 钟尉华:《论继承权诉讼时效》,载《贵州大学学报(社会科学版)》2004 年第 1 期。

三、继承权诉讼时效制度立法的趋势

(一)《继承法》关于最长诉讼时效与《民法通则》规定不同的处理

虽然《继承法》是特别法,其关于最长诉讼时效的规定与《民法通则》规定不同,但司法实践中应适用《民法通则》的规定,因为特别法优于普通法仅是一般情形,在特定情况下,特别法不一定优先于普通法。首先,特别法的规定可能本身存在错误,包括特别法内容本身不符合公序良俗与民间惯例、特别法的规定与上位法相矛盾。特别法的规定不符合大多数公民的利益等。其次,客观事件存在多样性与复杂性。特别在继承领域,不但涉及财产分割,而且还有大量人身权的问题,如亲属之间亲情关系、赡养是否有尽到与是否到位、被继承人与继承人之间的亲疏不同、是否会因继承人从事职业或兴趣爱好不同而导致继承财产种类的不同等。再次,《继承法》是民法的部分,《继承法》的内容不应与《民法通则》的规定相冲突。《民法通则》是国家基本法律,而《继承法》属于民法中的一部单行法,它不得违背基本法。如果其规定与基本法有冲突,就只能遵守基本法。最后,《民法通则》内容是规定民事基本活动的"共同性规则",如果没有"共同性规则"的规定,单行法就难以正确执行。由上,司法部门在认定继承最长时效问题时应优先考虑《民法通则》对此的相关规定。故建议《继承法》修改时,《继承法》第 8 条的相关规定应与《民法通则》的相关规定一致,以保证法制的统一。

(二)"自继承人知道或者应当知道其权利被侵犯之日起计算"中"被侵犯之日"以"遗产分割时是否明知"为认定标准应从实际出发,具体情况具体分析,不能一概而论

"是否明知"属于民事主体的主观领域,在司法实践中"是否明知"应建立在法律推定基础之上,即依据案件的具体情况和客观条件推定继承人是否知道其权利在遗产分割时已被侵犯,只有建立在客观真实情况之上的法律推定在司法实务中才比较容易掌握。同时,人民法院审理案件时应依据具体情况分析相应证据,包括结合间接证据来推定继承人在遗产分割时是否在主观上明知有被侵犯,却未提出。因而,认定继承人的权利是否被侵犯,权利人是否为明知,人民法院应着重审查如下情况:第一,继承开始后,在遗产分割之前,是否存在遗漏合法继承人的情形。在遗产分割之前,被遗漏的合法继承人是否有收到书面或口头通知,或从常理判断,其是否应当知晓遗产分割已开始。第二,继承人中一人或数人是否有擅自较大规模改变遗产原貌的行为。如对原遗产进行改建、扩建等。若存在此种情形,其他合法继承人是否在本地,还是在外地或外国,且是否有证据证明其他合法继承人有书面或口头提出过制止等。第三,继承人中的一人或数人是否存在擅自改变遗产的所有权或使用权的情形。如在土地普查、房产普查或产权又登记时将房产或土地使用权登记在自己名下,而排除了其他继承人。又如将遗产对外出售、赠与、租赁于他人等。若存在此种情形,人民法院应通过审查其他合法继承人有无书面或口头主张过权利、其他合法继承人是否在本地、所有权与使用权被改变的持续期间多长、房屋所有权或土地使用权变更登记是否有经过公示或是否有经过合法程序等来确定其他合法继承人是否为"明知"其权利被侵犯。

(三)自继承开始之日起超过二十年,权利人是否还有权提起诉讼的问题

笔者认为,自继承开始之日起超过二十年,权利人仍有权提起诉讼,《继承法》修改时应

对第 8 条与第 25 条的内容进行修改。《继承法》第 8 条限制了继承人诉权,不利于保护继承人的合法权益,也不符合我国国情及公序良俗的习惯。而《继承法》第 25 条规定,又使继承时效制度形同虚设,不利于继承法律关系与财产归属的稳定。基于以上原因,在《继承法》修改时对于继承权的诉讼时效可以作如下规定:"继承人继承遗产时因继承资格发生纠纷提起诉讼的期限为二年,自继承人知道或者应当知道其权利被侵犯之日起计算。但是,自继承开始之日起超过二十年的,人民法院不予保护。但有特殊情况的,人民法院可以延长诉讼时效期间。"

(四)立法上设置"作出接受或放弃继承"的期限

被继承人死亡之后,有些继承人当时并不知情,过一段时间后才知道,其一直以来的本意是要放弃继承权,不想继承任何遗产,但依据《继承法》第 25 条的规定,继承权系从遗产处理之后就转化为所有权,即使继承人不想继承遗产,但因为继承人并不知道被继承人已死亡,故无法及时作出放弃继承的意思表示,从而使其成为遗产的共有权人或所有权人,此时若继承人之间因遗产继承问题而产生纠纷,案件性质应为析产之争,而非继承遗产之争,这显然不合常理。因而,继承人对于遗产的诉争应为继承权纠纷。因为继承人因未放弃继承权而取得的财产权也是继承权的具体体现。通常的析产之争或财产纠纷并没有涉及遗产的特殊性。继承人之间的遗产纠纷标的物均不是继承人原先固有的资产,而是被继承人死亡后遗留下的财产。而继承人之所以能继承遗产系缘于其与被继承人之间存在的特殊身份关系,如血亲、姻亲等。故遗产之争引起的诉讼存在有继承人的继承权被侵犯这一特殊前提,应当适用继承权诉讼时效制度。

基于以上理由,《继承法》修改时应规定在继承开始后设置一段固定期限,在该固定期限内继承人只享有继承权而非财产权。在该固定期限内继承人明确表示放弃继承权的,从放弃时该继承人的继承权就丧失。在该固定期限届满时,继承人并未明确表示放弃继承权的,则在该固定期限届满后继承权就转化为财产所有权或共有权,而该固定期限可以参照遗赠中受遗赠人作出是否接受遗赠表示的两个月期限来进行设置。

参考文献

一、著作类

1.蒋月:《婚姻家庭与继承法》,厦门大学出版社 2018 年第 3 版。

2.房绍坤、范李瑛、张洪波:《婚姻家庭与继承法》,中国人民大学出版社 2018 年第 5 版。

3.李适时:《中华人民共和国民法总则释义》,法律出版社 2017 年版。

4.张新宝:《〈中华人民共和国民法总则〉释义》,中国人民大学出版社 2017 年版。

5.沈德咏:《〈中华人民共和国民法总则〉条文理解与适(上)》,人民法院出版社 2017 年版。

6.巫昌祯:《婚姻与继承法学》,中国政法大学出版社 2017 年第 6 版。

7.刘文:《继承法律制度研究》,中国政法大学出版社 2016 年版。

8.杨立新:《继承法修订入典之重点问题》,中国法制出版社 2016 年版。

9.张玉敏:《继承法律制度研究》,华中科科技大学出版社 2016 年第 2 版。

10.[德]雷纳·弗兰克、托比亚斯·海尔姆斯:《德国继承法》(第 6 版),王葆莳、林佳业译,中国政法大学出版社 2015 年版。

11.张凡:《明代家产继承与争讼》,法律出版社 2015 年版。

12.熊英:《婚姻家庭继承法判例与制度研究》,法律出版社 2015 年版。

13.王琳:《亲属与继承法》,法律出版社 2014 年版。

14.杨立新:《婚姻继承法典型案例与法律适用》,法制出版社 2014 年版。

15.河山:《河山解读继承法》,中国社会出版社 2014 年版。

16.刘耀东:《继承法修改中的疑难问题研究》,法律出版社 2014 年版。

17.杨大文:《亲属法与继承法》,法律出版社 2013 年版。

18.杨立新、刘德权、杨震:《继承法的现代化》,人民法院出版社 2013 年版。

19.龙翼飞、陈群峰:《民法案例教程》,法律出版社 2013 年版。

20.中国法制出版社编:《继承法新解读》,中国法制出版社 2012 年版。

21.夏吟兰:《婚姻家庭继承法》,中国政法大学出版社,2012 年版。

22.林秀雄:《继承法讲义》,台湾元照出版公司 2012 年版。

23.陈苇:《婚姻家庭继承法学》,中国政法大学出版社 2011 年版。

24.陈苇:《外国继承法比较与中国民法典继承编制定研究》,北京大学出版 2011 年版。

25.李俊:《婚姻家庭继承法》,中国政法大学出版社 2010 年版。

26.魏振瀛:《民法》,北京大学出版社、高等教育出版社 2010 年版。

27.张平华、刘耀东:《继承法原理》,中国法制出版社 2009 年版。

28.陈苇、宋豫:《中国大陆与港、澳、台继承法比较研究》,群众出版社 2007 年版。

29.卢现祥、刘大洪:《法经济学》,北京大学出版社 2007 年版。

30.曲振涛、杨恺钧:《法经济学教程》,高等教育出版社 2007 年版。

31.巫昌祯:《婚姻与继承法学》,中国政法大学出版社 2007 年版。

32.姚辉:《民法学原理与案例教程》,中国人民大学出版社 2007 年版。

33.《最高人民法院司法解释小文库》编选组编:《婚姻家庭继承司法解释》,人民法院出版社 2006 年版。

34.程维荣:《中国继承制度史》,中国出版集团东方出版中心 2006 年版。

35.林秀雄:《继承法讲义》,台湾元照出版公司 2006 年版。

36.张玉敏:《中国继承法立法建议稿及立法理由》,人民出版社 2006 年版。

37.王利明:《中国民法典,学者建议稿及立法理由　人格权编·婚姻家庭编·继承编》,法律出版社 2005 年版。

38.王利明:《中国民法典草案建议稿及说明》,中国法制出版社 2004 年版。

39.曲振涛:《法经济学》,中国发展出版社 2005 年版。

40.王利明:《中国民法典草案建议稿及说明》,中国法制出版社 2004 年版。

41.陈棋炎、黄宗乐、郭振恭:《民法继承新论》,三民书局 2004 年修订 2 版。

42.刘文:《继承法比较研究》,中国人民公安大学出版社 2004 年版。

43.徐国栋:《绿色民法典草案》,社会科学文献出版社 2004 年版。

44.郭明瑞、房绍坤、关涛:《继承法研究》,中国人民大学出版社 2003 年版。

45.王卫国:《中国土地权利研究》,中国政法大学出版社 2003 年版。

46.彭万林:《民法学》,中国政法大学出版社 2002 年版。

47.杨与龄:《民法概要》,中国政法大学出版社 2002 年版。

48.周枏:《罗马法原论》(下册),商务印书馆 2001 年版。

49.陈棋炎、郭振恭、黄宗乐:《民法继承新论》,三民书局 2001 年版。

50.王泽鉴:《民法总论》,中国政法大学出版社,2001 年版。

51.王泽鉴:《侵权行为法》(第一册),中国政法大学出版社 2001 年版。

52.高富平:《土地使用权和用益物权——我国不动产物权体系研究》,法律出版社 2001 年版。

53.[德]迪特尔·梅迪库斯:《德国民法总论》,邵建东译,法律出版社 2000 年版。

54.史尚宽:《继承法论》,中国政法大学出版社 2000 年版。

55.史尚宽:《债法总论》,中国政法大学出版社 2000 年版。

56.何勤华、殷啸虎:《中华人民共和国民法史》,复旦大学出版社 1999 年版。

57.[英]F·H.劳森、B.拉登:《财产法》,施天涛等译,中国大百科全书出版社 1998 年版。

58.戴东雄、戴炎辉:《中国继承法》,三民书局 1998 年版。

59.江平、王家福:《民商法律大辞书》,南京大学出版社 1998 年版。

60.马俊驹、余延满:《民法原论》(下册),法律出版社 1998 年版。

61.李双元、温世扬:《比较民法学》,武汉大学出版社 1998 年版。

62.[英]梅因:《古代法》,沈景一译,商务印书馆 1997 年版。

63.[美]路易斯·亨利·摩尔根:《古代社会》,杨东莼译,商务印书馆 1997 年版。

64.龙翼飞:《比较继承法》,吉林人民出版社 1996 年版。

65.梁慧星:《民法总则》,法律出版社 1996 年版。

66.施启扬:《民法总则》,三民书局1996年版。

67.郭明瑞、房绍坤:《继承法》,法律出版社1996年版。

68.刘春茂:《中国民法学·财产继承》,中国公安大学出版社1992年版。

69.佟柔、王利明、马俊驹:《中国民法》,法律出版社1990年版。

70.王怀安、林准、顾明、孙琬钟:《中华人民共和国法律全书》,吉林人民出版社1989年版。

71.刘素萍、杨大文、龙翼飞:《继承法》,中国人民大学出版社1988年版。

72.[美]博登海默:《法理学·法哲学及其方法》,邓正来译,华夏出版社1987年版。

73.佟柔、刘素萍、龙翼飞:《继承法教程》,法律出版社,1986年版。

74.戴东雄、刘得宽:《民法亲属与继承》,台湾五南图书出版公司1985年版。

75.陈棋炎:《亲属、继承法基本问题》,三民书局1980年版。

二、论文类

1.何丽新:《论〈海商法〉第248条"船舶失踪"与〈民法总则〉第46条"宣告死亡"》,载《政法论丛》2018年第6期。

2.龙翼飞、窦冬辰:《遗产归扣制度在我国的适用》,载《法律适用》2016年第5期。

3.杜志红:《中国继承权诉讼时效适用的五个疑难问题探析》,载《社科纵横》2016年第8期。

4.刘淑芬、黄思逸:《我国未成年人财产管理制度探究》,载《中华女子学院学报》2016年第2期。

5.薛军:《论被宣告死亡者死亡日期的确定——以中国民法典编纂为背景的论述》,载《政治与法律》2016年第6期。

6.陈铮:《中国古代遗嘱继承浅论》,载《公民与法》2016年第1期。

7.王巍:《告北大　索捐赠　季某某之子败诉》,载《新京报》2016年8月17日第A12版。

8.安然:《国画大师许麟庐遗产案重审昨日宣判　法院再判遗产全归遗孀》,载《北京晚报》。

9.郭明瑞:《民法典编纂中继承法的修订原则》,载《比较法研究》2015年第3期。

10.李爽:《"梅某某信托"启示:梅妈流落街头,谁之过?》,载《21世纪经济报道》2015年8月16日第11版。

11.黄鑫:《宪法秩序中的精神文明建设》,载《上海政法学院学报(法治论丛)》2015年第4期。

12.赵德勇、李永锋:《诉讼时效期间可约定性问题研究——兼评最高院〈诉讼时效解释〉第2条》,载《西南民族大学学报(人文社科版)》2015年第6期。

13.葛俏、龙翼飞:《论我国遗嘱信托财产的法律属性界定》,载《学术交流》2015年第9期。

14.吴国平、吴锟:《论我国继承权丧失制度的立法完善》,载《福建江夏学院学报》2014年第1期。

15.董彪:《虚拟网络物品继承若干问题探讨》,载吕来明:《商法研究》,法律出版社2014

年版。

16.刘正全、汪福强、彭桐亮:《继承权丧失制度解析及立法修改建议》,载《南方论刊》2013年第3期。

17.危薇:《继承回复请求权的时效问题研究》,载《贵州民族大学学报(哲学社会科学版)》2013年第3期。

18.李岩:《虚拟财产继承立法问题》,载《法学》2013年第4期。

19.杨威:《论中国传统家庭伦理的礼法秩序》,载《兰州学刊》2013年第11期。

20.丁兆增:《继承权诉讼时效理解与适用——从〈继承法〉第八条与第二十五条谈起》,载杨立新、刘德权、杨震:《继承法的现代化》,人民法院出版社2013年版。

21.龙翼飞、杨玲:《股东用遗嘱处分公司财产的行为无效》,载《法制日报》2013年4月24日第2版。

22.张易婷、王梦婕:《虚拟财产继承要看网站"脸色"?》,载《法制与经济》2013年第2期。

23.翟云岭、刘耀东:《论继承权丧失制度——以我国〈继承法〉第7条的修改为中心》,载《北方法学》2012年第5期。

24.孙宝禄:《我国古代家庭伦理思想和道德观念发展简论》,载《徐州教育学院学报》2012年第3期。

25.严平:《我国当代家庭伦理关系存在的问题及对策》,载《河南广播电视大学学报》2012年第2期。

26.翟云岭、刘耀东:《继承权丧失制度——以我国〈继承法〉第7条的修改为中心》,载《北方法学》2012年第5期。

27.李建洲:《论未成年人财产监护职责的完善》,载《天津法学》2011年第1期。

28.李吉斌:《网络虚拟财产能否继承引争议　专家称无须专门立法可加强判例指导》,载《法制日报》2011年10月21日第3版。

29.龚兵:《论宣告死亡的构成要件》,载《法学杂志》2010年第2期。

30.李健:《论我国继承权丧失制度的完善》,载《安徽警官职业学院学报》2010年第6期。

31.叶晓彬:《论我国未成年人权益保护法律制度的完善》,载《行政与法》2009年第1期。

32.龙翼飞:《我国〈物权法〉对家庭财产关系的影响》,载《浙江工商大学学报》2008年第6期。

33.陈谷嘉、吴增礼:《论〈二十四孝〉的人伦道德价值》,载《伦理学研究》2008年第4期。

34.梁维维:《论除斥期间与诉讼时效和失权期间的关系》,载《法制与社会》2008年第12期。

35.肖洪飞:《中国古代继承制度及对当今继承立法的启示》,载《社科纵横》2008年第8期。

36.皮锡军:《外国继承权丧失制度比较研究》,载《西部法学评论》2008年第6期。

37.郭明瑞:《关于宅基地使用权的立法建议》,载《法学论坛》2007年第1期。

38.周晓磊:《完善未成年人财产制度之我见》,载《山西高等学校社会科学学报》2006年第9期。

39.杜超:《解析除斥期间》,载《当代经理人》2006年第17期。

40.孟勤国:《物权法开禁农村宅基地交易之辩》,载《法学评论》2005年第4期。

41.韩世远:《宅基地的立法问题——兼析物权法草案第13章"宅基地使用权"》,载《政治与法律》2005年第5期。

42.陈英:《诉讼时效的客体与效力——兼谈民法典诉讼时效制度的设定》,载《法学》2005年第4期。

43.史浩明:《论除斥期间》,载《法学杂志》2004年第4期。

44.钟尉华:《论继承权诉讼时效》,载《贵州大学学报(社会科学版)》2004年第1期。

45.徐小峰:《诉讼时效的客体与适用范围》,载《法学家》2003年第5期。

46.张国元:《完善未成年人监护制度的法律思考》,载《西南民族学院学报(哲学社会科学)》2002年第9期。

47.刘作翔:《权利冲突的几个理论问题》,载《中国法学》2002年第2期。

48.陈斌、李夏:《论未成年人财产制度的完善》,载《广西政法管理干部学院学报》2002年第1期。

49.张运华:《传统孝道与现代家庭伦理建设》,载《广东青年干部学院学报》2002年第2期。

50.吴秋红:《论中国古代继承法的特点》,载《高等函授学报(哲学社会科学版)》2001年第6期。

51.谢晓:《论未成年子女财产法律制度》,载《法律科学》2000年第1期。

52.刘素萍、陈明侠:《监护与扶养》,载巫昌桢、杨大文主编:《走向21世纪的中国婚姻家庭》,吉林人民出版社1995年版。

53.王静、任秀娟:《未成年人继承权的法律保护》,载《中国妇女管理干部学院学报》1993年第4期。

54.史浩明:《略论诉讼时效的几个问题》,载《政治与法律》1992年第3期。

三、法律法规类

1.《中华人民共和国宪法》

2.《中华人民共和国继承法》

3.《中华人民共和国婚姻法》

4.《中华人民共和国民法总则》

5.《中华人民共和国民法通则》

6.《中华人民共和国合同法》

7.《中华人民共和国物权法》

8.《中华人民共和国公司法》

9.《中华人民共和国著作权法》

10.《中华人民共和国保险法》

11.《中华人民共和国文物保护法》

12.《中华人民共和国刑法》

13.《中华人民共和国民事诉讼法》

14.《中国人民政治协商会议共同纲领》

15.《中华人民共和国土地管理法实施条例》

16.《中华人民共和国户口登记条例》

17.《中华人民共和国劳动保险条例》

18.《最高人民法院关于贯彻执行民事政策法律的意见》

19.《最高人民法院关于贯彻执行民事政策法律若干问题的意见》

20.《最高人民法院关于贯彻执行〈中华人民共和国民法通则〉若干问题的意见(试行)》

21.《最高人民法院关于贯彻执行〈中华人民共和国继承法〉若干问题的意见》

22.《最高人民法院关于适用〈中华人民共和国民事诉讼法〉的解释》

23.《最高人民法院关于适用〈中华人民共和国保险法〉若干问题的司法解释(三)》

24.《中华人民共和国民法(草案)》

25.《中华人民共和国民法典继承编(草案)》

26.《大清民律草案》

27.《中华民国民法·继承编》

28.《民法继承编施行法》

29.《德国民法典》,杜景林、卢谌译,中国政法大学出版社 2015 年版。

30.《法国民法典》,罗结珍译,北京大学出版社 2010 年版。

31.《意大利民法典》,陈国柱译,中国人民大学出版社 2010 年版。

32.《葡萄牙民法典》,唐晓晴等译,北京大学出版社 2009 年版。

33.《俄罗斯联邦民法典》,黄道秀译,北京大学出版社 2007 年版。

34.《日本民法典》,王书江译,中国法制出版社 2002 年版。

35.《越南民法典》,伍光红、黄氏惠译,商务印书馆 2018 年版。

36.《魁北克民法典》,孙建江、郭站红、朱亚芬译,中国人民大学出版社 2005 年版。

37.全国人民代表大会常务委员会编译室编:《蒙古人民共和国民法典》,法律出版社 1955 年版。